同濟大學法学文丛

知识产权与竞争法研究（第二卷）

张伟君　张韬略　主编

知识产权出版社
全国百佳图书出版单位

图书在版编目（CIP）数据

知识产权与竞争法研究．第2卷／张伟君，张韬略主编．—北京：知识产权出版社，2014.9

ISBN 978－7－5130－2959－9

Ⅰ.①知…　Ⅱ.①张…②张…　Ⅲ.①知识产权法－研究－中国②反垄断法－研究－中国　Ⅳ.①D923.404②D922.294.4

中国版本图书馆CIP数据核字（2014）第205467号

责任编辑：刘　睿　罗　慧　　**责任校对：**韩秀天
特约编辑：王晓琳　　**责任出版：**刘译文

知识产权与竞争法研究（第二卷）
张伟君　张韬略　主编

出版发行：知识产权出版社有限责任公司　　网　　址：http：//www.ipph.cn
社　　址：北京市海淀区马甸南村1号　　邮　　编：100088
责编电话：010－82000860转8113　　责编邮箱：liurui@cnipr.com
发行电话：010－82000860转8101/8102　　发行传真：010－82000893/82005070/82000270
印　　刷：三河市国英印务有限公司　　经　　销：各大网上书店、新华书店及相关专业书店
开　　本：880mm×1230mm　1/32　　印　　张：17.5
版　　次：2014年9月第一版　　印　　次：2014年9月第一次印刷
字　　数：418千字　　定　　价：50.00元
ISBN 978－7－5130－2959－9

卷首语一

约瑟夫·斯特劳斯博士教授*

中国经济发展的强劲动力，反映在知识产权上，是史无前例的：中国在1982年8月通过首部《商标法》；2010年，中国商标局受理了超过百万件的商标申请。1984年3月通过了首部《专利法》；2010年，中国专利局受理了391 177件发明专利申请；同样受《专利法》保护的工业外观设计的申请数量超过了421 000件。设想一下，只是一年就出现了这么多申请，那么人们大概产生一个粗略的概念：得有多少的排他权即所谓的垄断权会出现在中国市场上，以及这些权利在可能被滥用时对整个经济的影响。

在接受了知识产权法后，中国立法者花了将近20年的时间，才在2007年8月通过了《反垄断法》。根据《反垄断法》第1条，其目的是预防和制止垄断行为，保护市场公平竞争，提高经济运行效率，维护消费者利益和社会公共利益，促进社会主义市场经济健康发展。同时，《反垄断法》在第55条指出，其不适用于经营者依照有关知识产权法律、行政法规规定行使知识产权的行为；但适用于经营者滥用知识产权，排除、限制竞争的行为。

---

* 慕尼黑马克斯·普兰克知识产权与竞争法研究所前所长；比勒陀利亚南非大学NIPMO-UNISA知识产权教席负责人；华盛顿特区佐治亚华盛顿法学院马歇尔·B. 科宁国际和比较法客座教授。

熟悉欧洲和美国有关反垄断法与知识产权滥用问题相关判例法的人，或许已经预见到中国《反垄断法》第55条在未来实践中所要扮演的角色。该条相对模糊的措辞，给法律解释留下了充分的空间，中国反垄断法执行机构和法院将会（至少人们希望如此）采用适当的方式来平衡所涉各方的利益，最终有效地激励和保护市场中的真正创新性的竞争。

同样显露出现代中国之动力并应予庆贺的是，在《反垄断法》通过之后仅5年，同济大学两位年轻的教师张伟君博士和张韬略博士就倡导并决定推出《知识产权与竞争法研究》，志在立足于中国视角，推进知识产权与竞争法交叉领域的研究，并与同行分享美国、欧洲、日本以及中国在这一领域的最新进展。这一及时、重要和有责任心之努力付出值得祝贺。在此我祝愿他们及“评论”的成功，祝福他们达成所愿，为知识产权和竞争法的平衡、互补和共存作出重要的贡献。

PREFACE by Prof. Dr. Dres. h. c. Joseph Straus*

A Word of Welcome

The dynamics of the economic development of the People's Republic of China as reflected in the figures related to intellectual property rights seems unprecedented: The first Chinese Trademark Law was adopted in August 1982 and in 2010 the Chinese Trademark Office received more than one million trademark applications; the first Patent Act in China was adopted in March 1984, and the State Intellectual Property Office received in 2010 391.177 patent applications; finally, the number of applications for industrial design, protected under the Patent Act, amounted in 2010 to more than 421.000. Bearing these figures generated just in one year, in mind, one gets a rough idea of how many exclusive rights, so-called monopolies, have to be respec-

* Director Emeritus, Max-Planck-Institute for Intellectual Property and Competition Law, Munich; NIPMO-UNISA Chair for Intellectual Property, University of South Africa (UNISA), Pretoria; Marshall B. Coyne Visiting Professor of International and Comparative Law, George Washington University Law School, Washington D. C.

ted in the Chinese market and also of the overall economic impact of potential abuses of such rights.

It took the Chinese legislator more than 20 years before the intellectual property laws were followed by the adoption of the Anti-Monopoly Law in August of 2007. According to its Article 1 the Anti-Monopoly Law is aimed at preventing and restraining of monopolistic conducts, protecting fair competition in the market, enhancing economic efficiency, safeguarding the interests of consumers and social public interests, as well as promoting the healthy development of the socialist market economy. In its Article 55 the Anti-Monopoly Law clarifies at the same time that it does not govern the conduct of business operators to exercise their intellectual property rights under laws and relevant administrative regulations on intellectual property rights, but, that business operator's conduct to eliminate or restrict market competition by abusing intellectual property rights is governed by that law.

Those familiar with the European and US-case law and regulations dealing with the problem of abuse of intellectual property rights in terms of antitrust law may already foresee the role of Article 55 of the Chinese Anti-Monopoly Law will play in practice in the years to come. Its relatively vague wording leaves ample space for interpretation, which the Chinese administrative authorities and courts will, hopefully, use in a way to properly balance all the interests involved so that they, eventually will effectively incentives and protect truly innovative competition in the market.

It is to be welcomed, and again a clear demonstration of modern Chinese dynamism, that two young Professors of the Tongji University, namely Dr. Zhang Weijun and Dr. Zhang Taolue, only five years after the adoption of the Anti-Monopoly Law, took the initiative and decided to establish the Journal "IP and Competition Law Review" aimed at further research in the overlapped field of intellectual property and competition law, especially from China's perspective and to inform the Chinese professional community on the latest developments in this area in the US, EU and Japan, as well as in China itself. The editors are to be congratulated to this very timely, important and responsible endeavour. I wish them and the Journal great success, may they achieve the envisaged goals, i. e. significantly contribute to a balanced and complementary co-existence of intellectual property and competition law.

卷首语二

安·巴托尔教授[*]

对中国知识产权法有着浓烈兴趣的我，很高兴能在这本《知识产权与竞争法研究》首次出版的时刻表达我的祝贺之情。由我的两个好朋友、任职于同济大学法学院和知识产权学院的张伟君博士和张韬略博士所编辑的这份“评论”，将有助于传播国际社会高度关注的主题的优秀学术作品。

中国的法律体系包罗万象且非常复杂。任何促进学术文章的产生、出版和发行的学术期刊，若能解释、梳理清楚这个有着举足轻重的国家的法治运作规则，其重要性都不可估量。在同济大学法学院和知识产权学院的支持下，张伟君和张韬略为知识产权法之学术对话，作出了非常及时的贡献，执业律师、优秀学生以及学术圈都能从中获益。

法律学术能够促进许多有价值的目标。它教导人们何谓法律历史，借此我们得以理解法律如何演进至今。它告知读者法律的现状，借此我们得以成为优秀的律师和评论者。它还提供了一个平台，让我们得以摆脱个别客户以及判例之束缚，对未来法律应演进之方向进行理论探索。从这个角度来看，法律学术帮助国家

---

* 美国纽约佩斯大学法学院法学教授。

规划更加公平和公正的明天。30 多年之前，在享有盛誉的《耶鲁法律评论》上，安东尼·陶琛德·克伦曼写下了这样的一段话：

学术之明确特征，在于关注真理的发现。学术之归宿即真理之发现与知识之增进。有时候人们会说，即便学者获得的知识可能有助于其他目标，学者们探求知识是出于自身利益而非更深远之目的，这种说法实际殊途同归。学术之唯一目的，就是真实地理解这个世界本身，除此之外学术别无他求。[1]

《知识产权与竞争法研究》的首发已经激发了人们对中国经济持续发展和拓展其全球影响重要法律问题的睿智之辩论。对任何参与这一充满希望的事业的人们，在此我致以最诚挚和衷心之祝福！

---

[1] 安东尼·陶琛德·克伦曼：“前言：法律学术与道德教育”，载《耶鲁法学评论》1980 年第 90 卷，第 96 ~ 97 页，http://digitalcommons.law.yale.edu/fss_ papers/1068.

PREFACE by Prof. Ann Bartow*
A Warm Welcome to New and Important Chinese Law Journal

As a law professor with an ardent interest in Chinese Intellectual Property Law, I am very pleased to welcome the arrival of this premier issue of the Intellectual Property and Competition Law Review. Edited by my good and brilliant friends Zhang Weijun and Zhang Taolue of the Tongji University Law School and Tongji Intellectual Property Institute, it will facilitate publication of outstanding scholarship on topics of significant international interest.

The Chinese legal system is enormous, and extremely complicated. Scholarly journals which enable the production, publication and distribution of articles that explain and contextualize the operation of the rule of law in one of the most consequential nations in the world are of immeasurable importance. With the instrumental support of Tongji University's Law School and Intellectual Property Institute, Zhang Weijun and Zhang Taolue are bringing forth a very timely contribution to

---

* Professor of Law, Pace Law School, Pace University, White Plains, New York, USA.

the academic dialogue about intellectual property law that will benefit practicing lawyers and precocious students in addition to the academic community.

Legal scholarship can promote many worthy objectives. It instructs people about legal history, so that we can understand how laws have evolved over time. It informs readers about the current state of the law, so that we can be optimally knowledgeable lawyers and commentators. And it provides platforms for theorizing about the future directions laws should take, unbound from concerns about individual clients and cases. In this way legal scholarship helps nations plan fairer and more just tomorrows. Over three decades ago Anthony Townsend Kronman wrote in the pages of the prestigious Yale Law Review:

The defining characteristic of scholarship is its preoccupation with the discovery of truth. The end of scholarship is the discovery of truth and the promotion of knowledge. The same point is sometimes made by saying that the scholar seeks knowledge for its own sake, not for some further purpose, although the knowledge he acquires may be instrumentally useful for other ends. To understand the world as it truly is-this, and nothing else, is the goal of scholarship. [1]

This wonderful inaugural issue of the Intellectual Property and Competition Law Review is already sparking erudite debates about legal

---

[1] Anthony Townsend Kronman, "Foreword: Legal Scholarship and Moral Education," 90 Yale L. J. 96 ~ 67 (1980), available at http://digitalcommons.law.yale.edu/fss_ papers/1068.

topics relating to subjects crucial to China's continued economic growth and the expansion of its already profound global influence. I offer congratulations and my warmest heartfelt wishes for success to everyone involved with this auspicious undertaking.

目　录

第一编　全球经济与知识产权

第二编　协议限制竞争与转售价格维持

第三编 滥用市场支配地位与技术标准

第四编 创新保护与专利流氓

第五编　知识产权与竞争政策

第六编　书　　评

Content

Part I: Global Economy and IP

Part II: Competition Restrictive Agreements and Resale Price Maintainace

Part III: Abuse of Market Power and Technology Standard

Part IV: Innovation Protection and Patent Troll

Part V: Intellectual Property Rights and Competition Policy

Part VI: Book Review

第一篇

全球经济与知识产权

权宜之婚姻：1990～2012年间的世界经济与知识产权

［德］约瑟夫·斯特劳斯（Joseph Straus）* 撰

高 寒 译 张韬略 徐泽羿 校

一、引 言

过去20年最显著的标志便是意料之外的政治和经济动荡。苏联解体成为一些新的国家。❶ 发展中国家和地区诸如中国、印度、巴西、韩国、中国台湾地区的快速发展成为受到重视甚至具有主导力的经济力量。它们的经济表现日益影响着那些所谓的发达国家、工业化国家的经济福祉。❷

---

* 德国马克斯·普兰克知识产权与竞争法研究所前所长，同济大学知识产权学院名誉院长。

❶ Simeon Djankov et al., The New Comparative Economics, J. Comparative Econ. 31, 595 (2003).

❷ Ulrich Hilpert, State Policies and Techno-Industrial Innovation 5, 7～8 (1991).

尽管有这些深刻的变化，却极少有法律文献着眼于研究在世界贸易组织（WTO）体系下建立起的国际经济法律秩序[1]对于现实全球发展的整体影响。本文通过将 WTO 的法律网络与选定的实证经济数据联系起来，从而进行这样的分析。由于 1990 年发生的事件对于世界贸易组织的建立有着尤为重要的影响，因此本文的分析将 1990 年作为起点。[2] 第二部分调查 20 世纪 90 年代初的动荡以及那个阶段国际知识产权的状态。第三部分则概括 WTO 法律结构的发展及其对国际知识产权的影响。尤为重要的是，这部分分析 WTO 争端程序对所谓的发展中国家提供的保护。第四部分展示经济增长数据，并且对其中与知识产权和所谓发达国家和发展中国家有关的数据进行解释。最后，第五、第六部分分析新环境下的知识产权。笔者在 20 世纪 90 年代初期曾对 WTO 法律网络可能产生的影响以及与《贸易有关的知识产权协定》（TRIPs）[3] 在发展中世界的经济进步方面作出预测，本文也对该

---

[1] 马拉喀什协议通过后，1995 年世界贸易组织成立。参见 Marrakesh Agreement Establishing the World Trade Organization, Apr. 15, 1994, 1867 U. N. T. S. 154（hereinafter Marrakesh Agreement）.

[2] Mitsuo Matsushita et al., The World Trade Organization: Law, Practice, & Policy 6 ~ 7（2d ed. 2006）；同样参见 Joseph Straus, Law Professor, University of Ljubljana, Industrial Property Legislation as an Element in Market Economics, Presentation Before the 35th Cong. of the Int'l Ass'n for the Prot. of Indus. Prop.（April 7, 1992）, in AIPPI Report on the Sessions, at 324 ~ 36（1992）, https://www.aippi.org/download/yearbooks/Annuaire% 201992_III.pdf（进一步审查了 1990 年这一历史拐点，后文简称 Straus, AIPPI）。

[3] Agreement on Trade-Related Aspects of Intellectual Property Rights, Apr. 15, 1994, Marrakesh Agreement Establishing the World Trade Organization, Annex 1C, 1869 U. N. T. S. 299, 33 I. L. M. 1197（1994）（后文简称 TRIPs）.

预测作出了评估。

二、1990年全球的转折点

（一）政治、经济和社会的动荡

20世纪80~90年代发生的激烈的政治、经济以及技术巨变是历史上少见的。政治和社会方面，这10年中苏联实力下降，部分衰变，而同时分裂出的国家却崛起了，这些新的国家有些加入了独立国家联合体，有些则依旧独立于其之外。[1]经济方面，这一系列的变化需要一个可行的办法使得中央计划式的国有经济过渡到市场经济。但不幸的是，这些新建立的国家几乎无法从历史中得到指引，从国外也只能得到有限的帮助。[2]另一方面，苏联南北地区之间，以及美国、欧洲、西方各国以及远东地区间原有的紧张经济关系使得过渡期变得尤为复杂。

因此急需要一个可行的解决方案来指导政治、经济和社会崩

---

❶ Djankov et al.，第3页注❶，p. 608.

❷ 一般可参见 Paul Marer，The Transition to a Market Economy in Central and Eastern Europe，169 Oecdobserver 5，8（1991）；Wlodzimierz Brus & Kazimierz Laski，from Marx to Themarket：Socialism in Search of an Economic System 35（1991）.

溃残余下的新发展。[1] 然而从这方面来讲，人们还没有发现一个普遍适用的方法来应对这样一个过渡时期。[2] 最有前景的解决方案似乎是具有宪法保障属性的市场经济：个体自由、经济竞争自由、科学和艺术保护以及生产资料私有化。进一步说，知识产权也为鼓励引入自由市场经济的进程提供了结构方案。尽管存在这些可能的方案，核心问题依旧存在：没有蓝图用以构筑这样一个经济体系。

人们的目标似乎是一个有着宪政国家保障的市场经济，但是不受约束的金融市场未必产生健全的市场经济。[3] 健全的市场经济需要一个由国家法律和社会环境所支撑的复杂社会经济结构。[4] 因此，由之前社会主义国家计划经济到市场经济的转型过程涉及法律结构和社会机构的改造。[5] 现在回想起来，这种转变似乎不言而喻——那些建立新的法律秩序和补充社会机构的前社会主义国家，现在都成了欧盟的成员国——但人们对这些基本社会和法律结构的认识发展，却是一个艰难的过程。[6]

---

❶ Paul Marer, The Transition to a Market Economy in Central and Eastern Europe, 169 Oecdobserver 5, 8 (1991); Wlodzimierz Brus & Kazimierz Laski, from Marx to Themarket: Socialism in Search of an Economic System 35 (1991).

❷ Straus, AIPPI, 第 4 页注❷, p. 326.

❸ Joseph E. Stiglitz, Globalization and Growth in Emerging Markets and the New Economy, J. Pol'ymodeling 25, 508 (2003).

❹ Straus, AIPPI, 第 4 页注❷, p. 327.

❺ 同上注。

❻ Djankov et al., 第 3 页注❶, p. 609.

（二）国际知识产权的现状

尽管发展市场经济和私有财产在20世纪90年代初动荡之后的一段时间里效果很好，然而知识产权的无形性需要法律和经济理由。此外，建立市场经济的国家证明，将知识产权作为一种基本的法律结构可以鼓励经济增长和技术进步。[1]

从历史上看，知识产权的出现主要是为了打击贸易滥用行为，并鼓励产业发展。[2] 但是，知识产权不能被单纯看做工业革命的结果，它也形成了工业体系[3]的必要部分，因而应当被理解为市场经济的基石。[4] 到1990年，甚至之前持怀疑态度的经济学家都赞同专利和其他知识产权在市场经济中起到了积极的宏观经

---

❶ Edwin Mansfield，Intellectual Property，Technology and Economic Growth，in Intellectualproperty Rights in Science，Technology，and Economic Performance 28（Francis W. Rushing & Carole Ganz Brown eds.，1990）后文简称 Mansfield，Intellectual Property.

❷ Susan K. Sell，The Rise and Rule of a Trade-Based Strategy：Historical Institutionalism and theInternational Regulation of Intellectual Property，17：4 REV. INT'L POL. ECON. 762～63（2010）.

❸ Mansfield，Intellectual Property，本页注❶，p. 28.

❹ 毫不奇怪，到1991年年底，苏维埃社会主义共和国（“苏联”）的联盟议会已经针对苏联的“发明”“商标和服务商标”以及“设计”，通过了与知识产权相关的若干法律。William E. Butler，Intellectual Property Law in Therussian Federation：Basic Legislation 10～11，19（2002）.

济效应。[1] 此外，发展中国家开始对知识产权透露出更积极的态度。[2] 专利也在形成有效的市场机制中发挥了更加复杂且相互依赖性更强的经济作用。[3] 例如，专利所带来的实际效益主要来自专利权与替代产品在市场中的竞争。[4] 因此，一个成功知识产权架构的先决条件是，有独立专属的权利人运作在一个正常有效的市场中。[5]

由于在20世纪80年代和90年代初爆发的政治和社会动荡的

---

❶ Straus，AIPPI第4页注❷，at 329；Mansfield，Intellectual Property，第7页注❶，at 24~30；Robertm. Sherwood，Intellectual Property and Economic Development 84（1990）；Erichkaufer，The Economics of the Patent System 21（F. M. Scherer ed.，1989）；David C. Mowery & Nathan Rosenberg，Technology and the Pursuit of Economic Growth 72（1989）；Eric von Hippel，The Sources of Innovation 47（1988）.

❷ U. N. Conference on Trade & Dev.，May 14~15，1975，The Role of the Patent System in the Transfer of Technology to Developing Countries，U. N. Doc. TD/B/AC. 11/19/Rev. 1，at 16（May 1975）；Edith Penrose，International Patenting and the Less-Developed Countries，83 Econ. J. 768，771（1973）.

❸ Joseph Straus，Patent Protection in Developing Countries：An Overview 14~15（Staff Paper，CornellDept. of Agric. Econ.，Nov. 1989）hereinafter Straus，Patent Protection；Penrose，本页注❷，p. 785.

❹ Hanns Ullrich，The Importance of Industrial Property Law and Other Measures in the Promotion of Technological Innovation，28 Indus. Prop.，no. 1，1989，at 102，105；Friedrich-Karl Beier，The Significanceof the Patent System for Technical，Economic and Social Progress，11 INT'L REV. OF INDUS. PROP. & COPYRIGHT L. 563，579~580（1980）hereinafter Beier，Significance of the Patent System.

❺ Ullrich，本页注❹，p. 105；参见Hilpert，第3页注❷，p. 21；Straus，AIPPI，第4页注❷，p. 328.

扩大、跨境技术能力、生产周期缩短以及发达国家的高市场进入成本促进了知识产权市场的全球化。❶ 特别是通信和信息技术的迅速发展，导致新兴工业化国家和弱势群体与领先制造国的生产力差距小了。❷ 例如，巴西、印度、韩国这样的国家通过模仿以及最终与老牌科技国家的竞争，获得了显著的发展。❸

1990 年，《保护工业产权的巴黎公约》❹（1883，简称《巴黎公约》）和《保护文学和艺术作品的伯尔尼公约》❺（1886，简称《伯尔尼公约》）开始对知识产权进行国际保护。《巴黎公约》的基本原则——缔约国国民的非歧视性待遇，适用知识产权所在国的法律以及知识产权独立原则附带最低程度的保护权——形成了国际知识产权共存与合作的基石。❻ 这种中立的社会经济计划不仅在相似经济地位国家间的国际科技合作中是可靠的，在不同经

---

❶ George Papaconstantinou, Globalisation, Technology and Employment: Characteristics and Trends, 15SCI. Tech. Industry Rev. 177, 181 ~83 (1995).

❷ 从 1870 年的 12.5% 到 1979 年的 50%，这个差距缩小 75%。参见 WilliamJ. Baumol, Is There a U. S. Productivity Crisis?, 243 SCI. 611, 613 (Feb. 1989).

❸ 行业的实证调查显示，有 60% 的专利和成功发明在四年内被模仿。参见 Edwin Mansfield et al., Imitation Costs and Patents: An Empirical Study, 91 ECON. J. 907, 913 (Dec. 1981).

❹ Paris Convention for the Protection of Industrial Property, July 14, 1967, 21 U. S. T. 1583, 828 U. N. T. S. 305（后文简称 Paris Convention）.

❺ Berne Convention for the Protection of Literary and Artistic Works, Sept. 28, 1979, S. Treaty Doc. No. 99 ~ 27, 828 U. N. T. S. 221（后文简称 Berne Convention）.

❻ Beier, Significance of the Patent System, 第 8 页注❹, p. 564. 参见 Paris Convention, *supra* note 26.

济发展阶段的国家之间也是可靠的。[1]

尽管有这样的成功，这一计划却似乎更有利于国家中央计划和国有经济国家。市场经济国家的国民只允许在社会主义国家的限制范围内行使自己的权利。[2] 相反，中央计划和国有经济的国家的国民则与自由市场国家的国民享有同等待遇。此外，与技术进步对市场经济大约85%的贡献率相比，技术进步对苏联经济增长的贡献只有10%。[3] 这是因为专利和其他知识产权构成了技术进步的一个重要因素，这些百分比显示了两个系统内知识产权效果的差别。

但是随着技术全球化的发展，《巴黎公约》的权利最低保护标准原则出现了弊端。只要产品的研发、生产、贸易主体上只局限于那些技术与经济发展处于差不多水平的国家，权利保护（如范围和期限[4]）上的区别就不会对权利持有者产生不利影响。[5] 但是，技术进步和国际贸易自由化使得低知识产权保护标准的新兴工业化国家可以避免研究及开发费用，进而在国际市场的竞争上取得成功。[6] 面对这一现状，美国、日本以及欧洲国家提出了

---

[1] Beier，第8页注[4]，pp. 583 ~ 84.

[2] 同上注，pp. 565 ~ 566.

[3] Straus，AIPPI，第4页注[2]，p. 332.

[4] Int'l Bureau of WIPO，Existence，Scope and Form of Generally Internationally Accepted andApplied Standards/Norms for the Protection of Intellectual Property，in GATT or WIPO? New Ways Inthe International Protection of Intellectual Property 213（Friedrich-Karl Beier & GerhardSchricker eds.，1988）（根据新制定的国际标准，讨论专利权的范围、期限以及其他可能的变化）.

[5] Straus，AIPPI，第4页注[2]，p. 333.

[6] 同上注，p. 333.

两项条约，正式将有效的知识产权保护和国际贸易连接起来，这两项条约是《关税及贸易总协定》❶（GATT）和 TRIPs。❷ 从工业化国家的角度来看，贸易全球化要求各国间具有极其相似或平等的知识产权保护。❸ 因此，由于参与了这一全球化进程，一国以往根据自己意愿❹作出行动的自由就受到了限制。❺

此外，GATT 和 TRIPs 的结构变化预言了未来国际知识产权

---

❶ General Agreement on Tariffs and Trade, Oct. 30, 1947, 61 Stat. A-11, 55 U. N. T. S. 187 [hereinafter GATT] .

❷ 2 President's Comm'n on Indus. Competitiveness, Global Competition: The New Reality 217 (1985); Helena Stalson, Intellectual Property Rights & U. S. Competeviteness in Trade 37 (Nat'l Planning Ass'n 1987); Clayton K. Yeutter, Negotiating Intellectual Property Rights Protection, in Intellectual Property Rights & Capital Formation in Thenext Decade 114 (Charles E. Walker & Mark A. Bloomfield eds. , 1988).

❸ 2 President's Comm'n on Indus. Competitiveness, 本页注❷, pp. 258 ~ 59.

❹ 根据美国的解释，《巴黎公约》不是一项具有外部强制措施的自动执行条约。Paris Convention, 第 9 页注❹, 文章 17（“可以理解为，一个国家提交批准加入的文书时，该国将根据其国内法落实该公约的规定。”）；同样参见 Int'l Cafe, S. A. L. v. Hard Rock CaféInt'l (U. S. A.), Inc. , 252 F. 3d 1274 (11th Cir. 2001). But 参见, G. H. C. Bodenhausen, Guide to The Paris Convention for the Protection of Industrial Property as Revised Atstockholm in 1967, United Int'l Bureau for the Prot. of Intellectual Prop. 13 ~ 15 (1968)（强调说明《巴黎公约》是否是自动执行取决于签署国各自的宪法规定）. 此外，如果一国承认一部公约自动执行的可能性，那么能够直接适用公约，则取决于相关规定的措辞是否允许直接适用。同上注，p. 14. 博登豪森已经确定的《巴黎公约》的一些规定即属于该类型。同上书。

❺ Straus, AIPPI, 第 4 页注❷, p. 334.

将会成为国际市场经济的工具。[1] 例如，笔者在 1992 年预测了“科学、研发和生产贸易的全球化”以及相应的知识产权全球保护的必要性。[2]

三、1994 ~ 1995 年：新世界经济秩序的诞生

（一）GATT、TRIPs：权宜之婚姻

导致该“权宜之婚姻”的谈判[3]开始于 1986 年的埃斯特角城，1994 年 4 月在马拉喀什结束，这场谈判通过了关于建立世界贸易组织的决议。就像笔者在 1992 年预测的那样，伴随着一系列相关协议，[4] WTO 的法律秩序形成了强制性的法律框架，该框

---

[1] Straus，AIPPI，p. 334（预测了知识产权在全球经济中的现状）。

[2] Straus，AIPPI，第 4 页注[2]，p. 336.

[3] 术语“权宜之婚姻”由 C. A. Primo Braga 创造．参见 C. A. Primo Braga，The North-South Debate on Intellectual Property Rights，in Global Rivalry and Intellectual Property：Developing Canadian Strategies 173，177 ~ 78（Murray G. Smith ed.，1991）（然而面临的相关功利主义演算由于发达经济实体的贸易法和知识产权之间的“权宜之婚姻”，发展中国家的相关功利考量被显著地改变）。

[4] 管理国际贸易的其他相关协议包括以下内容：关税与贸易总协定（GATT 1994），关于与贸易有关的投资措施协议（TRIMS）和总协定服务贸易（GATS）。German Velasquez & Pascale Boulet，Globalization and Access to Drugs：Implications of the WTO/TRIPs Agreement 46（World Health Organization ed.，2d ed. 1999）.

架批准国际知识产权在国际市场经济内的作用。[1]

TRIPs 序言中载明，WTO 成员国必须接受知识产权强制保护标准。[2] 例如，世贸组织成员必须遵守国际法律文书，给予其他成员国国民以国民待遇。[3] 此外，WTO 成员国在知识产权方面给予任何国家优势地位、优先权、优惠和豁免权的，也有责任给予其他所有成员国的国民。[4] 另一方面，TRIPs 在标的适格性、[5] 专利权授予、[6] 保护期[7]以及方法专利侵权举证责任分配方面设定了强制性规则。[8]

TRIPs 也规定了 WTO 成员无须得到权利持有人同意就可以使用专利发明的情况。[9] 最后，为了加强专利持有人的地位，TRIPs

---

[1] Straus，AIPPI，第 4 页注[2]，p. 336.

[2] TRIPs，第 4 页注[3]，pmbl，p. 320（认识到“关于与贸易有关的知识产权的有效性、范围、适当使用的标准原则”的必要性）；同上注。第 1 条第 2 款。

[3] TRIPs，第 4 页注[3]，第 1 条第 3 款。这些规则包括：《巴黎公约》《伯尔尼公约》《保护表演者的罗马公约》，1961 年的《录音制品制作者和广播组织条约》、1989 年的《关于集成电路知识产权条约》。同上注。

[4] 同上注，第 3 条第 1 款。

[5] 同上注，第 27 条。

[6] 同上注，第 28 条。

[7] 同上注，第 33 条。

[8] 同上注，第 34 条。同样参见 Joseph Straus，Reversal of the Burden of Proof，the Principle of “Fair and Equitable Procedures” and Preliminary Injunctions under the TRIPs Agreement，3 J. World Intell. Prop. 807，807，809 n. 6（2000）hereinafter Straus，Reversal of the Burden of Proof.

[9] TRIPs，第 4 页注[4]，第 31 条。

规定，撤销或没收专利应到受到司法的审查。[1]

虽然 TRIPs 和专利保护的具体规定引起了争议，[2] 并受到强烈批评，[3] 但其实际效果却彻底改变了国际专利保护的格局。[4] 例如，TRIPs 第 27 条第 1 款[5]对医药发明[6] 产生了重大的经济影

---

[1] Joseph Straus，Implications of the TRIPs Agreement in the Field of Patent Law，in From GATT Totripss：The Agreement on Trade Related Aspects of Intellectual Propertyrights 160，178 ~ 215（Friedrich-Karl Beier & Gerhard Schricker eds.，1996）此后引证为 Straus，Implicationsof the TRIPs Agreement；Nuno Pires de Carvalho，The TRIPs Regime of Patent Rights 169（3d ed. 2010）.

[2] Straus，Implications of the TRIPs Agreement，本页注❶，p. 179.

[3] Joseph Straus, The Impact of the New World Order on Economic Development: The Role of the Intellectual Property System, 6 J. Marshall rev. Intell. Prop. L. 1, 2（2006）（此后引证为 Straus，New World Order）（Boyle、Dutfield、Musungu、Petersmann 和诺贝尔经济学奖得主 Stiglitz 都批判 TRIPs 对发展中国家造成了损害，使其与 TRIPs 产生前相比处于不利地位）。

[4] Joseph Straus & Nina S. Klunker，Harmonization of International Patent Law，38 INT'L REV. INTELL. PROP. & COMPETITION L. 907，916（2007）(discussing the complicated development of patentharmonization).

[5] TRIPs，第 4 页注❸，第 27 条第 1 款（规定 WTO 成员的义务为：只要产品和工艺发明“是新的，具有创造性并能够应用于工业”，那么就要在所有技术领域授予其专利）。

[6] Straus，Implications of the TRIPs Agreement，本页注❶，p. 180.

响。[1] 在 TRIPs 协议通过以前，92 个巴黎公约成员国中有 49 个国家不对医药发明授予专利。[2]

甚至那些可能受到 TRIPs 不利影响的国家出于长远利益的考虑也接受了这样的“权宜之婚姻”。比如 20 世纪 90 年代中期，印度已经有了一个成功的仿制药行业，但并没有提供对医药产品的专利保护。[3] 所以印度在 TRIPs 谈判中强烈反对授予药品和食品专利毫不奇怪。[4] 然而，印度因为潜在的收益而最终接受了 TRIPs 和 WTO 的法律秩序。

（二）“权宜之婚姻”的预防和解决争端制衡 *

1. 基本结构

在研究印度和其他国家是否认识到这些潜在经济利益之前，需要强调 GATT 和 TRIPs 的另外两个方面：第一，TRIPs 第三部分，引入了 WTO 成员国关于“知识产权执法”的强制性规

---

* Straus，Implications of the TRIPs Agreement，第 14 页注❶，p. 168 ~ 69.

❶ TRIPs，第 4 页注❸，第 39 条第 3 款，第 70 条第 8 款. Notwithstanding the extension of the transitory period allowingthe least developed countries not to protect pharmaceutical products until January 2016. 参见 Council for Trade-Related Aspects of Intellectual Property Rights Decision，Extension of the Transition Period UnderArticle 66. 1 of the TRIPs Agreement for Least-Developed Country Members for Certain Obligations with Respect to Pharmaceutical Products，IP/C/25 (July 1，2002).

❷ Int'l Bureau of WIPO，第 10 页注❹，p. 299.

❸ Straus，Implications of the TRIPs Agreement，第 14 页注❶，p. 179.

❹ 同上注。

则；[1] 第二，TRIPs 第五部分，在 WTO 体制内提供法律制衡的“争端预防和解决机制”。[2]

该机制通过设定以下规则与 GATT 建立了正式联系：

（1）1994 年 GATT 第 22 条和第 23 条规定，由《争端解决谅解》详述和适用的规定，除非另有明确规定外，适用于本协议项下的磋商和争端解决。[3]

（2）1994 年 GATT 第 23 条第 1 款 b 项和 c 项自加入 WTO 协定之日起 5 年内不得适用于本协议项下的争端解决机制。[4]

世贸组织争端解决机构（DSB）管辖着争端解决谅解（DSU）程序；世贸组织成员必须服从世贸组织的裁决和建议。[5] 因此，与国际法院解决纠纷不同。[6]

WTO 成员不可以反对由另一成员提起的 DSU 程序。[7] 并且，任何一个 WTO 成员都可以提起 DSU 程序声称其他成员违反了

---

[1] Straus, Implications of the TRIPs Agreement, p. 209.

[2] Carvalho，第 14 页注[1]，p. 669.

[3] 同上注。

[4] 同上注。

[5] Pascal Lamy, The Place of the WTO and its Law in the International Legal Order, 17 EUR. J. INT'L L. 969, 976 (2007).

[6] 同上注。

[7] 同上注。WTO 争端解决机制这种强制性，被形象地描述为与中国有关：鉴于中国不情愿参与国际争端解决传统，能够接受世贸组织的争端解决是突破性的，虽然这是中国加入 WTO 的一个不可或缺的组成部分。不论是否出于自愿，中国在过去的 10 年内参与了许多 WTO 争议案件，因此，世界贸易组织已成为中国参与国际争端解决最突出的论坛。Chi Manjiao, China's Participation in WTO Dispute Settlement over the Past Decade: Experience and Impacts, 15 J. INT'L. ECON. L. 29, 48 (2012).

WTO 法律规定的义务，无论是否涉及其直接和个体的利益。❶

尽管 WTO 解释 TRIPs 的大多数纠纷都是在处理发达国家知识产权保护标准之间的差异，❷ 不过高地棉案则是 DSB 机制运行的最好实证。❸

2. 争端解决谅解下的跨部门报复（又称“交叉报复”）：高地棉案

高地棉案涉及 WTO 争端解决机制下的跨部门报复反措施。2002 年，巴西提起一次与美国进行磋商的 DSU 程序。❹ 巴西指控美国违反了《补贴与反补贴措施协议》（“SCM 协议”）和《农业

---

❶ Lamy，第 16 页注❺，at 976. 由于私人团体无法启动争端解决程序，而且 WTO 成员采取专注于短期利益的事前政治过滤，一些人建议启动 WTO 争端解决程序的权利应归于 WTO 内一个尚未成立的独立检控部门。Claus Zimmermann，Rethinking the Right to Initiate WTO Dispute Settlement Proceedings，45 J. World Trade 1057，1068（2011）. 这样的部门可以在纯粹有利的基础上决定提议 DSU 程序，这也使发展中国家和欠发达国家可以提议 DSU 程序。同上注。

❷ Hiroko Yamane，Interpreting Trips，Globalization of Intellectualproperty Rights and Access to Medicines，210（2011）；Antonina Bakardjieva Engelbrekt，The WTO Dispute Settlement System and the Evolution of International IP Law：An Institutional Perspective，in Intellectual Property Rights in a Fair World Trade System 160（Kur A. & M. Levineds.，2011）. 中国与知识产权有关的纠纷比例很低：在中国作为被告的 66 起纠纷中，只有两个与 TRIPs 协议相关，而作为原告的 24 起纠纷中，没有一个与知识产权有关。Manjiao，第 16 页注❺，at 34；Henrik Horn et al.，The WTO Dispute Settlement System 1995 ~ 2010：Some Descriptive Statistics，45 J. World Trade 1107，1107（2011）.

❸ Randy Schnepf，Cong. Research Serv.，RL 32571，Brazil's WTO Case Against Theu. S. Cotton Program 34 ~ 37（2010）.

❹ 同上注，p. 34.

协定》中某些补助规定。[1] 具体而言，巴西声称美国通过支付国内用户和出口商欠款，并通过出口信贷担保计划来促进高地棉的出口。[2] 2004 年，世贸组织专家小组认定美国支付给棉花生产者和出口信贷项目的行为，不符合 SCM 协定第 3.1 条（a）款和 3.2 条的规定；[3] 上诉机构（“AB”）维持了专家小组的结论，[4] 并且提议美国遵从 WTO 义务的两个期限：2005 年 7 月 1 日和 2005 年 9 月 21 日。[5]

根据 WTO 规则，实施阶段的合规行为由各方自主决定。[6] 例如，巴西可以根据美国方面的行动，推迟合规步骤或者立即实施制裁。在这个案件中，美国采取了一些立法行动，以遵守上诉机构提出的两个期限。[7] 然而到期后，巴西认为美国的措施是无效

---

❶ Randy Schnepf, Cong. Research Serv. , RL 32571, Brazil's WTO Case Against Theu. S. Cotton Program, pp. 6 ~ 7.

❷ 同上注，p. 8. 当时美国为了促进农产品出口，制定了三个主要的出口信贷担保计划（包括但不限于棉花）。同上书。这些担保计划包括 GSM-102 计划（该计划将信贷期从 90 天延长至 3 年）、GSM—103 计划（该计划将信贷的期限扩展至 3 年以上 10 年以下）和供应商信用担保计划（SCGP）。同上书。这些方案和高地棉案的详情载于巴西与美国棉花计划的世界贸易组织案件。

❸ David J. Townsend & Steve Charnovitz, Preventing Opportunistic Uncomplicance by WTO Members, 14 J. INT'L ECON. L. 437, 442 ~ 443 (2011).

❹ 同上注，p. 443.

❺ Cong. Research Serv. RL 32571, at 12 ~ 13. 不同的遵从时间是区分不同类型补助遵从的结果。

❻ 同上注，p. 13.

❼ 同上注，p. 17. 2005 年 6 月，美国农业部宣布了其政策的某些变化。同上注。2006 年 2 月，美国国会通过立法废除了高地棉的特定付款计划。

的，并提出了要求世贸组织授权征收 30 亿美元以作为反制裁措施。❶ 巴西同时提出交叉暂停其 TRIPs 和 GATS 下的义务；❷ 这种跨部门报复行为会产生深远影响，其中包括对知识产权的影响。❸ 美国极力反对这些报复措施，并要求仲裁；❹ 但就在仲裁要开始之前，双方达成了一个程序性协议，同意暂停进一步的报复程序。❺

2006 年，由于美国依旧不遵守义务，巴西提请组建 WTO 专家组。❻ 在 2007 年发布的最终报告中，合规问题专家组认定，美

---

❶ Cong. Research Serv. RL 32571，at 12 ~ 13. 不同的遵从时间是区分不同类型补助遵从的结果，at 16. 同样见 Agreement on Subsidies and Countervailing Measures，art. 4. 10，Apr. 15，1994，Marrakesh Agreement Establishing the World Trade Organization，Annex 2，1869 U. N. T. S. 401（hereinafter SCM Agreement）. SCM 协定第 4. 10 段规定：从受理小组或上诉机构的报告之日起，争端解决机制若未在规定时间周期内作出建议答复，除非一致决定拒绝该请求，否则应授予该成员组织上诉权作为合理的应对措施。

❷ Cong. Research Serv.，RL 32571，at 17。WTO 规则通常要求贸易报复应该发生在出现违规行为的部门，也即因为棉花是货物，所以应对美国货物征收惩罚性关税。但巴西反对这一规定，他们认为如果将报复限制在货物部门，将会对巴西的经济造成不利影响。

❸ Understanding on Rules and Procedures Governing the Settlement of Disputes art. 22. 3，Apr. 15，1994，Marrakesh Agreement Establishing the World Trade Organization，Annex 2，1869 U. N. T. S. 401 Page 940 AIPLA Q. J. 633，*647（hereinafter DSU）.

❹ DSU，同上注，第 22 条第 6 款；SCM Agreement，本页注❶，第 4 条第 11 款（要求仲裁）。

❺ CONG. RESEARCH SERV.，RL32571，pp. 16 ~ 17.

❻ 同上注，p. 18.

国没有完全遵守原世贸组织专家组和上诉机构反对棉花计划的决定。[1] 美国对专家小组的部分裁定提出上诉。[2] 然而，上诉机构坚持原裁定内容，并且 DSB 了上诉机构的裁定报告。[3] 剩下的问题就是应该授权巴西采取何种程度的报复措施。

在 DSB 采纳该报告后，报复措施的仲裁重新启动。[4] 仲裁员在 2009 年 8 月 31 日提交了决定。[5] 裁决中，仲裁人认为巴西对美国商品和服务贸易的反措施，可能包括每年 1.473 亿美元的固定金额以及一个根据每年美国棉花计划支出变化的浮动金额。[6] 更重要的是，仲裁员发现，如果整体的报复金额超过每年基于公式产生的变量值，巴西将有权对美国的版权和专利权进行跨部门报复。[7]

在该决定中，仲裁员也澄清了一些 DSU 和 SCM 协议中使用

---

❶ CONG. RESEARCH SERV.，RL32571，pp. 18 ~ 19.

❷ 同上注，p. 18. 同样参见 Arbitrator Decision，United States-Subsidies on Upland Cotton，p. 1. 10，WT/DS267/ARB/1（Aug. 31，2009）. 巴西同样提起上诉。同上注。

❸ CONG. RESEARCH SERV. RL32571，at 18.

❹ 同上注，p. 21.

❺ Subsidies on Upland Cotton，PP 1. 26，1. 27，WT/DS 267/ARB/1. 仲裁可被视为两个独立的仲裁程序，"一个与问题相关诉讼中的禁止性补贴有关，另一个与其他有关的可诉性补贴相关。" 虽然 "两个仲裁程序同时进行"，但是同时担任仲裁员和当事人的应就这两个诉讼提出单独意见。

❻ CONG. RESEARCH SERV. RL32571，at 21.

❼ 同上注，p. 22. 同样参见 Subsidies on Upland Cotton，p. 5. 182，WT/DS 267/ARB/1. The threshold for 2007 was MYM409. 7 million USD（比起巴西进口的商品总额以及其对巴西经济的重要程度，美国的份额只占不到 20%（不包括书籍和汽车零部件）。

的术语。例如，他将“适当的反措施”解释为：

“适当的反措施”这个概念应该这样理解，所允许的报复措施的力度应当与争论中因禁止性补贴的准予和维持给控诉国带来的不利影响相当。《SCM 协定》第 4.10 条的反措施是“适当的”，在该条文的意思不能被视为是“不相称的”，“适当”的意思，或者说非“不适当”的意思，是相对于因争论中的禁止性补贴而受到不利影响的控诉国来说的。[1]

同时，仲裁员发现，SCM 协定第 4.10 条中的“适当”一词的使用意味着“一个适当的反措施不限于对抱怨成员产生完全等价的负面贸易影响”。[2] 仲裁员得出以下结论，根据 SCM 协议注脚 9 的解释，“适当的反措施”赋予了控诉方在特定情况下选择合适反措施的权利。[3]

随后，巴西宣布，它已被授权在 2010 年对美国商品实施 829 亿美元的贸易报复（约 5.91 亿美元为美国货物进口，2.38 亿美元为符合条件下的跨部门报复反措施）。[4] 2010 年 2 月 10 日，巴西行政部门颁布了一项临时总统行政命令，授权对外贸易会搁置

---

[1] Subsidies on Upland Cotton，p. 4. 102，WT/DS 267/ARB/1.

[2] 同上注，p. 4. 107.

[3] 同上注，p. 4. 114.

[4] Csilla Lakatos & Terrie Walmsley，Dispute Settlement at the WTO：Impactsof a no Deal in the US-BRAZIL Cotton Dispute，Center for Global Trade Analysis 8（2011）.

有关承认知识产权及与此相关的义务。[1] 其中包括商标、专利、著作权、软件、地理标志、商业秘密和工业设计。[2] 3 月 15 日，巴西公布了一项初步的清单，如果未能和美国达成一致，那么清单上所列的美国专利和知识产权将受到权利限制。[3] 这些事件之后，双方进行了密集谈判，并最终签署了谅解备忘录。其中规定：

美国将每年设立 1.473 亿美元的基金为巴西棉花部门提供技术援助和仓库建设。根据巴西和美国签署这份谅解备忘录（MOU），该基金将持续至下届美国农业法案通过或双方同意的解决争议，以先成立的为准。[4]

最终两国在 2010 年 6 月达成了框架协议，据此巴西已中止了对美国采取的贸易报复措施。[5]

---

[1] Provisional Measure No. 482 of February 10, 2010, art. 1, Resolution 16 of Chamber of External Trade (CAMEX) of 3.16.2010 (Braz.), http://www.interfarma.org.br/site2/images/Site% 20Interfarma/Informacoesdosetor/MP/MP% 20482 ~ 10% 2002% 2010% 20Cross% .

[2] 见第 2 条。

[3] CONG. RESEARCH SERV., RL32571, at 24 ~ 25. 同样参见 Carla Amaral De Andrade JunqueiraCanero et al., Brazil Issues List of Goods and Public Consultation on IP Retaliation, INT'L LAW OFFICE (Mar. 26, 2010), http://www.internationallawoffice.com/newsletters/detail.aspx? g = a1960317-a7ec-4bfd-af60-fb3c3483a67e. 例如，提议的措施包括在确定的时期中，未经所有权人授权或者在没有补偿的情况下，废除与药品、农用化学品、农业生物技术相关产品或者方法的专利保护、职务品种保护权、版权和邻接权，以及药品专利许可。

[4] CONG. RESEARCH SERV., RL32571, at 26.

[5] 同上注，p. 27.

3. DSU下的其他跨部门报复案件

高地棉案并非TRIPs协议下唯一的WTO成员因为其他成员违反某项WTO义务而要求暂停知识产权以进行跨部门报复的案例。在“欧洲共同体—香蕉进口、销售和分发制度”案件中，仲裁员认定，DSU第22.3条C款的规定允许厄瓜多尔要求获得DSB授权，以暂停其在TRIPs协定下有关版权及相关权、地理标志和工业品外观设计方面的义务，只要GATT和GATS下的暂停请求“不足以达到特定的无效和损害的程度”。[1] 在这个案件中，由于双方达成了一致，裁定判决后并没有出现跨部门报复行为。[2] 这样的处理方法被认为是“WTO一个显著的胜利，因为这一机制帮助解决了发达国家和发展中国家之间的一个麻烦纠纷”。[3]

同样，在“美国—影响提供跨境赌博和博彩服务措施案”中，安提瓜提请跨部门报复。[4] 仲裁员认定，安提瓜可以提出中止版权及相关权、商标、工业品外观设计、专利、未公开信息的保护，只要在TRIPs协定下有关中止的义务等同于安提瓜受到了

---

[1] Arbitrator Decision, European Communities-Regime for the Importation, Sale, and Distribution ofBananas-Recourse to Arbitration by the European Communities, p. 173 (d), WT/DS27/ARB/ECU (Mar. 24, 2000).

[2] European Communities-Regime for the Importation, Sale, and Distribution of Bananas-Notification of Mutually Agreed Solution, WT/DS27/58 (July 2, 2001).

[3] Press Release, EU and Ecuador reach agreement to resolve WTO banana dispute, EUROPA (April 30, 2001), http: //europa. eu/rapid/press-release_IP -01 -627_ en. htm? locale = en.

[4] Arbitrator Decision, United States-Measures Affecting the Cross-Border Supply of Gambling and Betting Service, p. 1. 5, WT/DS285/ARB (Dec. 21, 2007).

的利益损失，并且不超过2 100万美元。❶

由此看来，跨部门报复的威胁似乎可以促成双方达成协议。同样的道理，世界贸易组织的争端解决机制保证了世贸成员遵守整个WTO法律秩序下的所有义务，无论这些成员是否情愿。换句话说，WTO的机制为“权宜之婚姻”提供了必要的制衡。

诚然，WTO的争端解决机制并非是完美的，但是相关案件表明这一机制可以为发展中国家成功所用。❷ 或许发展中国家运用

❶ Arbitrator Decision, United States-Measures Affecting the Cross-Border Supply of Gambling and Betting Service, p. 1. 5, WT/DS285/ARB (Dec. 21, 2007). 5. 6 ~ 5. 7.

❷ 正如Engelbrekt（第17页注❷，第154页）和Peter K. Yu在TRIPs Enforcement and Developing Countries, 26 AM. U. INT'L L. REV. 727 (2011) 中所说，如果参与争端解决机制的发展中国家忽视或忽略了这一方面，那么WTO争端解决机制的真正目标和其对于发展中国家的潜在影响就没有被正确理解。

这一机制所面临的最大挑战在于它们缺乏资金以及熟练的人力资源。❶ 为了解决这一问题，小型的发展中国家已经提出在 WTO 争端解决中设立财政支持的专项基金。❷

其他批评意见表示，WTO 的争端解决机制允许败诉方不履行专家小组的建议，该机制具有相当大的结构性偏见，偏向于知识产权权利人和技术先进的国家。这一结构具有“重现甚至加剧了

---

❶ 例如那些无法像中国一样在中央整体领导下通过调动几乎所有潜在利益相关者，包括政府、学术界、法律界和企业，来加快其 WTO 诉讼能力的发展中国家。见 Manjiao（第 16 页注⑦，第 33 页）。此外，与许多发展中国家不同，中国已拥有应对这类挑战的经济措施。同上注。鉴于这种区别，看洪都拉斯如何要求与澳大利亚进行世贸组织磋商十分有趣。参见 Press Release，Republica de Honduras Secretaria de IndustriayComercio，Honduras Requests WTO Consultations with Australia Concerning its Law on Plain Packaging for Tobacco Products（Apr. 4，2012），http：//www. ip-watch. org/weblog/wp-content/uploads/2012/04/Honduras-Press-Release-Apr-2012. pdf（认为澳大利亚对于烟草产品包装的法律违背了 WTO 体制下保护商标的义务，并且也不是解决吸烟率的适当措施）；同样参见 William New，Honduras Files WTO Dispute Case vs. Australia Over Tobacco IPR，INTELL. PROP. WATCH（Apr. 4，2012），http：//www. ip-watch. org/2012/04/04/honduras-files-wto-dispute-case-vs-australia-over-tobacco-ipr/.

❷ 例如 Text for the African Group Proposals on Dispute Settlement Understanding Negotiations-Communication from Cote d'Ivoire，TN/DS/W/92，2 ~ 3，§ IV（Mar. 5，2008）（提议设立一个争端解决基金）。这可能是在 WTO 的支持下，或由一个特殊基金支持，例如世界银行。同上注。

国际知识产权法律制定的这些偏见”的倾向。[1]

尽管存在这些争论，WTO 争端解决机制的好处是毋庸置疑的。例如，这一结构帮助了中国经济与全球经济的融合：

WTO 争端解决机制对中国最主要的是经济方面的影响。一方面，WTO 争端解决机制为中国提供了一个以规则为基础的多边解决机制来解决与合作伙伴的贸易摩擦，这对中国以及世界各国都有着日益增长的重要性。另一方面，WTO 争端解决机制也通过世界贸易法院的审查，帮助中国改善其贸易管理制度的透明度和稳健度，从而发挥了建设性作用。从这个意义上讲，WTO 争端解决机制可以在推动中国经济改革中发挥相当大的外力作用。[2]

---

[1] Engelbrekt，第 17 页注❷，at 135，160. Townsend 和 Charnovitz（第 18 页注❸第 467 页）也批评了 DSU 程序过于冗长，并且如果有成员不遵守规则，那么就会出现明显的问题。此外，在对高地棉案进行评论的同时，这些作者也间接承认了 DSU 机制提供了一个可行的解决方案，以搁置特许权、其他义务或反措施，并建议该机制的更有效利用。同上注，第 458 页、第 463 页、第 465 页。

[2] Manjiao，第 16 页注⑦，at 49（内部引文省略）。WTO 体制甚至可能影响中国的社会问题：“同样需要注意的是，中国加入 WTO 争端解决的影响可能远远超出经济领域，WTO 争端解决还特别在中国人民和政府机关加强法制方面起了积极的作用。”同上注。

四、“权宜之婚姻”对经济发展的影响

（一）看到的事实

许多对于国际知识产权制度，特别是对 TRIPs 的批评，都侧重于对发展中国家政权的影响。❶ 但是，如果仔细观察该知识产权架构实施以来世界经济的实际发展，还有任何理由对此提出批评吗？

首先，虽然有些国家会反对自己被归类为发展中国家，但是金砖国家（巴西、俄罗斯、印度、中国和南非）的短期进展就能表明“权宜之婚姻”对发展中国家的影响。❷ 多方面的原因促成了这样的结果。金砖国家的人口超过世界人口的 41%，对全球经济的发展贡献超过 20%。❸ 2011 年，金砖国家的国内生产总值

---

❶ 例如，Peter K. Yu，A Tale of Two Development Agendas，35 OHIO N. U. L. REV. 465，465（2009）hereinafter Yu，Two Development Agendas；Straus，New World Order，第 14 页注❸；Christophe Geiger，Exploring the Flexibilities of the TRIPs Agreement's Provisions on Limitations and Exceptions，in Thestructure of Intellectual Property Law 287（Annette Kur & Vytautas Mizaras eds.，2011）（“如果是现在提交给 WTO 组织成员国，那么几乎不可能被签署”）。

❷ 金砖国家指巴西、俄罗斯、印度、中国和南非。参见 Rama Lakshmi，BRICS Heads，参见 K. Calmer Rhetoric on Iran，Syria，WASH POST，Mar. 30，2012，at A10.

❸ 同上注。

（GDP）约 13. 5 万亿美元，占全球国内生产总值的 1/4 以上。[1] 据国际货币基金组织（IMF）预测，到 2012 年金砖国家将占全球国内生产总值增长约 56%，而 G－7 对 GDP 增长的贡献只有 9%。[2] 此外，2010 年金砖国家的贸易总额达 2120 亿美元，一些人预测，到 2015 年，金砖国家的国内贸易将超过 5 000亿美元。[3]

例如，在巴西，1993 年外商直接投资（FDI）总额约为 10 亿美元，在 1995 年达到 50 亿美元，到 2008 年总额则超过了 450 亿美元。[4] 由阿根廷、巴西、巴拉圭和乌拉圭为首的国家组成了南方共同市场，而欧洲则是南方共同市场国家的最大外国投资者。[5] 欧盟在这里投资了 1 650亿欧元，比在印度、俄罗斯和中国的投资总额还多。[6] 1999 年后，巴西 GDP 都以平均每年 3. 05% 的速度

---

[1] Press Release, Fact Sheet BRICS Partnership for Global Stability, BRAZIL. GOV (Mar. 3, 2012), http://www. brasil. gov. br/para/press/press-releases/march-2012/fact-sheet-brics-partnership-for-global-stability/br_ model1? set_lan（后文简称 BRICS Press Release）.

[2] 同上注。

[3] 同上注。

[4] Arrival and Departures: Foreigners are Investing in Brazil, Brazilian Companies are Going Shopping Abroad, ECONOMIST, SPECIAL REP., Nov. 14, 2009, at 9, fig. 3.

[5] Profile: Mercosur-Common Market of the South, BBC (Feb. 15, 2012), http://news. bbc. co. uk/2/hi/americas/5195834. stm.

[6] Press Release, EU Trade Commissioner Karel De Gucht travels to Argentina and Brazil to discuss EU-Mercosur trade negotiations, EUROPEAN COMMISSION ON TRADE (Sept. 13, 2010), http://trade. ec. europa. eu/doclib/press/index. cfm? id=613.

增长。[1] 此外，巴西最近在 GDP 排名中取代英国，成为全球第六大经济国。[2]

根据俄罗斯央行估计，外国在俄罗斯的直接投资由 2009 年的 365 亿美元上升至 2010 年的 412 亿美元。[3] 1999～2010 年，俄罗斯国内生产总值的年均增长率为 4.6%。[4]

自 1999 年以来，印度国内生产总值的年均增长率为 7.4%。[5] 2010 年国外直接投资为 390 亿美元；[6] 2011 年的出口额为 2 450

---

❶ 由作者按照 Index Mundi 计算。参见 Historical Data Graphs per Year, Economy: GDP-real growthrate-Brazil, INDEX MUNDI, http://www.indexmundi.com/g/g.aspx?v=66&c=br&l=en (Oct. 29, 2012).

❷ Phillip Inman, Brazil's Economy Overtakes UK to Become World's Sixth Largest, GUARDIAN(Mar. 6, 2012, 11:51 AM), http://www.guardian.co.uk/business/2012/mar/06/brazil-economy-worlds-sixth-largest.

❸ Foreign Direct Investment in Russia Up 39 pct in H1 Says Putin, RIA NOVOSTI, (July 20, 2011, 4:23PM), http://en.rian.ru/business/20110720/165298144.html.

❹ 数据由作者基于蒙蒂指数的可用数据计算得出。参见 Historical Data Graphs per Year, Economy: GDP-real growth rate-Russia, Index Mundi, http://www.indexmundi.com/g/g.aspx? v=66&c=rs&l=en (last visited Oct. 30, 2012).

❺ 数据由作者基于蒙蒂指数的可用数据计算得出。参见 Historical Data Graphs per Year, Economy: GDP-real growth rate-India, Index Mundi, http://www.indexmundi.com/g/g.aspx? v=66&c=in&l=en (last visited Oct. 30, 2012).

❻ Invest Now India, India Brand Equity Foundation (Dec. 6, 2010), http://www.ibef.org/download/fdi_06_December10.htm.

亿美元，2012 年这一数值预计会达到 3 000亿美元。[1]

中国的平均国内生产总值自 1999 年以来每年的增长速度为 9. 1% ；1996 年，其外国直接投资由 1993 年的 100 亿美元攀升至 400 亿美元，2008 年超过 800 亿美元，并在 2011 年达到 1 240亿美元的最高额。[2] 仅 2011 年，中国政府批准的外商投资企业就有 27 712家。[3]

南非作为最新的金砖国家成员，国内生产总值的年均增长率

---

[1] Invest Now India, India Brand Equity Foundation（Mar. 5, 2012）, http：//www. ibef. org/download/newsletter_ 050312. html；同见 Straus, New World Order, 第 14 页注❸, at 13（describing the economic development of India）;Running with the Bulls：Are Indian Firms Really Going to TakeOver the World, Economist（Mar. 3, 2012）, http：//www. economist. com/node/21548965.

[2] 数据由作者基于蒙蒂指数的可用数据计算得出。Historical Data Graphs per Year, Economy：GDP-real growth rate-China, Index Mundi, http：//www. indexmundi. com/g/g. aspx? c = ch&v = 66（last visited Oct. 29, 2012）. The progress of inflow of FDI to China was calculated using the following sources：World Investment Reports 1994, U. N. Conference on Trade & Dev. 68 fig. II. 3, UNCTAD/DTCI/10（1994）; World Investment Reports 1997, U. N. Conference on Trade & dev. 5 fig. 1. 1, 78, UNCTAD/ITE/IIT/5（1997）; World Investment Reports 2009, U. N. Conference on Trade & DEV. xxiii, 50, 51 tbl. II. 8, UNCTAD/WIR/2009（2009）; Worldinvestment Reports 2012, U. N. Conference on Trade & DEV. xvi, 42, 43, UNCTAD/WIR/2012（2012）.

[3] Statistics of January-December 2011 on National Absorption of FDI, MINISTRY OF COM. PEOPLE'SREPUBLIC OF CHINA（February 02, 2012, 2：35 PM）, http：//english. mofcom. gov. cn/aarticle/statistic/foreigninvestment/201202/20120207948411. html；China's Economy and the WTO：All Change, E-CONOMIST（Dec. 10, 2011）, http：//www. economist. com/node/21541448.

为2.8%。[1] 然而，其FDI一直波动，2010年大幅下降至12亿美元，2011年又上升至45亿美元。[2]

金砖国家成员拥有独立于发展中国家之外的特殊经济地位。例如，俄罗斯的经济表现主要是由大量出口其自然资源，[3] 这有点类似于南非的资源生产的情况（虽然南非的政治局势使得经济缺少稳定性）。[4] 在印度，经济的自由化和私有化对其经济表现产生巨大的影响。[5]

此外，在邓小平的领导下，中国经历了深刻的结构性变化。[6] 中国在邓小平的领导下，进入了多个国际组织，如世界银行、国际货币基金组织、世界卫生组织和世界知识产权组织，并还准备

---

[1] 数据由作者基于蒙蒂指数的可用数据计算得出。Historical Data Graphs per Year, Economy: GDP-real growth rate-South Africa, Index Mundi, http://www.indexmundi.com/g/g.aspx? v = 66&c = br&l = en.

[2] South Africa 2011 FDI More Than Triples, Africa Overall Down, FOX BUS., http://markets.m.foxbusiness.com/quickPage.html?page = 34690&content = 65016974&pageNum = −1 (last visitedOct. 6, 2012).

[3] Russia Economy Expands 4.9% In Q1, EUR. ECON. NEWS, http://www.rttnews.com/1886563/russia-economy-expands − 4 − 9 − in-q1.aspx (last visited Oct. 12, 2012).

[4] Andrew England, Overview: Politics Starts to Unsettle Investors, FIN. TIMES (Nov. 3, 2011, 4: 23 PM), http://www.ft.com/intl/cms/s/0/d57b9fde-ffcb − 11e0 − 89ce − 00144feabdc0.htmlJHJaxzz297fOMbyX.

[5] Straus, New World Order, 第14页注❸, at 8.

[6] 作为共产党中央军事委员会成员，邓小平直到1989年以前都掌管着人民解放军。Inside China: Profiles, AReformer with an Iron Fist, CNN, http://www.cnn.com/SPECIALS/1999/china.50/inside.china/profiles/deng.xiaoping/ (last visited Nov. 8, 201). 邓小平的功绩在于实现了使得超过2亿人摆脱贫困的广泛经济改革。同上注。

加入世界贸易组织。[1] 邓小平也恢复了一个任人唯贤的制度，通过考试选定官员。[2]

因此，对“权宜之婚姻”的完整理解要求对发展中国家，如非洲、亚洲和拉美国家进行比较实证分析。此外，欧洲国家、日本和美国的数据也将包括在内。该分析内容将从 1999 年开始到 2010 年结束。

这段时间内，非洲国家的 GDP 年均增长 5.72%；[3] 同一时

---

[1] Ezra Vogel, Deng Xiaoping and the Transition of CHINA 696 (2011).

[2] 同上注。

[3] 平均 GDP 增长数值由作者基于蒙蒂指数网页上的可用数据计算得出。Charts, Historical Data Graphs, Index Mundi, http://www.indexmundi.com/g/ (last visited Oct. 29, 2012). 此外，每个国家的个别国内生产总值由同一网页的下拉菜单中选择该国访问得出。例如每年的历史数据图表，Economy: GDP-real growth rate, Index Mundi, http://www.indexmundi.com/g/g.aspx?v=66&c=ao&l=en (last visited Oct. 29, 2012) (Angola). The GDP increase for each country is as follows: Angola, 8.5%; Botswana, 4.65%; Chad, 7.30%; Ethiopia, 5.95%; The Gambia, 5.10%; Ghana, 5.59%; Kenya, 2.91%; Liberia, 7.00%; Malawi, 5.09%; Mozambique, 7.37%; Tanzania, 5.82%; Uganda, 5.30%; and, Zambia, 4.90%. 同样参见 infra Appendix, Table 1.

期，亚洲国家的 GDP 年均增长率为 5.15%，❶ 而拉美国家则年均增长 3.52%。❷ 欧盟原有成员的 GDP 年均增长率为 1.49%。❸ 新

---

❶ 平均 GDP 增长数值由作者基于蒙蒂指数网页上的可用数据计算得出。Charts，Historical Data Graphs，第 32 页注❸. 此外，每个国家的个别国内生产总值由同一网页的下拉菜单中选择该国访问得出。例如每年的历史数据图表，Economy：GDP-real growth rate，Index Mundi，http://www.indexmundi.com/g/g.aspx? v = 66&c = bg&l = en（last visited Oct. 29，2012）（Bangladesh）. The GDP's of the Asian countries are as follows：Bangladesh，5.55%；Cambodia，5.67%；Indonesia，4.55%；Laos，6.25%；Malaysia，4.57%；Pakistan，4.82%；Philippines，4.50%；Sri Lanka，5.09%；Thailand，4.15%；and，Vietnam，6.61%. 同上注。同样参见 infra Appendix，Table 2.

❷ 平均 GDP 增长数值由作者基于蒙蒂指数网页上的可用数据计算得出。Charts，Historical Data Graphs，第 32 页注❸. 此外，每个国家的个别国内生产总值由同一网页的下拉菜单中选择该国访问得出。例如每年的历史数据图表，Economy：GDP-real growth rate，Index Mundi，http://www.indexmundi.com/g/g.aspx? v = 66&c = ar&l = en（last visited Oct. 29，2012）（Chile）. 这些国家数据如下：阿根廷（不考虑 2002 年阿根廷金融危机时下跌了 14.7%），5.13%；智利，3.43%；哥伦比亚，3.05%；哥斯达黎加，4.08%；厄瓜多尔，2.46%；墨西哥，2.35%；秘鲁，5.15%；乌拉圭，3.21%；以及委内瑞拉，2.08%. 同样参见 infra Appendix，Table 3.

❸ 平均 GDP 增长数值由作者基于蒙蒂指数网页上的可用数据计算得出。Charts，Historical Data Graphs，第 32 页注❸. 此外，每个国家的个别国内生产总值由同一网页的下拉菜单中选择该国访问得出。例如每年的历史数据图表，Economy：GDP-real growth rate，Index Mundi，http://www.indexmundi.com/g/g.aspx? v = 66&c = au&l = en（last visited Oct. 29，2012）（Austria）. 这些国家数据如下：奥地利，1.50%；比利时，1.6%；丹麦，1.21%；芬兰，2.18%；法国，1.28%；意大利，0.42%；德国，0.94%；葡萄牙，0.80%；瑞典，2.64%；西班牙，2.20%；以及英国，1.60%。同样参见 infra Appendix，Table 4.

欧盟成员国的增长率为 3.16%。❶ 同期日本 GDP 年均增长率为 1.63%，美国为 2.42%。❷

为了完成此数据分析，另外两个事实是很重要的。首先，在 1985 年，十大高科技产品出口国从高到低排列依次为，美国、日本、德国、英国、法国、荷兰、意大利、加拿大、中国香港和新加坡。❸ 然而到 2005 年，这一排名变成了中国、美国、德国、日

---

❶ 平均 GDP 增长数值由作者基于蒙蒂指数网页上的可用数据计算得出。generally Charts，Historical Data 4.34 Graphs，第 32 页注❸. 此外，每个国家的个别国内生产总值由同一网页的下拉菜单中选择该国访问得出。例如每年的历史数据图表，Economy：GDP-real growth rate，Index Mundi，http：//www.indexmundi.com/g/g.aspx？ v = 66&c = bu&l = en（last visited Oct. 29，2012）(Bulgaria). 个别国家的数据如下所示：保加利亚，3.73%；捷克共和国，2.73%；爱沙尼亚，3.23%；匈牙利，2.20%；拉脱维亚，3.13%；立陶宛，3.23%；波兰，4.12%；罗马尼亚，2.85%；斯洛伐克，4.34%；以及斯洛文尼亚，2.64%。同样参见后文附录，表五（附录表中的数据不具太多的阅读价值，故略。——译者注）。

❷ 数值由作者基于蒙蒂指数计算得出。Historical Data Graphs per Year，Economy：GDP-real growth rate，Index Mundi，http：//www.indexmundi.com/g/g.aspx？ v = 66&c = ja&l = en（last visited Oct. 29，2012）(Japan)；Historical Data Graphs per Year，Economy：GDP-real growth rate，Index Mundi，http：//www.indexmundi.com/g/g.aspx？ v = 66&c = us&l = en（last visited Oct. 29，2012）(United States).

❸ Kevin P. Gallagher & Roberto Porzecanski，Climbing Up the Technology Ladder？ High-Technology Exports in China and Latin America 11（Ctr. for Latin Am. Studies，Univ. of California，Berkeley，Working Paper，No. 20，2008）. 外商独资企业主导中国高科技产品的出口，但需要注意的是，事实上一些作者指出："中国只负责进料加工，生产阶段技术含量低，且没有获得真正的核心技术。" Shusong Ba & Shanshan Shen，Research on China's Export Structure to the US：Analysis Based on the US Economic Growth and Exchange Rate，5 Frontiers Econ. IN CHINA 339，344（2010）.

本、中国香港、新加坡、韩国、法国、英国和荷兰。[1] 其次，现在亚洲最大的经济体每年花费约4 000亿美元用于研究开发，支出金额与美国相当，并且超过了欧洲的3 000亿美元的支出。[2] 因此，美国和欧洲由于中国加入WTO似乎受到重挫。

中国加入世贸组织的工作拖延了15年，就像中国前总理朱镕基所说，“足够将黑发人变成白发人”。即使被授予了成员国资格，10年前的这个时期，朱镕基也料想到还有许多头疼的事情需要处理，如关税的损失和加入国外竞争后给农民带来的损失。

然而，这场“赌注”给中国带来了收益。它已经发展成为世界上最大的出口国和第二大进口国。外国技术、中国劳动力和开放的全球市场结合所产生的成功超越任何人的预测。[3]

这一成功使得中国的科技公司也蓬勃发展起来。2011年，《专利合作条约》（PCT）的国际专利申请量，排名第一的是中兴通讯股份有限公司，华为技术有限公司排名第三。[4] 像华为这样的中国企业已经不能再被称为“山寨”，而是成为欧洲竞争者害

---

❶ Gallagher & Porzecanski，第34注❸，p. 11.

❷ *Brain Gain：Why America is Wrong to Fear Asian Innovation*，Economist（Jan. 21，2012），http：//www. economist. com/node/21543170.

❸ *Ten years of China in the WTO：Shades of Grey*，Economist，Dec. 10，2011，at 18.

❹ *International Patent Filings Set New Record in* 2011，WIPO（Mar. 5，2011），http：//www. wipo. int/pressroom/en/articles/2012/article_ 0001. html.

怕的创新性竞争对手。❶

相比之下，美国作为世界新经济秩序的发起人，其经济发展状况十分严峻。

现实情况是，截至2000年，虽然美国制造业产出和就业情况仍相对稳定，但在过去的10年里，美国经历了世界历史上最深重的工业衰退。正确测量结果是，制造业产出实际上是下降的。制造业就业人数下降了33%，损失570万个就业岗位，甚至比大萧条时期的下降更为严重。

美国制造业下降的一个重要原因是投资的持续性缺乏。2000～2010年，由美国制造商在美国境内资本投资下降了21%以上，美国制造企业在国外的资本甚至要比国内资本平均高出16%。

美国劳工统计局对10个国家1997～2009年间的追踪发现，没有哪一个国家在制造业工作岗位上失去的份额比美国多。事实上，过去的10年中，如果制造业的生产量和国内生产总值以同样的速度增长，美国会新增220万制造业工作岗位。鉴于乘数效应，制造业工作对经济的影响，至少是两倍。如果美国的制造业不缩水，那么现在可能就多出600万份工作。总而言之，过去10年间美国制造业工作岗位的大量削减并没有说明生产率的提高，而是说明美国制造业竞争力不足导致产量下降。同时也表明美国制造商越来越多在海外投资的事实。这并不是一个国内制造业健

❶ Daniel Thomas & Paul Taylor, *Huawei Lets Loose its Ambition*, FIN. TIMES, Mar. 1, 2012, at 22；同样参见 Michael Schrage, *Global Innovators from Emerging Markets*, RES. & TECH. MGMT. 10（2011），争论认为宏观和微观经济因素使得金砖四国以及其他类似经济体中以出口为中心的企业，转向创新和质量的提高。

康发展的景象。❶

（二）一些解释性思考

本文粗略描述了自世贸组织成立以来全球经济的发展，比较清楚地说明了“权宜之婚姻”给全球性产业、新兴经济体和许多发展中国家带来的收益。❷ 从一定程度上来说，这些经济变化使得商业利益从国家宏观经济利益中分离开来。❸ 许多发达国家的政府只能逐步实现“权宜之婚姻”带来的联合经济影响。❹ 未来将证明中国❺和其他发展中国家劳动力成本的增加是否会导致

---

❶ Stephen Ezell, Revitalizing U. S. Manufacturing, 28 ISSUES IN SCI. & TECH. 41, 42 (2012)；同样参见 Robert E. Scott, The China Toll: Growing U. S. Trade Deficit with China Cost More Than 2. 7 Million Jobs between 2001 and 2011, With Job Losses in Every State, ECON. POLICY INST. (Aug. 23, 2012), http://www.epi.org/publication/bp345-china-growing-trade-deficit-cost/（考察了美国与中国贸易赤字对美国雇工的影响）。

❷ Martin Wolf, The World's Best Hope for Growth, FIN. TIMES, Jan. 11, 2012, p. 13（认识到新兴市场是经济体中最发达的，其增长也是最具活力的，尽管亚洲发展中地区属于全球经济危机地区，其次是撒哈拉以南的非洲）.

❸ Lawrence Summers, A Strategy to Promote Healthy Globalisation, FIN. TIMES, May 5, 2008, p. 11.

❹ Straus, *New World Order*, 第14页注❸, p. 14 ("[T] he benefits of globalization for the national economies of the industrialized countries are not easily communicable. . . . ").

❺ Manufacturing: The End of Cheap China, Economist, Mar. 10, 2012, at 75（注：中国的劳动力成本在过去4年内保持着每年20%的增长率）。

“回岸”（工作岗位回流[1]），并给全球经济带来一个新的平衡。

然而现阶段我们可以知道的是，根据 WTO 法律和经济秩序所作出的预测不仅适用于印度，[2] 同时也适用于一大批其他的发展中国家。但是 TRIPs 的反对者们仍旧忽视由“权宜之婚姻”带来的开放的国际市场和更高强制性的知识产权保护标准。[3]

只有在 WTO 争端解决机制的强制性审查和制衡之下，柔合稳定的政治环境、运作良好的司法系统以及高的教育标准相结合，才能产生适合国际公司搬迁生产和研发活的环境。[4] 由于对发达国家而言发展中国家的成本仍然较低，搬迁公司可以服务于当地市场以及全球。此外，当地的科学家、工程师和工人的生产和研发必然导致知识、技术和技能在国家劳动力之间的转移。因此讽刺的是，发展中国家知识产权执法的改善，相应地增加了其

---

❶ *E. g.*, Ed Crooks, GE Takes MYM 1bn Risk in Bringing Jobs Home, FIN. TIMES, Apr. 3, 2012, p. 17（GE 实施了“回岸”生产策略，由于曾经“离岸”政策对劳动力成本促进的部分影响，在美国创造了 13 500个新职位）。

❷ H. P. Barooah, Prolegomena, in GATT Agreement or Dunkel Draft Treaty: Its Impact on Agriculture Industry, Trips and Trims, and Drug Industry 3 ~ 4 (Devadas Bhorali ed., 1994).

❸ Straus, New World Order, 第 14 页注❸, p. 15.

❹ Panel Report, *China-Measures Affecting the Protection and Enforcement of Intellectual Property Rights*, WT/DS362/R (Jan. 26, 2009)（展示了这些机制的有效性）; Yu, TRIPs Enforcement, 第 24 页注❷, p. 781（研究 WTO 专家组对中国报告，并指其提供欠发达国家解释 TRIPs 的优越性）。

位置吸引力，可能（或许已经❶）对发达世界的各国经济利产生不利影响。

在此背景下，把 TRIPs 协议独立于 WTO 的其他法律机制，分析其对经济的影响，而不管与 TRIPs 相关的分析是否涉及研发支出、❷ 外商直接投资或❸国内生产总值❹或者是纯粹的法律解释，❺ 将忽视了 TRIPs 在这场“权宜之婚姻”中所发挥的关键作

---

❶ 例如 Stephen Ezell，*Revitalizing U. S. Manufacturing*，28 ISSUES IN SCI. & TECH. 41，42（2012）（批评美国工作的离岸政策已经引起严重的失业以及美国国内产量下降）；James Boxell，*France Struggles to Stem Industrial Decline*，FIN. TIMES，Apr. 10，2012，at 5（“虽然离岸工作可能会为法国的私人企业带来利益，但已造成 10% 的失业率以及 700 亿的欧洲出口额的下降”）。

❷ Darnita Y. Akers & Sencer Ecer，*The TRIPs Agreement and Its Effect on the R&D Spending of US Owned Multinational Companies in Developing Countries*，43 J. World Trade 1173，1191（2009）（发现证据表明，采用 TRIPs 协议规定将有助于发展中国家吸引研发更先进的国家，并认为“二十年的专利保护应广泛开展，而药品专利保护的细节要更仔细地审查”）。

❸ Keith Maskus，et al.，*Patent Rights and International Technology Transfer Through Direct Investment and Licensing*，in International Public Goods and Transfer of Technology Under a Globalized Intellectual Property Regime266，269（Keith Maskus & Jerome H. Reichmann eds.，2005）.

❹ H. Kadri & M. Saykhedkar, *Post-TRIPs Patenting Trends in India with Special Reference to USA: A Comparative Analysis*, 16 J. INTELL. PROP. RTS. 217, 219, 220 fig. 5, 223（2011）（指出美国在印度的申请人数表明，美国一直是知识产权的主要受益者，而印度不断增长的 GDP 则不依赖创新和专利）。

❺ 例如，Yu 有关知识产权执法的文章中不引用任何有关世贸组织争端解决机构决定的跨部门报复措施，并且也没有讨论整个 WTO 法律和经济机制如何直接或间接地有助于实现 TRIPs 协议的第七和第八原则。参见 *generally* Yu，*TRIPs Enforcement*，第 24 页注❷。

用。这种做法无法把握争议的组织复杂性现象，即该结构的角色不是仅仅依赖于属性的各个元素的出现频率，同时也与这些元素的连接方式有关。[1] 通过这一理论，只有考虑了 WTO 法律文件的功能互通，才可以充分地估算 TRIPs 和 WTO 争端解决机制对经济发展的影响。整个 WTO 法律制度是一个脆弱的结构，是经过多年争议谈判后妥协的产物。因此，任何实质性修改其中某些元素的尝试，例如在 TRIPs 中引入对知识产权的国际强制性上限[2]，都可能会干扰或攻击到发展中国家的经济利益。

现阶段很多国家可能不会签署 TRIPs 协议并因此不签署 WTO 协议，这可能是真的，但是发展中国家不会这么做。[3] 很难相信从世界经济秩序中获利颇多的国家现在会放弃签署 TRIPs 协议。更有可能的是，由于担心 WTO 法律结构所带来的经济影响，一些所谓的发达国家会拒绝签署协议。因此发达国家的任何经济保护主义都有可能意味着从 WTO 体制中的退出。[4] 尽管只是粗糙的

---

❶ Friedrich August von Hayek, Prize Lecture: The Pretence of Knowledge, Nobel Prize, http://www.nobelprize.org/nobel_prizes/economics/laureates/1974/hayek-lecture.html (last visited Sept. 28, 2012).

❷ *E. g.*, Annette Kur & Henning Grosse Ruse-Khan, Enough is Enough-The Notion of Binding Ceilings in International Intellectual Property Protection, in Intellectual Property Rights in a Fair World Trade System: Proposals For Reform of Trips 400 (Annette Kur & Marianne Levin eds., 2011).

❸ 同上注，p. 364.

❹ *E. g.*, Peter Marsh, Editorial, Mittal Urges for "Buy European" Project, FIN. TIMES, May 11, 2012, at 13s.

搭配，[1] 但全球经济数据表明，“权宜之婚姻”不仅为金砖国家带来收益，同时也给一些一般规模的发展中国家提供了帮助。

五、新环境下的知识产权保护

（一）金砖国家

就像之前所预测的，能够解决1990年后历史巨变的唯一灵丹妙药就是市场经济。[2] 20年后，根据现有的实际情况，这种方法正在受到挑战。一份特别报告中的数据显示，[3] 随着雷曼兄弟的倒闭，自由市场必胜的信念得到了终结。同时，以国家为中心的资本主义处于明显的上升期。[4] 中国国有企业占股市值的80%，俄罗斯为62%，巴西为38%。[5] 这些以国家为中心的经济“在新兴世界的动态市场中蓬勃发展，富裕国家在过去的几年中增长率为1.6%，而国家中心经济体却以每年5.5%的速度不断增长，并

---

❶ Von Hayek，第40页注❶（我更喜欢虽然不完善但真实的知识，即使它留下很多不确定性和不可预测性，而看起来确定的知识很可能是不正确的）。

❷ Papaconstantinou，第9页注❶，p. 181.

❸ The Visible Hand，Economist，Jan. 21，2012，at 55.

❹ 同上注，p. 58.

❺ 《经济学人》的报告没有涉及印度，尽管印度拥有世界上最大的一些国有企业。同上注。

有可能在2020年占到世界的GDP总量的一半。[1]

本文不预测国家资本主义对自由市场的影响,[2] 以及其渗透进如法国或南非这样的国家的可能性。[3] 但是即使存在很多共同点的国家,[4] 比如金砖国家，它们在对待知识产权作用即作为提高技术开发和创新、吸引外国技术或者增强国民经济竞争力的工具的态度上有着明显的不同。

1. 中国

在这方面，中国近年来的发展证明了以国家为中心的资本主义对一个国家的创新能力和竞争力的影响。2008年，中国国务院正式颁布实施了《中国国家知识产权战略纲要》。[5] 为协调这一战略的实施，国务院批准成立关于实施国家知识产权战略的部际联席会议，其中涉及28个部门和组织。[6] 联席会议的努力在国家知识产权局田力普局长于中国国家知识产权局2010年年报的总结

---

❶ 第41页注❺。

❷ 同上注，p. 59（“市场的无形之手正在让位给有形之手，以及国家资本主义的专制之手……”）。

❸ 《经济学人》中报告的这种趋势揭示了国有企业在技术和法律方面的更为复杂和微妙的控制情况。The Visible Hand，Economist，Jan. 21，2012，p. 59. Kyle Hatton & Katharina Pistor，Maximizing Autonomy in the Shadow of Great Powers：The Political Economy of Sovereign Wealth Funds，50 COLUM. J. TRANSNAT'L. L. 1（2011）（说明了主权财富基金对国家经济的支持作用，特别是科威特、阿布扎比、新加坡和中国）。

❹ 例如，国内生产总值、外商直接投资或一个积极的贸易平衡常数的持续增长。参见 supra Part IV. A.

❺ State Intellectual Property Office of The People's Republic of CHINA Annual Report 4～5，28（2010）（hereinafter CHINA Sipo Annual Report）.

❻ 同上注，p. 28.

中得到了体现。他总结说道，凭借在 IT 领域取得的成就，中国国家知识产权局逐步形成了公共专利信息服务手段，加强能力建设，提高其服务质量。[1] 这些措施表明了“看得见的手”在起作用，然而，是否成功尚不清楚。

专利统计数据中有一个不完美的答案。2001～2010 年间，在中华人民共和国国家知识产权局申请的专利数量平均每年增长 22.6%；在绝对数量上，由每年 62 450 的申请数量上升到 391 177。[2] 其中 293 066件（或 74.9%）来自国内申请人（包括中国香港、澳门和台湾地区），每年同比增长 27.9%。[3] 2010 年，中国申请人在美国提出的专利申请 8 162 件，在欧洲专利局（EPO）2 049件，在日本 1 063件，在俄罗斯 265 件，在巴西 225 件。[4] 2010 年，以 GDP 为论，中国成为世界第二大经济体。[5]

中国在 WTO 法律架构内解决知识产权问题的“有形之手”的能力可以在制药行业得到体现。即使 1992 年的专利法修订为药品和化学品提供了产品专利保护以及针对假药的斗争，截至

---

[1] State Intellectual Property Office of The People's Republic of CHINA Annual Report 4～5，28（2010）［hereinafter CHINA Sipo Annual Report］. pp. 7～8.

[2] WIPO Economics & Statistics Series：2011 World Intellectual Property Indicators 39～40，43 fig. A. 2. 3. 1，51，54 fig. A. 3. 3. 1（2011）（hereinafter 2011 WIPO Indicators）.

[3] CHINA Sipo Annual Report，第 42 页注❺，p. 37（2010）.

[4] 2011 WIPO Indicators，本页注❷，at 54 fig. A. 3. 3. 1.

[5] 同上注，p. 40.

2011年，中国仍旧没有授予强制许可。[1][2] 事实上，尽管困难重重，中国药品生产商似乎已经利用了对他们有利的新法律制度：中国是全球主要的原料药供应商（API）和药物中介之一。[3] 此外，中国是外资药品生产原料的主要生产商之一，[4] 2008～2011年，十大中国药企的总产量平均每年增长了23%。[5] 与此同时，外国制药公司已经在中国建立了自己的研究实验室。[6]

2. 俄罗斯

俄罗斯与其他金砖国家并没有可比性，因为俄罗斯并没有像中国一样采取具体的、无所不包的知识产权战略，也没有类似专利申请的输出。例如，2010年俄罗斯42 500件专利申请中，本国人申请为28 722件，这一数字比国外申请者申请量的两倍还要多。[7] 但俄罗斯人在国外申请专利却是出奇的少：在美国606件，在欧洲知识产权局176件，在中国111件，在日本40件，在韩国

---

[1] Li Liu & Hongzhou Lu，Technology Development Through Pooling ARV Drug Patents：A Vision From China，4 THE OPEN AIDS J. 54，57（2010）.

[2] Averie K. Hason & Jean E. Shimotake，Recent Developments in Patent Rights for Pharmaceuticals in China and India，18 PACE INT'L L. REV. 303，310（2006）.

[3] Jianqiang Hu Et Al.，Pharmaceutical Supple CHAIN in CHINA：Challenges and Opportunities 20（2010）.

[4] 同上注，p. 31.

[5] Paul Kielstra，Economist Intelligence Unit，Reinventing Biopharma：Strategies for an Evolving Marketplace in Emerging CHINA 6（2012）.

[6] 同上注，pp. 14，16（描述阿斯利康、礼来、罗氏和拜耳等公司在中国的活动）。

[7] 2011 WIPO Indicators，第43页注[2]，p. 54 fig. A. 3. 3. 1.

30件，在巴西22件。[1] 因此，来源于俄罗斯的技术或高新技术产品出口在世界市场十分缺乏。与此同时，俄罗斯在整体经济方面的良好表现表明，其经济的主要动力是其本国的自然资源以及对世界市场的出口。[2]

3. 印度

相比之下，印度的专利申请数量从2000年的8 538件增长到了2009年的34 287件。[3] 此外，在34 287份申请中，绝大多数都是外国申请者的申请。[4] 与此同时，印度人在国外的专利申请更加积极：2010年，他们在美国提出了3 789项专利申请，在欧洲专利局（EPO）提出423项，巴西139项，日本162项。[5] 因此，美国市场是迄今为止印度工业最重要的出口国。[6] 此外，印度在

---

[1] 2011 WIPO Indicators，第43页注❷，p. 54 fig. A. 3. 3. 1.

[2] Laura Solanko，Energy and the Russian Economy，in Russia，Finland，and Norway：Economic Essays 6（Inst. for Econs. in Transition 2009）.

[3] 2011 WIPO Indicators，第43页注❷，at 40.

[4] 同上注，p. 43 fig. A. 2. 3. 1（只显示了图形，没有相应的具体量化数字）。

[5] 同上注，p. 54 fig. A. 3. 3. 1. 同样参见Kadri & Saykhedkar，第39页注❹，at 220 fig. 3（提出2010年印度在美国提出的专利申请为3 110件，比起2009年的申请人数增加了20%）。

[6] *E. g.*，Ranbaxy Crosses MYM 2BN in Global Sales，Ranbaxy（Feb. 23，2012），http：//www. ranbaxy. com/news/newsdisp. aspx？cp = 993&flag = ARC（In 2011，Ranbaxy sales in the U. S. amounted to MYM 720 Million USD，a growth of 27%）.

拒绝专利申请并给予强制许可方面占有重要地位。[1] 最后，印度公司（特别是制药商）经常被卷入在印度[2]和美国[3]的专利诉讼之中。

4. 巴西

2004 年 12 月 2 日，巴西通过促进科学生产的第 10.973/04 号法律，该法通常被称为“技术创新法”。[4] 该法律提供了一种机制，以防止过早公开和出版研究成果，并且改善了产业界和学术界之间合作研究项目的条件。[5] 尽管有这些变化，其影响一直相

---

[1] Mark Estavillo, *India Grants First Compulsory License, for Bayer Cancer Drug*, INTELL. PROP. WATCH（Mar. 12, 2012, 9: 02 PM）, http: //www. ip-watch. org/2012/03/12/india-grants-first-compulsory-licence-for-bayer-cancer-drug/（描述了 2012 年 3 月 9 日授予 Natco 制药有限公司强制许可的情况）; Madhur Singh, *Indian Patent Office Grants First Compulsory License of Bayer Drug*, 26 Bloomberg（BNA）World Intell. Prop. REP. 16（April 2012）（说明了授予这家公司强制许可的主要原因）。

[2] Rachel Marusak Hermann, *Novartis Before India's Supreme Court: What's Really At Stake?*, INTELL. PROP. WATCH（Mar. 2, 2012, 12: 05 PM）, http: //www. ip-watch. org/2012/03/02/novartis-before-india's-supreme-court-what's-really-at-stake/; Singh，本页注[1]，at 14.

[3] Janice M. Mueller, *The Tiger Awakens: The Tumultuous Transformation of India's Patent System and the Rise of Indian Pharmaceutical Innovation*, 68 U. PITT. L. REV. 491, 537 ~ 38（2007）（描述兰伯西实验室有限公司和雷迪博士实验室有限公司如何试验跨国公司拥有的专利是否有效）。

[4] Marc H. Ehlers, *Patents and the Law of Technological Innovation*, Dannemann Siemsen News（Sept. 2005）, http: //www. dannemann. com. br/site. cfm? app = show&dsp = dsnews_ 200509_ 1&pos = 5. 98&lng = en.

[5] Ehlers，本页注[4]。

对有限。2010 年，巴西居民提出了 2 705项专利申请。❶ 相比之下，外国人在巴西的专利申请数量从 1995 年的 4 741项上升到了 2010 年的 19 981项。❷ 相比于经济合作与发展组织，巴西人均用于研发的资金也少得多。❸ 2010 年，巴西居民在美国专利和商标局提交了 568 项专利申请，❹ 2011 年，他们在欧洲知识产权局提交了专利申请 208 件。❺ 这些不完善的统计数据表明，尽管巴西航空工业公司和巴西国家石油公司等公司表现出色，巴西的经济成功主要还是依赖于商品部门。

5. 南非

在政策方面，南非最接近中国。这是第一个认识到创新是经济发展一个重要组成部分的发展中国家。1994 年，南非出台了国

---

❶ *Brazil-Patent Applications*, Index Mundi, http://www.indexmundi.com/facts/brazil/patent-applications (last visited Sep. 26, 2012)（2005～2009 年提交专利申请的巴西居民人数分别为 3 905，3 810，4 023，4 084，3 921）。

❷ 同上注。

❸ Arrival and Departures，第 28 页注❹，p. 9（指出韩国人口虽然只有巴西人口的 1/4，却登记了约 30 倍之多的专利）；2011 WIPO Indicators，第 37 页注❶，p. 51（2010 年韩国申请专利的人数为 121 805）。

❹ *Number of Utility Patent Applications Filed in the United States*，USPTO，http://www.uspto.gov/web/offices/ac/ido/oeip/taf/appl_yr.htm（last visited Oct. 12，2012)（指出 2005～2009 年的专利申请分别为 295、341、375、442 和 464 项）。

❺ *European Patent Applications* 2002～2011 *per Country of Residence of the Applicant*, EPO, http://www.epo.org/about-us/statistics/patent-applications.html (last visited Oct. 12, 2012)（指出 2005～2010 年的专利申请分别为 129、150、153、180、182 和 191 项）。

家创新体系政策。[1] 2002 年，科学技术部发布了旨在支持南非竞争和发展的“全国研究与发展战略”。[2] 这一战略涵盖了促成建立生物科技区域创新中心的生物技术战略、先进制造战略以及信息和通信技术战略。[3] 此外，成立了一项创新基金，推出了多项专利鼓励办法：科研机构的专利支持基金是政府资助研究机构专利的费用，中小企业专利支持基金用以支持中小型企业（SMEs），尤其是中小企业与黑人经济力政策凭据的专利费用，以及激励源于南非研究机构发明的专利保护的专利激励基金。[4]

南非的《公共资助研发的知识产权法》是其当下对知识产权态度的最好证明。[5] 根据该法的序言，其目的是更有效地利用知识产权来吸收公共研发资金，建立国家知识产权管理办公室的知

---

[1] Norman Kaderland, SARIMA and Achieving Innovation in South Africa, Innovation Matters (July, 31, 2006), http://innovationmatters.com/newsletter/current/2006n_ July_ 31_ Vol4_ Issue14/ideas.html.

[2] 同上注。David Kaplan, Science and Technology Policy in South Africa: A Critical Assessment of Past? Performance and Proposed Future Directions 29 ~ 30 (United Nations Indus. Dev. Org., Working Paper No.? 01/2008, 2008), http://www.unido.org/fileadmin/user_ media/Publications/Research_ and_ statistics/Branch_ publications/Research_ and_ Policy/File Mclean Sibanda, Innovation Fund, the State of Patenting in South Africa 1 (2007), http://www.rcips.uct.ac.za/usr/rcips/news/stateofpatenting_ SA.pdf.

[3] Sibanda，本页注[2]，p. 1.

[4] 同上注，p. 1.

[5] Intellectual Property Rights from Publicly Financed Research & Development Act, 2008, GG No.31745 of Dec.22, 2008 (S. Afr.)（后文简称 S. Afr. IP Act）。

识产权基金，为在公立研究所建立技术转让办公室提供帮助。[1] 此外，这项立法出台了一项政策，要求政府尽可能开发研究资助的机会，使广大市民受益。因此，该法案的目标是："为了共和国人民的利益，出台规定使公共资金资助研发的知识产权得到确定、保护、利用和商业化，无论这是否有益于社会、经济、军事或任何其他方面。"[2]

因此，该法案规定政府资助研发所产生的知识产权所有权人通常是资金的接收者，但是也有可能由国家知识产权管理办公室提供。[3] 此外，它提出了接收人关于管理责任和信息披露的职责。接收人必须为知识产权的鉴定、保护、开发、管理、交易、商业化，以及与之相关的适当能力建设采取机制措施。[4] 接收人还必须提供切实有效的措施和程序，以确保研究成果出版之前被妥善保护。[5]

该法案对南非居民专利活动的影响仍有待观察。在这一点上，南非的这一举动并没有太大地影响南非居民提交的专利申请

---

[1] Intellectual Property Rights from Publicly Financed Research & Development Act, 2008, GG No. 31745 of Dec. 22, 2008 (S. Afr.)（后文简称 S. Afr. IP Act）. p. 2.

[2] 同上注，p. 4.

[3] 同上注，p. 6.

[4] 同上注。

[5] 同上注，p. 6. 同样见 McLean Sibanda, Intellectual Property and Patenting-Guard It!, EE Publishers (February, 2012), http://www.blueiq.co.za/EngineerIT-McClean-Sibanda.pdf（下称 Sibanda，IP and Patenting）.

数量。2010 年，南非居民提交专利申请 821 件，非居民为 5 562 件。[1] 2002 ~ 2008 年，南非公民在欧洲知识产权局的专利申请从每年 99 件增长为每年 132 件。[2]

（二）中欧和东欧

因为这篇文章一开始就专注于苏联解体的动荡的 20 世纪 90 年代初，因此分析波罗的海的欧盟新成员国，中欧、东欧是合适的。

尽管在全球金融危机之后欧盟（除波兰外）经历了痛苦的下滑，新的欧盟成员国依旧成功地做到国内生产总值年均 3. 16% 的增长。[3] 然而，专利申请数量表明了这些国家技术实力的薄弱。2011 年，新欧盟成员国在欧洲专利局（EPO）提交了 702 项专利申请。[4] 换句话说，约九千万人口的专利申请量不到奥地利专利申请量的一半。[5] 因此，欧盟的 GDP 增长似乎主要与欧盟市场一体化以及生产的转变有关，即生产从原欧盟成员国向可以提供廉价劳动力等有利条件的新成员国转移。尽管存在这种转移，欧盟新成员国生产成本的上升已经导致生产再次转移（向亚洲国家）。

---

[1] 欧洲专利申请，第 47 页注❺. 请比较 Kaplan，第 48 页注❷，p. 5（报告包括以下内容：2004 年，4 587居民，5 843非居民；2005 年，4 328居民，6 128非居民；2006 年，4 058居民，6 725非居民）。

[2] 欧洲专利申请，第 47 页注❺. 注：然而申请人数在 2011 年下降到了 115 人。

[3] 表格 .5，原文附表中的数据不具太多的阅读价值，故略。——译者注。

[4] 欧洲专利申请，第 47 页注❺。

[5] 同上注。

可以清楚地看到，可持续增长和良好的经济发展需要更具战略性的方法以促进创新和竞争力。此外，老欧盟成员国的国内生产总值下降，[1] 表明整个欧盟必须适应新环境的发展。

不幸的是，欧盟委员会的《欧洲 2020 旗舰倡议创新联盟》[2] 是否能大幅改善欧盟的整体经济形势并实现其目标（到 2020 年，欧盟 GDP 的 3% 用于研发，创造 370 万个就业岗位，到 2025 年全年国内生产总值增加至 7950 亿欧元[3]）还值得怀疑。当然，对于“2011 年年底，各会员国应该有策略来培养足够的研究人员，以满足本国的研发目标，进而促进建成公共研究机构吸引人的雇佣环境”[4] 这一承诺则一直没有应验。在这种情况下，“发达经济体从发展中国家学习某些经验教训的失败”已经对欧盟产生了不利影响，这一点是毋庸置疑的。[5]

---

❶ ECON. & FIN. AFFAIRS, EUR. COMM'N, EUROPEAN ECONOMIC FORECAST 10 (2012), http://ec.europa.eu/economy_finance/publications/european_economy/2012/pdf/ee-2012-1_en.pdf.

❷ Regional Policy Contributing to Smart Growth In Europe 2020, COM (2010) 546 final (October 6, 2010).

❸ Paul Zagame, The Costs of a Non-innovative Europe: What Can We Learn and What Can We Expect From The Simulation Works 7 (2010).

❹ 区域政策，本页注❷，p. 9.

❺ Robin Harding, US and Europe Need to Learn More, Teach Less, FIN. TIMES (May 13, 2012, 6: 58 PM), http://www.ft.com/intl/cms/s/2/d3bd3e12-9d1b-11e1-9327-00144feabdc0.htmlJHJaxzz27z5fBKmc.

六、世界知识产权组织（WIPO）和其他影响国际知识产权的措施

虽然早在《巴黎公约》生效时，对知识产权调控的必要性就已经在国际层面上被确认，但对知识产权全球化重要性的充分认识却在20世纪90年代初的动荡之后才发展起来。然而，尽管全球知识产权协议很必要，世界知识产权组织（WIPO）用以调节实质性知识产权问题却只有两个条约：《世界知识产权组织版权条约》和《世界知识产权组织表演和录音制品条约》。[1] 此外，这两个在数码环境适用版权和邻接权的条约之所以成功，完全是因为采纳了TRIPs和WTO的法律框架。[2] 虽然世界知识产权组织投入了时间和精力讨论其发展议程，其成员实际上忽略了发展中国家的经济发展现状。[3] 尽管如此，许多知识产权方面的规制在国际层面上仍未兑现，世界知识产权组织可能会对此提供一些法律支持。[4]

例如，2012年6月24日的外交会议上通过的《北京音像表

---

[1] generally Jorg Reinbothe & Silke von Lewinski, The WIPO Treaties 1996 (2002) (outlining the evolutionary history and content of the two treaties).

[2] 同上注。

[3] Yu, Two Development Agendas, 第27页注❶, at 515. But note also that Yu cautiously avoided any reference to empirical data. 同上注。

[4] 同上注, pp. 550 ~ 552.

演条约》,[1] 被世界知识产权组织总干事称赞为作为国际著作权发展的历史和多边体系的一个成功范例。[2] 中共北京市委常委、秘书长将该条约称为北京的骄傲。[3]《北京条约》是否会满足这些高期望还不清楚，但该条约只有在30个适格的成员交存批准或加入文件3个月后才会生效。[4]

条约生效所必需的时间长度将显示世界知识产权组织成员国对知识产权保护的支持。[5] 这个条约的明显目的是平衡一般艺术家和公众之间的利益。[6] 但是这种平衡可能略微不适合现代商业。[7] 部分社会公众似乎对互联网服务供应商（ISPs）从广告者那里赚钱是没有意见的，即便广告者希望争取那些搜索版权材料的用户。[8] 例如，搜索引擎和互联网浏览器产生的广告收入源自

---

[1] WIPO, Beijing Treaty on Audiovisual Performances, WIPO Doc. AVP/DC/20 (June 24, 2012).

[2] WIPO Press Release, Beijing Treaty on Audiovisual Performances is Concluded, WIPO Doc. PR/2012/714 (June 26, 2012), availableat http://www. wipo. int/pressroom/en/articles/2012/article_ 0013. html.

[3] 同上注。

[4] WIPO Beijing Treaty on Audiovisual Performances，本页注❶，p. 12.

[5] WIPO Press Release，本页注❷.

[6] 同上注。

[7] 同上注。

[8] 例如，Edward Wyatt, *Lines Drawn on Antipiracy Bill*, N. Y. TIMES (Dec. 14, 2011), http://www. nytimes. com/2011/12/15/technology/lines-are-drawn-on-legislation-against-internet-piracy. html? pagewanted = all.

用户的著作权搜索。[1] 网民纷纷在网络上寻找免费材料。[2] 由于法院对互联网服务供应商责任的处理比较轻，[3] 新的平衡似乎忽略了传统知识产权保护的受益者。[4] 一个可行的（即便不是很理想的）解决方案是由集体管理组织对互联网服务供应商的收入征收一定的百分比。

确实，世界知识产权组织成员是时候意识到全球知识产权的重要性了。[5] 成员们也应该承认并且认识到，"权宜之婚姻"在过去的 15 年里对新兴国家和发展中国家的经济发展产生了有利的影响。[6]

最后，尽管发展中国家在经济方面的可持续发展并不是世界知识产权组织的主要责任，然而世界知识产权组织也应该和其他国际组织例如世界银行、国际货币基金组织、联合国开发计划署、经济合作与发展组织一起，支持技术的应用、理解、管理以

---

[1] 例如，Edward Wyatt，*Lines Drawn on Antipiracy Bill*，N. Y. TIMES（Dec. 14，2011），http：//www. nytimes. com/2011/12/15/technology/lines-are-drawn-on-legislation-against-internet-piracy. html？pagewanted = all.

[2] Sam Harris，The Future of the Book，DAILY BEAST（Sept. 27，2011，9：07 AM），http：//www. thedailybeast. com/articles/2011/09/27/sam-harris-on-the-future-of-the-book. html.

[3] 例如，Case C-275/06，Productores de Musica de Espana（Promusicae）v. Telefonica de Espana SAU，2008 E. C. R. I－00271.

[4] 同上注。

[5] 世界知识产权组织新闻稿，第 53 页注❷。

[6] Bryan Keeley，Development：New World，New Economics，284 OECD OBSERVER 26，26～27（2011）.

及知识产权的管理和开发。[1] 至少，世界知识产权组织成员必须了解到进一步发展知识产权来适应一个不断变化的科学和技术环境的必要性。需要的是，在 WIPO 的规范性议程内找到一个客观一致的方法，在这一议程上只花费 30% 的努力是不够的。[2]

否则，在世界知识产权组织和世界贸易组织之外可能会发现其他方法途径，如有争议的反假冒贸易协议[3]（现在已被欧洲议会拒绝[4]）或许多双边或多边自由贸易协定。

---

[1] 例如，WIPO 可以采用类似于发达 WTO 成员必须遵守的标准，与其 TRIPs 协议第 66 条第 2 款标准下的义务相匹配，以激励企业和机构在其领土内促进和鼓励技术转移到不发达国家。Andrew Michaels，International Technology Transfer and TRIPs Article 66. 2：Can Global Administrative Law Help Least-Developed Countries Get What they Bargained For?，41 GEO. J. INT'L L. 223，245 ~ 50（2010）（解释了第 66 条第 2 款的实施决定需要发达国家成员提交一份关于 TRIPs 协议下采取或计划采取依据其承诺的行动年度报告）。

[2] WIPO 的准则制定代表其 30% 的工作及百分之百的可见性。参见 Interview：A New Era for WIPO，MANAGING INTELL. PROP. 44，45（April 2012）（interviewing Francis Gurry）.

[3] Margot E. Kaminski，An Overview and the Evolution of the Anti-Counterfeiting Trade Agreement，12. 3 ALB. L. J. SCI. & TECH. 385，388（2011）（"和世界贸易组织（WTO）以及世界知识产权组织（WIPO）一样，ACTA 产生于现存国际论坛上国家困难与知识产权协议的谈判"）。

[4] William New & Monica Ermert，European Parliament Rejection Puts ACTA Future in Doubt，INTELL. PROP. WATCH（July 4，2012，4：31 PM），http：//www. ip-watch. org/？p = 22159&utm_ source = post&utm_ medium = email&utm_ campaign = alerts.

七、总　　结

20 世纪 80 年代末和 90 年代初，世界上发生了一场深刻的社会和经济变革。苏联解体后，世界急需一个全球性的自由市场，这促成了 TRIPs 和 WTO。在“权宜之婚姻”下，TRIPs 规定的法律框架为现有和新兴的技术提供了可持续的社会利益。世贸组织成立以来，全球的经济发展显示了“权宜之婚姻”主要促进了全球代工产业、新兴经济体和许多发展中国家。而发达国家政府是逐步才意识到“权宜之婚姻”给本国经济带来的联合经济影响的。

因此，尽管呼吁修改 TRIPs 协定以增加灵活性，然而最好的办法还是通过现有的 WTO 争端解决机制探索 TRIPs 内部的适应性。这是由美国和发展中国家所探索出来的为发展中国家创造了一些成功的选择。此外，WIPO 和其他组织目前尚未能创设一个类似的有效且平衡的解决方案，同时为知识产权提供保护，并确保全球市场的安全准入。

知识产权必须提供法律条件来保护科学和技术成果，但同时也要为科学和技术的改善、提高以及独立进步提供便利。目前，尤其是对发展中国家，“权宜之婚姻”提供了这些优势。

第二编

协议限制竞争与转售价格维持

售后限制及其对竞争的危害：以首次销售原则为视角

［美］赫伯特·霍汶卡普（Herbert Hovenkamp）* 撰
吴林博 译 张伟君** 徐泽羿 校

引言：关于纵向限制的法律政策来源

本文探讨了一个关于竞争政策和知识产权原则相交叉的特定问题：知识产权政策和竞争法对待专利和版权产品的售后限制不同于其他产品的售后限制，是否有充足的理由？本文也涉及我们对待不涉及技术销售的许可协议中所含有的限制与对待其他类型

* 感谢美国爱荷华大学法学院赫伯特·霍汶卡普（Herbert Hovernkamp）教授授权《知识产权与竞争法研究》翻译、发表该文中文版。感谢 Christina Bohannan 对本文初稿的点评。

** 同济大学知识产权学院副教授，博士。研究方向：知识产权法、竞争法。

的合同中所含有的那些限制是否应该不同。[1]

一般而言，“售后限制”这一术语是指在商品初始销售之后，销售者对如何使用已售出商品及转售所强加的任何限制。在“售后限制”这一术语的语境中，“销售”包括租赁、许可以及其他除了技术销售以外的利益的流转。在上述各种类型的流转中所存在的差异能够对法律政策起着决定性作用。例如，知识产权法的“首次销售”原则仅仅适用于真实的销售，反托拉斯法关于固定转售价格的原则也是如此。相比之下，有关“搭售”的法律适用于销售、租赁以及许可的时候，并没有显著的差别。尽管存在这些法律上的区别，对理解售后限制中的基本经济问题而言，这些流转类型的差异通常不重要。虽然这些差异在某些情况下可能是重要的，比如产品的耐久性对于垄断者而言就是一个问题。[2] 2008 年，最高法院裁决了一个重要的涉及专利和一种准独家交易的售后限制案。[3] 在写此文时，最高法院的等票意见（equally divided court）维持了另一个关于首次销售裁决，涉及版权和固定转售价格。[4]

---

[1] 关于在版权许可中使用售后限制，见 Christina Bohannan，*Copyright Preemption of Contracts*，67 MD. L. REV. 616（2008）.

[2] 见 *Infra* notes 182 – 89 and accompanying text.

[3] Quanta Computer，Inc. v. LG Elecs.，Inc.，553 U. S. 617（2008）.

[4] Omega S. A. v. Costco Wholesale Corp.，541 F. 3d 982（9th Cir. 2008）（认为，版权法规定的首次销售原则不适用于在美国境外生产的产品，但适用于在美国版权局注册的设计；涉嫌侵权的被告以低于原告在许可中规定的价格出售手表），*Aff'd by an equally divided court*，131 S. Ct. 565，No. 08 – 1423，2010 WL 5058406（U. S. Dec. 13，2010）（Kagan，J.，not participating）.

在反托拉斯中与此相关的法律是有关纵向限制的法律，有时称做“限制性分销”或者“纵向限制”。[1] 纵向限制通常分为“品牌内的”或“品牌间的”。品牌内的限制限制了销售者的产品能够分销或使用的方式。经典的例子就是固定转售价格（RPM），其中产品的销售商约定了转售价格。[2] 同样也存在品牌内的非价格限制，例如，可能对下游销售商转售产品的地域加以限制，将商业用户和非商业用户区分开来，[3] 或者详细说明产品可以转售的条件。在专利法中，大多数领域所使用的限制是品牌内的限制。[4] 相比之下，品牌间的限制要么限制购买者用其他供应商生产的产品来使用产品的能力，要么限制分销商销售其他卖方的商品的能力。最为常见的品牌间的限制是搭售和独家交易。一个搭售安排要求一个“搭售”产品（例如，打印机）的购买者使用该

---

[1] 反托拉斯法中的纵向限制，见 Phillip E. Areeda，Einer Elhauge & Herbert Hovenkamp，Antitrust Law ch. 17（2d ed. 2004）（搭售）；Phillip E. Areeda & Herbert Hovenkamp，Antitrust Law ch. 16（3d ed. 2010）（品牌内的限制）；Herbert Hovenkamp，Antitrust Law ch. 18（2d ed. 2005）（独家交易）。

[2] *Dr. Miles* Med. Co. v. John D. Park & Sons Co.，220 U. S. 373，408（1911）（根据反托拉斯法，固定转售价格行为适用本身违法原则），*overruled by* Leegin Creative Leather Prods.，Inc. v. PSKS，Inc.，551 U. S. 877（2007）（适用合理原则）。

[3] *E. g.*，ProCD，Inc. v. Zeidenberg，86 F. 3d 1447，1449 – 50（7th Cir. 1996）（在软件许可协议中区分商业用户和非商业用户）。

[4] *E. g.*，Ethyl Gasoline Corp. v. United States，309 U. S. 436，456 – 59（1940）（转售价格维持）；Gen. Talking Pictures Corp. v. W. Elec. Co.，305 U. S. 124，126（1938）（限制非商业使用）. 使用领域限制同样有助于横向市场划分。参见，*e. g.*，Hartford-Empire Co. v. United States，323 U. S. 386，400（1945）。

产品时，只能同时使用该销售者自己的“被搭售”产品（油墨）。[1] 独家交易禁止买卖该销售商的产品的分销商同时经营任何竞争对手的产品。例如，福特汽车公司的代理商可能因为特许经营权合同的约束而被禁止销售具有竞争关系的生产商制造的新车。[2]

在整个法律历史中，纵向限制一直充满争议，而且，其对竞争和福利的影响已经被证明显然是难以评估的。一个纯粹的纵向限制并没有消除竞争者之间的竞争或者减少在任何市场中的公司数量，它也没有使任何公司变得更壮大，[3] 因此，竞争政策所关注的两个问题即共谋和具有支配地位的公司排除竞争的行为，通常都难以识别。在某些案例中，纵向限制可能以抑制创新的方式

---

[1] *E. g.*, Ill. Tool Works, Inc. v. Indep. Ink, Inc., 547 U. S. 28, 45 ~ 46 (2006)（在推翻“搭售的产品中的专利具有市场控制力”这一司法创设的推定之后，法院未否定销售打印机时搭售油墨）; Henry v. A. B. Dick & Co., 224 U. S. 1, 35 ~ 36 (1912)（未将首次销售原则适用于售后搭售条件）, overruled by *Motion Picture Patents* Co. v. Universal Film Mfg. Co., 243 U. S. 502 (1917); 另参见 Erik Hovenkamp& Herbert Hovenkamp, *Tying Arrangements and Antitrust Harm*, 52 ARIZ. L. REV. (forthcoming 2010), *available at* http://papers. ssrn. com/sol3/papers. cfm? abstract_ id = 1443284.

[2] *E. g.*, Quanta Computer, Inc. v. LG Elecs., Inc., 553 U. S. 617, 636 – 38 (2008)（拒绝执行这一售后限制：禁止购买者将其出售的商品与非 Intel 公司生产的商品组合）; United States v. Dentsply Int'l, Inc., 399 F. 3d 181 191 – 96 (3d Cir. 2005)（该案否定这一安排：牙科材料的垄断厂商禁止经销商销售竞争对手的商品）. The classic antitrust decision is *Standard Oil Co. of California v. United States*, 337 U. S. 293, 314 (1949)（该案否定炼油企业禁止加油站销售其他品牌的汽油这一限制）。

[3] 然而，该限制可以达到降低企业成本或者排除竞争对手的程度，从而扩大企业规模或者提升市场份额。

来引导或限制未来发展。[1] 另一方面，长期的纵向协议通常可以降低成本。知识产权的限制对于各个公司分担风险或促进技术共享而言是必不可少的方式。更一般地说，相对于没有限制的市场交易和通过所有权达到纵向一体化而言，纵向限制是一种非常重要的妥协。他们允许企业法人具有企业的市场取代机制的某些优势，而不需要取得完全所有权所必需的所有成本。[2]

然而，通过利用合同而不是利用所有权也能以纵向一体化通常不能的方式威胁竞争。例如，许多责难品牌内限制的理由并不是基于上游的销售商或知识产权持有人的市场力量，而是基于对有实力的经销商或形成卡特尔的经销商的关注，这些经销商可能会迫使供应商对他们的竞争对手施加反竞争的限制措施。[3] 一个纵向整合的公司没有动机使得它的分销体系内部降低效率。但

---

[1] *E. g.*, Lasercomb Am., Inc. v. Reynolds, 911 F. 2d 970, 979 (4th Cir. 1990)（不允许软件的被许可方开发计算机软件；被认定为非法的版权滥用行为）；另参见 United States v. Microsoft Corp., 253 F. 3d 34 (D. C. Cir. 2001)（根据反托拉斯法，否定微软公司对计算机厂商和软件厂商所施加的诸多限制，即限制开发网景浏览器），*cert. denied*, 534 U. S. 952 (2001)。

[2] Oliver E. Williamson, The Mechanisms of Governance, 280 - 81 (1996); Herbert Hovenkamp, *Harvard*, *Chicago*, *and Transaction Cost Economics in Antitrust Analysis*, Antitrust Bull. (forthcoming 2010) (manuscript at 2 ~ 3), *available at* http://papers.ssrn.com/sol3/papers.cfm?abstract_id=1592476.

[3] 8 Phillip E. Areeda & Herbert Hovenkamp, Antitrust Law? 1604 (3d ed. 2010).

是，独立经销商能够通过限制自身和竞争对手的竞争来获得盈利。❶ 的确，*Dr. Miles* 案的判决❷首次将固定转售价格行为纳入本身违法原则。该案涉及零售药师的卡特尔，他们迫使供应商对卡特尔的竞争对手的降价行为施加价格限制。❸

纵向限制经常涉及知识产权，因为这些限制中的大多数仅限于特定的品牌和技术。销售像土豆这样的商品的经营者通常不会以土豆只能以某种方式来使用或者只能在某种条件下转售作为条件来获利，当然，除非土豆本身是有专利的。❹ 但是，那通常不适用于制造商品，尤其当该商品创造了一个“二级市场”。例如，

---

❶ 8 Phillip E. Areeda & Herbert Hovenkamp, Antitrust Law? 1604（3d ed. 2010）.

❷ *Dr. Miles* Med. Co. v. John D. Park & Sons Co. , 220 U. S. 373（1911）, *overruled by* Leegin Creative Leather Prods. , Inc. v. PSKS, Inc. , 551 U. S. 877（2007）.

❸ 同上书，p. 394，*overruled by* Leegin Creative Leather Prods. , Inc. v. PSKS, Inc. , 551 U. S. 877（2007）. On the druggists' cartel，见 Herbert Hovenkamp, Enterprise and American Law, 1836～1937, at 331－48（1991）.

❹ Monsanto Co. vs. McFarling, 488 F. 3d 973, 976－77（Fed. Cir. 2007）（支持了该售后限制——禁止农民培育通过专利种子种植出来的作物种子——而未审查是否违反反托拉斯或者构成滥用，也未述及首次销售原则）；另参见 Monsanto Co. v. Scruggs, 459 F. 3d 1328, 1335－36（Fed. Cir. 2006）（认为该售后限制不适用首次销售原则是基于两个原因：其一，依据 *Mallinckrodt, Inc. v. Medipart, Inc.* , 976 F. 2d 700, 701（Fed. Cir. 1992）案的判决，而该案的判决随后被 *Quanta Computer, Inc. v. LG Elecs. , Inc.* , 553 U. S. 617（2008）案的判决推翻了；其二，对再次使用的限制并非针对 Monsanto 公司向农民出售的原始种子而言的，农民确实不能购买原始种子；不如说该限制是适用于原始种子种植出来的第二代种子，而对于原始种子的销售而言，并不存在一个较之更早的销售）。

购买一个打印机、电脑或者汽车可能会对油墨、软件、唯一的替换配件或者维护产生持续的需求。更进一步说，经销商必须对特定销售者的商品做出长期的承诺，因为有效的销售形成具体品牌的特色和维护。在现代分销体系中，大多数纵向限制出现于商标、版权和专利作为重要元素的市场。

有关销售限制的现代法律起源于19世纪的知识产权原则，早于任何反托拉斯法。在美国，首个重要的销售限制法律体系是法官制定的“首次销售”原则。该原则通常是指专利权“用尽”，这限制了专利权人对售后专利产品施加限制的能力。在首次销售原则不适用的领域，对违反这些限制的行为可以通过提起专利侵权之诉以及违约之诉加以强制执行。第二个法律规则体系源于《谢尔曼反托拉斯法》，其第一部分就是禁止限制贸易的合同，对于知识产权许可的限制也不例外。[1] 此后，《克莱顿法》明确禁止了有关专利和非专利产品的搭售和独家交易行为。[2] 第三个法律体系是关于知识产权“滥用”，这又是一个法官制定的原则。该原则会使得那些因限制销售或使用而违反知识产权政策的专利权人或版权人所持有的知识产权不具有法律效力，直到不适当的限

---

[1] Sherman Act, ch. 647, § 1, 26 Stat. 209, 209 (1890) (current version at 15 U. S. C. § 1 (2006)).

[2] Clayton Act, ch. 323, § 3, 38 Stat. 730, 731 (1914) (current version at 15 U. S. C. § 14 (2006)).

制得到消除。[1]

这三个原则——首次销售原则、反托拉斯法和滥用原则——有各自的历史，不同的技术要求，而且这些原则会在不同的情况下被援引。但是，与此同时，政策重叠的情况也占有相当的数量。例如，1917 年，著名的 *Motion Picture Patents* 案否决了一个经典的搭售安排的执行力。[2] 专利权人禁止任何使用其放映机的人使用其竞争对手制造的胶片。最高法院讨论的正文涉及首次销售原则。[3] 但是，法院也援引了《克莱顿法》作为支持其判决的依据。[4] 如今，该判决也被广泛地视为一个有关“滥用”的案件。[5]

在最近的 *Quanta Computer* 案的判决中，最高法院错失了一次使得售后限制的法律更为清晰的机会。在判决中，最高法院重申了对首次销售规则的严格适用，而未明确提及促进竞争和创新的

---

[1] Morton Salt Co. v. G. S. Suppiger Co. , 314 U. S. 488, 493 (1942)（如果滥用行为不被消除，专利权将不能获得执行）。知识产权政策中关于滥用原则的适用范围，参见 Christina Bohannan, *IP Misuse as Foreclosure*, 96 IOWAL. REV. (forthcoming 2010), *available at* http://papers.ssrn.com/sol3/papers.cfm?abstract_id=1474407.

[2] *Motion Picture Patents* Co. v. Universal Film Mfg. Co. , 243 U. S. 502 (1917).

[3] *Infra* notes 100 – 02 and accompanying text.

[4] *Motion Picture Patents*, 243 U. S. at 517 – 18（援引《克莱顿法》§ 13 支撑依据首次销售原则得出的结论）。

[5] *E. g.* , Robert P. Merges, Peter S. Menell, & Mark A. Lemley, Intellectual Property in the New Technological Age 331 (rev. 4th ed. 2007)（将 *Motion Picture Patents* 案作为滥用行为的一个例子）。

任何政策。[1] 在 *Quanta* 案之前，判例法在过去的 20 年里始终追求两个主题：对纵向限制采取一种温和的态度以及知识产权并非固有垄断性的理念。*Quanta* 案的判决是对专利“例外主义”这一较为古老形式的重申，专利例外主义将对专利产品的首次销售限制视为固有的可疑对象。

Quanta 案提出了三个问题：其一，何种售后限制是正当的？其二，它们什么时候应该通过合同法获得执行，而什么时候又应该通过侵权诉讼获得执行？其三，知识产权的存在在什么时候会产生差异？

关于第一个问题，限制某种纵向限制存在充分的理由：第一，它们可能通过减产或提价来损害竞争；第二，它们可能抑制创新；第三，它们可能会用来禁止公众使用公有领域的技术或信息。[2] 但是，这些理由并不存在于所有案例中，或者甚至可以说并不存在于大部分案例中。因此，必须证明其危害作用。

关于第二和第三个问题，违约之诉和侵权之诉各有不同的特点，而且也会引起不同的问题。合同是最不成问题的，因为它们通常只对合同的相对人具有执行力。相比之下，侵权行为能够针对所有侵犯知识产权的人，甚至那些故意帮助侵权的人。即使该问题能够通过一个告知限制加以解决，但这增加了风险，此类诉讼将会被强加于毫无戒备之心的违法者身上。[3] 然而，正是基于这些原因，为了实现正当的、提高社会福利的限制，侵权诉讼也

---

[1] Quanta Computer, Inc. v. LG Elecs., Inc., 553 U.S. 617, 636 – 38 (2008).

[2] *Cf.* Bohannan, *supra* note 21 (manuscript at 4).

[3] *Infra* notes 118 – 37 and accompanying text.

是一种更为高效的机制。例如，想象一下不动产物权制度，其中地役权，如在他人土地上的通行权或者建房限制必须订立合同，而且每次财产转售的事后必须再次订立合同。在某些情况下而不是其他所有情况下，为了实现售后限制，相对于合同而言，更偏向于选择侵权诉讼的方式有着充足的理由。*Quanta* 案的判决并未探讨该问题。

对有关知识产权的纵向限制影响的评估存在三种学说，这一直以来都使得法律政策不合逻辑。责难或者赞成常常取决于合同中详细的规定，这与创新政策和竞争政策没有明显的关系。例如，在首次销售原则之下，所有的限制都是不可执行的，无论它们是否具有反竞争性或者抑制创新。在另一个极端，反托拉斯法过去反对纵向限制，但是如今它们很少制止纵向限制，即使它们实质上抑制了创新。对于“滥用”原则中，关于竞争基本原理在法庭上从未被明确地表达，除了设法用反托拉斯政策明确该原则或者明确知识产权不恰当的“延伸”所带来的危害。[1]

关于知识产权售后限制的法律政策史解答了该原则如此复杂和影响如此广泛的原因。缘于首次销售条件的首要危害是对竞争的限制和对创新的抑制。当减产、提价或者不合理地从市场上排除其他公司的行为发生时，就会限制竞争。当阻碍而不是促进创新的行为（一般是通过对他人创新的限制）发生时，就会抑制创新。[2] 在我们已经形成的制度下，反托拉斯法和滥用原则几乎专门关注对竞争的限制，偶尔也关注对创新的抑制。在 *Quanta* 案

---

[1] Bohannan, *supra* note 21 (manuscript at 17).

[2] 同上（manuscript at 32 ~ 34）; Herbert Hovenkamp, *Restraints on Innovation*, 29 CARDOZO L. REV. 247 (2007).

中，首次销售原则与上述二者中的任何一个都不相关。更确切地说，当该原则适用时，在不考虑竞争的影响或创新的影响的情况下，其阻碍了售后限制作为知识产权政策的执行力。

尽管这三个原则——首次销售原则、反托拉斯法和滥用原则——源于不同的时代，解决不同的问题，但在20世纪上半叶，它们很大程度上在融为一体。首次销售原则的发展缘于普通法反对转让限制的强硬政策，这与保护竞争几乎没有关系，除了在此情况：禁止富有的地主无限期地将土地与他们的家族捆绑在一起。19世纪90年代，哈佛法学院教授约翰·奇普曼·格雷的具有影响力的论著《限制财产转让》一书，将禁止限制转让的普通法规则视为几乎是神圣的并且是自然界的固有规则。❶ 这些观点主导着专利法中首次销售原则的发展，但是，后来它们毫无冲突地与有关纵向限制的反托拉斯法融为一体。当最高法院首次将反托拉斯法适用于禁止那些经销商已购买商品的转售价格限制，这依赖于格雷的论著以及英国普通法对转让限制的限制，他们主张供应商不能对转售价格强加售后限制。❷

本文的论述将阐释在快速发展的技术环境下，作为法律改革的工具，制定法对比法官造法的某些优势和劣势。法官造法的一个相对优势就是相对可以免于利益群体的束缚——各种因素从一

---

❶ John Chipman Gray, Restraints on the Alienation of Property iii-viii (2d ed. 1895).

❷ *Dr. Miles* Med. Co. v. John D. Park & Sons Co., 220 U.S. 373, 404-05 (1911), *overruled by* Leegin Creative Leather Prods., Inc. v. PSKS, Inc., 551 U.S. 877 (2007).

开始就已经干扰知识产权法的制定。[1] 然而，法官面临一个重大不利因素是：他们是一次性地，而且常常是在单一的学说背景下来解决纠纷。这严重限制了他们去明确一个关于像竞争政策和鼓励创新这样的多元化问题的合乎逻辑的政策的机会。几乎可以肯定的是，一个精心设计用来鼓励创新而非不必要的限制竞争的知识产权制度并不需要三种不同的原则——而它们经常重叠，有时还不一致，而且多半没有提供任何额外的价值。

一、早期的分销限制与首次销售原则

在19世纪中叶，制造商通过各自的特许经销商（而非制造商自己拥有的销售网点）开始纵向地融合到分销和销售中去。例如，McCormick Harvesting 公司使用一组区域性的专利和商标许可与当地的生产商/经销商形成一种持续的、类似于特许经营的关系，这些生产商可以在当地生产机器，并将其出售给农民，从而

---

[1] 关于版权，参见 Christina Bohannan，*Reclaiming Copyright*，23 CARDOZO ARTS & ENT. L. J. 567（2006）；关于专利，尤其是在形成期，见 Andrew P. Morriss & Craig Allen Nard，*Institutional Choice and Interest Groups in the Development of American Patent Law*：1790 ~ 1870（2008），available at http：// papers. ssrn. com/sol3/papers. cfm？ abstract_ id = 1262970.

没有必要在国内运输这种庞大的设备。[1] 这个安排同样使得 McCormick 公司分担了发展全国分销体系的风险和成本。该被许可方可能同意成为 McCormick 公司的收割机在特定区域的独家转售商，或者同意只销售 McCormick 公司的收割机。Singer 公司对它的缝纫机做了类似的安排，不同之处在于：机器是集中生产后发货给销售商，而不是由销售商自己生产。[2]

McCormick 公司和 Singer 公司选择的两种方式之间的竞争差异并不明显，一个公司可以选择一种对自身特定业务成本最低而且最为有效的方式。对于 McCormick 公司制造的庞大但相当简易的木质收割机而言，授权当地的经销商来生产节约了运输成本。如今，对于许多快餐的特许经营而言，食物本身是在具有当地元素的餐馆里“生产”的，而不是从授权者所在地将成品运输过去。可口可乐公司将浓缩汁出售、运输给它的特许经销商，然后

---

[1] Seymour v. McCormick, 57 U. S. (16 How.) 480, 490 (1853)（描述该安排）. 后来，McCormick 公司利用其门店形成一个更为集中化的体系。关于公司的历史，参见 Alfred D. Chandler, JR. , The Visible Hand: The Managerial Revolution in American Business 305 – 07, 402 – 08 (1977); Thomas S. Dicke, Franchising in America: The Development of a Business Method, 1840 ~ 1980, at 18 ~ 19 (1992). 关于美国政策对待纵向一体化的实践环境，generally Herbert J. Hovenkamp, *The Law of Vertical Integration and the Business Firm*: 1880 ~ 1960, 95 IOWA L. REV. 863.

[2] Ruth Brandon, Singer and the Sewing Machine: A Capitalist Romance (1977); Andrew Godley, *Selling the Sewing Machine Around the World: Singer's International Marketing Strategies*, 1850 ~ 1920, 7 ENTERPRISE & SOC'Y 266, 272, 280 – 87 (2006); Andrew B. Jack, *The Channels of Distribution for an Innovation: The Sewing-Machine Industry in America*, 1860 ~ 1865, 9 Explorations Inentrepreneurial History 113, 127 – 31 (1957).

他们加水、二氧化碳以及装瓶，因此，事实上，成品可乐的一部分是由授权商集中生产的，一部分是由特许经销商在当地生产的。[1] 相比之下，不管是现在还是过去，福特公司的车在一个集中的工厂里生产，再运至经销商。在出售之前，经销商能做的仅仅是清理工作和销售的准备工作。首次销售原则限制了福特公司对其汽车交付后的限制的能力，而没有限制 McCormick 公司限制转售当地生产的收割机的能力。这是因为在福特案例中，销售商接受的是一个产成品，而 *McCormick* 案例中，他们接受的只是一个生产许可，这没有被首次销售原则所涵盖。

专利法的首次销售原则规定，一旦专利权人出售或授权专利产品的销售，该产品就用尽了它的权利，而不能限制随后购买者。19 世纪的 *Adams v. Burke* 案是法院对该原则最有说服力的说明。这是一个有关地域的纵向限制的案例。[2] *Adams* 案中，涉及一个内战时期的棺木盖的专利，专利权人通过许可不同的生产商在规定地域生产、销售的产品来建立一个可控的分销体系，而且还限制了该棺木盖可以使用的区域。Lockhart 公司和 Seelye 公司已经获得在波士顿方圆十英里制造和销售该棺木盖的权利，而 Adams 有权在其他任何地方制造和销售该棺木盖。Lockhart 公司和 Seelye 公司考虑生产该棺木盖，并将该棺木盖用于卖给殡葬业

---

[1] Mark Pendergrast, for God, Country, and Coca-Cola: The Definitive History of the Great American Soft Drink and the Company That Makes IT 71 (2000).

[2] 84 U. S. (17 Wall.) 453 (1873). 为了获得关于该事实更为全面的阐述，*Adams v. Burks*, 1 F. Cas. 100 (C. C. Mass. 1871) (No. 50). 最高法院最初在 Bloomer v. McQuewan, 55 U. S. (14 How.) 539, 549 (1853) (“当该机器向购买者交付时，就不再受专利垄断权的限制”) 案中述及该原则。

者 Burke 的棺木上。Burke 将棺木用于距波士顿约 17 英里的马萨诸塞州纳蒂克的葬礼上。该专利权人主张该葬礼违反了专利许可协议中地域限制的条款，因此构成侵权。❶

法院认为，对 Lockhart 公司和 Seelye 公司的生产许可施加地域限制是可以执行的，但是，一旦棺木盖的产成品生产出来并出售给另一方，购买者免于承担所有的专利义务，他可以在喜欢的任何地点将该棺木盖用于葬礼。因此，早在反托拉斯法通过之前，通过专利许可制度，首次销售原则凭借限制生产商对转售产品施加地域限制的能力，从而发挥着“反托拉斯”的功能。正如最高法院所述：

> 本质上，当专利权人或者享有权利的人出售一台其唯一的价值在于使用的机器或器械，权利人因该物的使用而获得了对价，也放弃限制该使用的权利。用法院的话来讲，商品所有权的转让没有受到垄断的限制。也就是说，专利权人和他的代理人在已经发生的销售行为中获得了他所要的使用特定的机器或器械中发明的全部专利使用费或对价。购买者可以放手使用，并不能依据专利权人的垄断权对此作出进一步

❶ Burke, 84 U. S. at 454.

限制。[1]

1908年，在*Bobbs-Merrill Co. v. Straus*案中，最高法院将首次销售原则延伸适用于版权。在早期分销体系背景下形成的固定转售价格限制，法院不予执行。[2] *Bobbs-Merrill*公司出版了*The Castaway*一书，该小说是由哈利·厄尔曼·弗斯（Hallie Ermine Rives）创作的。他是通俗和历史小说的作家，以及有关礼仪书籍的作家。[3] 在书的版权页上印有一个告知，禁止任何人转售该书的单价低于1美元。Macy的书店从分销商那里购得该书后，以89美分的单价出售给一位消费者。基于专利权用尽的案例以及反对转让限制这一总方针，法院认为，图书的销售用尽了版权法所授予的所有权利，这使得Macy有选择任何价格转售该书的自由。[4]

对于分销法律的进一步发展非常重要的是，法院认为，该价格限制是包含在版权许可协议中，而不是包含在出版商与Macy

---

[1] Burke, 84 U. S. at 454, p. 456；另参见Keeler v. Standard Folding Bed Co., 157 U. S. 659, 664 (1895)（认为床架的专利权人不能对后续的购买者强加地域限制）。一些早期的判例提出了一个类似于首次销售的问题，专利权人企图在起草专利文献时，将机器和机器使用的耗材都写入其中。参见Morgan Envelope Co. v. Albany Perforated Wrapping Paper Co., 152 U. S. 425 (1894)（认为专利权人的组合专利涵盖一个分配厕纸卷的装置和可消耗的厕纸卷本身）. *Morgan Envelope*法院驳回了该专利涵盖厕纸卷的主张，并且不认为该装置的使用者从其他地方购买厕纸是侵权行为。同上，pp. 432－433。

[2] 210 U. S. 339, 349－51 (1908).

[3] Hallie Erminie Rives, The Castaway (1904).

[4] *Bobbs-Merrill*, 210 U. S. at 350－51.

商店的分销合同中。Macy 的商店与出版商之间并不是合同的相对方，而且该案完全是作为一个版权侵权案件而不是违反分销合同来进行陈述和抗辩的。[1] 这种区别被证明在未来是至关重要的。正如 1908 年法律所持的立场，通过许可限制对专利或版权商品施加售后限制以及通过侵权诉讼实现售后限制都是不可执行的。但是，法院并没有依据《谢尔曼法》对限制分销协议的合法性发表意见。

纵观最高法院的审判史，在很大程度上，关于首次销售原则的法理始终是一致的、不变的。不管市场构成中的竞争程度如何，以及是否有企业被排除出去，该原则都是适用的——也就是说，它的适用已经大大超越了传统的反托拉斯分析。首次销售原则适用于品牌内的限制，比如，限定地域条款或者固定转售价格。该原则同样也适用于品牌间的限制，比如，搭售或者独家交易。不管有争议的限制是会促进还是会抑制创新，该规则都是适用的；实际上，这甚至是不相干的问题。尽管在反托拉斯法律体系形成 30 多年以来，法院认为大多数的售后限制对竞争是无害的，但是，在 2008 年 *Quanta* 案的判决中，法院对首次销售原则

---

[1] *Bobbs-Merrill*, 210 U. S. at 350 ~ 351, p. 346, 350：上诉人聘请的经验丰富的律师在法庭上的观点，由于任何合同，他放弃救济，且仅依赖版权法以及该法所赋予的权利……在该案中，并没有主张合同限制，也没有主张控制后续销售该书的许可协议……我们认为，尽管版权法保护版权所有者复制和销售版权产品的权利，但并不具有通过告知（就像该案所披露的那样）对未来的购买者施加该限制（该书应该以零售的方式销售）的权利，而权利人与未来的购买者不具有合同相对性。*Cf.* Quanta Computer, Inc. v. LG Elecs. , Inc. , 553 U. S. 617, 637 n. 7 (2008)（首次销售原则的适用是否会对违约之诉产生影响，法院并没有表态）。

再次予以肯定，并宽泛地、绝对地声明了该原则。[1]

历史上，对首次销售原则的一致和大量的适用存在两个重要的例外。一个是由最高法院简要地认可的，一个是近一个世纪之后，由联邦巡回法院认可的。第一个例外是由勒顿（Lurton）法官于1806年和1912年写的两份判决书，第一次是他在第六巡回法院的时候，第二次是他到最高法院任职之后。两个判决都涉及关于有专利权的搭售品和没有专利权的被搭售品的搭售安排，这种行为后来成为反托拉斯中激烈争论的对象。在1896年的*Button—Fastener*案中，第六巡回法院认为，首次销售原则不能破坏一个许可中的限制，该限制要求有专利权的钮扣紧固机的购买者只能使用专利权人自己的紧固钉。[2] 该限制是以地役权的形式撰写的，如果违反约定，有权要求恢复原状。勒顿法官认为首次销售原则仅适用于“无条件的”销售，这就有效地将首次销售原则转化为一个默示许可规则。他的理由是：显而易见，专利权人所享有的“使用”自己发明的权利意味着其许可他人使用的权利受制于类似使用的限制——也就是说，如果专利权人使用自己享有专利权的紧固机时，只能用自己的紧固钉，那么他也可以对他

---

[1] *Quanta*, 553 U. S. at 636 – 37.

[2] Heaton-Penninsular Button-Fastener Co. v. Eureka Specialty Co., 77 F. 288, pp. 289 – 290 (6th Cir. 1896). 该限制是这样的：“购买该机器只能用于Peninsular Novelty公司生产的紧固钉，一旦违约，上述机器所有权就回归于该公司。”同上注，p. 290.

的被许可方加以同样的限制。[1] 勒顿法官承认，这种权力唯一所受到的限制是可能导致在“非专利产品”上产生垄断的情形。[2] 然而，在上述案例中，没有专利权的紧固钉不具有形成垄断的可能性，而且为了计算专利费，专利权人利用该限制的唯一明显意图就是针对机器的使用情况定量供给。[3] 利用这样的方式“可能会但也可能不会导致形成紧固钉市场的垄断”，而且，也无任何证据表明它在本案中这么做了。[4]

勒顿法官未理睬最高法院对转让限制的观点，他认为只有当被搭售的产品形成垄断时，售后搭售限制才是非法的，这样，他就努力地将竞争政策引入了首次销售原则。勒顿法官的分析非常类似于约三十年后最高法院开始在反托拉斯法体系下评估搭售安排的方法。勒顿法官甚至认为，在此案中，如果是由于专利权人

---

❶ Heaton-Penninsular Button-Fastener Co. v. Eureka Specialty Co., 77 F. 288, pp. 289 – 290 (6th Cir. 1896). 该限制是这样的：“购买该机器只能用于 Peninsular Novelty 公司生产的紧固钉，一旦违约，上述机器所有权就回归于该公司。” p. 292（“如果专利权人在其专利保护期间具有使用其发明或发现的排他性权利，那么，似乎可以说，未经专利权人的授权，任何人使用该专利的行为都是对其垄断权的侵犯”）。

❷ 同上注，p. 294.

❸ 同上注，p. 296（“依据紧固钉的数量计算该机器的实际使用，定量收取使用费”）。

❹ 同上注。

的紧固机的优越性而导致的垄断，这种垄断也不令人憎恶。❶ 除了可能提到对贸易产生限制之外，该观点从未援引早在6年前就已经通过的《谢尔曼法》。❷

1909年塔夫脱（Taft）总统任命勒顿法官到最高法院任职。塔夫脱总统原来也是第六巡回法院的一名法官，而且在*Button—Fastener*案中，他和勒顿法官都是陪审团的成员。1912年，勒顿法官在*Henry v. A. B. Dick Co*案中，表述了最高法院的观点，并以更短的篇幅阐述了先前在*Button—Fastener*案中他所表达的观点。❸ 在此案中，专利权人颁发了一个油印机的许可，并要求购买者只能使用它的纸张、油墨及模板。专利权人将附有许可的一

---

❶ Heaton-Penninsular Button-Fastener Co. v. Eureka Specialty Co., 77 F. 288, pp. 289－290 (6th Cir. 1896). 该限制是这样的："购买该机器只能用于Peninsular Novelty公司生产的紧固钉，一旦违约，上述机器所有权就回归于该公司。" Lurton法官对该案的裁决正是基于最高法院对*American Cotton-Tie Co. v. Simmons*, 106 U. S. 89 (1882) 案作出的裁决。在该案中，专利权人出售棉包的金属系件，并在系件上印有"仅有权使用一次"的限制。被告的业务是回收二手的金属系件，并且将它们拼凑起来再次销售。最高法院认定侵权，但没有解决首次销售这一问题。更确切地说，法院认为，被告拼凑坏的系件这一行为构成再造，而不是修理，从而构成专利侵权。

❷ 可以援引这段：在原告授权的许可协议中规定了十分新颖的限制，引发了异议。这让我们对该异议深思。非常有能力的被告律师力推的论据基于关于垄断公共政策学原理以及限制贸易的合同，并且主张公共政策禁止专利权人根据自身的垄断权订约，以致在非专利产品上形成另一个垄断权。同上注，p. 292. 法院没有参考针对垄断的公共政策以及限制贸易的合同，因而驳回了该主张，并认为，在专利许可范围内，该限制所形成的任何垄断都是正当的。同上注，p. 296.

❸ Henry v. A. B. Dick Co., 224 U. S. 1 (1912), *overruled by* Motion Picture Patents Co. v. Universal Film Mfg. Co., 243 U. S. 502 (1917).

套机器设备出售给 Christina B. Skou，随后，Skou 从 Sidney Henry（一位办公用品销售人员）处购买了一罐油墨，这就违反了该限制。因为该机器本身是以成本价或低于成本的价格出售的，这表明 *A. B. Dick* 公司是从被搭售的商品中盈利的，从而可能将搭售作为价格歧视的手段，并有效地从更高的用户量中获得更高的回报率。❶ 针对 Henry 所提起的诉讼的理由是帮助专利侵权。❷ 勒顿法官再一次区分了有条件和无条件的销售，并且认为，首次销售原则并不能妨碍一个有条件销售中所含有的限制。理由主要是因为专利权人可以完全拒绝出售专利产品，因此它可以以任何它满意的条件出售其产品。最高法院指出，被搭售的模板、纸张以及油

---

❶ 关于该事实，参见 *Bauer & Cie v. O'Donnell*, 229 U. S. 1, 14 ~ 15（1913）（具有 *Henry* 案中事实的特征）当具有市场支配地位的公司转移垄断，以变动比例的方式对被搭售的产品索要高价时，该一揽子交易的回报率会随着被搭售产品的数量递增。例如，假定该机器以成本价 100 美元销售，而该罐油墨的成本为 5 美元，以 15 美元的单价出售。如果一个购买者购买一台机器和一罐油墨，回报率为 115（价格）/105（成本），或者利润率为 9.5%。如果该购买者用了两罐油墨，回报率为 130/110，或者利润率为 18%。如果购买者用了 10 罐油墨，回报率为 250/150，或者利润率为 67%。该方案的基本前提是，越是紧密的用户比那些不怎么紧密的用户对该机器的价值贡献越大。关于利用搭售行为作为价格歧视的工具，以及对竞争和消费者的影响，参见 Hovenkamp & Hovenkamp, *supra* note 9.

❷ 一个人故意帮助或者教唆他人侵权，此时便构成帮助侵权，35 U. S. C. § 271（c）（2000）.《版权法》中并没有规定帮助侵权，而是法官制定的规则，与上述条件类似。见 Metro-Goldwyn-Mayer Studies, Inc. v. Grokster, Ltd., 545 U. S 913, 930 – 31, 940 – 41（2005）（撤销了未认定构成版权帮助侵权的简易判决）；Sony Corp. of Am. v. Universal City Studios, Inc., 464 U. S. 417, 433（1984）（认定消费者以合理使用作为抗辩使得磁带录像机的供应商不构成帮助侵权）。

墨不具有垄断的可能性：

> 专利权人生产的模板、纸张以及油墨仍旧是没有专利的。像普通商品那样，任何人都有制造、出售、使用的自由，因为它们没有受到限制，除了在某种特殊的情况下。❶

1914年，国会通过了《克莱顿法》第3条，对*Henry*案进行了回应。该条规定使得违反竞争的搭售是违法的——不论捆绑的产品是出租还是出售，也不论该产品是有专利的还是没有专利的。❷ 最高法院在1917年*Motion Picture Patents*案的判决（随后会讨论）中彻底地推翻了*Henry*案。❸ 尽管在新通过的《克莱顿法》中，法院可以找到禁止专利搭售的判决根据，该判决的分析却几乎是基于首次销售原则作出的。❹ 为了制定统一的政策，在许多情况下，最高法院会综合考虑首次销售原则和反托拉斯观点，*Motion Picture Patents*案是其中之一。❺

历史上关于首次销售原则适用的第二个例外是新近发生的Mallinckrodt案，在该案中，联邦巡回上诉法院复活了勒顿法官的

---

❶ *Henry*, 224 U. S. at 31 ~ 32.

❷ 15 U. S. C. § 14, 38 Stat. 731 (Oct. 15, 1914).

❸ Motion Picture Patents Co. v. Universal Film Mfg Co., 43 U. S. 502, 518 (1917)（“须认为Henry案的裁决被该案推翻了”）（省略引用）另参见*infra* notes 100 – 05 and accompanying text.

❹ 同上注。

❺ *Infra* notes 60 ~ 68 and accompanying text.

意图，把首次销售原则的适用取决于存在现实的垄断威胁。[1] *Mallinckrodt* 案再次区分了“有条件的”销售，这是指专利权人对购买者的权利加以限制，这样，专利权人所让渡的利益就少于涉案专利产品中的整个专利权益。[2] 因为所设置的这些条件其实就是专利权人保留了一部分专利权，所以违反这些限制条件就应被视为专利侵权行为。[3] 而且，因为首个购买者不能让渡超出其所拥有的利益，所以随后获得该商品的购买者也同样受制于同样的条件，而且如果违反这些条件，也会引起专利侵权诉讼。最后，这个条件既可以通过与首个购买者的协议来设定，也可以简单地通过专利权人在专利产品上附上告知来设定。法院认为，对专利产品的销售附加条件的唯一的限制在于该条件不可以超出专利权的范围——这意味着，该条件并没有违反反托拉斯法，或者没有构成专利权滥用，或者没有基于某些其他原因与公共政策相违背。[4] 总之，法院支持专利权人所设定的对首次销售原则适用的例外，只要这些限制没有违反反托拉斯法和其他竞争政策。

在 2008 年 *Quanta* 案的判决中，最高法院法官一致反对联邦巡回法院的做法，并再次将首次销售原则恢复到最初的广泛适用

---

[1] Mallinckrodt, Inc. v. Medipart, Inc., 976 F. 2d 700 (Fed. Cir. 1992), *abrogated by* Quanta Computer, Inc. v. LG Elecs., Inc., 553 U. S. 617 (2008).

[2] Mallinckrodt, Inc. v. Medipart, Inc., 976 F. 2d 700 (Fed. Cir. 1992), *abrogated by* Quanta Computer, Inc. v. LG Elecs., Inc., 553 U. S. 617 (2008), pp. 706 ~ 708；另见 B. Braun Med., Inc. v. Abbott Labs., 124 F. 3d 1419, 1426 (Fed. Cir. 1997).

[3] *E. g.*, *Mallinckrodt*, 976 F. 2d at 706 ~ 708.

[4] 同上注，p. 708.

范围。[1]“对于实质上含有专利的产品，经授权销售，就用尽了专利权人的权利，并且专利权人不能再援引专利法来控制产品的售后使用”。[2] 除了说有先例和遵循先例之外，该观点并没有清楚地表达关于该原则的基本原理。法院在很大程度上忽视了历史上对转让限制的关注，或者后来对竞争政策的关注。在地方首席司法官看来，这表明如果在专利产品出售的时候附加条件，就必须通过许可的途径来进行限制，而不是有条件的销售。[3] 这就意味着，只有通过违约之诉而非侵权之诉，而且只有针对正在履行合同的相对人的情况下，这些限制条件才能被执行。“如果说权利用尽原则消除了专利侵权的损害赔偿，那么，是否会有合同的损害赔偿”，对此，法院并没有表达其观点。[4]

二、首次销售原则和竞争政策的一致性

Quanta 案的判决留下这样一个印象：首次销售原则与竞争政

---

[1] Quanta Computer, Inc. v. LG Elecs. , Inc. , 553 U. S. 617, pp. 636 ~ 638 (2008).

[2] 同上注，p. 638.

[3] 同上注，pp. 636 ~ 638 (2008).

[4] 同上注，p. 637 n. 7. The Court quoted the following passage from *Keeler v. Standard Folding Bed Co.* , 157 U. S. 659, 666 (1895)：专利权人是否可以通过一个让购买者明了的特殊合同来保护自己和他的代理人，对于我们而言，这不再是一个问题。针对该问题，我们不发表任何意见。然而，显而易见的是，该问题应该作为一个合同问题来提出，根据专利法本意和所要达到的效果，该问题不应作为专利法上的问题。

策从未有过任何关系。❶ 但情况并非如此。从 *Henry* 案（1912）到 *Quanta* 案（2008）这一个世纪里，大多数首次销售案例都涉及固定转售价格行为或搭售行为。在 *Henry* 案之后，最高法院尽管总是一直适用首次销售原则，却也总是将首次销售原则与反托拉斯政策联系起来。例如，首次销售原则本身的技术性要求也可以分清非法的固定转售价格行为的界限。和首次销售原则一样，禁止固定转售价格的规则也只有当存在实物的销售而且是符合条件的转售时才可以适用；这个规则并不适用于服务、加工或者生产许可。❷ 但是，搭售的法律是否也遵循首次销售原则的路径，就不好这么说，因为由于《克莱顿法》第 3 条的存在，这就明确了反托拉斯的搭售规则既适用于销售也适用于租赁，这样，反托拉斯的范围就延伸到了首次销售原则不适用的领域。

在这个时期，适用首次销售原则的冲动并不令人感到惊讶，而且这种冲动与最高法院在有关首次销售的判决中考虑竞争政策的做法并没有不一致。在同一时期，最高法院在反托拉斯规则或滥用原则之下分析这些限制时，通常对这些限制表示反对。的确，事实上，最高法院适用首次销售原则的每个案例的结果，与在反托拉斯或者滥用原则（在程序合适的情况下）❸ 之下，是相

---

❶ 法院唯一提及反托拉斯法是对 *Univis Lens* 案裁决中涉及反托拉斯问题这一事实的简要提及，见 *Quanta*, 553 U. S. at 627 (discussing United States v. Univis Lens Co. , 316 U. S. 241, 248 ~249 (1942)). 不同的是，该裁决并未涉及竞争政策的探讨。

❷ *Infra* notes 148 ~ 159 and accompanying text.

❸ 也就是说，法院应该驳回执行该限制的主张，而不是根据 15 U. S. C. § 15 (a) (2006) 的规定，认为首次销售原则能够证明对反托拉斯三倍赔偿的判定是合法的。

同的。❶ 许多判决也明显参照了反托拉斯法，正如 *Motion Picture Patents* 案一样。❷ 说 *Henry* 案反常有两个理由：首先，它背离了最高法院的首次销售原则；其次，在最高法院的判决中，它唯独对专利搭售安排采取仁慈的态度——直到 20 世纪 70 年代，该立场才发生改变。❸

的确，如果首次销售原则不能在竞争政策或创新政策中发现其意义的话，那么，除了遵循先例（但在 *Quanta* 案中这个事实并未困扰最高法院）外，就很难找到它的价值。在历史上，最高法院关于首次销售原则的大多数判决将其基本原理与竞争政策结合起来。适用该原则的大多数判决要么涉及搭售安排，要么涉及固定转售价格行为，而且通常，最高法院不太精确地指出首次销售原则和反托拉斯法是相互配合的。由于法院非常难以理解限制分销的经济学意义，这种趋势就得以加强。由于无法合理地解释为什么纵向限制是限制竞争的（在传统观念中限制竞争将会导致减产、高价），因此，反托拉斯法本身也是从首次销售原则中引入了普通法对转让限制的观点。

（一）搭售和固定转售价格，1908 ~1917 年

在 *Bobbs-Merrli* 案过去 3 年之后，最高法院在 *Dr. Miles* 案的判

---

❶ 一般而言，“滥用原则”仅仅作为侵权诉讼的抗辩理由。Bohannan, *supra* note 21（manuscript at 3）.

❷ *Infra* notes 99 ~100 and accompanying text.

❸ 在 Jefferson Parish Hosp. Dist. No. 2 v. Hyde, 466 U. S. 2（1984）案以及 U. S. Steel Corp. v. Fortner Enters. , Inc. , 429 U. S. 610（1977）案中，最高法院对待搭售行为的态度更为温和，另见 Areeda, Elhauge & Hovenkamp, *supra* note 5, ¶ 1733.

决中，援引了首次销售原则和《谢尔曼法》，并认为在专利药品的生产商和零售商之间即使是一个明确的固定转售价格协议也是与法律政策相违背的。[1] 法院通过援引一本 15 世纪关于财产法的论著（17 世纪的版本）*Coke upon Littleton* 一书，明确将针对转让

---

[1] 有趣的是，勒顿法官在 *Dr. Miles* 案中挽救自己，到那时，他已经被载入史册，因为他认为，根据反托拉斯法，固定转售价格是非法的。尽管在第六巡回法院他已起草了 *Dr. Miles* 案的判决书，最高法院最终维持了该判决。Dr. Miles Med. Co. v. John D. Park & Sons Co.，164 F. 803（6th Cir. 1908），*aff'd*，220 U. S. 373（1911）. 勒顿法官将该原理适用于该事实，即 Dr. Miles 公司的药品是没有专利的，固定转售协议是以合同的方式而不是以许可协议的方式强加的。勒顿法官认为，一个重要的区别在于，专利权的期限是有限的，而合同可以将专利权的期限延长至无限期。结果，所形成的任何垄断将会更加可憎：其他任何结论都将是对垄断的制裁，因为相比发明者根据公共政策延伸所形成的垄断，商品的分类更为深远。法定垄断权在这几年具有局限性。为了获得法定垄断权，发明者必须将其发明进行登记。一旦到了保护期，公众便可以不用承担作为补偿发明者的负担，而自由使用该发现（discovery）。与那些控制庞大的国家专营贸易的人所寻求的垄断不同，他们的垄断将永远持续下去……

同上，p. 806. 重要意义在于，如果该药品是有专利的，而且固定转售价格是通过专利许可而不是分销合同实施的，勒顿法官反而运用他在 *Button-Fastener* 案和 *Henry* 案的分析。总之，在勒顿法官看来，如果以专利许可的方式对专利产品强加搭售和固定转售价格的限制，该行为是合法的。如果通过一份简易合同对非专利产品强加固定转售价格的限制，该行为就是非法的。最高法院 Van Devanter 法官，尽管在第八巡回法院，对固定转售价格行为持相同立场，他认为，设置在专利商品转售许可中有关固定转售价格的限制可以通过专利侵权诉讼获得执行。Nat'l Phonograph Co. v. Schlegel，128 F. 733（8th Cir. 1904）. 相比之下，在 *Dr. Miles* 案中，最高法院认为，固定转售价格协议完全为 *Bobbs-Merrill* 案中述及的首次销售原则所涵盖。*Dr. Miles*，220 U. S. at 405（与 *Bobbs-Merrill* 案的事实类比，法院认为，Dr. Miles 公司的药品既没有专利权，也没有版权，“不受任何法律保护的商品的生产者境况不会更好，关于这一事实，几乎无可争辩”）。

限制的普通法政策具体化为《谢尔曼法》自身的阐释。[1] 甚至半个多世纪后，在禁止了一个地域限制的分销体系的 *Schwinn* 案判决中，也援引了这个“禁止转让限制的古老规则”作为适用反托拉斯法的基本原理。[2] *Schwinn* 案并没有将限制转让限制的政策与低产或高价联系在一起。

但在 1977 年 *Sylvania* 案的判决中，法院最终批判了将反托拉斯规则适用于分销限制的基本原理，这在很大程度上终结了反托拉斯对非价格限制的责难。[3] 从 *Sylvania* 案到 *Quanta* 案这段时间里，法院从未考虑过一个关于首次销售原则的案例，因此也没有

---

[1] 最高法院提及首席大法官 Edward Coke 的陈述：如果某人拥有一匹马，或者其他动产、不动产或者个人资料，并将其全部产权或财产赠与或者出售，条件是受赠人或者买主不能以同样的方式进行转让，该转让是无效的，因为所有的产权或财产与其脱离，他就不可能恢复原状；这会阻碍人与人之间的贸易、交通、交易和缔约。

Dr. Miles, 220 U. S. at 404 – 05 (quoting Edward Coke, The First Part of the Institutes of the Laws of England: A Commentary Upon Littleton § 360 (London, W. Clarke 16th ed. 1809) (1628). The Court also referenced John Chipman Gray's Restraints on Alienation of Property, § § 27, 28 (2d ed. 1895). 见*supra* notes 31 ~ 32 以及所附材料 . Gray 的书中从未提及专利和版权商品。

[2] United States v. Arnold, Schwinn & Co. , 388 U. S. 365, 380 (1967) (“但是，如果制造商已经对货物失去了控制——这是常见的市场情形——允许这样的自由会违反古老的法律规则（禁止受让方转移财产、向独占零售商开放门户和进行地域限制而不是谨慎地许可”)；另同上，p. 391 (Stewart, J. concurring in part and dissenting in part) (citing Coke upon Littleton and accusing the majority of embracing a legal rule “merely on grounds of its antiquity”).

[3] Continental T. V. , Inc. v. GTE Sylvania, Inc. , 433 U. S. 36, 57 – 59 (1977).

机会决定对纵向非价格限制的较仁慈待遇是否也意味着要适当放宽适用首次销售原则。在 2007 年 *Leegin* 案的判决（该案推翻了 *Dr. Miles* 案的判决）中，法院未将针对转让限制的普通法政策作为固定转售价格行为本身违法的正当理由。法院认为，这些规则反映的是“机械的教条”而不是“可论证的经济效果”。❶ 相反，一年之后，*Quanta* 案的判决重申了历史上成熟的首次销售原则，而未提及竞争政策，就此而言，除了遵循先例之外，也未提及任何政策。

根据首次销售原则，《谢尔曼法》创造了可以适用于销售和使用中的反竞争限制的第二个联邦法律机制。尽管在该法中并未涉及专利，然而在对垄断性的大企业日渐充满敌意的情况下，该法案获得了通过。专利日益被视为大型公司延续和扩展市场力量的主要工具之一。早在 20 世纪，无论是专利原则还是反托拉斯法，都更为激进地发展起来，重点是解决专利过度延伸这样一个既定的问题的规则。这些发展变化是对 *Henry* 案判决进行回应的结果。该判决认为，对专利产品设置售后的搭售条件违反了首次销售原则和《谢尔曼法》。❷

尽管直到 1914 年《克莱顿法》第 3 条通过之后 *Henry* 案才正式终结，但是法院在很大程度上削弱了该判决的效力，并且在 1913 年的一个固定转售价格的案例中，重新确立了最初的首次销

---

❶ Leegin Creative Leather Prods., Inc. v. PSKS, Inc., 551 U.S. 877, 887 (2007) (quoting Continental T.V., Inc. v. GTE Sylvania, Inc., 433 U.S. 36, 59 (1977)).

❷ Henry v. A. B. Dick & Co., 224 U.S. 1, 11 (1912), *overruled by* Motion Picture Patents Co. v. Universal Film Mfg. Co., 243 U.S. 502 (1917)；另参见 *supra* notes 54 ~ 57 and accompanying text.

售原则。在 *Henry* 案一年后的 *Bauer* 案的判决中，法院认为，首次销售原则禁止一家公司通过专利许可对一个叫做 Sanatogen 的专利药品的转售价格强加限制。❶ 该限制被印在每个药品的包装上，并警告说违反该限制会引起专利侵权诉讼。❷ 法院有三种选择方案：根据 *Bobbs-Merrill* 案的判决，认为首次销售原则使得固定转售价格条款不具有执行力；根据 *Henry* 案的判决，该限制是可执行的；或者根据 *Dr. Miles* 案的判决（比 *Henry* 案的判决早两年），认为许可协议相当于一个限制贸易的非法合同。

法院遵循了 *Bobbs-Merrill* 案的判决和 *Dr. Miles* 案的判决。就首次销售原则而言，法院认为，*Henry* 案区别于 *Bobbs-Merrill* 案，《专利法》不像《版权法》，赋予专利权人“使用”其发明的专有权，而且搭售限制是对一台机器如何使用的限制。❸ 但是，价格限制并不是一种使用限制；因此，一个单位药品的出售使得专利权人丧失了对该单位药品转售价格控制的权利。❹ 关于 *Dr. Miles* 案，法院认为，它已经声明，固定转售价格的协议是违反公共政策的，并且是不可执行的。❺ 当然，国会有权在专利法中创设一个例外，但是没有证据表明国会已经这么做了。因此，*Bauer* 案的判决其实是一个关于首次销售的判决，这也被认为是与《谢尔

---

❶ Bauer & Cie v. O'Donnell, 229 U. S. 1, 17 (1913).

❷ 同上注，p. 8. 我们对 Sanatogen 实行一揽子许可，销售和使用不得低于 1 美元。任何违反该条件的销售或使用（当这样销售时）将会构成对我们第 601，995 号专利的侵权，Sanatogen 是根据该专利生产的，所有人违反条件销售或使用将要承担禁令和赔偿责任。

❸ 同上注，p. 15.

❹ 同上注，pp. 15 ~ 16.

❺ 同上注，p. 12.

曼法》的政策相一致的。

在涉及固定转售价格的 *Straus v. Victor Talking Machine* 案的判决和另一个更为知名的涉及搭售安排的 *Motion Picture Patents* 案的判决于1917年4月的同一天发布，此时，首次销售原则和反托拉斯政策实现了有效地融合。[1] *Straus* 案的论据表明存在规避 *Dr. Miles* 案判决（禁止合同性质的固定转售价格行为）和 *Bauer* 案（涉及专利产品销售的售后限制）的拙劣企图，其方法就是以所谓的非销售性质的专利许可来替代。该专利权人“许可”留声机给经销商，并赋予经销商向消费者发放“分许可”的权利。[2] 该许可限制不仅包含一个要求使用专利权人的唱针和其他物料的搭售条款，还包含一个规定经销商将该机器出售给消费者的最低价格。[3] 尽管叫做“许可”，在其他任何方面，留声机的流转却都类似于出售。专利权人对一家低于规定价格的纽约零售商提起了专利侵权诉讼。[4]

法院认为，这个问题“实质上在 *Dr. Miles* 案……和 *Bauer* 案中已经被法院解决了”。法院还认为，许可这一语言文字是掩盖事实上销售的托词。[5] 于是，法院主要依据有关首次销售的案例，

---

[1] Straus v. Victor Talking Mach. Co., 243 U. S. 490 (1917); Motion Picture Patents Co. v. Universal Film Mfg. Co., 243 U. S. 502 (1917).

[2] Straus, 243 U. S. at 491.

[3] 同上注，pp. 494 ~ 495.

[4] 同上注，p. 496.

[5] 同上注，p. 498.

甚至回溯至 *Adams v. Burke.* 案，作出了该条件是不可执行的判决。❶

Motion Picture Patents 案远比 *Straus* 案知名，而且该案判决的语言文字中包含了一连串的观点，这些观点决定了首次销售原则、滥用原则以及反托拉斯未来的发展方向。❷ 1914 年，愤怒的国会通过《克莱顿法》第 3 条作为对 *Henry* 案判决的回应，该条规定禁止了具有反竞争性的搭售行为，包括那些涉及专利权的搭售产品。❸ 在 *Motion Picture Patents* 案的判决中，最高法院推翻了 *Henry* 案的判决。法院也给出了随后什么将会成为专利权“滥用”原则的首个提示，在专利侵权诉讼中，当专利权人被认为不合理

---

❶ Straus，243 U. S.，p. 501（citing Adams v. Burke，84 U. S.（17 Wall.）453，456（1873））；参见 *supra* notes 37～40 and companying text. A year later，in *Boston Store of Chicago v. American Graphophone Co.*，246 U. S. 8（1918），最高法院根据首次销售原则否决了强制固定转售价格的许可限制。自 *Dr. Miles* 案的判决作出的 6 年前，强制固定转售价格的合同是非法的、不可执行的，关于这一点是毫无疑问的。但是，最高法院明确，不能以许可限制的方式实现同样的目的。这样做，法院适用了传统的首次销售原则，即凭借专利法，专利权人将专利机器出售，并收取价款，而且超出专利法的界限销售专利机器。专利权人不能凭借专利垄断权，通过使用资格的限定，将垄断权及于不适用垄断权的对象。

Straus，243 U. S. at 24. Brandeis 法官采取同样的看法，抗议固定转售价格的合法性是一个“经济问题”，而这需要对市场情况进行分析。同上，p. 28（Brandeis 法官看法一致）。

❷ *Motion Picture Patents* Co. v. Universal Film Mfg. Co.，243 U. S. 502（1917）.

❸ 15 U. S. C. § 14（2006）.

地扩大专利权的范围时，可以提出积极的抗辩。[1]

Motion Picture Patents 案的判决禁止了这样一个安排：电影放映机销售方限制该放映机只能放映该销售方自己的胶片。该限制是那些利益相关者挥之不去的失败尝试的一部分，这些人通过拥有托马斯·爱迪生（Thomas Edison）的放映机和胶片的专利权[2]来垄断整个美国的电影产业。该尝试甚至包括将某些同意出演该公司的竞争对手拍摄的电影的男演员和女演员列入黑名单。[3] 到最高法院对该案作出判决之时，该垄断已经瓦解了。虽然如此，《克莱顿法》也已经获准通过，而且，法院利用裁判 *Motion Picture Patents* 案这个机会声明：新法“确证”了 *Henry* 案之前的有

---

[1] E. g. , Carbice Corp. v. Am. Patents Dev. Corp. , 283 U. S. 27，31 ~ 33（1931）（认定出售干冰盒子时搭售干冰的行为构成滥用，专利权人指出，正如在 *Henry* 案中，被搭售的产品对专利产品功能的发挥至关重要，这一观点区别于 *Motion Picture Patents* 案，法院驳回了专利权人的这一主张）。Morton Salt Co. v. G. S. Suppiger Co. , 314 U. S. 488，489（1942）（销售罐头制造商使用的食盐注射器时搭售食盐的行为会导致滥用行为）。

[2] 虽然爱迪生不是最早的发明者，但他是齿轮放映机最早的商业开发者之一，收线齿轮以及边缘带有小孔的胶片与齿轮啮合，从而让胶片运行平稳。并且可以消除早期电影（motion pictures）不稳定的缺点。该项技术本身的所有权备受争议。Charles Musser，*The Emergence of Cinema*：*The American Screen to* 1907，at 130 – 80，in History of the American Cinema（Charles Harpole ed. , Scribner's 1990）.

[3] 关于早期电影（motion picture）商业实践的历史背景，参见 Michael Conant，Antitrust in the Motion Picture Industry：Economic and Legal Analysis 16 ~ 21（1960）；Benjamin B. Hampton，A History of the Movies（The Literature of Cinema）8 ~ 11，17 ~ 24，34，64 ~ 76，79 ~ 81（1931）；Lewis Jacobs，The Rise of the American Film：A Critical History，1921 ~ 1947，at 81 ~ 85，88，164 ~ 65，291 ~ 92（1939）.

关首次销售的案例。

如今，*Motion Picture Patents* 案的判决被公认为既是一个早期的专利权“滥用”案的判决[1]，也是一个反托拉斯案的判决。[2]但事实上，其主要分析的是专利权“用尽”或者首次销售。正如法院写道：

> 销售权被一个单一的、无条件的销售用尽了，从而已出售的商品便处于专利法赋予的垄断权之外，而且免于卖方可能设法强加的任何限制。授予“使用”专利机器独占权的法律授权并没有更大，事实上，其授权范围只是限于对“出售”授予独占权。而且，基于这里所述的理由，我们认为，就法律授权范围而言，对每个专利授予的独占权必须限制于专利权利要求中所描述的发明。而且专利权的所有者没有资格实施以下行为：通过在机器上贴一个告示，限制在机器运

---

[1] Areeda, Elhauge & Hovenkamp, *supra* note 5, ¶ 1781; Herbert Hovenkamp, Mark D. Janis, Mark A. Lemley & Christopher R. Leslie, IP And Antitrust: An Analysis of Antitrust Principles Applied to Intellectual Property Law, ch. 3 (2d ed. 2010); Robert P. Merges, Peter S. Menell & Mark A. Lemley, Intellectual Property in the New Technological Age 331 (rev. 4th ed. 2007) (reprinting *Motion Picture Patents* as a misuse decision in the casebook); Bohannan, *supra* note 21 (manuscript at 4); Thomas F. Cotter, Misuse, 44 HOUS. L. REV. 901, 904 -06(2007).

[2] *Motion Picture Patents* Co. v. Universal Film Mfg. Co., 243 U.S. 502, 517 -18 (1917). 法院在该案中所得出的结论被最近通过的《克莱顿法》第3条所“印证”，然而，关于首次销售的结论使得“没有必要将该法适用于审理中的案例”。同上，p. 517。不过，关于我们面对的问题，《克莱顿法》所规定的是对我国的公共政策。同上注。

行中所必需的物料，但这又并不是专利发明的一部分，以此来扩大专利权的垄断范围；或者将专利机器置于该国的贸易渠道中，但强加使用该机器的条件或支付专利使用费的条件下。专利法并未对这一行为提供保护，并且，这会让公众付出代价，对其带来不便以及引发其不满，这些相反的结论经常会禁止专利权人那样做。❶

（二）现代竞争政策发展中的首次销售原则

随着权利用尽原则、反托拉斯原则以及权利滥用原则变得精确和专业，它们在发展中都解决了被视为反竞争的行为，比如搭售，但是，它们也朝着不同的方向发展。简单地说：

首次销售规则在专利领域完全是由法官创设的，并于 1976 年被写入版权法。❷ 该原则仅仅适用于专利或版权商品的销售。

---

❶ *Motion Picture Patents* Co. v. Universal Film Mfg. Co.，243 U. S. 502，517 – 18（1917）. 法院在该案中所得出的结论被最近通过的《克莱顿法》第 3 条所"印证"，然而，关于首次销售的结论使得"没有必要将该法适用于审理中的案例"。同上，p. 517。不过，关于我们面对的问题，《克莱顿法》所规定的是对我国的公共政策。pp. 515 ~516.

❷ 在版权方面，国会在处理该问题时，明确同意当事人以合同方式规避首次销售原则，但当事人如果这么做，则仅能要求合同上的救济。参见 17 U. S. C. § 109（a）（2006）（陈述首次销售原则）；House Committee, Notes accompanying section 109(a), Notes of Comm. on the Judiciary, H. R. REP. NO. 94 – 1476, at 79（1976）, *reprinted* in 1976 U. S. C. C. A. N. 5659, 5693；参见 Bohannan，*supra* note 1；David A. Rice，*Licensing the Use of Computer Program Copies and the Copyright Act First Sale Doctrine*，30 JURIMETRICS J. 157（1990）（该文探讨了复制件的使用许可协议作为约定首次销售原则的方式）。

救济办法是对于这种限制不予执行，另一个救济办法是对违反限制行为提起的侵权诉讼提出抗辩。正如最高该法院在最近 *Quanta* 案的判决中总结的那样，该原则的使用无须调查对竞争的影响以及对创新的抑制。❶

滥用原则是法官创设的另一个原则，直到 1942 年 *Morton Salt* 案的判决❷，该原则才得以发展成熟。该原则可以适用于专利产品销售、租赁和许可，从而它可以适用于很多首次销售原则不能适用的情形。滥用原则能够作为对侵权诉讼的抗辩，但是根据 *Morton Salt* 案的判决，如果滥用行为不被清除，对于所有的侵权者，专利权都变得不可执行。在确定专利权滥用行为是否发生方面，法律形成了类似于反托拉斯的标准，但是，在版权滥用的案例中，现行法律所触及的范围更广。❸

如果一个限制会产生相应的反竞争的效果，那么该限制也会违反于 1890 年❹和 1914❺ 年通过的反托拉斯法，并成为政府在衡平案件中对此提出积极挑战的基础或者私人原告寻求三倍赔偿或禁令的基础。《克莱顿法》同样适用于专利产品的销售、租赁及

---

❶ Quanta Computer, Inc. v. LG Elecs, Inc., 553 U. S. 617, 630 (2008).

❷ Morton Salt Co. v. G. S. Suppiger Co., 314 U. S. 488, 490 (1942).

❸ 关于滥用原则的使用范围的更多信息，参见 Bohannan, *supra* note 21.

❹ Sherman Act, ch. 647, § § 1 ~ 7, 26 Stat. 209, 209 ~ 10 (current version at 15 U. S. C. § § 1 ~ 7 (2006)).

❺ Primarily section 3 of the Clayton Act. Clayton Act, ch. 323, § 3, 38 Stat. 730, 731 (1914) (current version at 15 U. S. C. § 14 (2006)).

许可。[1]

在随后的法律发展中，专利权滥用原则与反托拉斯原则保持着宽松的联系。[2] 然而，在判例法中，专利权滥用已经成为一个更为宽泛的概念。特别是在联邦巡回法院[3]的判例中，版权滥用

---

[1] *E. g.*, Int'l Salt Co. v. United States，332 U. S. 392（1947）（责难了搭售食盐的行为）；Int'l Bus. Machs. Corp. v. United States，298 U. S. 131（1936）（责难了一个租约，该租约要求承租人租赁的编表机使用出租人的穿孔卡片）。

[2] *E. g.*, Areeda，Elhauge，& Hovenkamp，*supra* note 5，¶ 1781（提倡一个相对接近于反托拉斯的法则）；Hovenkamp，Janis，Lemley & Leslie，*supra* note 99，ch. 3，§ 3.2（指出滥用原则很大程度上是反托拉斯原则的延伸，尽管联邦巡回法院认为滥用原则的适用范围更广泛）；Cotter，*supra* note 99，at 949～59（认为滥用原则应该遵从反托拉斯原则）。但参见 Bohannan，*supra* note 21（manuscript at 46）（认为滥用原则适用于违反反托拉斯原则，对创新不合理地限制，或者不合理地隔离公共领域的信息或技术）。

[3] *E. g.*, Princo v. Int'l Trade Comm'n，616 F. 3d 1318，1329（Fed. Cir. 2010）（全席审理）（认为违反反托拉斯的证据不足以说明构成滥用行为，事实上，该行为并没有超出专利权的范围）；Senza-Gel Corp. v. Seiffhart，803 F. 2d 661，668（Fed. Cir. 1986）（认为，即使不能满足反托拉斯原则中“不同产品”的要求，搭售也可能构成滥用行为）；cf. Transitron Elec. Corp. v. Hughes Aircraft Co.，487 F. Supp. 885，892（D. Mass. 1980）（“相比较反托拉斯诉讼而言，专利滥用抗辩被认为对诉讼资格的要求不那么严格，对证据的要求略低”），*aff'd*，649 F. 2d 871（1st Cir. 1981）. Contra USM Corp. v. SPS Techs.，694 F. 2d505，511～12（7th Cir. 1982）（认为应该根据反托拉斯法则处理专利权滥用），*cert. denied*，462 U. S. 1107（1983）.

的概念也更为宽泛。[1] 首次销售原则则从来未受到反托拉斯标准的约束，根据 *Quanta* 案的判决，该原则的适用无须调查对竞争的有害影响。关键的区别在于，实质上，首次销售原则的适用范围更为宽泛，甚至对于那些并不符合反竞争的、违反反托拉斯法的或者是抑制创新的条件的，该原则也可以适用。然而，该原则仅仅适用于专利或版权商品的授权销售，而不适用于租赁或许可，从这个意义上而言，该原则的适用比较受限制。

这样的结果是原则太多了，甚至这些原则指向太多不同的方向。而且，首次销售原则没有全面地阐述两个基本政策，而这两个基本政策对于这些限制的分析应该是根本性的。第一个是，这些限制不准不合理地削弱竞争，而“竞争”被界定为售价接近成本以及产量最大化的这样一种状态。第二个是，这些限制不准不合理地抑制创新以及妨碍公共领域。反托拉斯政策与竞争相关，但是，要形成一个健全的、关于何时这些限制是具有反竞争性的理论是相当困难的。相比之下，首次销售原则和知识产权滥用原则被认为是在知识产权的体系内形成的，在该体系内的根本目标就是促进创新。但是，促进创新却从未被认为是首次销售原则的目标。

---

[1] *E.g.*, Apple, Inc. v. Psystar Corp., No. C 08 - 03251 WHA, 2009 WL 303046, at *4 ~5 (N. D. Cal. Feb. 6, 2009)（虽然驳回了反托拉斯的主张，但认为可能构成版权滥用）；Assessment Techs. of Wis., LLC v. WIREdata, Inc., 350 F. 3d 640, 647 (7th Cir. 2003)（认为在没有构成反托拉斯的情况下，可以认定构成版权滥用）；Lasercomb Am., Inc. v. Reynolds, 911 F. 2d 970, 978 ~79 (4th Cir. 1990)（认定构成版权滥用并不意味着违反反托拉斯法）；另参见 Bohannan, *supra* note 21 (manuscript at 13 ~14).

在 *Quanta* 案之前的判例法中，最高法院已经形成了关于首次销售原则的基本原理，而不仅仅是依据对转让限制的限制。这些观点随后渗透进了反垄断政策和知识产权法。

1. 多重使用费和杠杆理论

长期以来，法院在有关首次销售的案例中提出的一个担忧，就是如果允许专利权人在专利产品上施加售后许可限制，就将使得专利权人有权收取多重使用费。在首次销售原则的法律中，这种担忧反复出现，之后又融入专利权滥用原则和有关搭售安排的反托拉斯法中。正如最高法院早在 1863 年宣称的那样：首次销售原则至关重要，因为专利权人：

> 有权收取使用费，但是对一个专利机器只能收取一次使用费，因此，当一个专利权人自己制造一台机器并将其出售，或者授权第三方来制造机器出售，或者授权第三方制造、使用和操作该机器，并且当基于专利权，已经向专利权人支付使用费时，于是，他在某种程度上已经放弃了他的垄断权，并且已经终止了在已出售或已授权制造、使用的机器上的任何利益。❶

最近，该观点在现在被证明是正确的地方法院对 *Quanta* 案的判决中得以阐明，该判决。证明了首次销售原则作为禁止“双

---

❶ Bloomer v. Millinger，68 U. S. 340，350（1863）；另参见 United States v. Masonite Corp. ，316 U. S. 265，278（1942）（权利用尽的认定取决于“是否存在对商品的处分行为，公平地讲，专利权人因商品的使用已经获得了收益”）。

重”使用费的合法性。[1]

这个关于双重垄断利润的观点在很大程度上与判定专利搭售滥用案例的观点相同，包括那些涉及在合同中要求支付类似于专利使用费的扩展性条款。例如，在 *Carbice* 案的判决中，该案适用了首次销售原则，但是后来被认为是一个关于权利滥用的案例。布兰代斯（Brandeis）大法官认为，专利权人将冷藏运输箱和干冰制冷剂捆绑出售是不道德的，因为这种行为使得专利权人所获得的不仅仅是冷藏运输箱的垄断利润而且还包括无专利权的干冰制冷剂的垄断利润。[2] 而在 *Brulotte v. Thys* 案中则适用了专利滥用原则。道格拉斯（Douglas）大法官认为，要求到期后支付近似于使用费的合同是不道德的，因为该行为使得专利权人增加了它可以获得的使用费的总额：“使用专利杠杆来获得超出专利有效期

---

[1] LG Elecs., Inc. v. Asustek Computer, Inc., No. C 01－00326 CW, 2002 WL 31996860, at ＊4 (N. D. Cal. Aug 20, 2002)（设计首次销售原则是用来防止专利权人对一个专利发明收取双倍使用费）, clarified by 248 F. Supp. 2d 912 (N. D. Cal. 2003), *rev'd sub nom.* LG Elecs., Inc. v. BizcomElecs., Inc., 453 F. 3d 1364 (Fed. Cir. 2006), rev'd sub. nom. Quanta Computer, Inc. v. LG Elecs., Inc., 553 U. S. 617 (2008). 关于销售是否被“授权”这一问题，见 *Gen. Talking Pictures Corp. v. W. Elec. Co.*, 305 U. S. 124, 126 (1938)（“如果购买者明知被许可人未经授权，而向其订购、购买、租赁专利产品，购买者也是侵权者”）。

[2] Carbice Corp. v. Am. Patents Dev. Corp., 283 U. S. 27, 31～32 (1931)（内部的引用被省略）（主张专利搭售使得专利权的所有者“不是从法律赋予垄断权的发明获得收益，而是从该发明匹配使用的非专利产品”以及“完全超出专利垄断范围的非专利产品”中获得收益。如果可以扩大垄断权，可以想象，对于一个产品中的专利所有者可能会在专利产品的制造过程中将大部分非专利材料用于其中。一台机器中的专利所有者从而可能会对机器运行所需的那些非专利物料获取部分垄断权）。

限的使用费类似于企图通过将专利产品的销售或使用与非专利产品的购买或使用加以捆绑，从而扩大专利的垄断权。”❶

在20世纪50年代，这个关于垄断性搭售的杠杆理论在很大程度上不为芝加哥学派的学者们所信任。他们认为，一个产品的垄断者，如果该产品要同时使用附加品或者依赖于下游产品的进一步销售的，那么该垄断者就可以在主要垄断产品本身的初始销售中挣取所有可以获得的垄断利润。❷ 或者换句话说，在任何多级分销链中，其实只有一个单一的垄断利润可以挣取。例如，在*Carbice*案中，消费者愿意支付冰箱的费用是由于他们愿意支付冰箱和干冰组合的费用。出售这两种产品的专利权人可以在其中一个或者另一个产品上索取垄断价格，或者将垄断价格覆盖于两个产品的组合上。但是，假定干冰价格是有竞争性的，这样做并不能从冰箱中获取全部的垄断价格后，再对干冰索取第二个垄断价格。

历史上，首次销售原则被各种杠杆理论证明是合理的。但是，芝加哥学派却认为，如果专利权人的产品隶属于下游的转售或者被用来生产其他产品，那么他就可以在初始交易中索要一个包含可以从下游购买者或其他使用者手中获得的相应利润的价

---

❶ Brulotte v. Thys Co.，379 U. S. 29，33（1964）.

❷ *E. g.*，Ward S. Bowman Jr.，*Tying Arrangements and the Leverage Problem*，67 YALE L. J. 19（1958）；另参见 Herbert Hovenkamp，Federal Antitrust Policy：the Law of Competition and Its Practice §10. 6a（3d ed. 2005）. For a recent attempt to restore a version of the leverage theory，参见 Einer Elhauge，*Tying*，*Bundled Discounts*，*and the Death of the Single Monopoly Profit Theory*，123 HARV. L. REV. 397，409 – 410，431 n. 89（2009）. 作为回应，将杠杆理论所形成的观点作为辩护理由。参见 Hovenkamp & Hovenkamp，*supra* note 9.

格。举例来说，假设专利权人向Alpha公司出售一个有专利权的微处理器，该公司将该芯片置于一个内存电路板中，然后将该电路板出售给Beta公司，Beta公司将该电路板作为元件安装在电脑里。[1] 该专利权人也许能够从Alpha公司收取一个产品5美元的使用费，并利用专利许可的限制从Beta公司收取另外3美元的使用费。或者，该专利权人可以向Alpha公司索要总共8美元的使用费，Alpha公司可能会将3美元的使用费在与Beta公司的交易中转嫁给对方。但是假定在这个分销链中，对单一垄断者而言，其利润最大化的使用费价值是8美元，专利权人就无法对每个元件向Alpha公司索取8美元加上向Beta公司索取3美元的使用费来获取利润。首次销售原则要求专利权人可以从Alpha公司总共获取8美元的使用费，让Alpha公司在与Beta公司的二次交易中自由地索取其所需要的任何价格。然而，实质上，专利权人在两种方式中的任何一种方式所挣得的利润是相同的。

2. 交易成本、索要高价以及告知

简单来说，首次销售原则降低了下游交易成本。专利权人在与作为第一个购买者的Alpha公司的初始交易中，总共获得了8美元。如果专利权人只从Alpha公司获取5美元，为了收取额外的因专利地位而可以获得的3美元的使用费，专利权人随后必定会找到随后从Alpha公司购买产品的Beta公司。而且，与Beta公司情况相同的公司可能很多，并且可能难以辨别。分摊使用费的义务会在彼此之间产生信息成本。首先，对于专利权人而言，要识别与Beta公司情况相同的公司可能是困难且代价高昂的——这

---

[1] 该案事实和*Quanta*案判决大致一样。Quanta Computer，Inc. v. LG Elecs.，Inc.，553 U. S. 617，623～624（2008）.

比在与 Alpha 公司的初始交易中简单地索要全部使用费要困难多了。当然，某种程度上，这似乎是一个可以自我纠正的问题。如果可以确信专利权人最终不能获得 Beta 公司所付使用费的全部价值，他为什么要让 Alpha 公司和 Beta 公司分摊使用费呢？因此，专利权人会向 Alpha 公司索要全部的使用费，让 Alpha 公司在与 Beta 公司的交易中，尽一切可能转嫁使用费。

对该交易另一面的描述稍微有点困难，尤其是在一个许可条件难以被发现的市场上。假设，专利权人确定了其与 Alpha 公司初始交易中售后许可的条件，而随后从 Alpha 公司采购的 Beta 公司对该限制根本不知情。他们可能向 Alpha 公司支付太多，因为在交易完成后，他们就发现自己还欠专利权人 3 美元。在专利侵权诉讼中，随后的购买者并不知道该限制这一事实，通常不是抗辩理由。❶ 因此，相比购买其他的芯片，他们会购买更多专利权人的芯片，或者他们可能会放弃专利权人竞争对手的芯片，而如果他们知道专利权人芯片的真实成本的话，该竞争对手的芯片却是一种更好的选择。

缺乏有效告知的售后限制会因间接的购买者产生过度消费，因为这些购买者在购买技术的时候并未充分了解该限制。与专利本身不同，由于专利许可并没有以一种可供搜索的方式记录或公

---

❶ 专利责任是一种严格的责任，过错以及不知晓该专利都不是抗辩的理由；在有关许可限制的案件中，这基本上意味着潜在的侵权者没有获得许可，因此被判定构成侵权。*Cf.* Mark A. Lemley, *Should Patent Infringement Require Proof of Copying?*, 105 MICH. L. REV. 1525 (2007); Samson Vermont, *Independent Invention as a Defense to patent Infringement*, 105 MICH. L. REV. 475 (2006); Carl Shapiro, *Prior User Rights*, 96 AM. ECON. REV. 92 (May 2006).

布，这个问题可能相当严重。[1] 如果专利权人能够出其不意地抓住下游的违法者，他就会提取更高的使用费比率，这比在更为及时地告知侵权的情况下所能达到的使用费率会高得多。[2] 例如，如果计算机装配商从 Intel 公司购买原件，但不知道 LG 公司对 Intel公司的销售是有条件的，这些装配商就会基于这样一个前提作出该选择，即对于与产品的销售相伴随的该产品的使用来说，所有的知识产权都是必要的。这将影响他们决定使用 Intel 公司的产品而不是其竞争对手的产品。但是，他们后来可能会发现，在他们对 Intel 公司作出结构性的承诺之后却还欠着 LG 公司使

---

[1] Mark A. Lemley & Nathan Myhrvold，How to Make a Patent Market，36 HOFSTRA L. REV. 257，257（2008）；Mark A. Lemley & Carl Shapiro，*Patent Holdup and Royalty Stacking*，85 TEX. L. REV. 1991，2022（2007）；Richard H. Stern，*Post-Sale Patent Restrictions After Mallinckrodt-An Idea in Search of Definition*，5 ALB. L. J. SCI. & TECH. 1，12 ~ 19（1994）.

[2] 该情形类似于所谓的专利阻滞问题（patent holdup problem），即如果参与标准制定程序的一方偷偷基于已有专利来持续申请专利，所描述的技术是标准制定组织准备采纳的技术，一旦其他参与者被锁定，他们就会对该专利大吃一惊。*E. g.*，Rambus，Inc.，No. 9302，2006 WL 2330117（F. T. C.，Aug. 2，2006），*vacated*，522 F. 3d 456（D. C. Cir. 2008），*cert. denied*，129 S. Ct. 1318（2009）；另参见 Hynix Semiconductor Inc. v. Rambus，Inc.，527 F. Supp. 2d 1084，1103（N. D. Cal. 2007）（对于上述描述的要求，拒绝提出诉前审查的请求）；Union Oil Co. of Calif.，No. 9305，2004 FTC LEXIS 115（F. T. C.，July 7，2004）（探讨在发布标准的过程中，对国家机关虚假陈述的责任）；Phillip E. Areeda & Herbert Hovenkamp，Antitrust Law ？712（3d ed. 2008）；James Bessen & Michael J. Meurer，Patent Failure：how Judges，Bureaucrats，and Lawyers Put Innovators at Risk 62 ~ 65（2008）；Mark A. Lemley & Kimberly A. Moore，*Ending Abuse of Patent Continuations*，84 B. U. L. REV. 63，79 n. 62（2004）.

用费。

如同在 *Quanta* 案中一样，对售后行为提出侵权指控的一个理由可能是为了推延使用费谈判，直到购买者作出一个承诺。如果违反该承诺，购买者将会付出大代价。如果要求专利权人向初始购买者索要全部使用费，而这些初始购买者并没有对于技术作出承诺，并与他人相互竞争，这样，收取的使用费将会反映完全不同的市场实际情况。❶

但是，这个问题可以通过及时告知执行的条件来加以解决，这也是最高法院勒顿大法官在 *Henry* 案所采用的方法。尽管法院根据该案的情况拒绝适用首次销售原则，他将侵权之诉限于购买者已经"注意到他购买的只是一个合格的使用权的情况。在不知情的情况下，他有权假设出售方转让机器是无条件的，对机器的使用未加以限制……",❷ 正如后来指出的那样，物权法中的地役权或者要求合同的相对性，或者把有效和及时地告知作为执行的先决条件,❸ 知识产权法也应该这样做。

如 *Motion Picture Patents* 案一样，在 *Henry* 案中，在该机器上贴附的告示有这样的要求：机器的购买者只能使用专利权人的二

---

❶ Cf. FED. Trade COMM'N, to Promote Innovation: the Proper Balance of Competition and Patent Law and Policy, ch. 2, at 29 (2003), *available at* http://www.ftc.gov/os/2003/10/innovationrpt.pdf ("如果生产者获悉，只有在其将沉没成本计入生产以及将沉没成本锁定于所花费的精力之后，该生产者就已经侵犯了专利权，专利权人能够要求超竞争的专利费率")。

❷ Henry v. A. B. Dick Co., 224 U. S. 1, 26 (1912), *overruled by* Motion Picture Patents Co. v. Universal Film Mfg. Co., 243 U. S. 502 (1917); 另参见 supra text accompanying notes 56 ~ 60.

❸ *Infra* notes 135 ~ 37 and accompanying text.

级市场的产品，[1] 因此可以推断机器的初始购买者接到了告知。假如该告示并没有被移除的话，随后的购买者可能也看到该告知。然而，*Henry* 案更加有趣的是，Henry 本身根本不是机器的购买者，而是一个文具商。他把油墨卖给明知该告示的机器拥有者，而“期望”该油墨用于该机器却与该告示中的限制是发生冲突的。[2] 这个使得 *Henry* 案中的事实有点不同寻常，因为一般而言，在购买者的店里，出售油墨的办公用品店并不能够知晓何种告示被印刷在油印机的背面。针对 *Henry* 提起的违约之诉并不能起作用，因为他并不是 A. B. Dick 公司的合同相对方。可以推断，在更为典型的案例中，如果商品的出售方并不清晰地知晓该商品将会被如何使用，最高法院并不允许 A. B. Dick 公司提出侵权主张。然而，与直接侵权的法律不同，帮助侵权的法律要求有告知，而且在 *Henry* 案的判决中，明确了该要求。[3]

在最高法院首次形成首次销售原则的 *Adams* 一案中，并没有讨论有关告知的问题，尽管地方法院似乎推断告知是存在的。[4] 在第一次适用销售规则的 *Bobbs-Merrill* 案中，许可协议中关于限制转售价格的文字被印刷在每本书上，因此，正如法院的观点，

---

[1] *Henry*, 224 U. S. at 11.

[2] 同上，pp. 11 ~ 12.

[3] 35 U. S. C. § 271 (c)(2006). 关于 20 世纪早期的条件，参见 *Cortelyou v. Charles E. Johnson & Co.*, 145 F. 933, 935 – 937 (2d Cir. 1906)（驳回了帮助侵权的主张，因为被告并未知晓该限制），*aff'd*, 207 U. S. 196 (1907).

[4] Adams v. Burke, 84 U. S. (17 Wall.) 453 (1873); Adams v. Burks, 1 F. Cas. 100 (C. C. Mass. 1871) (No. 50); 另参见 *supra* notes 37 ~ 39 and accompanying text.

随后的出售方清楚地知悉该限制。❶ 联邦巡回法院新近的*Mallinckrodt* 案的判决，或多或少遵循了 *Henry* 案的判决，该案的侵权被告事实上知晓其违反了“只能使用一次”的限制。❷ 因为告知是没有争议的，法院今后留下的问题是什么样的告知是足够的。但是，很明显，法院认为某种形式的通知是必要的。❸

最近，在 *Quanta* 案中，Intel 公司作为专利芯片的首个购买者，与专利权人签订了一个协议，允诺告知其下游的购买者关于与非 Intel 公司的零件相关联的专利产品的使用限制。❹ 法院也认为，Quanta 公司作为被施加售后限制的下游购买者，事实上知晓该限制。❺ 法院适用首次销售原则，尽管获得了告知，也拒不执行该限制。❻

售后限制某种程度上具有一定的社会价值，首次销售原则对有关缺少告知及其所导致的专利权用尽问题的阐释显得有些过分。一种更好的解决方案是给予专利权人这样一种激励：确保任何一个将受到售后限制的人能够在做出若反悔则会付出大代价的

---

❶ *Bobbs-Merrill* Co. v. Straus, 210 U. S. 339, 342 (1908)；另参见 *supra* notes 40 ~ 42 and accompanying text. The Supreme Court's brief opinion in *Cortelyou v. Charles Eneu Johnson & Co.*, 207 U. S. 196 (1907)，驳回侵权之诉，该案的事实与 *Henry* 案的事实类似。因为被告并不知晓该限制。该行为是帮助侵权的一种，然而，构成帮助侵权需要独立告知这一要件。同上注，p. 199.

❷ Mallinckrodt, Inc. v. Medipart, Inc., 976 F. 2d 700, 706 ~ 708 (Fed. Cir. 1992).

❸ 同上注，p. 706.

❹ Quanta Computer, Inc. v. LG Elecs., Inc., 553 U. S. 617, 623 – 624 (2008).

❺ 同上注，p. 624.

❻ 同上注，pp. 637 ~ 638.

承诺之前得到告知。最近，联邦巡回法院在不同的背景下采纳了这一方法，并认为，在制定标准的过程中，某专利权人技术被采纳后，从衡平的角度来看，隐瞒专利的专利权人无权对涵盖的标准主张专利权。❶ 在首次销售的背景下，专利权人不能对随后的购买者或者其他没有获得客观合理告知的那些人进行侵权诉讼。如果初始购买者违反了协议中须告知下游购买者的义务，适当的救济方法是对首个购买者提起违约之诉。

有关地役权的物权法有效地解决了有关土地使用制度的问题。该制度将合同关系的主张和关系不密切（非合同关系）的主张的价值视为执法的工具。例如，假设我向你出售一宗与我的房屋相邻的土地，并且对该土地施加售后限制，该土地永远都不能用做商业用途。该限制可以作为一个“对物契约”或者一个“衡平法上的地役权”而获得执行。有关对物契约的经典法律本质上是合同性质的，并且取决于相对性——要么取决于合同的相对性，如果该协议在初始各方得到了执行；要么取决于“土地的相对性”，当其中一宗土地流转时，该原则就发挥着替代作用。例如，如果你将该宗土地转售给 X，然后 X 在该土地上开始建设加油站，我可以说明该限制是合同性质的，以及说明你向 X 的土地流转行为形成了 X 和我的对物相对性，这将替代合同的相对性，就可以针对 X 执行该契约。❷

然而，如果我在协议中规定了非商业用途条款，并且该协议被适当地登记，相对性将不是必要的。在该案中，针对事实上知

---

❶ Qualcomm, Inc. v. Broadcom Corp., 548 F. 3d 1004 (Fed. Cir. 2008).

❷ *E. g.*, Sheldon F. Kurtz & Herbert Hovenkamp, American Propertylaw 623 ~ 755 (5th ed. 2007).

晓或推定应当知晓该限制的任何人，该限制可以看做衡平法上的地役权而获得执行，而与相对性无关。[1] 大多数法院认为，地役权必须进行登记，以对抗那些随后寻求实施该权利的所有权利链条上的人。[2] 该推论很简单：相对于搜寻许多未知的所有权，登记一个已知的所有权益要廉价得多。该推论同样适用于知识产权。例如，棺木的购买者将不得不查出覆盖该棺木的每个专利，确定这些专利是否仍具有法律效力，然后查询部件的生产商在之前的流转中，专利权人是否已经施加了售后限制。

如果售后限制发挥着潜在的价值功能，并且售后限制的唯一缺点是它们使得随后的购买者或使用者猝不及防，相对于完全禁止这些限制这种更为严格的方式，要求一个告知似乎更适宜解决该问题。

3. 中间性（intermediate）技术转让和方法专利

虽然根据在 *Quanta* 案中重获新生的首次销售原则的定义更为宽泛，但并不是对知识产权转让后的每一个限制都是无法得到执行的。该原则可能不适用有关知识产权的“中间性”转让，尤其是当该转让根本不包括任何专利产品，而只是许可生产的时候。

---

[1] Trustees of Columbia Coll. v. Lynch，70 N. Y. 440（1877）（执行先辈之间登记的协议，有权在各自地段建造单独住房，尽管不是当事人关系）；另参见 Kurtz & Hovenkamp，*supra* note 132，at 623 ~ 755.

[2] *E. g.*，Genovese Drug Stores，Inc. v. Conn. Packing Co.，732 F. 2d 286，290（2d Cir. 1984）；Witterv. Taggart，577 N. E. 2d 338，340 ~ 41（N. Y. 1991）；Basorev. Johnson，689 S. W. 2d 103，109（Mo. Ct. App. 1985）. For the analogy to patents，见 Herbert Hovenkamp，*Notice and Patent Remedies*，88 TEXAS L. REV.（forthcoming2010），*available at* http：//papers. ssrn. com/sol3/papers. cfm? abstract_ id = 1596789.

根据最高法院对首次销售案的判决逻辑，当专利权人出售一个专利产品时，该专利权人就放弃了对该产品的特定部分的控制力，而且只是对该部分。但是专利权人仍然控制着专利和他可能选择生产的专利产品的其他复制品。相反，当专利权人向其他人许可生产的权利时，不存在对被许可方生产专利产品数量的内在限制，也不存在对他们处置这些商品的内在限制。那就意味着，转让后的条件是至关重要的，并且通常情况下是具有法律效力的。这包括通过侵权诉讼的方式，除非这些条件是限制竞争的或者违反专利政策的。然而，转让一个被某个方法专利所覆盖的生产方法所制造的某一产品的单个部分，仍然不过是对该单个部分的转让，因此，限制的范围也相应地是有限的。[1]

根据以下这些原则：

> （1）根据首次销售原则，当一个已制作完成的专利产品出售给首个购买者时，专利权人对于该物商品上的利益即终结；对进一步处置该商品的任何限制是由合同法和关于转让限制的国家公共政策所管制的。

---

[1] United States v. Univis Lens Co., 316 U. S. 241, 250 ~ 251 (1942)（销售一个半成品以及完成该半成品的方法专利的模式许可，耗尽了专利权人的权利，“只要该方法专利体现在该特定商品中”）。将此对比联邦巡回法院颇为绝对的观点，即方法专利不受制于权利用尽原则。LG Elecs., Inc. v. Bizcom Elecs., Inc., 453F. 3d 1364, 1370 (Fed. Cir. 2006) (relying on Glass Equip. Dev., Inc. v. Besten, Inc., 174F. 3d 1337, 1341 n. 1 (Fed. Cir. 1999)), *rev'd sub nom.* Quanta Computer, Inc. v. LG Elecs., Inc., 553 U. S. 617 (2008); Bandag, Inc. v. Al Bolser's Tire Stores, Inc., 750 F. 2d 903, 924 (Fed. Cir. 1984).

(2) 当专利权人出售未制作完成的半成品时，为了使得该特定商品的复制件可使用和可投入市场销售，需要应用专利权人的方法专利，首次销售原则也同样适用。而且，包含在商品中的技术以及需要完成该商品的方法专利对于该复制的专利权用尽。这是理解最高法院关于 *Quanta* 案的结论的唯一方法，有关销售的判决适用方法专利。❶ 看待该问题的其中一种方式就是，对于需要进一步运用被告的专利方法的半成品的销售，附有一个让购买者完成该特定商品的复制的默示许可，并且用尽不仅适用于商品，也适用于所附的方法许可。❷

(3) 当许可的对象不是一个成品或者半成品，而是一般地许可使用专利权人的方法、步骤或者技术来“独立”生产该商品的，首次销售原则一般来说并不适用于方法专利本身。然而，如果专利权人对被许可方凭借该专利所制造的产品的处置加以限制，那些商品一旦销售就用尽了商品中包含的专利，即被许可方授权销售其生产的商品，该已出售商品也同样受制于权利用尽。

这些规则所依赖的那些原则可以追溯到布莱克斯通（Blackstone）对“附属”土地权益与“独立”土地权益的区分，特别是与公共财产相关的权益区分。正如布莱克斯通所说的那样，如

---

❶ Quanta, 553 U. S. at 628 ~ 629 (2008).

❷ *Cf.* Julia E. Cohen & Mark A. Lemley, *Patent Scope and Innovation in the Software Industry*, 89 CAL. L. REV. 1, 30 ~ 35 (2001)（在反向工程的语境下探讨默示与权利用尽）。

果农场主们在附属于他们各自农场的公地上共享放牧权，他们对公地的使用自然是受到限制的：他们在公地上所放的牛的数量不能超过其各自农场所能承受的数量。但是，如果他们“独立”拥有公地，或者各自单独所有，他们对共同享有的权利的使用自然没有限制，就不得不人为地加以限制。[1]

如今，布莱克斯通区分被运用到有关不动产的地役权和不动产契约的法律中。从属地役权依附并得益于一块特定的土地，除了得益于该块土地，并不能使用该项权利。[2] 相比之下，独立地役权是属于授予者的，产生了过度使用的可能性。普通法以独立地役权具有不可分割性作为回应，[3] 而当其所依附的需役地可以

---

[1] 3 William Blackstone，Commentaries ＊237～238：

对公地的另一个担忧就是对其过度索取；或者在公地上的放牧量超出牧草所能承受的范围；或者当事人有权这样做。倘若他这样过度索取，就会损害其他共有人的利益，从而剥夺了他们各自的份额，或者至少缩小了其他共有人的区域。确切地说，只有在公地是附属物的情况下，过度索取所造成的损害才会发生，而且当然是可以通过法律限制的；或者在独立地役权的情形，这是受明确限制的，并且确定：如果有共同的独立地役权，……他不可能成为一个过度索取的人。

[2] *E. g.*，Penn Bowling Recreation Center v. Hot Shoppes，Inc.，179 F. 2d 64，66（D. C. Cir. 1949）（适用普通法规则，禁止独立地役权的权利人利用这个权利从土地上获益而不是从其房产上获益）。

[3] *E. g.*，Miller v. Lutheran Conference & Camp Ass'n，200 A. 646，651（Pa. 1938）. 经典解释来自 *Lord Mountjoy* 一案，［1583］78 Eng. Rep. 11（K. B.），认为独立地役权的利益不能被分割，除非各方当事人将它作为一个整体（“one stock”）运营，即单个企业，比如合资企业或合伙。在美国关于该判决的详细运用，参见 *Chandler v. Hart*，119 p. 516，520 – 22（Cal. 1911）；另参见 Lewis Mallalieu Simes，*The Assignability of Easements in Gross in American Law*，22 MICH. L. REV. 521，528（1924）.

分割时，一个从属地役权也是可以被分割的。[1]

半成品的销售伴随着一个完成该半成品的默示许可，这有点类似于一个从属地役权，产生了一个改进或完成该半成品的许可，但这仅仅是针对商品转让的情形。相反，单纯许可制造商品的权利是无形的，并且该权利可以没有限制地使用，除非限制条件明确地附在商品上。首次销售原则正好适用于带有一次性使用许可的半成品的销售，因为专利权人所关注的唯一事件就是对于那些商品的专利保护。但是，用尽不应该适用于无形的权益，因为该权益一旦产生，它本身并没有防止专利权人权利用尽的东西。例如，在 *Adams v. Burke* 案中，专利权人可以许可他人生产棺木盖，以及随意地施加任何地域限制。这是专利权人和被许可方共同组织生产的一种方式。[2] 但是，他出售一个成品棺木盖时就不能附加该棺木盖可以被使用的地域的限制，如果棺木盖是半成品，并且需要一个专利许可将其完成，他不能对实施该步骤施加地域限制，因为该许可涉及是特定的棺木盖。

因此，首次销售原则可以用来区分两种情形：一种情形是专利权人能够获得发明的价值，一种是不能。[3] 一个没有售后合同限制的纯生产许可不会对被许可方所想要生产的数量以及在什么地方出售、出售给谁作出限制。相反，当出售专利产品的单个复制品时，专利权人可以在购买价格中获得该复制品的全部价值。

---

[1] *E. g.*, Martin v. Music, 254 S. W. 2d 701, 703 (Ky. 1953).

[2] Adams v. Burke, 84 U. S. (17 Wall.) 453 (1873).

[3] William M. Landes & Richard A. Posner, the Economic Structureof Intellectual Property Law 125 ~ 127, 297 ~ 306 (2003); Yonatan Even, *Appropriability*, *First Sale & Exhaustion* (Sept. 28, 2008)（未出版的稿件）, available at http: //papers. ssrn. com/sol3/papers. cfm? abstract_ id = 1274822.

对单一商品的购买并不允许购买者制造其他的复制品或者许可他人制造复制品；甚至当该商品用坏了时，也不允许购买者“重新组装”该专利产品。[1]

当然，这是一个关于允许对生产许可施加售后限制的观点；但这不一定是一个关于禁止（受知识产权保护的）商品之个别复制品销售的售后限制的观点。禁止售后限制的理论要求说明这些限制为什么具有社会危害性的一些理由。

最高法院关于中间专利权（制成半成品的技术）转让的判决与 Blackstonian 的原则是一致的。首先，在 1926 年 *United States v. General Electric Co.* 案的判决中，法院认为，专利权人所授予的纯生产许可并没有用尽专利中的任何权利。[2] GE 公司向 Westinghouse 公司出售生产被其专利所覆盖的灯泡的许可；GE 公司并没有向 Westinghouse 公司出售灯泡本身。法院认为，GE 公司可以规定 Westinghouse 公司向消费者出售那些灯泡的价格。因此，即使是一个固定转售价格的协议（就那时的反托拉斯法而言，是本身违法[3]），如果被认为属于专利授权的范围，也是可以获得法院的

[1] 总体而言，专利商品的购买者可以修理而不能“再造”该商品。区分二者是相当困难的。*E. g.*，Jazz Photo Corp. v. Int'l Trade Comm'n，264 F. 3d 1094，1102－05（Fed. Cir. 2001）（关于只能使用一次的一次性专利相机，但通过技术手段可以翻新，这里需要探讨修理和再造的区别）。

[2] United States v. Gen. Elec. Co.，272 U. S. 476，490（1926）（首次销售原则并不适用于对获得生产许可的人所施加的限制，这与购买专利产品的人截然相反）。

[3] *Dr. Miles* Med. Co. v. John D. Park & Sons Co.，220 U. S. 373，408（1911），*overruled by* Leegin Creative Leather Prods.，Inc. v. PSKS，Inc.，551 U. S. 877（2007）.

支持的。

Univis Lens 案和 *General Talking Pictures* 案都涉及更为复杂的安排，包括中间商品的转让和适用方法专利的许可。[1] 最高法院在第一个案例中适用了首次销售原则，而没有在第二个案例中适用。[2]

在 *Quanta* 案之前，*Univis* 案是最高法院近期适用首次销售原则的案例。被告专利权人将用于双焦点眼镜的镜片毛坯出售。当镜片毛坯出售时，对于眼镜而言，镜片毛坯是没有用的，在被安装上镜框之前，镜片毛坯不得不经过打磨以满足佩戴者验光单的需要。[3] Univis 公司的专利不仅延伸到了镜片，而且延伸到了原料镜片购买者所使用的打磨技术。[4] Univis 公司所出售的镜片毛坯受到固定转售价格的限制，而最高法院最终认为该限制是非法的，但只是在进行一个中间调查（intermediate finding）后就认为该限制违反了首次销售规则。[5]

最高法院承认，该专利产品是未“完成的”，必然受制于未来的改进，这些改进也是被 Univis 公司的专利所覆盖的。然而，该镜片毛坯的唯一用途以及该销售的唯一目的是打磨和抛光成供作为未来的佩戴者所佩戴的眼镜。[6] 即镜片毛坯的销售意味着授予购买者使用 Univis 公司的打磨技术的权利，以便将特定的镜片毛坯变成可销售的眼镜。对于购买者购买的专利产品的特定复制

---

[1] United States v. *Univis* Lens Co.，316 U. S. 241（1942）；*Gen. Talking Pictures Corp. v. W. Elec. Co.*，305 U. S. 124（1938）.

[2] *Univis*，316 U. S. at 250；*Gen. Talking Pictures Corp.*，305 U. S. at 127.

[3] *Univis*，316 U. S. at 244～245.

[4] 同上注，p. 249.

[5] *Univis*，316 U. S.，pp. 250～252.

[6] 同上注，p. 249.

品而言，用布莱克斯通的话来说，完成该专利产品的权利是“附带的”。[1] 方法专利的许可与镜片毛坯的数量是以 1 : 1 的比例进行搭配的。法院判决的关键是，若该镜片毛坯不依照被告的方法专利打磨成镜片成品，镜片毛坯是毫无用处的。在该案中，为了使得镜片可以销售，法院将购买镜片半成品视为完成所需工序的“固有”权利。[2]

同样的思路已经运用到软件专利上。尽管制作专利产品的复

---

[1] *Univis*, 316 U. S. , p. 251.

我们的判决一致认为，对于任何特定的商品，当专利权人销售该商品，就已获取使用其发明的收益，此时，专利法的目的也就实现了；一旦实现该目的，专利法并没有为限制已售出产品的使用和享用提供任何根据……被许可方不论以成品的形式出售该专利商品，还是在形成成品之前出售，其目的是让购买者其该商品的制造并将其出售，购买者同样会将该商品出售，并运载工具将含有发明的商品的所有权转移给购买者。在上述两种情况下，专利权人已经与其专利垄断权分离，并且在购买价格中，专利权人已经获取了专利法赋予的垄断利益。

[2] *Univis*, 316 U. S. , p. 249.

……很显然，经专利权人或者他的被许可人将镜片毛坯销售给毛坯的最终完成者（这里指 Lens 公司），镜片毛坯的唯一用途以及该销售的唯一目的是打磨和抛光成供作为未来的佩戴者所佩戴的眼镜。不论该商品是否有专利权，购买任何商品的附带条件就是对该商品有使用权和销售权。根据那些熟悉的法则，相对于出售的商品，商品的授权销售是对专利垄断权的让渡，而该商品只能在实施该专利时使用。

另 Dawson Chem. Co. v. Rohm & Haas Co. , 448 U. S. 176, 186 (1980)（间接接受了这样的观点：销售非专利化学品，除了和销售商的方法专利相结合，并没有作其他使用，那么，该两者结合的方法专利的权利用尽）；Ethyl Gasoline Corp. v. United States, 309 U. S. 436, 452 (1940)（认为首次销售原则涵盖了汽油添加剂以及汽油燃烧的方法专利）。

制品是典型的侵权行为，但如果没有制作部分软件代码临时复制件，就不能使用计算机软件。当使用该软件时，这个代码就存在于该计算机中。禁止这样的“复制”将会有效地让该软件变得毫无用处。❶ 但是，与 *Univis* 案相一致，所出售的软件依据默示许可其本身仍属于首次销售原则，它禁止专利权人通过侵权诉讼的威胁强加售后限制。❷

相比之下，最高法院认为 *General Talking Pictures* 案与专利设备的销售无关，而与生产产成品的许可相关，在这个案例中，就是属于一个对非商业用途的售后使用领域的限制的良好制度。❸ 最高法院支持了该限制，而未提及首次销售原则。❹ 法院通过以下两种方式区分了有关首次销售的案例：（1）正如在 *General Electric* 案❺中，专利权人并没有向首个购买者出售专利产品，而是许可该购买者生产该专利产品，并且受到使用领域的限制；（2）然后，被许可方出售产成品时未加以限制，因而违反了许可

---

❶ Cohen & Lemley, *supra* note 140, at 32. 对自动生成副本被视为专利直接侵权这一问题的探讨，参见 Keith E. Witek, *Software Patent Infringement on the Internet and on Modern Computer Systems—Who Is Liable for Damages?*, 14 SANTA CLARA COMPUTER & HIGH TECH. L. J. 303, 369 ~ 371 (1998).

❷ 当然，由于违反有效的许可协议而提起违约之诉仍旧是可能的。参见 ProCD, Inc. v. Zeidenberg, 86 F. 3d 1447 (7th Cir. 1996). *ProCD* 案的判决备受批判，然而批判 ProCD 案的判决没有直面优先权问题。*E. g.*, Bohannan, *supra* note 1, at 632 (criticizing ProCD for sweeping too broadly); Mark A. Lemley, *Beyond Preemption: The Law and Policy of Intellectual Property Licensing*, 87 CAL. L. REV. 111, 147 – 150 (1999).

❸ Gen. Talking Pictures Corp. v. W. Elec. Co., 305 U. S. 124 (1938).

❹ 同上注，pp. 125 ~ 127.

❺ United States v. Gen. Elec. Co., 272 U. S. 476 (1926).

协议。作为（2）的结果，在交易中产成品的首次销售并未得到专利权人的“授权”，因而首次销售原则与此无关。[1]

Univis 案和 *General Talking Pictures* 案的另一个区别是它与竞争政策更加相关。*Univis* 案涉及一个关于转售价格的限制，要求专利眼镜的零售商以规定的转售价格出售产品。在那时，根据《谢尔曼法》，固定转售价格行为属于本身违法原则的范畴。[2] 综合考虑来看，*Univis* 案和 1926 年最高法院所裁判的 *General Talking Pictures* 案代表两种主张。*Univis* 案表明如果该半成品毫无用处（除非方法专利应用于该半成品），即使是半成品，也不能出售；也不能对转售者强加固定转售价格的限制；在该案中，使用专利权人的方法专利的许可是购买该商品时所附带的。相反，非从属于商品销售的纯生产许可并不能用尽专利权，因此授权方可以任意强加额外的限制，而这些限制是可以通过侵权诉讼获得执

---

[1] Black 法官和 Reed 法官强烈不赞成该观点，他们认为应该适用首次销售原则。参见 *Gen. Talking Pictures*, 305 U. S. at 128（Black 法官不赞成）的确，根据地方法院的观点，被许可人购买了专利权人生产的电子管，而且装有电子管的箱子上印有受到质疑的使用领域的限制。参见 W. Elec. Co. v. Gen. Talking Pictures Corp. , 16 F. Supp. 293, 295(S. D. N. Y. 1936)。凭借专利权的许可，Gen. Talking Pictures 公司使用这些电子管生产扩音器。这么看来，电子管可以用于专利权人生产的任何扩音器以及其他扩音器。在 *Quanta* 案中，政府在法庭之友的书面陈述中强调了这点。Brief for the United States as Amicus Curiae Supporting Petitioners at 17, Quanta Computer, Inc. v. LG Elecs. , Inc. , 553 U. S. 617（2008）（No. 06 ~ 937），2007 WL 3353102.

[2] *Dr. Miles* Med. Co. v. John D. Park & Sons Co. , 220 U. S. 373, 408（1911）, *overruled by* Leegin Creative Leather Prods. , Inc. v. PSKS, Inc. , 551 U. S. 877（2007）.

行的。然而，在 *General Talking Pictures* 案中该交易的特点是有争议的使用领域的限制是纵向的非价格限制，最高法院还未能用恰当的反托拉斯理论回应这些问题。[1]

在很大程度上，联邦巡回法院忽视了这些区别。联邦巡回法院十分明确地表示，当专利产品受制于进一步运用专利方法时，该交易并不受制于首次销售原则，因为销售该元件并没有用尽专利权人的权益。[2] 在 *Quanta* 案的判决中，最高法院明确表示，首次销售原则适用于那些附着于商品或装置的方法专利，而几乎没有讨论政策意涵。[3] 两项判决都没有阐明这个重要的议题。

4. *Mallinckrodt* 案以及耐用性问题

如今已被推翻的联邦巡回法院对 *Mallinckrodt* 案所作的判决背离了最高法院的判例，因为它对有条件的销售和无条件的销售加

---

[1] 纵向非价格限制引发反托拉斯的挑战出现在 20 世纪 60 年代早期，在此之后，最高法院的态度发生了两次改变。参见 White Motor Co. v. United States，372U. S. 253，261（1963）（并未责难纵向非价格限制行为）；United States v. Arnold，Schwinn & Co.，388 U. S. 365（1967）（根据本身违法原则责难纵向限制），*overruled by* Continental T. V. v. GTE Sylvania，Inc.，433 U. S. 36，57～59（1977）（推翻 *Schwinn* 案的判决，对纵向非价格限制行为适用合理性原则而非本身违法原则）。

[2] LG Elecs.，Inc. v. Bizcom Elecs.，Inc.，453 F. 3d 1364，1371（Fed. Cir. 2006），*rev'd sub nom.* Quanta Computer，Inc. v. LG Elecs.，Inc.，553 U. S. 617（2008）；Glass Equip. Dev.，Inc. v. Besten，Inc.，174 F. 3d 1337，1341 n. 1（Fed. Cir. 1999）；Bandag，Inc. v. AlBolser's Tire Stores，Inc.，750 F. 2d 903，924（Fed. Cir. 1984）.

[3] *Quanta*，553 U. S. at 628～630.

以区分，允许专利权人对某些专利产品强加售后限制，[1] 而且，该限制条件能够通过违约之诉或者专利侵权诉讼得以执行。[2]

该案所涉及的限制是禁止医药器材的购买者重复使用该医疗器材。[3] 尽管这样的限制可能有着不同的解释，却很可能是专利权人为解决耐用商品问题的企图。[4] 垄断者或者寡头垄断者试图消除产品的耐用性，因为它担心它的产品会回到市场上与其自身的产品竞争。因此它会诉诸这些策略，比如，出租而不是出售它的产品。[5]

---

[1] Mallinckrodt, Inc. v. Medipart, Inc., 976 F. 2d 700, 708 (Fed. Cir. 1992), *abrogated by* Quanta Computer, Inc. v. LG Elecs., Inc., 553 U. S. 617 (2008).

[2] Mallinckrodt, Inc. v. Medipart, Inc., 976 F. 2d 700, 708 (Fed. Cir. 1992), *abrogated by* Quanta Computer, Inc. v. LG Elecs., Inc., 553 U. S. 617 (2008), p. 701.

[3] 该判决似乎与最高法院早在一个世纪之前对 *American Cotton-Tie Co. v. Simmons*, 106 U. S. 89（1882）的判决不一致，在该案中，法院适用首次销售原则使得专利权人施加的限制（皮带扣的再次使用受制于一次性使用的限制）归于无效。

[4] 关于该问题的一个早期评论，参见 Edward H. Chamberlin, The Product as an Economic Variable, 67 Q. J. ECON. 1, 23 ~ 24（1953）。

评论道，因为耐用度是可变的，生产者不得不面对这样一个问题，即如何使自己的产品耐用。显然，如果生产的产品过于耐用，人们一旦购买，他们在相当长的一段时间内不再需要该产品，在此期间对其产品便不存在“重复需求”。生产者乐于生产相对不怎么耐用的产品，以至于很快就会有回头客……

综合评述，参见 Barak Y. Orbach, The Durapolist Puzzle: Monopoly Power in Durable-Goods Markets, 21 YALE J. ON REG. 67（2004）.

[5] Ronald H. Coase, *Durability and Monopoly*, 15 J. L & ECON. 143（1972）；另参见 Michael Waldman, Durable Goods Theory for Real World Markets, 17 J. ECON. PERSP. 131（2003）.

例如，在 *United Shoe Machinery* 案❶、*Xerox* 案❷以及 *IBM* 案❸中，当它们控制了各自的耐用产品的市场时，它们出租而不是出售它们的产品。在那种情况下，就不会形成一个具有竞争力的二手货市场。而在一个完全竞争的市场中，竞争会迫使这些公司出售其产品，如果这种出售在成本上是有效益的，并且也是符合消费者需要的。

在一个运行良好的市场中，专利垄断者应该能够获得其商品所有下游的使用和再使用的全部价值，这就是说，打算多次使用该产品的购买者愿意支付现有价值以实现未来的重复使用，这样，难以预期的费用就会少得多。❹ 当然，在一个存在代理问题（比如第三方支付）的市场中（医疗产业通常具有这样的特征），这些激励因素可能会被改变。

限制只能使用一次的一个合理理由在于：专利授权的本意是一种限制产量的权利，专利权人有权生产任意数量的专利产品，

---

❶ United States v. United Shoe Mach. Corp., 110 F. Supp. 295, 297 (D. Mass. 1953), *aff'd*mem., 347 U. S. 521 (1954)（引用法院判词）。相关评述，参见 Scott E. Masten & Edward A. Snyder, United States versus United Shoe Machinery Corporation: on the Merits, 36 J. L. & ECON. 33 (1993).

❷ *In re* Xerox Corp., 86 F. T. C. 364, 364 (1975); Timothy F. Bresnahan, *Post-Entry Competition in the Plain Paper Copier Market*, 75 AM. ECON. REV. 15, 16 (1985).

❸ United States v. Int'l Bus. Machs. Corp., 1956 Trade Cas. (CCH) ? 68, 245 (S. D. N. Y. 1956); Franklin M. Fisher, et al., Folded, Spindled and Mutilated: Economicanalysis in U. S. V. IBM 191 –95 (1983).

❹ Wolfhard Ramm, *On the Durability of Capital Goods Under Imperfect Market Conditions*, 64 AM. ECON. REV. 787 (1974).

甚至将产量降至零。[1] 一次性使用的限制事实上是一种减产。专利权人在选择中，可以生产 1 000件商品，也可以生产 100 件。如果它生产 100 件，可以施加一次性使用的限制，从而限制了购买者通过两次或者多次使用每件产品，将 100 件产品变为 200 件甚至更多件产品的权利。

但是，相比简单的产量限制，一次性使用的限制危害性更大，因为它们消耗了现实的资源。假如一个专利产品在它用坏之前能够被使用两次，在竞争之下，1 000 件商品将会被出售或 2 000次使用。然而，进一步假设专利权人将使用次数减少到 1 000次并且设定一个更高的使用费率，就可以将其利润最大化。专利权人可以通过两种办法实现这样的结果：（1）生产 500 件商品而不附加任何限制，使得每个消费者可以使用两次；或者（2）生产 1 000件商品，但对每件商品强加一次性使用的限制。尽管两种替代方案都产生了 1 000次的使用，然而第二种方案会消耗更多的资源。在那种情况下，一次性使用的限制对于耐用性问题是一种具有社会危害性的解决方案。这不仅阻碍了二手商品的发展，而且也限制了每件商品只能使用一个周期。

当然，这样的行为已经到了代价高昂的程度，该行为也似乎不利于其自身。生产商为什么要生产 1 000件商品，而这些商品受制于一次性使用的限制，此时生产商可以通过生产 500 件商品并允许消费者使用该产品两次的方式获得同样的售价。进一步讲，对于这样一个限制，可能有一些十分充分的技术理由。或许，如果重复使用该器材，该医疗器材会有危险、不可靠，也不能得到有效的整

[1] Continental Paper Bag Co. v. E. Bag Co. , 210 U. S. 405, 429 (1908)（专利权人有权提起侵权之诉，即使侵权人并未实施上述专利）。

修。*Mallinckrodt* 案中的被告显然不这么认为，因为它的主营业务是整修上述的医疗器材，医院也愿意购买这些被整修的医疗器材。专利权人认为，禁止重复使用的原因与健康和应负的责任相关，但是联邦巡回法院认为没有必要调查这些解释的是非曲直。[1]

---

[1] 上述装置以气雾剂的形式将具有治疗功效的放射性物质导入肺部，作为治疗肺部疾病的一部分。该装置在使用过程中会被放射性物质以及其他可能有害的物质污染，对该装置的重新清理包括在去辐射的工序中。Mallinckrodt，Inc. v. Medipart，Inc.，976 F. 2d 701，701 – 02（1992）. 联邦巡回法院持续改判了地方法院的简易判决，并认为一次性使用的限制是不可执行的。同上，p. 709.

Lexmark 公司所涉及的有关打印机墨盒的诉讼也解决了一次性使用和翻新的问题。在该案中，起初这些限制是被允许的。参见 Ariz. Cartridge Remanufacturers Ass'n，Inc. v. Lexmark Int'l，Inc.，421 F. 3d 981，988（9th Cir. 2005）（支持了专利权人对打印机墨盒施加的限制，并要求在使用一次之后，回收墨盒可以换取价格折扣）；*accord* Static Control Components，Inc. v. Lexmark Int'l，Inc.，487 F. Supp. 2d 830，847 – 48（E. D. Ky. 2007）（相对于其他墨盒，专利权人以更低的价格出售一次性使用的墨盒，因此专利权人未从较低价格的墨盒中获利，基于这一事实，推断不用尽专利权）。然而，作为 *Quanta Computer，Inc. v. LG Elecs.，Inc.*，553 U. S. 617（2008）案的判决结果，法院改变了态度，认为首次销售原则的适用使得该搭售行为无效。Static Control Components，Inc. v. Lexmark Intern.，Inc.，615 F. Supp. 2d 575，576 – 77（E. D. Ky. 2009）.

关于专利权用尽与再使用的其他判例，参见 Jazz Photo Corp. v. Int'l Trade Comm'n，264 F. 3d 1094（Fed. Cir. 2001）（外观设计专利经过无限制的销售，专利权就此用尽，国外企业认为专利权人生产的"一次性"相机修理后再销售的行为不构成侵权）；Kendall Co. v. Progressive Med. Tech.，Inc.，85 F. 3d 1570，1574 – 75（Fed. Cir. 1996）（每次使用，都会消耗专利产品其中的一个元件，法院并未根据这一简单的事实就推断禁止再次使用）；Monsanto Co. v. Scruggs，459F. 3d 1328（Fed. Cir. 2006），*cert. denied*，549 U. S. 1342（2007）（权利用尽不适用于自我复制的种子，第二代与第一代是相同的；因为从未销售第二代种子，所以专利权并未用尽；进一步使用该种子，就需要获得专利权人的许可）；Monsanto Co. v. McFarling，302 F. 3d 1291（Fed. Cir. 2002）.

在不考虑重复使用的限制在技术上是否合理的前提下，联邦巡回法院认为，专利授权包含迫使售后使用者不能有效地使用该产品的能力。如果 Mallinckrodt 公司是该医疗器材的垄断者，毫无疑问，这个限制的社会成本将会是最大的。但是，在一个产品差异化的市场中，即使一个非垄断者出售该医疗器材，其所造成的社会成本可能也是巨大的。对于医院为什么会接受 Mallinckrodt 公司的条件的理由，最可能的解释是医疗保险的第三方支付机制负担了该医疗器材的费用，从而降低了实际成本的透明度。

与此同时，假如这种具有危害性的再使用限制有一定的自抑性或者至少某些限制可以有其他的解释，首次销售原则——本质上是一种直接禁止——就似乎有点过度。根据反托拉斯法中合理性原则进行分析，或者也许运用专利滥用原则，似乎更适合解决售后限制的问题。的确，随着首次销售原则在 *Quanta* 案中被重新启用，首次销售原则也不会认可重复使用的售后限制，如果在重复使用是危险的情况下。专利权人必然会警示不要重复使用，但是它不能通过专利侵权诉讼的方式制止重复使用。当然，*Quanta* 案可能会允许专利权人主张违约之诉来执行单次使用的限制，但是该限制是否得以执行取决于变化莫测的契约要求。例如，如果该医院在单次使用该医疗器材之后，将其处理，而废品处理公司将它们出售给翻新公司，这时，即使告知是明确的，也不能针对翻新公司提出合同主张。

5. 价格歧视

价格歧视发生在出售方从不同的购买者那里获得不同比率的边际成本价格的情况。通常，价格歧视有三种类型，或者说三个“级别”。事实上，所有的例子中，实际的价格歧视既不是三级价格歧视也不是二级价格歧视。

在三级价格歧视中，出售方能够根据各个群体的支付意愿，将消费者分为不同的群体，对不同群体要价不同。在知识产权方面的一个常见的实例是对商业用户和个人用户索要不同的价格，*General Talking Pictures* 案和 *ProCD* 案就是如此。❶ 三级价格歧视的特点之一是购买者替代的不可延续性，这就是把供应给其他人的那些价值较低的商品，拒绝供应给高价格购买者。例如，我出售扩音器，向商业购买者要价 1 000美元，向个人用户要价 500美元，商业用户的边际价值达到 1 000美元且不会再多的情况下就会购买。如果商业用户将下一个扩音器出价 950 美元，他就买不到该产品，即使其他个人用户实际上以 500 美元就购得了该产品。因此回绝了出价 950 美元的购买者，而接受了出价 500 美元的用户。这种回绝高价值的购买者接受低价值的交易，意味着三级价格歧视会降低社会的福利，除非出售方在价格歧视的体系中引入新的购买者。因此，至少从经济学家庇古（Arthur Cecil Pigou）以来，就认为三级价格歧视降低了社会福利，除非它能增加市场的总产量。❷

相比之下，二级价格歧视发生在出售方提供不同价格的价目表的情形下。消费者通过选择自身在价目表中的位置，自己选择价格。数量折扣就是一个例子，正如头等舱机票和经济舱机票之间的区分，在一定程度上，价格的差异与成本的差异是不成比例的。比例变动的搭售安排（不同消费者会使用不同数量的被搭售品）就是二级价格歧视的一个例子，因为搭售品以同样的价格出

---

❶ Gen. Talking Pictures Corp. v. Western Elec. Co., 305 U. S. 124 (1938); ProCD, Inc. v. Zeidenberg, 86 F. 3d 1447, 1449 (7th Cir. 1996).

❷ 同上。

售给每个消费者，且被搭售品也是如此。消费者通过选择所要购买的被搭售品的数量，“选择”该安排对出售方所产生的回报率。[1] 例如，在一个打印机和墨盒的搭售中，出售方通常会根据利润最大化水平降低其打印机的价格，同时形成一个对墨盒索要高价的垄断，然后要求所有使用打印机的用户购买它的墨盒。[2] 所产生的结果是，由于用户量的提高，打印机和墨盒的组合的垄断回报也会更高。但是，由于购买打印机和墨盒的组合的价格是相同的，每个消费者在边际价值与购买价格相同时才会购买该墨盒。因此，例如，如果打印机的生产商降低打印机的价格，提高被搭售的墨盒的价格（从 15 美元升至 20 美元），对购买者而言，每个墨盒的边际价值等于 20 美元时，他们就会购买。二级价格歧视这一鲜明特点在有关反垄断的著作中已经产生了一些困惑。这个情形并不是比例变动的搭售有计划地将产值从高价值的消费者转移至低价值的消费者，只有三级价格歧视才会产生这样的效果。[3] 当然，比例变动的搭售通常会导致搭售品价格的降低，提高被搭售品的价格，这是对完全竞争的扭曲。但是，这不同于三级价格歧视对竞争的扭曲。[4]

---

[1] *E. g.*, Jean Tirole, the Theory of Industrial Organization 147(1988); Richard A. Posner, *Vertical Restraints and Antitrust Policy*, 72 U. CHI. L. REV. 229, 236 (2005).

[2] *E. g.*, *Static Control Components*, 615 F. Supp. 2d at 576 ~ 577（适用首次销售原则使得出售打印机搭售墨盒的行为归于无效）。

[3] Cf. Einer Elhauge, *Tying*, *Bundled Discounts*, *and the Death of the Single Monopoly Profit Theory*, 123 HARV. L. REV. 397, 431 n. 89 (2009)（认为从高价值用户到低价值用户，变动比例的搭售对产量进行了重新分配）。

[4] Hovenkamp & Hovenkamp, *supra* note 9 (manuscript at 10).

价格歧视的最后一种类型是一级价格歧视，也称“完全”价格歧视，这种价格歧视发生在出售者以任何一个购买者愿意支付的最高价格出售其每件商品。比例变动的搭售不同于一级价格歧视。尽管一个高度精确的比例变动的搭售可以计量客户价值和一个客户所使用商品数量之间的关系，然而这种搭售不能获得不同消费者对该商品的剩余价值。举例而言，一台车库销售传单的打印机和一台律所打印的新股发售说明书的打印机，正好每周都需要1 000页。之后，人们的支付意愿会骤降。如果人们在相同搭售的情况下购买相同的打印机，人们不会愿意支付同样的价款。车库销售的打印机所打印的传单的价值非常接近于（比如）每页3美分的增量价格，而律所是每页12美分。在这种情况下，将会存在大量无人认领的消费者剩余，这些消费者剩余是律所剩下的，并且该价格歧视必须被视为二级价格歧视。

大多数比例变动的搭售都会牵涉到搭售品的降价，有时会降至竞争的水平，有时甚至会降至零，相伴随的是对被搭售品的涨价。[1] 一个比例变动的搭售取决于：（1）搭售品降价的幅度；（2）被搭售品涨价的幅度；（3）对产量影响的大小。比例变动的

---

[1] 事实上，每个判决都已探讨了该问题，这表明当被告实施搭售行为时，降低而非上调搭售产品的价格。参见同上，pp. 18 ~ 19. 关于一个免费搭售产品的例子，参见 *Kentmaster Mfg. Co. v. Jarvis Prods. Corp.*，146 F. 3d 691（9th Cir. 1998），*amended by* 164 F. 3d 1243（9th Cir. 1999）（被告为切肉者免费提供切肉机，但高价出售切肉机的配件）；另参见 Xerox Corp. v. Media Scis.，Inc.，660F. Supp. 2d 535，539（S. D. N. Y. 2009）（“其他打印机的生产商也都是这样，Xerox 公司通常以薄利或亏本销售其打印机，希望通过销售高利润率的油墨来盈利”）。

搭售既不会增加，也不会降低公共福利和消费者的福利。[1] 进一步讲，因为存在三个变量，而不是只有一个变量，关于产量和福利之间的关系并不能作出一个绝对的判定。在任何情况下，大多数价格歧视的搭售都很可能会提高产量，并且许多价格歧视的搭售确实提高了产量。[2] 在这种情况下，没有理由认为这些价格歧视的搭售对公共福利和消费者福利是有害的。进一步讲，它们的盈利能力并不取决于对竞争对手的排除，而且在适度竞争的市场，如快餐的加盟连锁，价格歧视的搭售也是正常的。[3] 因此，根据竞争政策，没有理由禁止它们，当然也不能使用绝对的自身违法原则来禁止它们。

1912 年，*Henry* 案的判决是最高法院最后一次拒绝对受制于比例变动搭售的专利产品的销售适用首次销售原则。[4] 在该案中，生产商以低于成本的价格出售油印机，其利润从索要高价的易耗品中获得补偿。[5] *Henry* 案的判决被 *Motion Picture Patents* 案的判决推翻了，该案涉及另一个比例变动的搭售安排，该搭售安排助

---

[1] Hovenkamp & Hovenkamp, *supra* note 9 (manuscript at 19 ~ 28).

[2] 同上，p. 6.

[3] *E. g.*, Siegel v. Chicken Delight, Inc., 448 F. 2d 43 (9th Cir. 1971).

[4] Henry v. A. B. Dick & Co., 224 U. S. 1 (1912), *overruled by* Motion Picture Patents Co. v. Universal Film Mfg. Co., 243 U. S. 502 (1917)；另参见 *supra* notes 54 ~ 57and accompanying text.

[5] 地方法院对该案的事实进行了探讨，参见 A. B. Dick Co. v. Henry, 149 F. 424, 425 (C. C. N. Y. 1907)（“证据表明，原告亏本（低于实际成本）出售这些机器，凭借销售物料获得利润”）；另参见 *Motion Picture Patents* Co. v. Universal Film Mfg. Co., 243 U. S. 502, 516 (1917)（指出专利权人的观点，即以机器的实际成本销售，公众是受益的）。

长了价格歧视。❶ 自从 *Motion Picture Patents* 案的判决以来，专利权人在很大程度上依靠合同限制强行搭售，而不是依靠售后限制——这也是最高法院本身在该案中所认同的结果。❷ 另外，它们通过租赁而不是出售这些专利耐用品，从而回避了首次销售原则的适用。❸

1988 年《专利滥用改革法案》规定这种类型的专利搭售并不

❶ *Motion Picture Patents*, 243 U. S. at 516；另参见 *supra* notes 55 ~ 56 andaccompanying text.

❷ *Motion Picture Patents*, 243 U. S. at 509（“使用专利机器的程度可能有效地受制于特定的物料，或者受制于专利权人与购买者之间的特殊合同，这个问题超出了专利法的范畴”）。举例，参见 *Illinois Tool Works Inc. v. Independent Ink*, *Inc.*, 547U. S. 28（2006）（在推翻专利搭售品会形成市场力这一假设之后，并未责难销售专利打印机时搭售非专利油墨这一行为）。在 *Illinois Tool Works* 案中，专利权人起初主张油墨被涵盖在专利中，之后又对该观点进行了修正。本打算提起侵权之诉，该许可协议却又成为反托拉斯挑战的对象。参见 Indep. Ink, Inc. v. Ill. Tool Works, 396 F. 3d 1342, 1345（Fed. Cir. 2005）。

❸ *E. g.*, Int'l Salt Co. v. United States, 332 U. S. 392（1947）（机器出租时规定，要求承租人使用专利权人销售的食盐）；Morton Salt Co. v. G. S. Suppiger Co., 314 U. S. 488, 489（1942）（专利权人出租食盐注射器时规定，要求承租人使用专利权人销售的盐片）；Int'l Bus. Machs. Corp. v. United States, 298 U. S. 131（1936）（租约要求编表机的承租人使用出租人销售的穿孔卡片）。

是滥用，除非专利权人在专利搭售产品的市场具有控制力。[1] 有趣的是，该规定似乎允许随同专利产品销售的专利搭售，这与首次销售原则是相悖的。该条款规定，除非专利权人具有市场支配力，如果专利权人规定“……专利产品的销售以购买独立产品为条件”，就不能认为这是专利权人“非法延伸其专利权”的有罪行为。[2] 因为 *Quanta* 案涉及独家交易而不涉及搭售，所以该条款与该案是无关的。然而，在 *Motion Picture Patents* 案中，具有专利权的放映机的销售以购买单独产品为条件。[3] 如 *Motion Picture Patents* 案的判决对首次销售原则的阐述，这明显涉及一个专利权的不适当延伸。[4] 的确，尽管在权利滥用原则中大量陈述了对“专利权非法延伸”，[5] 而事实上该原则源于首次销售原则。[6] 因此，不难得出这样的结论：《专利滥用改革法案》创设了一个首次销

---

[1] 35 U. S. C. § 271（d）（5）（2000），规定，不应认定专利权人的行为构成权利滥用或者非法扩大专利权的权利范围，如果专利权人已经规定：

［C］onditioned the license of any rights to the patent or the sale of the patentedproduct on the acquisition of a license to rights in another patent or purchase ofa separate product, unless, in view of the circumstances, the patent owner hasmarket power in the relevant market for the patent or patented product onwhich the license or sale is conditioned.

[2] 同上。

[3] *Motion Picture Patents*, 243 U. S. at 506（1917）；参见 *supra* notes 90 ~ 97 andaccompanying text.

[4] 同上，p. 516（“每个专利所赋予的独占性权利必须限于描述该发明的权利要求，实际上，专利权人无权在机器上贴告示，对机器运行所需的必要原料加以限制，而这些原料并不是专利发明所涵盖的，从而扩大专利垄断权的范围”）。

[5] Bohannan, *supra* note 21（manuscript at 10 n. 43, 18 ~ 20）.

[6] *supra* notes 100 – 01 and accompanying text.

售原则不适用于搭售安排的法定例外。尽管如此，我所知道的判决中却没有一个是以那种方式来解释该法律的。总之，规制搭售的反托拉斯法已经经历了很大的发展变化，如今对待搭售的行为相对温和。[1] 相比之下，首次销售原则不承认对竞争没有危害的限制是一个例外。

关于滥用原则的法定条款以及现代反托拉斯法的纵容态度不应该被理解为国会制定了这样一种宽泛的政策，即允许以比例变动的搭售安排的方式实施价格歧视。只有当出售方在该专利产品的市场中缺乏市场控制力时，《专利滥用改革法案》才使得专利搭售行为免于权利滥用的主张，对于构成价格歧视来说，至少最低限度的市场支配力是必需的。[2] 在 *Illinois Tool Works* 案中，最高法院也将权利滥用的要求与反托拉斯法的要求同等对待。[3] 相反，如果说《专利滥用改革法案》并没有创设一个例外，首次销售原则只是适用于那些可以有效地适用本身违法原则的搭售专利产品的价格歧视行为，无须调查市场控制力和反竞争的效果。

如果说二级价格歧视是比例变动搭售安排的典型结果，那么，售后限制所导致的三级价格歧视通常产生于对使用领域的限制。例如，一个“仅限于非商业用途”的限制很可能是专利权人能够向商业用途的用户比非商业用途的专利产品用户索要更高价格的一种方式。尽管在初始销售中，专利权人可能会将非商业用途的版本出售给非商业用途的用户，却有必要限制进一步出售给

---

❶ Areeda, Elhauge, & Hovenkamp, *supra* note 5, ch. 17.

❷ Areeda & Hovenkamp, *supra* note 120, ¶ 721.

❸ Ill. Tool Works Inc. v. Indep. Ink, Inc., 547 U. S. 28 (2006)（平衡权利滥用和搭售安排的反托拉斯标准）。

商业购买者的交易行为，即防止套利。[1] 基于同样的原因，有选择地使用“一次性使用”的限制可以区别那些被许可无限制使用的用户和受制于该限制的那些用户。[2] 一个售后限制如果会导致针对不同类别的用户标定不同的价格的情况，比如，商用和家用的用户，那么，事实上，这会将销售从高价值的购买者转移至低价值的购买者，这就会降低社会福利，除非增加产出。[3]

鉴于当今大多数价格歧视的搭售都是合法的，“首次销售”就存在这样一个问题：这些搭售是否应该通过侵权诉讼获得执行，而不是通过违约之诉获得执行？在帮助侵权者很容易被发现，而直接侵权者很难被发现的情况下，该问题可能会变得很重要。例如，Lexmark 公司希望将打印机和墨盒搭在一起销售。然而，如果该公司不能利用一个技术锁来排除不是 Lexmark 公司生产的墨盒，对这些消费者就很难执行该搭售限制。要控制消费者在二级市场的购买行为所付出的代价会非常高昂。相比之下，要发现那些广泛生产用于 Lexmark 公司的打印机的墨盒将会十分容易。如果该搭售行为可以通过侵权诉讼获得执行，这些“剽窃”

---

[1] *E. g.*, ProCD, Inc. v. Zeidenberg, 86 F. 3d 1447, 1450 (7th Cir. 1996)（探讨套利问题，这一问题是由企图实施价格歧视的许可所引发的）。

[2] *E. g.*, Static Control Components, Inc. v. Lexmark Int'l., Inc., 487 F. Supp. 2d830, 836 (E. D. Ky. 2007)（打印机的生产商以较低的价格出售专利墨盒，条件是这些墨盒不能被再次装满油墨）; cf. Mallinckrodt, Inc. v. Medipart, Inc., 976F. 2d 700, 706－08 (Fed. Cir. 1992)（阐明一次性使用的限制可能并不涉及较高价格的相同商品，这些商品是不受该限制的）。

[3] *Supra* notes 182－83 and accompanying text.

的生产商就可以被认定为帮助侵权，但由于这些生产商与Lexmark公司不存在合同的相对性，一个纯合同性质的搭售是无法约束这些生产商的。如果告知是必不可少的话，Lexmark公司通过向那些墨盒的生产商告知该限制，就可以处理好该问题。

要赋予知识产权权利人比其他任何有形资产的所有人更强大的权力来进行价格歧视，这可能并没有一个很好的政策依据。❶但是，各州对个人财产的售后限制的政策是混杂的，并且该限制有得到执行的趋势。❷联邦竞争政策或专利政策为什么应该禁止已经进行适当告知的那些售后限制，仅仅是因为它们可能会助长价格歧视，却不对其社会危害性和对消费者的危害进行调查，无论如何，这也没有一个显而易见的理由。如果价格歧视能够被证明损害竞争或者对竞争起到抑制作用，那么根据竞争政策，该行为就应该受到禁止。但首次销售原则所包含的自身违法规则，对搭售条件加以禁止却对于其对竞争造成的影响或危害性不作任何调查，这看起来则是非常过度了。

---

❶ Mark R. Patterson, *Contractual Expansion of the Scope of PatentInfringement Through Field-of-Use Licensing*, 49 WM. & MARY L. REV. 157, 221－224 (2007)（探讨专利产品价格歧视问题）；另参见 Wendy J. Gordon, *Intellectual Property as Price Discrimination: Implications for Contract*, 73 CHI. -KENT L. REV. 1367, 1386－90 (1998)（质疑价格歧视行为的正当性）；Louis Kaplow, *The Patent-Antitrust Intersection: A Reappraisal*, 97 HARV. L. REV. 1813, 1874－78 (1984)（评估价格歧视行为所产生的问题）。参见 Makan Delrahim, *The Long and Winding Road: Convergence in the Application of Antitrust to Intellectual Property*, 13 GEO. MASON L. REV. 259, 264 (2005)（允许软件开发公司实施价格歧视可以提高资产商业化的效率，进而提高社会福利）。

❷ Glen O. Robinson, *Personal Property Servitudes*, 71 U. CHI. L. REV. 1449 (2004).

6. 对创新的抑制

当商品的购买者被禁止开发该竞争商品，对创新的抑制就产生了。[1] 例如，在 *Lasercomb* 案中，第四联邦巡回法院认为软件许可方所设置的条件是禁止被许可方开发与被许可的软件相竞争的产品，这是一种权利滥用。[2] 尽管 *Lasercomb* 案涉及一个关于版权的许可限制，同样的原理却可以适用于专利产品的销售，该销售受制于购买者不能开发竞争产品这一条件。[3] 失去创新机会的代价是很巨大的，[4] 而且不管专利权人在其专利产品的市场中是否拥有巨大的市场控制力，都会导致这种危害。[5] 出于售后对购

---

[1] Bohannan, *supra* note 21 (manuscript at 35).

[2] Lasercomb Am., Inc. v. Reynolds, 911 F. 2d 970, 979(4th Cir. 1990).

[3] Princo Corp. v. Int'l Trade Comm'n, 563 F. 3d 1301, 1313 – 14 (Fed. Cir. 2009)（认为一揽子许可协议安排中潜在的滥用行为可能已经禁止了被许可方开发与之相竞争的产品），*rev'd en banc*, 616 F. 3d 1318 (Fed. Cir. 2010)；McCullough v. Kammerer Corp., 166 F. 2d 759, 764 (9th Cir. 1948)（专利权人许可专利时，以备许可方不能开发与之相竞争的技术为条件，认定该行为构成专利权滥用）；Nat'l Lockwasher Co. v. George K. Garrett Co., 137 F. 2d 255, 256 (3d Cir. 1943)（专利权人发放生产许可以被许可方承诺不生产与之相竞争的商品，认定该行为构成权利滥用）；Apple, Inc. v. Psystar Corp., 673F. Supp. 2d 931, 939 – 40 No. C 08 – 03251 WHA, 2009 WL 303046, at ∗4 (N. D. Cal. Feb. 6, 2009)（苹果公司禁止其电脑操作系统在非苹果电脑上使用，从而禁止竞争对手的电脑可以交替使用苹果和微软的操作系统，认定该行为可能构成权利滥用）。之后的一个判决推翻了权利滥用的认定结果，参见 Apple, Inc. v. Psystar Corp., 673 F. Supp. 2d 931, 939 – 40 (N. D. Cal. 2009)。

[4] Herbert Hovenkamp, *Restraints on Innovation*, 29 CARDOZO L. REV. 247 (2007).

[5] Bohannan, *supra* note 21 (manuscript at 17, 45 ~ 46).

买者所进行的与该专利设备相竞争的创新实施限制的担忧，这是拒绝执行该特定限制（比如排他使用条款或非竞争条款）的一个非常充分的理由。然而，如果没有调查遭质疑的限制的性质或可能的影响，这种担忧基本不能证明一个禁止所有售后限制的苛刻规则是合理的。

三、首次销售原则是否发挥着有益的作用

那些与最高法院权利用尽原则不相一致的专利权人“附条件”销售得到执行的判决，将违反约定者视为侵权者或帮助侵权者。[1] 相反，许可协议本身是受到合同法规制的，而且一般都会在州法院可以获得执行。他们不涉及首次销售原则，但是只能通

---

[1] *E. g.*, Henry v. A. B. Dick & Co., 224 U. S. 1 (1912), *overruled by* Motion Picture Patents Co. v. Universal Film Mfg. Co., 243 U. S. 502, 518 (1917). In *Mallinckrodt*, *Inc. v. Medipart*, *Inc.*, 976 F. 2d 700, 706 - 08 (Fed. Cir. 1992)，联邦巡回法院基本上倾向于 *Henry* 案所确立的规则，参见 Patterson, *supra* note 209, at 167 - 71; Edwin E. Richards, *Drafting Licenses to Guide Whether Potential Disputes Lie in Contract or Infringement*, 7COMPUTER L. REV. & TECH. J. 45 (2002)（认为违反许可中的限制之后，继续使用专利产品可能会支持侵权主张）。

过违约之诉获得执行。[1] 联邦巡回法院的判决理由对于条件与合同的区分并非总是很明确。[2] 该法院曾经谈到附条件的销售，这种销售规避了权利用尽的要求——要求“该限制要具有合同意义……”。[3] 然而，当这些“合同”被执行时，联邦巡回法院已经允许通过专利侵权诉讼而不是违约之诉来执行了。[4]

虽然没有阐述保留首次销售原则的任何政策依据，但最高法院在2008年*Quanta*案的判决中充分重申了首次销售原则。[5] 而且，这个做法得到了Solicitor大法官和司法部反托拉斯局的热情支持。在法庭之友的书面陈述中，政府强有力地表态说：“限制

---

[1] 19世纪末，最高法院已经注意到这个区别，参见Keeler v. Standard Folding Bed Co.，157 U. S. 659，665（1895）：专利权人是否可以通过一个让购买者明了的特殊合同来保护自己和他的代理人，对于我们而言，这不再是一个问题。针对该问题，我们不发表任何意见。然而，显而易见的是，该问题应该作为一个合同问题来提出，根据专利法本意和所要达到的效果，该问题不应作为专利法上的问题。

[2] Cohen & Lemley，*supra* note 140，at 34～35，56（批判联邦巡回法院模糊、错误运用合同原则 i）。

[3] Hewlett-Packard Co. v. Repeat-O-Type Stencil Mfg. Corp.，123 F. 3d 1445，1453（Fed. Cir. 1997）；另参见Jazz Photo Corp. v. Int'l Trade Comm'n，264 F. 3d 1094，1108（Fed. Cir. 2001）（附条件的销售对购买者而言需要一个明确的合同上的保证）。

[4] *E. g.*，LG Elecs.，Inc. v. Asustek Computer，Inc.，453 F. 3d 1364（Fed. Cir. 2006），*rev'd sub. Nom* Quanta Computer，Inc. v. LG Elecs.，Inc.，553 U. S. 617（2008）；Mallinckrodt，Inc. v. Medipart，Inc.，976 F. 2d 700（Fed. Cir. 1992）. 有趣的是，根据U. C. C. 条款*LG*案和*Mallinckrodt*案都声明存在此类合同，以证明存在该条件。参见*LG Elecs.*，453 F. 3d at 1370；*Mallinckrodt*，976 F. 2d at 708 n. 7.

[5] Quanta Computer，Inc. v. LG Elecs.，Inc.，553 U. S. 617（2008）.

下游的使用或转售可能会产生州合同法的问题，但并不会产生专利法问题。”[1] 具有讽刺意味的是，正是该反托拉斯局却在一年前认为针对固定转售价格的本身违反原则应该被推翻，[2] 而且严重地削弱了针对纵向限制法律的执行力。所以，为什么针对售后限制的这样一个严厉标准可以通过知识产权侵权诉讼来执行，而对于可以达到同样目的合同安排又为何是如此的宽容？

答案应该是政府并没有特别关注该限制的本质——不论是搭售、固定转售价格还是某种排他的形式——而只是关注它的形式。这就意味着，使用许可限制再加上侵权诉讼威胁，而不是简单的违约之诉，这里必定会存在一些内在的问题。而且，以告知来解决该问题是肯定不够的。

首次销售规则的最严重的问题是不够精细。当然，有一套技术性的规则来确定什么样的情况下才符合专利和版权商品“销售”的条件。然而，一旦发现这样的销售，售后限制的执行就会自然而然地被拒绝，而无须考虑限制的目的和影响。这就意味着市场控制力、竞争效果以及对创新的影响都是不相关的。这自然会引发这样一个问题：首次销售原则是否总是发挥着有益的作

---

[1] Brief for the United States as Amicus Curiae Supporting Petitioners at * 175, Quanta Computer, Inc. v. LG Elecs., Inc., 553 U.S. 617 (2008) (No. 06-937), 2007 WL3353102. 或者，正如政府公开阐述了对首次销售原则的观点：“只要专利产品是从专利权人或者经专利权人授权的人那里购买，该原则就可以禁止通过专利法（而不是合同法）执行对购买者在使用和转售专利产品方面的限制。”同上，p. 7.

[2] Brief for the United States as Amicus Curiae Supporting Petitioner at 3, Leegin Creative Leather Prods., Inc. v. PSKS Inc., 551 U.S. 877 (2007) (No. 06-480), 2007 WL 173650.

用？有没有这样一组案例：在这些案例中，简单地执行合同是不够的，而且反托拉斯和权利滥用原则将不能监控我们想要控制的所有行为？

当售后限制对社会有益，并且大量且不同类型的下游用户会受到影响时，通过侵权之诉来执行售后条件似乎优于通过合同之诉来执行。再次考虑不动产中的地役权问题。[1] 如果 Alpha 公司不想将某块地（Blackacre）用于商业，它可以对该土地强加一项地役权，将其适当地登记，这件事就结束了。想要购买或者想在该地上建房子的每个人推定知晓该限制。或者，Alpha 可以与该地的初始购买者订立合约，并约定购买者将对下游所有当事人施加该限制，否则就得接受痛苦的损害赔偿，这样我们将会有一系列无数个这样的合同。但是，这种解决方案比较麻烦，而且会大大地增加交易成本，因为要通过不断地签约和再签约。总之，相比无止境的违约之诉而言，“侵权”之诉使得执行该限制的交易成本大幅降低。

然而，显而易见，告知是关键。有关不动产地役权的法律一般规定，如果该项地役权没有适当的登记，该项地役权就不能对抗没有实际知晓该告知的后续的善意购买者。这一必要条件使得地役权的市场功能发挥得很好，并且已经在很大程度上消除了“路障”（holdup）问题。例如，一个有意向的开发商购买该块土地建住宅，只有在开发已经开始之后，他才发现在适当的位置上有一项未开发的地役权。遗憾的是，知识产权和知识产权许可却没有途径来实现适用于土地财产权的相当有效的登记和告知条款。因此，如果这样的限制是可以获得执行的，这使得执行者有

[1] *Supra* notes 134 – 37 and accompanying text.

义务确保告知在这种情况下是有效的。[1]

一般情况下，即使没有任何告知，也会被认为存在专利侵权行为。[2] 但如果该规则适用于售后限制，将会产生一个严重的“路障”问题，因为合法的后续购买者可能会因违反了他们并不知情的条件而被提起专利侵权诉讼。正如先前所提及的那样，已经执行售后限制的那些法院已经要求权利人及时向违反者告知该限制，或者他们认为权利人事实上已经告知。[3] 如果说告知已经成为政府在 *Quanta* 案中的唯一关注点，这已经促使法院支持联邦巡回法院背离历史上的首次销售原则的做法，但前提条件是要对下游受影响的各方进行充分地告知。

当然，告知不同于合同。首先，告知是典型的单边行为，并且在内容、目标和沟通方面是很不充分的。[4] 看到机器上印有“这台机器只能由 Alpha 公司维护”这句告知的人，并不知道是不是他所看到的限制是对非专利产品的限制（而根据州法，这种限制可能或者可能不能获得执行）；该专利权是否已经期限届满；或者根据该句话有关术语的确切含义。而且，该告知对后来能够维护该机器的每个人来说并不都是显而易见的，该告知可能会被清除，或者在进行维修时，该告知并没有体现在该元件上。根据 *Henry* 案的判决，即使是对与该机器任何相关交易不知情的局外人，只要他知晓该告知，如果他更换了一个垫片或许即使将玻璃罩上的灰尘抹掉，他都可能被认定为专利侵权。

---

[1] Hovenkamp, *supra* note 141.

[2] *Supra* notes 121 – 31 and accompanying text.

[3] *Supra* notes 115 – 17 and accompanying text.

[4] 5 Donald S. Chisum, Chisum on Patents § 16. 02 (2010).

当一个商品转手许多次时，告知问题也会变得更加棘手，特别是如果该商品在加工的过程中与其他商品组合在一起，*Quanta* 案中的情况就是如此。正如不动产的地役权，如果专利的条件能够获得执行，该条件会伴随着商品从一个所有人转移至另一个所有人。在物权法中，我们通过在很大程度上行之有效的一套登记规范来解决该问题。但是专利产品并没有相同的制度，因此在商品流转至不充分知晓该告知的情况下，这种问题更可能发生。❶但是，在这些案例中，所采取的解决方案似乎还是将专利侵权取决于告知的合理传达，而且，将提供有效且及时告知的责任加给了颁发许可的专利权人。

同样重要的事实是，不像违约之诉，专利侵权之诉在历史上建立了禁令救济的偏好。在后续购买者没有充分知晓该限制的情形下，因提起专利侵权诉讼来获得禁令的权利会产生“路障”问题，但是该问题是通过有效告知来解决的。无论如何，根据最高法院对 *eBay* 案的判决，一般而言，只有当原告满足了那些适用于衡平诉讼的相同标准时，法院才会因专利侵权发出禁令。❷ 现在我们尚不能明确地说，根据专利法获得执行售后限制的禁令的权利，相比通过合同之诉执行该限制的权利会更加宽泛。

---

❶ BESSEN & MEURER, *supra* note 120, at 46 ~ 72 (2008).

❷ eBay Inc. v. MercExchange, LLC, 547 U.S. 388, 390 (2006)；另参见 Andrew Beckerman-Rodau, *The Aftermath of* eBay v. MercExchange, 126 S. Ct. 1837 (2006): A Review of Subsequent Judicial Decisions, 89 J. PAT. & TRADEMARK OFF. SOC'Y631, 657 (2007)（认为在 *eBay* 案之后，当专利权人和侵权者是直接的竞争者，法院倾向于发出永久禁令，当专利权人为不从事实施行为的公司，法院则不倾向发布永久禁令）。

在大多数情况下，合同救济可能获得预期的损害赔偿。[1] 大多数诉讼会在州法院提起，除非在联邦法院也有管辖权。相反，可以在一个联邦法院提起针对所有侵权者的专利侵权诉讼，既包括受制于该限制的首个购买者，也包括它的客户、用户、维修人员等等。[2] 损害赔偿包括合理的专利使用费以及利息和诉讼费[3]，或者针对故意侵权者，可以获得高达三倍的损害赔偿，这可能包括下游事实上知晓该限制的消费者。[4] 当然，成功的反托拉斯也同样可以做到。如果那样，三倍损害赔偿是强制性的。[5]

售后条件和合同约束之间的另一重要区别在管辖权方面。联邦巡回法院如今已经失效的允许售后限制的判决意味着该条件通过专利侵权诉讼是可以获得执行的，对这些诉讼自然会而且只能向联邦巡回法院提起上诉。[6] 相反，违约之诉通常会诉至州法院，只有在碰巧是跨洲案件或者是一个适合由联邦法院解决的问题，此类案件才会诉至联邦法院。上诉则将会在相应的地区巡回法院

---

[1] U. C. C. § 2 – 714 (2005)；Robert E. Scott & George G. Triantis, *Embedded Options and the Case Against Compensation in Contract Law*, 104 COL. L. REV. 1428, 1446 (2004).

[2] 28 U. S. C. § 1338 (a) (2006).

[3] 35 U. S. C. § 284 (2006).

[4] 同上，为了证明故意侵权，专利权人必须证明侵权者客观上不计后果地决定是否侵犯该专利权。*In re* Seagate Tech., LLC, 497 F. 3d 1360, 1370 (Fed. Cir. 2007).

[5] 229. 15 U. S. C. § 15 (2006).

[6] 28 U. S. C. § 1295 (a) (1) (2006)（赋予联邦巡回法院对专利上诉案件的专属管辖权）；另参见 Holmes Group, Inc. v. Vornado Air Circulation Sys., Inc., 535 U. S. 826, 829 (2002)（“根据地方法院的管辖权，以及诉讼是否依据联邦专利法提起的，来确定联邦巡回法院的管辖权”）。

提起。

在 *Quanta* 案中，政府也认为：在专利权范围内存在的限制相对而言可以不受反托拉斯审查，而许可协议不能。[1] 但是，对纵向限制进行反托拉斯审查是很少的，而实际上专利权"滥用"又受反托拉斯原则的约束，在这样的情况下，该观点就显得十分空洞。几乎没有理由提出这样的想法：以不同方式去看待对于作为一个条件设置的一个限制竞争的限制与通过合同设置的同样的限制。像 *Univis* 案这样的案例已明确，在适用首次销售原则的过程中，法院也表达了关于固定转售价格行为的政策，在 *Univis* 案的判决中，该行为本身是非法的（unlawful per se）。[2]

因此，不管售后限制会受到怎样对待，传统的反托拉斯分析都可以用来解决售后限制问题。事实上，有关专利和版权"滥用"的法律已经发展到了背离反托拉斯原则的程度，并且愈演愈烈。[3] 而且，"滥用"原则是从知识产权法中衍生出来的，并且明

---

[1] Brief for the United States as Amicus Curiae Supporting Petitioners at 29, Quanta Computer, Inc. v. LG Elecs., Inc., 128 S. Ct. 2109 (2008) (No. 06 – 937), 2007 WL3353102（"关于专利权人对体现其发明的产品所施加的转售价格以及使用上的限制，联邦巡回上诉法院允许专利权人回避反托拉斯审查，联邦巡回上诉法院这种处理方式可能会削弱下游的竞争"）。一些例子包括 *Bement v. Nat'lHarrow Co.*, 186 U. S. 70, 91 ~ 95 (1902)（认为价格限制属于专利权的范围）和 *United States v. General Electric Co.*, 272 U. S. 476, 489 (1936)（认为价格限制"合理地"属于专利权的范围）。

[2] United States v. Univis Lens Co., 316 U. S. 241 (1942)；参见 *supra* notes 152 – 56 and accompanying text.

[3] Bohannan, *supra* note 21 (manuscript at 18).

确适用于打算通过侵权诉讼来执行的告知限制。[1] 如今，鉴于针对最低和最高固定转售价格行为的本身违法原则已经被推翻了，像 *General Electric* 案或者 *Univis* 案中的转售价格限制将可能是合法的。[2] 搭售行为和独家交易以及相关行为仍然是可诉的。尽管搭售行为可能仍旧为本身违法原则所涵盖，[3] 独家交易则却是可以根据合理原则来解决的，而且，不管怎样，按照惯例，二者都要求证明具有市场控制力——不能根据专利权本身的存在而推定其具有市场控制力。[4]

联邦巡回法院在 *Quanta* 案中所执行的售后限制类似于搭售或者独家交易，但是这似乎并不像是其想要达到的目的。[5] 该限制禁止那些使用 Intel 根据专利权人的授权所制造的元件的下游购买者，与任何非 Intel 公司生产的组件结合在一起使用。一般而言，

---

[1] *E.g.*，Morton Salt Co. v. G. S. Suppiger Co.，314 U. S. 488，492（1942）；Carbice Corp. v. Am. Patents Dev. Corp.，283 U. S. 27（1931）；*Motion Picture Patents* Co. v. Universal Film Mfg. Co.，243 U. S. 502（1917）. 以上三个判决都涉及告知限制行为，以及因违反告知提起专利侵权之诉。

[2] Leegin Creative Leather Prods.，Inc. v. PSKS，Inc.，551 U. S. 877（2007）（推翻固定最低转售价格适用本身违法原则）；State Oil Co. v. Khan，522 U. S. 3，18（1997）（推翻固定最高转售价格适用本身违法原则）；参见 AREEDA & HOVENKAMP，*supra* note 5，¶¶ 1620（固定最低转售价格），1635（固定最高转售价格）。

[3] 关于这一点，参见 9 Phillip E. Areeda & Herbert Hovenkamp，Antitrustlaw ¶ 1720（2d ed. 2005 & Supp. 2005）.

[4] Ill. Tool Works，Inc. v. Indep. Ink，Inc.，547 U. S. 28（2006）（推翻了专利搭售产品具有市场力的推断）；参见 2B Phillip E. Areeda，Johnl. Solow & Herbert Hovenkamp，Antitrust Law ¶ 518（3d ed. 2007）。

[5] LG Elecs.，Inc. v. Bizcom Elecs.，Inc.，453 F. 3d 1364（Fed. Cir. 2006），*rev'dsub nom.* Quanta Computer，Inc. v. LG Elecs.，Inc.，553 U. S. 617(2008).

一个限制购买者或被许可方只能使用出售方的品牌的限制是属于独家交易或者是涉及多个产品的搭售行为。[1] 然而，在这个案例中，Intel 公司只生产计算机中大量组件中极少数的组件，这种情况有点像 Firestone Tire 公司与 General Motors 公司订立合同时约定向 GM 公司供应轮胎，但必须满足这样一个条件：GM 公司在其汽车中不能使用非 Firestone Tire 公司生产的产品，而对于 GM 公司而言，要遵从该条件几乎是不可能的。该限制的目的一定是使得那些下游的计算机装配商成为侵权者，以便专利权人能够从那些已经对专利权人的技术作出具体承诺的购买者那里获得额外的专利费。这正是政府在向最高法院所提交的法庭之友陈述中所采取的主张。[2]

四、总结：售后限制原则

涉及下游各方的问题在 *Quanta* 案中对争辩双方造成了困扰，但联邦巡回法院的处理方式似乎更有说服力。那些偏向于联邦巡

---

[1] Hovenkamp，*supra* note 5，¶ 1821.

[2] Brief for the United States as Amicus Curiae Supporting Petitioners at 27，Quanta Computer，Inc. v. LG Elecs.，Inc.，553 U. S. 617（2008）（No. 06 - 937），2007 WL3353102：这个判例提供了一个例证。如果没有专利权用尽原则，合法购买的商品的用途仅仅在于实施该专利，在完成进一步商议以及支付费用以获得使用权及再销售权之前，该商品对购买者无任何价值。而且，进一步商议与支付费用的需要可能取决于法院的事后判决，即出售者是否充分传达了对这些权利的限制。

回法院处理方式的一方提到了要辨别下游购买者以及与他们商谈个别许可方面所存在的巨大困难的。偏向于合同方式的一方则提及了这个问题：通过那些不能有效地传达出去的限制以及一套侵权规则（这些规则在不考虑合同相对性以及合同损害赔偿规则中固有限制的情况下，就可以执行）的方式，会使下游用户猝不及防。

最高法院和政府在 *Quanta* 案中对一个尚未明确证明比该行为的替代方案更加有害的行为适用本身违法原则，至少当侵权诉讼是建立在有效的告知以及时的方式传达出去的条件之上的，这样的立场就显得过分苛刻。在售后限制条件和许可限制都是可行的环境下，可以让各方当事人商议对自身最有利的方案。至少在已经充分告知下游潜在侵权者的情况下，不好说一种方案比另一种方案的危害性更高。

在最高法院最近两个有关首次销售原则的案例——*Univis* 案和 *Quanta* 案相隔 60 年的时间里，（1）对于纵向非价格限制行为，最高法院采纳了本身违法原则，后来又拒绝适用本身违法原则；[1]（2）最高法院于 1997 年放弃了对最高固定转售价格行为适用本身违法原则[2]，于 2007 年，放弃对最低固定转售价格行为适

---

[1] United States v. Arnold, Schwinn & Co., 388 U.S. 365 (1967)（根据本身违法原则责难纵向非价格限制），overruled by Continental T.V. v. GTESylvania, Inc., 433 U.S. 36 (1977)；另，*supra* notes 78 ~ 82 and accompanying text.

[2] State Oil Co. v. Khan, 522 U.S. 3, 18 (1997).

用本身违法原则；[1]（3）大幅放宽了法律对搭售安排的规制；[2]（4）对独家交易行为形成了更为宽松的标准。*Illinois Tool Works* 案的判决还推翻了专利搭售品具有市场控制力的推定，这是特别具有示范意义的，因为法院明确表示，无论是反托拉斯还是权利滥用原则，都已经向对专利产品的售后搭售限制予以相当大的更宽容的方向发展。[3]

首次销售原则在 *Quanta* 案中得以复活，这需要一个解释。与知识产权产品的售后限制相关的法律原则首先必须确定该律原则所服务的一系列目标。在这个案例中有两个目标：对竞争的限制和对创新的抑制，接下来还有一个保护进入公有领域的考量。作为一个政策问题，售后限制是否通过销售条件来实现，还是通过侵权诉讼或者根据州法可执行的合同条款来执行，在很大程度上是取决于有效的告知是否得到了传达这一细节，但除此以外对竞争和创新政策的影响却不大。如果最高法院是以这种方式看待这个问题的话，就该形成一套更为统一而有效的法律规则，用来规制那些危及竞争或创新的售后限制。

---

[1] Leegin Creative Leather Prods.，Inc. v. PSKS，Inc.，551 U.S. 877（2007）.

[2] Ill. Tool Works，Inc. v. Indep. Ink，Inc.，547 U.S. 28（2006）；Jefferson Parish Hosp. Dist. No. 2 v. Hyde，466 U.S. 2（1984）；U.S. Steel Corp. v. Fortner Enters.，Inc.，429 U.S. 610（1977）.

[3] *Ill. Tool Works*，547 U.S. at 33～37.

转售价格维持的违法性与法律规制*

李　剑** 唐　斐***

【摘　要】尽管理论研究通常更为强调转售价格维持行为的内在合理性，实证调查却表明，很多情况下转售价格维持的确提高了产品的销售价格，对消费者福利构成损害。转售价格维持的负面效果来自两个方面：首先，从纵向关系上看，生产商通过转售价格维持抑制了品牌内竞争，从而在整体上构成对竞争的削弱。其次，从横向关系上看，经销商的共谋可以通过转售价格维持得以更好地实施。但是，转售价格维持负面作用的发挥，依赖于特定的市场结构条件。因此，反垄断法在规制转售价格维持时，不应当全面严格禁止转售价格维持，而应当构建以市场结构为标准的筛选机制来防止其负面效应。

---

* 本文首次发表在《当代法学》2010年第6期，经作者同意转收入本书。

** 李剑（1976~），男，重庆人，法学博士、博士后，上海交通大学凯原法学院副教授。

*** 唐斐（1976~），女，四川自贡人，法学博士，美标（亚太）咨询管理有限公司亚太区法律部总监。

【关键词】转售价格维持；共谋；纵向限制；市场结构

一、转售价格维持规制：理论与实证之间的冲突

按照学理上的定义，所谓转售价格维持（resale price maintenance，又称为控制转售价格、纵向价格限制），指的是上游企业对下游销售的产品价格保留控制权的一种合约安排。由于转售价格维持发生在产业的不同层面，不仅涉及生产商和经销商之间的关系，同时还涉及生产商之间以及经销商之间的关系，使得转售价格维持所可能引起的竞争效果变得非常复杂。因此，一直以来，对于转售价格维持行为应当如何予以规制在反垄断法领域都是一个非常具有争议性的话题。

转售价格维持最初被认为违法，是因为这一纵向限制方式使得生产商在产品所有权转移之后仍然保留了对产品价格的控制。当时的法院认为，处分权是构成动产所有权的一项基本权利，对于处分权的限制被认为是违反了保护交易自由的公共政策，而一切对于动产处分权的限制都是无效的。[1] 这一被称为限制处分权的理论（restraint on alienation）无疑忽略了契约内在的限制本质。并且，对于转售价格维持行为而言，其限制的是定价的机会，而

---

[1] Dr. Miles Medical Co. v. John D. Park & Sons Co., 220 U.S. 373 (1911).

不是转售本身，[1] 因此，除了早期案件中还曾以限制处分理论来作为转售价格维持行为当然违法性质的理论基础外，没有基于此理论的司法实践。在此后的很多案例中，法院更多地是认定转售价格维持的实施者限制了销售价格，从而构成当然违法。但至于为什么因此会严重损害竞争，则往往没有特别说明。

1960 年，芝加哥学派学者特尔赛在其所发表的一篇具有开创性的文章中提出，发起转售价格维持行为的是生产商而不是分销商，其目的是克服分销商之间的搭便车现象。[2] 这篇文章的发表，使得理论界关注到转售价格维持行为内在的合理性，并促使法院采用合理原则去分析转售价格维持案件，看到转售价格维持对效率的促进效果。这些理论成果对立法和司法都产生了重要影响。20 世纪 30 ~ 70 年代，为了保护小经销商的市场份额，美国还曾经立法批准转售价格维持。按照这些文献的观点，转售价格维持的合理性至少包含以下几个方面：首先，转售价格维持可以防止服务和信誉方面的搭便车效应。特尔赛认为，当经销商所提供的服务对最终需求有正的影响，而提供服务的成本较高时，消费者可以从某个经销商那里“骗取”其售前服务，然后却从另一个经销商处以更低的价格购买产品，这样就出现了经销商之间的“搭便车”现象，导致销售服务市场失灵。这一观点被称为“经销商

---

[1] 欧内斯特·盖尔霍恩、威廉姆·科瓦契奇、斯蒂芬·卡尔金斯著，任勇、邓志松、尹建平译：《反垄断法与经济学》（第 5 版），法律出版社 2009 年版，第 278 页。

[2] Lester G. Telser, *Why Should Manufactures Want Fair Trade?* Journal of Law and Economics, Vol. 3, 1960, pp. 86 ~ 105.

服务理论”。“经销商服务理论”尽管还存在一些不足的地方，[1]但无疑揭示了转售价格维持可能具有的合理性。其次，转售价格维持能够消除上、下游的双重加价效应。如果上游是垄断性企业，下游也是垄断性企业，则上游企业以垄断性价格出售产品后，下游企业会再次提高产品价格，以实现自己的垄断利润，从而造成消费者要支付双重的垄断价格。转售价格维持则可以通过生产商来限制经销商的垄断力量，消除双重加价。最后，转售价格维持可以提供在市场不确定情况下的风险分担机制。瑞（Rey）和梯若尔（Tirole）[2] 是这一理论的提出者。他们认为在不存在不确定性时，零售商按生产商生产的边际成本购买中间产品，内化了整个纵向结构（生产商和零售商）的目标，零售商就会作出可以获得纵向一体化利润的那些决策，这些利润最终由生产商通过特许费形式收回，这种情况下，无论施加排他性经营区域还是转售价格维持的约束都不会损害生产商的利益。

尽管越来越多的理论研究都倾向于说明转售价格维持“可以”具有促进社会福利提高的效果，并因此建议法律看到转售价格维持的合理性，认可其合理性。然而，与理论研究结论相悖的是，大量的实证调查却发现，转售价格维持引发产品价格上升，损害消费者的利益。美国联邦贸易委员会（FTC）曾经对实施转售价格维持的生产商进行过一系列的调查。[3] 根据该调查的数据

---

[1] 李剑、唐斐：“转售价格维持中的经销商服务理论：解释力与不足”，载《东方法学》2008 年第 6 期。

[2] Rey, Patrick, Tirole, Jean, *The Logic of Vertical Restraints*, The American Economic Review, Vol. 76, 1986, pp. 921 ~ 939.

[3] Federal Trade Commission, *Report of the Federal Trade Commission on Resale Price Maintenance*, LI (1945).

显示，在生产商品中，实施转售价格维持占这一类商品比例最高的第一组商品（100%～80%的商品进行了转售价格维持）的投资报酬率，在1934～1938年的5年间是41.39%；其次是实施转售价格维持占79%～60%之间的第二组商品，报酬率平均为36.83%；其他依次为第三组商品（59%～40%）的20.68%，第四组商品（39%～20%）的27.44%，第五组商品（19%～1%）的15.17%，而完全没有实施转售价格维持的商品组，其投资回报率只有4.28%。在这一调查中，转售价格维持实施的比例和生产商的利润基本上呈正相关的关系（第四组商品除外），即实施转售价格维持的比例越高，往往利润也越高。

日本学者爱途（Ito）和丸山（Maruyama）比较了美国、日本在1977年后销售体系的毛利率后发现，1977年美国经销商的平均毛利率为35.7%，而日本1980年时为36.8%。但到了1986年，日本经销商店毛利率为27.1%，美国为19.4%。美国在1976年废除了允许在一定条件下实施转售价格维持的*Miller-Tying*法案和*McGuire*法案，全面禁止转售价格维持行为。而日本则是在1997年才废除指定商品可以为转售价格维持的规定。[1] 从这一调查来看，1977年，美国刚刚禁止转售价格维持，此时和日本的行业利润差异不大。而在1986年，美国已经禁止转售价格维持10年，相比日本，行业利润大幅度下降，无疑可以在很大程度上说明转售价格维持行为在其中所扮演的作用。

日本公正交易委员会对化妆品和一般医药品的转售价格维持行为也进行过实证调查，并于平成九年（1997年）1月30日公

---

[1] Ito, T. M. Maruyama, *Is the Japanese Distribution System Reality Inefficient*? National Bureau of Economic Research Working Paper No. 3306 (1990).

布调查结果。在该调查中公正交易委员会发现，缩小转售价格维持指定商品的范围后，最初的零售商的价格并没有出现激烈的变化，对消费者的服务也没有下降。并且，由于允许转售价格维持商品范围的缩小，在成为禁止转售价格维持的商品后，这些产品降价的比例增加，价格层面的竞争加剧，和一般商品之间的差别也逐渐减小。因此，日本公正交易委员会依据这一调查结果，在平成九年（1997 年）1 月 31 日公开撤销允许转售价格维持商品的指定。

除了这些实证调查之外，还有一些针对医药行业、出版行业、服装行业等的调查，这些调查也都表明，转售价格维持推高了零售商品的价格。[1] 因此，在认识转售价格维持的竞争效果上，主流理论研究和实证调查存在一定程度的背离。理论上倾向于肯定转售价格维持行为的合理性；而实证研究却发现，现实中的转售价格维持程度上弱化了竞争，损害了消费者的福利。之所以造成这样的困局，部分原因在于，经济学理论研究往往依赖非常严格的前提假设，使得结论仅仅在特定的条件之下成立，不具有普遍性。[2] 如果从可能性角度来分析反垄断中的行为形态，几乎所有的行为都具有促进和限制竞争的双重效果，即便被反垄断法严

---

[1] 后文中会涉及部分调查。

[2] 例如，特尔赛的“经销商服务理论”的成立有 4 个前提：（1）经销商所提供的服务对最终需求有正的影响；（2）这些服务专门针对特定的产品；（3）提供服务的成本较高；（4）享受服务和购买产品是可以分离的。瑞和梯若尔的模型成立的前提是：上游有一家生产商，以不变的边际成本生产单一产品，产品供应给大量“独立的市场”；下游两家零售商占据市场的两端，零售商是无差异的，且存在具有潜在竞争性的同质零售商。而这些条件越苛刻，对现实的解释力往往会越低。

厉禁止的价格卡特尔行为（这也是横向限制竞争协议规制中不断增加豁免内容的原因所在），也是如此。[1] 因此，仅仅说明特定条件下的可能性对于需要进行普遍性规制的反垄断而言还不够，还需要从规范意义上来对待转售价格维持行为的竞争效果。这一层面的思考要求反垄断法规范应当能够最大限度地将转售价格维持中的提高效率部分和限制竞争部分加以区分，并只针对限制竞争部分加以禁止。因此，在这一意义上，探求转售价格维持构成违法限制竞争的条件是对其进行规制的前提。这首先需要看到转售价格维持抑制竞争效果产生的原因，进而这些因素进行进一步的分析，找到最大限度规制转售价格维持负面效果的条件，最终确保反垄断法规范能够有效地实现竞争秩序。

按照上述思路，由于转售价格维持行为本身的特殊性，其限制竞争的负面效果应当从纵向和横向两个角度进行分析和解释。

二、纵向限制的解释：品牌内竞争的弱化

按照营销理论的观点，生产商和经销商既是利益共同体，也

---

[1] 有学者认为，虽然美国最高法院曾假定诸如固定价格、市场划分、联合抵制、搭售等限制违反《谢尔曼法》，但目前最高法院在决定运用任何一个反托拉斯准则前都将评估一项限制所具有的潜在的竞争性质。Peter W. Bellas, *NCAA v. Board of Regents*: *Supreme Court Intercepts Per Se Rule and Rule of Reason*, 39 University of Miami Law Review, at 544 (1996).

是利益的冲突方。经销商的存在对于生产商来说具有很重要的地位，因为他们是生产商进行产品销售的有效渠道，而产品销售是生产商获得利润的唯一方式。与此同时，经销商通过提供销售服务，在出售生产商的产品中获取利润。因此，二者之间存在利益上的相互依赖性。按照学者的总结，生产商之所以不自己发展销售渠道，而需要经销商，是基于几个方面的理由：❶

（1）专业分工。销售所需要的资源与能力和生产并不相同，因此生产商应当把精力集中在自己擅长的生产活动上，避免将资源消耗在不熟悉的销售上，从而可以获得较高的投资报酬。

（2）规模经济。即使厂商有能力执行各项销售活动，也可能需要考虑所谓规模经济的问题。如果厂商的销售量有限，则自行成立运输车队、建设超市并不划算，利用现有的运输公司、超市可以节省大量的固定成本，有效降低企业的经营风险。

（3）效率。从作业流程上看，使用经销商也有助于提高个别厂商和整体社会的效率。例如，有甲、乙两家生产商，顾客A、B、C。甲、乙两家厂商如果都不使用经销商的时候，其产品所有权的转移、协商、付款等流程都会各发生三次。但是使用经销商后，市场上必须自行处理的分别只有一次。而经销商再和三位顾客各进行三次交易。如此一来，就社会整体而言，交易的总次数就从原先的6次降为5次，并同样实现将产品从生产商那里交付到消费者手里的目的。因此，在效率上无疑具有提升。

但是，生产商和经销商之间也存在利益上的冲突。产品制造价格和销售价格之间的价差，就代表了产品生产商利用经销商所

---

❶ 周振峰：《论品牌内垂直非价格限制——以美国法为中心》，台湾政治大学2004年，第110～112页。

需要支付的销售成本。这一成本越大，说明经销商通过销售得到的利润越多；反过来，成本越小，说明生产商通过销售得到的利润越多。也就是说，生产商和经销商都通过产品的最终销售获得利润，但在总销售量一定时，利润需要在二者之间进行分配，从而产生了利益上的冲突。因此，在产品销售中，单个经销商或生产商的利润最大化决策就未必是整体利润最大化的合理决策。如果生产商有较强的市场控制能力，必然会要求经销商按照整体产品销售利润最大化（生产商利润最大化）的方式来确定产品的零售价格。因为从生产商的角度而言，在特定价格上会使得产品销售数量和利润率有一个最佳组合，并形成此价格下的最大总利润。如果经销商不按照这一价格方式进行销售，要么单品利润上升使得销量下降，要么销量上升单品利润下降，而二者最终都无法实现最佳总利润。因此，生产商需要抑制品牌内的竞争，以使自己获得产品销售的最佳利润。这种控制效果如图 1 所示。

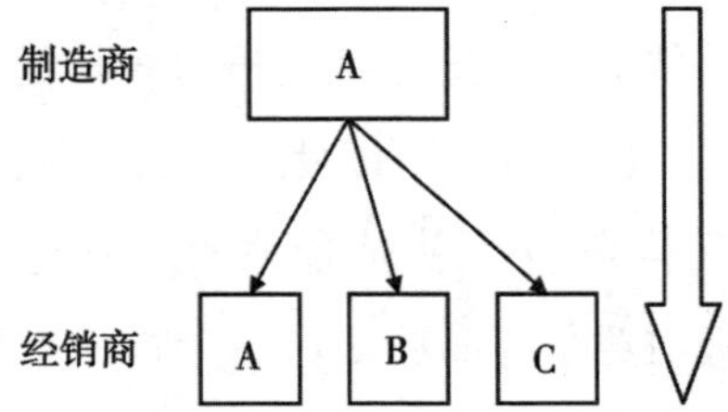

图 1　制造商对经销商的控制效果

尽管芝加哥学派的学者强调转售价格维持对防止经销商搭便车、双重加价等具有积极的效果，可以促进品牌之间的竞争，然而，市场竞争无疑是由品牌之间的竞争和品牌内的竞争共同构成的。在转售价格维持下，品牌内的竞争无疑是因此而被削弱了。而品牌内竞争对于消费者福利的提高同样具有非常重要的意义。

按照学理上的界定，品牌内竞争（intrabrand competition）是指企业所生产的同一品牌产品在下游企业之间的竞争。在单一品牌产品中，如果生产商的产品由多个经销商分别销售，那么经销商之间会形成对与这一产品销售上的竞争。在竞争中，经销商会以价格、服务等作为手段，来增加销售量，并进而增加总的销售利润。而品牌间竞争（interbrand competition）是指同一产业之中数个产品之间的竞争。和品牌内竞争不同，当多个生产商有不同品牌的相似产品时，品牌间竞争就会发生在生产商和经销商层面上。

部分经济理论认为，品牌内的限制竞争的结果会增强品牌间的竞争。原因在于，当具有相似性、可替代的产品中有几个品牌时，即便某一品牌内竞争受到限制，造成这一品牌产品价格上升，只要其他品牌仍处于竞争状态，消费者就有选择的权利，不会损害到自己的利益。同时，生产商采用品牌内限制竞争的方式会使得其产品与其他品牌相比更有竞争力，从而促进品牌之间的竞争。[1] 因此，只要生产商之间彼此有实际的竞争行为，那么转售价格维持等纵向限制行为就是合理的。但这一观点的问题在于，它忽略了品牌内竞争与品牌之间竞争的关联性。品牌内的竞争在资源的配置上具有相当的优势。有学者指出，品牌内竞争对于判断纵向限制的竞争性非常重要。品牌内竞争能够反映出上游市场力量在下游市场的表现。品牌内竞争的优点包括：[2]

---

[1] Julian O. Von Kalinowski, Peter Sullivan, Maureen McGuill, Antitrust Law and Trade Regulation, 1999, pp. 19 ~ 20 (1999).

[2] Lawrence A. Sullivan & Warren S. Grimes, *The Law of Antitrust: An Integrated Handbook*, 2000, pp. 299 ~ 300 (2000).

（1）套利功能。如果消费者的需求集中在某一品牌，套利者就能够在市场上发挥关键性的角色。此时，拥有品牌的生产商具有市场支配地位，并获得垄断利润。而下游的经销商因为销售这一品牌有利可图，会相互竞争来取得销售权。而品牌内竞争套利，就是将产品的买卖在没有受到限制的情况下调剂供给与需求。套利功能能够促使产品的有效率分配。如果受到欢迎的品牌供给短缺，经销商获得产品的价格就会提高；如果产品供给充足，有效率的经销商会使得销售利润接近销售的成本。这一机制能够将产品有效率地分配给消费者。提供最低消费价格的有效率的经销商将得到更多的销售量，而消费者也能够以尽可能低的价格得到产品。套利功能还能够限制价格歧视的使用。生产商为了增加自己的利润，会根据不同无弹性的需求订立不同的价格，从而最大化自己的利润。而套利的存在使得生产商无法实施价格歧视，因为低价获得产品的经销商会将产品再销售给准备高价购买产品的经销商。

（2）维持经销效率和创新。品牌内竞争有助于经销商之间进行有效率的配置。有效率的经销商能尽可能地降低销售价格而增加销量，而无效率的经销商则会被淘汰掉。同时，如果销售一个品牌的产品利润较高，会吸引更有效率的经销商加入市场参与竞争。而且，激烈的品牌内竞争会防止下游经销商之间形成共谋，从而有助于下游市场的创新。

（3）降低滥用信息不对称的风险。经销层面的限制会提高经销商的利润以促销特定的品牌，这会增加经销商盘剥消费者信息缺口（consumer information gap）的风险。而品牌内的竞争会降低这一风险，因为更有侵略性的经销商（aggressive dealer）会降低获利，来争夺市场。特别是在实施价格歧视的领域，这一领域中买方通常缺少信息，力量较弱，而获得优惠价格的经销商会扮演套利者的角色，低买高卖，降低滥用信息不对称带来的风险。

正是因为品牌内的竞争与品牌之间的竞争存在关联性，当品牌内的竞争减弱后，品牌之间的竞争在很大程度上也会被削弱。特别是因为转售价格维持限制了价格竞争，而在对价格竞争非常敏感的行业中，更会使得整体的竞争水平下降。实际上，已经有学者证明，如果没有纵向限制，由于零售成本的差异，生产商无法向所有消费者索取最优的零售价格。而如果转售价格维持是允许的，生产商就能向所有消费者索取统一的最优零售价格，从而提高生产商和经销商的利润。转售价格维持帮助高成本的零售商在市场上生存，并向消费者提供更多的销售，因而提高了社会总的销售成本。这意味着品牌内竞争程度的降低不仅损害了消费者的利益，最终也不利于社会的整体利益。[1] 瑞和梯若尔也曾经证明，在市场不确定性、无差异的零售商和线性需求条件下，相对于生产商选择转售价格维持，政府更应鼓励竞争。因此，瑞和梯若尔明确指出，他们并不支持波斯纳（Posner）所提出的纵向约束本质上应该被认为是合法的这一主张。[2]

---

[1] 汪浩："零售商异质性与零售价格维持"，载《经济学》（季刊）2004 年第 10 期。

[2] Rey, P. & J. Tirole. *The Logic of Vertical Restraints*, American Economics Review , Vol. 76, No. 5, 1986, pp. 921 ~ 939.

三、横向限制的解释：便利共谋

尽管通常将转售价格维持行为作为一种纵向限制的形式，但是，因为最终结果是造成产品零售价格被固定，或者仅在特定范围内浮动，因此，转售价格维持也可以成为掩盖生产商或者经销商之间卡特尔协议的“遮羞布”。皮托夫斯基（Pitofsky）曾指出，有理由认为来自交易者的压力的确存在，尤其是在组织完备、具有行业贸易协会组织的产业中更是如此。[1] 经销商为了避免相互之间的竞争，共同实施横向限制竞争协议，同时为了避免因共谋而受到反垄断法的严厉制裁，转而向生产商施加压力，以生产商的名义来制定转售价格维持协议，最终达到固定价格的目的。当横向共谋实现之后，必然会导致产品零售价格上升，损害到消费者的利益。此时，生产商和经销商之间的关系可以用图 2 表示。

当产业中的所有企业像一个垄断者一样行动时，它们就能使联合利润最大化。[2] 当然，转售价格维持下的卡特尔的形成和成功实施都和一般卡特尔面临相同的问题。这种内在的一致性决定了任何形态的卡特尔所具有的共同特点和分析思路。而卡特尔通

---

[1] Robert Pitofsky, *Why Dr. Miles was right*? Regulation. 27, at 28 (1984).

[2] 乔治 · J. 施蒂格勒著，王永钦、薛锋译：《产业组织》，上海三联书店、上海人民出版社 2006 年版，第 52 页。

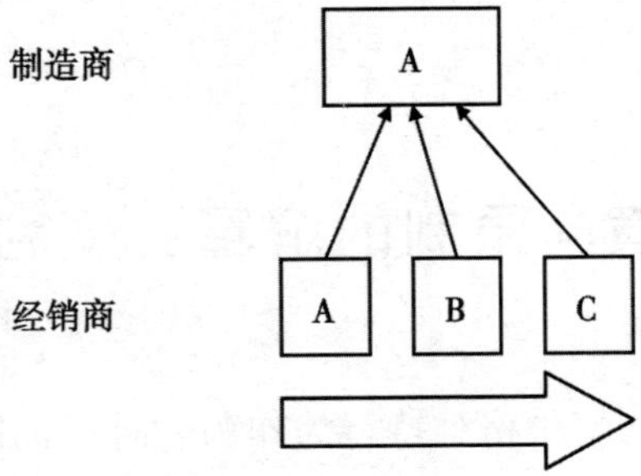

图 2　生产商与经销商之间的关系

过转售价格维持的方式不仅是对其实质行为的“掩护”，更重要的是，它可能为卡特尔的实现提供更好的便利条件。

（一）横向共谋成立的一般条件

卡特尔是竞争者之间的联合。而作为竞争对手之间的联盟，卡特尔天生就具有不稳定性。❶ 根据一些学者对 20 世纪二三十年代存在的许多国际卡特尔所做的实证研究，卡特尔存在期的中位数为略长于 5 年，75% 的卡特尔存在期超过 2 年，20% 在 10 年以上。❷ 因此，在行业变化较快的今天，要长期维持共谋非常困难，在绝大多数时候，瓦解卡特尔并不需要法律的直接介入，时间就可以解决一切。不过，尽管如此，卡特尔也并非不能够成功，只是需要从以下几个方面满足其成立的条件：

---

❶ 通常认为，影响卡特尔形成的具体因素包括：（1）厂商数量；（2）市场集中度；（3）产品需求变化；（4）产品差异；（5）市场进入；（6）行业协会；（7）卡特尔成员的市场力量；（8）卡特尔的完备性等。

❷ 丹尼斯·卡尔顿、杰弗里·佩罗夫著，黄亚钧、谢联胜、林利军主译：《现代产业组织》，上海三联书店、上海人民出版社 1998 年版，第 285 页。

（1）协商成本要足够低。一般而言，市场上生产商的数量越少，越有利于卡特尔的形成。因为在一个市场上生产同类产品的企业的数量极少，或者有较多数量的企业，但在规模上少数几家企业占支配性地位这样的市场结构下，企业之间结成和维持卡特尔的交易成本相对较低。为了在竞争者之间达成卡特尔协议，卡特尔成员需要就价格、生产配额等条件进行复杂而细致的谈判。当市场中主要竞争者的数量较少时，为避免竞争的风险，保证获得更多的利润，处于竞争关系的企业之间就很容易趋向结成卡特尔。相反，当市场内的企业超过了一定数量之后，由于协商的对象增加，进行利益划分所需要协调的关系太多，巨大的交易成本会妨碍它们之间最终协议的形成。而且，即便是形成了协议，维持这一协议的成本也会因为参与者数量的增加而增加，并因此使得部分企业退出或违反协议，而导致协议的目的难以实现。

（2）能够及时发现和惩罚作弊的参与者。尽管卡特尔成员具有利益上的一致性，但是，每个成员首先要实现自身利益最大化，而不是卡特尔团体的利益，这样，卡特尔成员的利益与卡特尔的整体利益就存在冲突的一面。有效的卡特尔通常可以实现在竞争水平以上定价，这意味着产品销售可以给卡特尔成员带来高于竞争条件下的利润。出于自身利益最大化的考虑，卡特尔成员存在违反协议的动机。例如，卡特尔成员可以暗中增加产量，并通过给予顾客价格折扣的方法以扩大自己的市场销售量，从而谋取更多的利润。卡特尔成员的作弊行为使相关行业的实际产量突破了卡特尔的产量控制限额，卡特尔所确定的价格也会因为产量的上升以及卡特尔成员的秘密削价而难以维持。因此，不具备即使发现和有效惩罚成员作弊的机制的卡特尔具有更大的脆弱性，无法长期存在。为了使卡特尔协议能够得到成员的切实履行，从而使卡特尔在长时间内有效存在，卡特尔必须建立及时发现和惩罚成员作弊的机制。[1] 这使得事实上能够成立卡特尔的情况严重依赖于行业的市场结构状况。

（二）转售价格维持形式对共谋的促进

转售价格维持首先可以将一个经销商之间的横向共谋转变为一个看起来是“纵向”的关系，从而避免受到严惩。而事实上，通过转售价格维持避免横向共谋受到严厉地禁止是有成效的。美国反垄断法的历史表明，过去 90 年中转售价格固定均被作为违法行为看待，但对于纵向的价格固定行为的刑事指控几乎是不存在的。1974 ~2003 年，美国司法部仅对 1 起纯粹的纵向固定价格行为发起过刑事调查。[2] 同期，司法部对超过 1 000起的横向规定价格协议发起了刑事调查。如果转售价格固定被广泛视为与横向固定价格行为同样有害，司法部就会对纵向价格固定行为的实施发起积极得多的罚款、监禁等处罚和调查。美国联邦机构很少发起针对转售价格固定的案件，州政府成为对于转售价格固定行为进行调查的主要发起者，大概每年宣布一起新的转售价格固定的同意裁决。[3]

转售价格维持还可以实质性地促进经销商之间的共谋。尽管有学者曾经指出，没有证据表明共谋是实行转售价格维持的主要

---

[1] 游钰：《卡特尔规制制度研究》，法律出版社 2006 年版，第 32 页。

[2] United States. V. Cuisinarts，Inc. （1981）.

[3] 欧内斯特·盖尔霍恩、威廉姆·科瓦契奇、斯蒂芬·卡尔金斯著，任勇、邓志松、尹建平译：《反垄断法与经济学》（5 版），法律出版社 2009 年版，第 284 页。

原因，[1] 但是，需要注意的是，普通的共谋是完全水平的方式，而转售价格维持下的共谋则引入了一个第三方。这一微小的变化，对于卡特尔组织的成败具有非常大的影响，并在一定程度上构成了转售价格维持行为实施的原因。

（1）协商机制上，生产商可以从供货的角度为经销商提供更多的信息沟通渠道。新产业组织理论的研究已经证明，企业可以通过改变市场上信息沟通的方式、交易发生的方式或者交易条件来为卡特尔的达成和维持提供便利。作为产业链的上、下游，生产商随时都在和经销商打交道，随时就产品的数量、价格等交换信息，借由生产商来传递协商信息，不仅成本更低，而且也更为有效。

（2）发现和惩罚机制上。转售价格维持通过导致统一的零售价使得生产商的价格削减更容易被发现，从而可以促进生产商卡特尔的稳定。在没有转售价格维持的情况下，零售商要相互监督是否遵守了共谋协议需要比较大的监管成本，背离通谋的行为有时很难被察觉。而转售价格维持下，生产商和经销商之间的信息沟通非常便捷和频繁，对经销商是否遵守了共谋协议也能够在较低成本下发现。如果没有生产商的介入，经销商发现有作弊的参与者之后，能够进行的惩罚措施通常只能是降价。在重复博弈中，每个参与者都面临下列可能性，即眼下这一回合的不合作会导致对手下一个回合的不合作，同时每个参与者都可以通过放弃自己的合作有效地惩罚对手的不合作，而用自己的合作来回报对手的合作。企业经历了反复的背叛以及迅速随之而来的惩罚，任

---

[1] Ippolito, *Resale Price Maintenance*: *Empirical Evidence from Litigation*, 34 Journal of Law and Economics 263, October (1991).

何短期的机会主义行为的所得都是微不足道的，背叛无利可图，而相互合作却符合自身利益，这样就形成了建立和维持一种相互合作局面的激励。❶ 但这一方式局限非常明显。首先，这一方式是通过杀敌三千，自伤八百来实现的，对于进行惩罚方而言，也要承担巨大的损失，甚至因为希望给予作弊者警示，要进行比共谋之前更大的降价幅度。其次，即便按照后芝加哥学派所引入的博弈论的观点，惩罚方释放强烈的信号，让试图作弊者相信，只要进行欺骗，必定会不惜代价进行价格战，从而确保共谋实现。但这个奉陪到底的“威信”的建立，需要多次博弈，即多次降价之后才能够稳定实现，这也会给参与者造成损失。而经销商的介入，却可以很好地解决惩罚问题，因为经销商往往拥有更为有力的惩罚工具：停止供货，即取消作弊者的经销资格。在这种情况下，共谋的参与者不需要承担降价带来的损失，而是通过“绕道”经销商，来实现直接、迅速、有力的惩罚。

实证的调查结果，也能够对转售价格维持下的经销商横向竞争问题提供有力的支持。日本公正交易委员会在平成 3 年 7 月发表《关于重新认识独占禁止法适用除外制度》的报告，成为日本公正交易委员会就转售价格维持除外适用制度决策重要的参考依据。❷ 在这一调查中，研究人员还对不同的销售环节的厂商进行了调查分析。该问卷将流通销售环节区分为零阶、一阶、二阶、三阶。在赞成转售价格维持上，零阶为 25% ，一阶为 41% 、二阶

---

❶ 辜海笑：《美国反托拉斯政策与理论》，中国经济出版社 2005 年版，第 108 页。

❷ 王铭勇：《限制转售价格法制之研究》，政治大学法律研究所 2000 年，第 74 ~ 75 页。

为46%、三阶为50%。在赞成经销商自由决定价格上，零阶为8%，一阶为6%、二阶为5%、三阶为0。而在生产商制定无约束力的参考价格上，零阶为67%，一阶为53%、二阶为49%、三阶为50%。从这一组调查数据可以看出，销售的层级越多的产业，相关企业越是认可转售价格维持和参考价。而通常来说，销售的层级越多的产业，竞争也越是激烈，越是希望通过一定的方式来降低竞争。因此，经由生产商而限制横向竞争的转售价格维持行为能够达到横向价格卡特尔同样的效果。

四、市场结构：损害形成的前提

从经验的角度而言，市场的参与者喜欢的肯定不是竞争，而是更多的利润。因此，如果能够弱化相互竞争来获得更多利润，则不会有谁去单纯地为了竞争而竞争。对转售价格维持而言，纵向和横向两个角度都可以产生抑制竞争的效果，并因此损害消费者的利益。但是，转售价格维持构成对整体竞争的损害仍然存在一定的前提条件，对这一前提的满足，是反垄断法介入的必要条件。

从纵向关系上来看，转售价格维持抑制品牌内竞争，反映的实际上是生产商的控制能力。也就是说，只有当生产商能够占据市场支配地位时，才可能产生通过转售价格维持控制经销商并获更多利润的情况。因此，纵向方面造成竞争损害的前提在于生产商具有市场支配地位，即在市场结构上是必须是有利于抑制竞争效果的实现的。Hovernkamp 就认为，满足一些条件时，控制转售价格会构成危害，这些条件包括：（1）转售价格的生产商必须形成对销售市场的垄断；（2）实行转售价格维持的生产商比例较大。❶

前述日本公正交易委员会进行的调查中，按照其报告，对于化妆品是否继续允许转售价格维持公正交易委员会认为需要斟酌下列问题：（1）洗发精、护发用品（为化妆品的一部分）这两种实施转售价格维持的商品的销售量占到所有实施转售价格维持化妆品近一半的比例。其中洗发精生产商前三位的市场份额占整体的50%以上，护发用品销售量前3位则占市场60%，寡头垄断的程度较高。（2）一部分化妆品实施转售价格维持使这些产品价格僵化的可能性很大。（3）经调查研究发现，日本的化妆品价格相比其他国家和地区要高，这种差价的出现，对转售价格维持的许可是原因之一。对医药品部分则认为：（1）在医药品中，综合新陈代谢制剂、综合维生素两种产品占所有实施转售价格维持医药品销售额度70%。其中综合新陈代谢制剂销售额前3位的生产商的市场份额达到80%以上；综合维生素前3位的生产商市场份额占约60%。在这些寡头垄断市场中实施转售价格维持有损自由竞争。（2）经过调查发现，日本市场上一般的医药品价格比其他国家和地区要高，而转售价格维持是造成这一结果的原因之一。因此该报告在结论中认为：（1）对于现在所允许实施转售价格维持的化妆品和一般医药品应该进行调查，听取消费者和相关行业的意见，撤销这一许可。（2）对于运行转售价格维持的出版行业，应该明确其范围，对于是否造成了消费者利益的损害予以持续地

❶ Herbert Hovemkamp, *Intrabrand restraints on distribution*, Federal anti-trust policy (second edition) (1999).

监督。(3) 对于可能损害公平竞争的销售，应该按照独占禁止法上关于不公平交易方法或不当赠品与不当表示防止法予以处理。由此可以发现，日本公正交易委员会的调查中，损害性的转售价格维持都和生产商的市场支配性地位相关。

同样地，简单地说转售价格维持是为共谋服务也不准确。市场结构仍然是一个前提条件。卡特尔成立的条件已经表明，当市场集中度大，卡特尔成员的数量较少，可以降低交易成本和发现作弊的成本。潜在竞争者的外围很小，可以增加卡特尔持续的可能性和利润。假设三个销售者占有 90% 的市场，其余市场被许多小企业瓜分。这三个企业可以相对容易地达成并维持一个卡特尔，因为只需要协调这么少的几个企业的行动。它们也不需要太担心外企企业迅速扩大市场。要想把卡特尔的市场份额从 90% 砸到 81% （下降 10%），外围企业几乎必须使它们的产出翻 1 倍（从市场的 10% 增加到 19%）。这不但需要一段时间，而且可能有高昂的成本，因此给卡特尔提供了一个区域，在这个区域内，卡特尔可以把价格提高到超过竞争水平，并将其维持在那里，而不会引起外围企业的产出扩张。[1] 从经验的角度而言，如果经销商市场不是寡头市场，则各经销商通常会面临非常激烈的竞争，此时要推动卡特尔，不仅协调的成本非常高，而且背叛的可能性也同样很高，根本无法最终形成将利润保持在竞争水平之上的目的。当然，共谋的脆弱并不意味着不能够成立以及成立后危害变小。这里要强调的仍然是市场结构前提下的损害可能。如果上游厂商实行转售价格维持，无形中将剥夺下游厂商自由决定价格的

[1] ［美］波斯纳著，孙秋宁译：《反托拉斯法》（第二版），北京：中国政法大学出版社 2003 年版，第 74 页。

权利，就会产生限制销售阶段厂商价格竞争的效果，对市场竞争将有不利影响，在产品差异化程度高或具“寡占”地位的产品为主的市场中尤其如此。否则，即便经销商层面实施了以转售价格维持为幌子的共谋行为，但因为竞争本身的激烈性，那么暗地里的打折、促销也会使得转售价格维持名存实亡，并最终将其瓦解掉。

台湾公平交易委员会曾经在《公平交易法》实施之后的1994年对转售价格维持行为的相关问题进行了问卷调查。[1][2] 就受访者对于转售价格维持行为的态度上，认为应当由生产商统一转售价格的有26份，占31%；认为生产商订立没有拘束力的参考价格的有47份问卷，占47%；认为由经销商或零售商自由决定价格，生产商完全不应当予以干涉的只有12份，占14%。从这一结果可以发现，虽然立法上禁止转售价格维持，但是认为经销商应该自由定价的比例非常低，而有相当数量的企业认可转售价格维持，可见从行业内部来看，对转售价格维持并不排斥。就不同的产业而言，汽车行业赞成生产商统一制定价格的占33%，认为其

---

[1] 该调查选取和消费者日常生活有关的行业，按照市场占有率的高低以及营业额的大小，从上、中、下游市场中抽样较为有代表性的厂商作为调查对象，抽样的样本数约为200余家厂商。其中，上游厂商所在行业部分包括：汽车整车、汽车零件、食品饮料、服饰、家电、化妆品、图书文具、家庭清洁用品等；中下游部分包括：百货公司、大型超市、便利店以及传统经销商、零售店等。该调查共发出200份问卷，回收87份，其中85份为有效问卷。

[2] 刘坤堂、周作姗、许淑幸、胡光宇、卓秋容：《限制转售价格行为之规范与“日常用品”认定之研究》，台湾：公平交易委员会，1994，第74页。

无权制定有约束力的参考价格的占45%，赞成由经销商或零售商自由决定价格的占22%。在食品饮料行业中，赞成生产商统一定价的为33%，赞成生产商制定无约束力的参考价格的占56%，否定转售价格维持的占11%。服饰行业中，赞成转售价格维持的为71%，认为由生产商制定参考价格的为零，否定转售价格维持的为29%。从这些相关行业的调查中可以发现，汽车行业和食品饮料行业中，认为生产商可以限制转售价格的比例高于整个调查的平均值，这两个行业在台湾公平交易法实施后仍然有转售价格维持行为存在，台湾公平交易委员会也多次查处这些行为。而服饰行业尽管远远高于调查的平均值，并且没有一个问卷同意由经销商自由定价，但在公平交易委员会处理的案件中，却没有一个该行业的案件。也就是说，该行业对转售价格维持行为有高度一致的认可，但却并没有实施转售价格维持行为，非常特别。当然，与这一调查结论相对应的是，服装行业由于产业特性，进入门槛相比汽车等行业较低，竞争非常激烈。因此，激烈竞争之下，通过共谋以抑制竞争的愿望无疑会更为迫切，但产业的结构却有无法有效支持转售价格维持的实施。

从上述理论和实证的调查都可以看到，抑制品牌内竞争会对整个产品竞争造成负面影响，转售价格维持的确在很多时候能够为生产商带来更高的利润，而特定的市场环境下，这一利润是伴随着更高销售价格实现的。因此，从生产商到经销商都希望通过转售价格维持来降低竞争强度，从而确保自己的利益。特别是在生产商占据市场支配地位，或者行业中大多数厂商都采用转售价格维持。而当市场结构条件满足时，生产商和经销商都会倾向于并能够通过转售价格维持来限制竞争，以实现自身在竞争水平之上的利润。因此，从反垄断法规范意义上来说，以市场结构符合一定条件作为认定转售价格维持违法的前提是具有非常重要的意义的，一方面，可以最大限度地将具有危害性的转售价格维持筛选出来加以规制；另一方面，可以利用市场自身的约束条件，使得转售价格维持的不具有市场结构的条件下更多地发挥促进竞争的效果，使得反垄断法的规范更具有合理性和可预期性。

实际上，从反垄断法规制方法上来讲，对转售价格维持规制强调市场结构前提还有另一个方面的意义。正如前文所分析的，转售价格维持既可以作为纵向限制协议，同时也可以作为横向限制协议来看待。而前者通常适用合理原则，后者则是当然违法原则。如果适用合理原则，则必然产生一个激励，使得经销商通过转售价格维持的方式来掩盖横向共谋，并最终使得同样的行为因为这一方式而受到不同的处理。而现实中往往很难区分转售价格维持行为是横向的还是纵向的。例如，美国反垄断法历史上非常著名的孟山都案❶中，孟山都公司认为，其他经销商反对斯普瑞－莱特降价，从生产商方面看，是自然的，也是必然的，经销商的不满与指责，特别是孟山都采取的限制方式，发生于一个正常的商业过程，并不表明它是一个非法的“一致行动”。而且，经销商正是生产商获得信息的一个重要源泉。为建立和保持一个有效的经销系统，生产商与经销商必须经常协调他们的行为。这是确保产品能够较快地为消费者接受与培养消费者对品牌忠诚度

---

❶ Monsanto Co. v. Spray-Rite Service Corp. , 104 S. Ct. 1464 (1984). 孟山都公司是美国的生物技术巨头，它生产包括农用除草剂在内的化学产品。原告斯普瑞－莱特 1955～1972 年从事家用化学药品的批发业务，其经营特色是打折销售，先大批量地购买，然后以低价出售。1957～1968 年，这一家用化学药品的批发商也以折扣方式销售孟山都生产的农用除草剂。1968 年 10 月，孟山都拒绝与斯普瑞－莱特续约，原因是其私自降价。

的重要因素。毫无道理地阻止生产商根据一部分经销商对竞争对手的定价行为的抱怨的行为，会导致经销市场的无序。案件上诉过程中，美国联邦最高法院也认为，本案与其他终止分销资格有根本的不同：终止行为是一致行动还是独立行为，法院和各方当事人常常难以对此做出泾渭分明的划分。《谢尔曼法》第 1 条规定要确认行为违法，生产商与其他经销商之间必须存在着“合同、联合或共谋”。无论是生产商还是经销商，其独立的行为都不在禁止之列。一般而言，生产商当然有权选择交易对象，自由地与他人交易，也可以拒绝与他人交易，条件是他是独立自主地做出这样的决定。在经销商抱怨之后终止其他经销商的资格本身不能认定为一致行动，即限制竞争协议。

这是基于这样的原因，如果严格禁止转售价格维持实际上是将转售价格维持认为是横向限制竞争协议来对待了，其不合理性也由此而产生。因此，结合前文的分析，我们可以认为，由于反垄断法所需要干预的行为是那些对市场竞争整体构成损害的行为，而转售价格维持不管是从横向理解还是纵向理解，要构成损害都有一定的前提条件。因此，可以将市场结构条件作为一个“筛选”机制，只有达到特定的市场结构要求，才严厉禁止转售价格维持，而此时，不需要对行为是横向还是纵向进行区分，统一适用一个标准，能够更有效地进行规制。

五、结　语

虽然理论上对于转售价格维持的可能合理性有越来越多的分

析，但与此同时，实证调查越来越多地发现产品高价格和转售价格维持之间的因果关系。这无疑表明，现实中转售价格维持弱化了市场竞争，对消费者福利有所损害。正是这个原因，曾经允许转售价格维持的很多国家和地区，都逐渐倾向于对其采取更为严格的态度，或者进一步缩小允许的范围。如 1975 年之后美国国会废除了允许转售价格维持的相关法律。现在，美国最高法院仍然在名义上坚持转售价格维持的本身违法性。欧盟在 2000 年发布的纵向限制条例中规定，不论相关企业市场份额多大，最低转售价格都是违法的。1964 年，英国通过了零售价格法案（*the Resale Prices Act*），禁止生产商控制其产品的零售价格，而非处方药市场被当做一个例外。但到了 1995 年，英国公平交易局对医药市场进行了调查，认为零售价格维持已不再是适当的。2001 年 5 月 15 日，法庭判决结束了长达 30 年的非处方药市场于转售价格维持的豁免。[1] 由此可见，各国对于转售价格维持的规制事实上是比较严格的。

我国《反垄断法》第 14 条规定："禁止经营者与交易相对人达成下列垄断协议：（一）固定向第三人转售商品的价格；（二）限定向第三人转售商品的最低价格……"这一条文主要借鉴于国外立法，而按照这一条文，对于除最高限价以外的其他形式转售价格维持都被全面禁止。但是，这里存在一个规制转售价格维持的限度的问题。如前文所言，转售价格维持要造成严重的竞争损害，需要一定的市场结构前提，而全面地禁止则忽略了这一前提，使得最终结果有"过度"严厉之嫌，并抑制了转售价格维持中合理性一面的发挥。因此，在反垄断法规范上应当相应地有所改变。

---

[1] 汪浩："零售商异质性与零售价格维持"，《经济学（季刊）》2004 年第 10 期。

限制最低转售价格行为的司法评价

丁文联[1]

对于我国《反垄断法》第14条所规定纵向协议的司法认定，学者主要有两种意见：一种意见是采用美国目前司法实践中主导原则即“合理分析”方法，由原告举证证明存在纵向协议并且该协议具有排除、限制竞争的效果；另一种意见是采用类似欧盟目前司法实践中的主导做法，即所谓“可抗辩的违法推定”方法，推定纵向协议违法，由被告援引《反垄断法》第15条并举证证明其行为合法。[2] 两种意见适用于反垄断执法与司法实践，对于限制最低转售价格协议这类行为性质的分析认定，在法律评价原则、分析评价要素、举证责任分配上存在很多差异，本文就这些问题，结合强生案二审判决[3]，提出一些粗浅意见。

---

[1] 丁文联，上海市高级人民法院知识产权庭副庭长，高级法官。

[2] 黄勇：“价格转售维持协议的执法分析路径探讨”，载《价格理论与实践》2012年第12期。

[3] 北京锐邦涌和科贸有限公司诉强生（上海）医疗器材有限公司、强生（中国）医疗器材有限公司纵向垄断协议纠纷案，二审判决案号为：（2012）沪高民三（知）终字第63号。

一、限制最低转售价格行为的法律评价原则

（一）域外实践中的三种原则

反垄断法制度肇始于美国，被称为世界上第一部反垄断法的美国1890年《谢尔曼法》第1条规定“任何契约、以托拉斯形式或其他形式的联合、共谋，用来限制州际间或与外国之间的贸易或商业，是非法的”，这被认为是对限制转售价格行为进行反垄断干预的法律依据。1911年，美国最高法院在*Dr. Miles Medical Co. v. John D. Park&Sons Co.* 案中首次认定控制转售价格违反《谢尔曼法》第1条，并且明确限制转售价格行为适用“本身违法”原则（illegal per se rule），制造商控制经销商定价的行为应当然被认定违法。此后，在将近100年时间内，虽然美国法院对违法转售价格行为的范围有所限制，比如制造商单方行为、代理关系中的定价行为以及限制最高转售价格被排除在外，但是对固定转售价格和限制最低转售价格的协议行为一直坚持“本身违法”原则。直到2007年6月28日，美国最高法院在*Leegin Creative Leather Products*，*INC. v. PSKS*，*INC.* 中，推翻了*Dr. Miles* 案，明确限制转售价格不再适用“本身违法”原则，而是“将合理原则作为一项公正且有效率的方法用以禁止那些具有反竞争效果的

RPM，同时保护那些具有促进竞争效果 RPM”[1]。[2] 美国在反垄断法上赋予各州一定的立法权，丽晶案（Leegin case）之后，美国各州对限制转售价格的司法立场出现分化，一些州在州法与判例上遵循丽晶案而采用“合理分析”原则，有些州在州反垄断法中明确规定限制转售价格行为适用“本身违法”原则。

美国最高法院对限制最低转售价格行为法律评价原则的变化，影响了本国的反垄断执法与司法，还影响到其他国家、地区的反垄断执法与司法。欧盟是国际上另一个反垄断执法的主要区域，欧盟对于限制转售价格的法律规制也存在一个变化过程，目前所适用的法律依据是《里斯本条约》第 101 条和第 103 条、2010 年欧盟委员会《关于对几类纵向协议和协同行为适用〈里斯本条约〉第 101（3）条的条例》（以下简称 2010 年《条例》）、2010 年欧盟委员会《纵向协议集体豁免条例适用指南》（以下简称 2010 年《指南》），其中后两个文件系分别取代 1999 年 12 月旧规定、2000 年 5 月旧指南。2010 年《条例》规定，限定最高转售价格、推荐转售价格行为在符合条件（卖方、买方在各自相关市场的份额均低于 30%）时可以获得集体豁免，但是限制最低

---

[1] Leegin Creative Leather Products ，INC. v. PSKS，INC. ，551. US.（2007）.

[2] 在“本身违法”与“合理原则”之间，还存在过一种“本身合法”的立法倾向。1937 年，美国国会通过 Mil1er—TydingsResalePrieeMaintenanee Act，规定如果州法律允许在本州最低转售价格合法，那么最低转售价格将不受《谢尔曼法》第 1 条的禁止。随后，1952 年国会通过的 McGuireAct 又扩大了 RPM 的适用范围，规定只要有一家经销商与生产商签订了即 M 合同，则生产商就可以将 RPM 施加于所有经销商。但是这两项法案遭到广泛的反对，于 1975 年被废止。

转售价格、固定转售价格行为属于限制竞争的核心条款，无论实施企业的市场份额如何均不能获得集体豁免，这一做法与1999年的规定相同。但是可能由于受到美国2007年丽晶案的影响，2010年《指南》与2000年旧指南不同，对于限制最低转售价格、固定转售价格允许在个案审查中依据下述情形给予个案豁免：第一，能够刺激经销商付出加倍的努力，引导经销商在新产品推广期内推销产品，特别是在无法通过其他方式实现相同结果时；第二，在特许加盟或类似的统一销售形式中，对组织短期（绝大多数情况下为2~6周）低价促销活动是必需的，这种促销对消费者同样有利；第三，当事方能证明限制转售价格是为避免售前服务被搭便车而必须采取的措施。[1] **在其他国家或司法区域，有的国家如澳大利亚、日本被认为采用“本身违法”原则，有的国家如韩国被认为采用“合理分析”原则。**[2]

由此，目前世界上主要的反垄断司法区域实际存在三种针对限制转售价格的法律评价原则：美国少数州仍在坚持的“本身违法”原则，美国最高法院和多数州采用的“合理分析”原则，以欧盟为代表的所谓“原则禁止+例外豁免”原则。三种原则各有千秋，是否适用于中国，还需要具体分析。

---

[1] Guidelines on Vertical Restrains (2010/c 103/01)。其中，防止售前服务被搭便车是指，某些情况下，限制转售价格所带来的额外利润会使得零售商提供额外的售前服务，特别是对于昂贵或复杂的商品，顾客利用这种售前服务作出购买选择，却在不提供这种服务但以更低价格出售商品的零售商处购买商品，那么提供售前服务的销售商会减少，甚至于售前服务被销售商完全取消。限制转售价格可以减少这种“搭便车”现象。

[2] 徐新宇：“纵向价格垄断协议法律规制的比较分析”，载《中国价格监督检查》2012年第7期。

（二）对三种原则的分析评价

第一，“本身违法”原则缺乏经济学实证依据，与现实经验相抵牾。对一种行为采用“本身违法”的评价，意味着这种行为被绝对禁止，其法理依据应该是，这种行为要么与公认的伦理价值严重冲突，要么严重损害私人利益，或者对公共利益有一定程度的损害。反垄断法不同于反不正当竞争法，虽然两者都旨在促进市场竞争，但反不正当竞争法对于市场行为的评价依据主要在于是否违背公认的商业伦理，而反垄断法对于市场行为的评价依据主要在于是否取消或限制了市场竞争。因此，反垄断法不应该以先验的道德法则而应该以经验的利害评价为法理基础，对于一种市场行为在反垄断法上是否予以绝对禁止，不应出于一种先验的道德评判，而应基于对该市场行为实际竞争效果的实证分析。那么，如果对限制最低转售价格采用“本身违法”原则的绝对禁止立场，就应该有实证的论据表明限制最低转售价格行为是一种严重损害市场效率（纯粹损害市场竞争，或者虽有促进竞争效果但远远不及于其损害竞争效果）的行为。但是，我们尚没有看到这样的经济学实证分析，现有的实证分析既不支持限制最低转售价格损害竞争的结论，也不支持限制最低转售价格促进竞争的结论。尽管有实证研究表明，限制转售价格导致物价上升，然而与物价上升相伴随的可能是消费量的上升或者是产品质量、服务的提升，因此很难据此认为限制最低转售价格行为损害市场竞争。[1]然而，已有的生活经验和经济学解释告诉我们，至少在一些情形下，限制最低转售价格确实会促进竞争，例如，对于需要提供有效售前服务的产品，限制最低转售价格对于促进售前服务是富有效率的。正是因为有这点基本认同，欧盟立法才有前文提到的调整，允许在一些明显具有促进竞争效果的情形下实施限制最低转售价格。在今天，对限制最低转售价格继续采用“本身违法”原则既缺乏经济学依据，也违背生活经验。

第二，“原则禁止＋例外豁免”原则同样缺乏经济学实证依据，且不合中国国情。和“本身违法”原则一样，如果对限制最低转售价格行为采用“原则禁止＋例外豁免”原则，应该基于这样一种经济学实证依据：市场上，绝大多数或者至少大多数的限

---

[1] Nathaniel J. Harris，Leegin's Effect on Prices：An Empirical Analysis，Journal of Law，Economics & Policy（winter，2013）. 该文采用“双重差分模型”（Difference in Differences Model），比较了同一时间段内美国市场实施限制转售价格产品和不实施限制转售价格产品的 CPI（消费价格指数，Consumer Price Index）变化情况，比较了绝对禁止限制转售价格地区（所谓采用“本身违法”原则地区）和非绝对禁止限制转售价格地区（所谓采用“合理分析”原则地区）的 CPI 变化情况，发现实施最低转售价格限制的产品、非绝对禁止限制最低转售价格的地区的 CPI 高于不实施最低转售价格限制的产品、绝对禁止限制最低转售价格的地区的 CPI。在考虑人口构成、收入变化等多重因素后，发现是否实施限制最低转售价格行为、对待限制最低转售价格行为的法律态度，与 CPI 的高低具有很高的关联度，支持了限制最低转售价格往往导致市场价格上升这一结论。这篇文献在样本选取和比较方法上都比较严谨合理，其结论比较可信。尽管如此，这篇文献仍然认为由于价格上升的同时还存在消费量上升以及其他促进竞争效果的因素，因此不能单单因为限制转售价格导致价格上升，就应否定对“丽晶”案所确立的原则。

制最低转售价格行为产生限制竞争的效果。如前所述，目前尚没有实证证据支持这样一种结论。在此情形下，司法上否定一种竞争效果不明的行为，可能因判断正确而促进竞争，也可能因为判断错误而损害竞争。事实上，竞争总是动态变化的，短时期、小范围的竞争限制往往不会长久，总是会被动态发展的市场竞争所克服，所谓“市场失灵”，在大多数情形下最终会由市场自行纠正。相反，“有形之手”的错误干预所导致市场竞争的减少，却因为错误被制度化，而很难得到市场的自行纠正。因此，两相权衡，错误的司法干预造成的损失要大于正确司法带来的收益，对效果不明行为采取“原则禁止＋例外豁免”原则自然是一种风险更大的选择，对限制最低转售价格采取原则禁止的立场破坏经济运行的可能性比改善经济运行的可能性更高。与此同时，必须看到，我国当前市场实践中限制最低转售价格的行为比比皆是，而我国反垄断法实践尚处于起步阶段，对限制最低转售价格行为采用原则禁止的立场，将造成对限制最低转售价格执法与诉讼门槛过低，造成对现实经济生活的巨大冲击。中国作为一个新兴市场国家，市场相对活跃，不断有新企业、新产品、新品牌进入市场，既然限制最低转售价格价格有利于促进新企业、新产品、新品牌进入市场，那么这种行为在中国就更不应该被原则性地否定。

须指出的是，有意见认为我国《反垄断法》第 13 ~ 15 条的表述方式表明我国反垄断法对于限制最低转售价格行为采取了类似于欧盟的“原则禁止＋例外豁免”原则，司法应该遵循此原则。对此，有必要强调，我国反垄断法制定时，美国丽晶案对中国反垄断法学研究和立法影响还不大，对限制最低转售价格行为负面效果的认识比较充分，而对其正面效果的认识还很不够，因此即使当时立法似乎采取了比较严苛的立场，今天仍然可以利用法律条文表述留下的空间采用更符合市场规律、更符合市场发展需要的解释立场。

第三，“合理分析”原则过于灵活，确定性不足。相较而言，以“合理分析”原则适用于限制最低转售价格行为，是与市场真实状况更契合、司法裁判准确性更高的一种选择。但是，如果仅仅是采用抽象的“合理分析”原则，在每一个具体个案中巨细无遗地审查被告提出的每一点可能形成“合理理由”的抗辩，则会使得这类诉讼变得过于灵活，导致个案中审查和考虑因素过多，耗费大量司法成本。更好的一种状况应该是，对于限制最低转售价格行为反垄断分析中的方向、重点，存在比较明确的指引，既方便法官按图索骥，准确高效地作出分析判断，又方便企业对限制最低转售价格行为的合法性有清晰确定的预期，对社会产生比较明确的引导作用。

（三）强生案中的“实质效果原则”

强生案二审判决认为限制最低转售价格协议并非当然违法，明确排除了对“本身违法”原则的适用，并依据《反垄断法》第13条对“垄断协议”的定义，明确具有“排除、限制竞争效果”是垄断协议的构成要件，并进一步须在限制最低转售价格行为排除、限制竞争效果难以避免又难以被其促进竞争效果抵消的情形下才构成垄断协议，采用了一种既不同于欧盟“原则禁止+例外豁免”做法，又不同于美国“合理分析”原则操作方式，可以暂且名之为“实质效果衡量”的评价原则。如下文所述，强生案二审判决所体现的“实质效果衡量”原则，有意过滤一些对市场竞争影响不够大、不够重要的因素，仅关注那些对市场竞争产生实质性影响的因素，这在提高司法准确性的同时会提高诉讼效率。

二、限制最低转售价格行为的评价要素

强生案二审判决认为，从实施反垄断干预的必要性而言，对限制转售价格行为实施反垄断干预，必须是限制转售价格行为明显产生了难以克服、难以抵消的排除或限制竞争效果，而相关市场竞争是否充分、被告市场地位是否强大、被告维持转售价格的动机、维持转售价格的实际效果等四方面情况是评价限制最低转售价格行为是否合法的最重要的考虑因素。

（一）相关市场：竞争是否不充分

在一个充分竞争的市场，比如服装市场，一方面，彼此竞争的经营者众多，不同品牌制造商之间很难形成定价上的默契，更难形成明示或默示的价格协议，因此经济学上所谓通过纵向限制协议达成制造商卡特尔、经销商卡特尔的可能性，在充分竞争的市场实际难以实现；另一方面，在相关市场有充分竞争的产品，消费者有充分的替代选择，一个企业出于某种原因采取固定价格或最低转售价格限制，虽然会减少一些愿意在此限制价格以下购买此产品消费者的购买行为，但消费者还可以选择价格较低或者价格不低但品质更好的其他品牌商品，消费者利益没有受损，经济效率也没有减损。

而在一个竞争不充分的市场，由于缺乏充分的替代选择，用户依赖于某一品牌或几种品牌。如果在某一品牌产品上实施了价

格限制，不仅该品牌内失去价格竞争，而且不同品牌间会形成定价上的默契，或者虽然没有形成默契，但也会由于缺乏价格竞争，市场价格上涨或者维持在一个较高水平，导致消费者利益受损，社会整体福利也由此受损。

因此，相关市场的竞争不充分应当是认定限制最低转售价格协议构成垄断协议的首要条件，只有在认定相关市场缺乏充分竞争的情形，才需要进一步判断涉嫌垄断的协议的竞争效果。至于对相关市场竞争是否充分的判断，则应结合案件的具体情况，不仅应考虑市场的集中度，还应考虑涉案产品的替代性、潜在竞争者进入相关市场的难度、下游市场的竞争性等多种影响相关市场竞争程度的因素。

（二）实施企业：是否具有很强的市场地位

首先，应当明确《反垄断法》第 13 ~ 14 条所规定“垄断协议”和《反垄断法》第 17 条所规定“滥用市场支配地位行为”对于实施行为经营者的市场地位有不同的限定，后者要求经营者具有市场支配地位才可认定其行为违法，前者则不要求经营者具有市场支配地位，原因在于，后者则是单个企业的行为，前者是多个企业之间联合实施的行为，虽然两种行为同样是须达到通过反垄断执法来消除的排除、限制竞争的效果才被认定违法，但对两种行为实施者的市场势力的要求并不同。因此，认定限制最低转售价格行为违法并不以实施企业具有市场支配地位为前提。

但是，也应当认识到，企业的市场地位是企业定价行为影响市场竞争的基础，实施限制最低转售价格的企业在相关市场具有很强的市场地位，能够对市场竞争产生影响，应当作为限制最低转售价格协议构成垄断协议的必要条件。一个在相关市场缺乏地位的企业，通常只能是适应市场竞争，而无力影响竞争，更不可能主导竞争。如果企业在市场份额、原材料供应、关键技术、销售渠道、品牌形象等各方面均不具备任何优势，那么该企业不具备影响市场竞争的力量，其所实施限制最低转售价格的行为不会影响市场竞争，或者虽然在短时间、小范围内影响竞争但很快会由更有效率的市场竞争所纠正。总之，不会产生应当通过反垄断执法来消除的排除、限制竞争的效果。因此，实施限制最低转售价格的企业具有很强的市场地位，应当是认定限制最低转售价格行为具有排除、限制竞争效果的前提和基础。至于实施企业的市场地位达到何种程度才是“很强的市场地位”，其限制最低转售价格行为才有可能属于排除、限制竞争的垄断协议。本文认为，企业的市场地位集中表现于企业的定价能力，如果一家企业具有很强的定价能力，企业在与购买者的定价谈判中占绝对优势，企业能够从容自由地定价而不必追随市场价格，而相关市场上其他企业的定价则可能受到该企业定价的影响，那么该企业则应被认为具备了影响市场竞争的很强的市场地位。另有一种情形，如果企业采取限制最低转售价格后其市场份额并不随之降低甚至上升，也可以说明企业在相关市场具有很强的市场地位（但不能反推，即由于采取限制最低转售价格后市场份额下降就断然认定其不具有很强的市场地位）。

须说明的是，上述四个要素中，相关市场竞争不充分、实施企业具有很强市场地位两个要素作为认定限制最低转售价格构成垄断协议的必要条件，实际是将市场结构作为限制最低转售价格协议反垄断审查的筛选条件，既借鉴了其他国家司法经验，[1] 更是考虑到我国市场经济发展的状况，市场发育不足，限制最低转售价格在各行业普遍存在，以市场结构作为筛选条件有助于制止那些真正对市场竞争整体造成损害的行为。[2]

（三）行为动机：是否以非效率的方式应对价格竞争

在复杂的市场活动中，虽然行为动机与行为效果不完全对应，且行为动机难以观察，但如果一个具有很强市场地位的企业出于限制市场竞争的动机而实施限制最低转售价格，由于其在财力、技术、信息等各方面占优，对上下游控制能力往往较强，其采取限制最低转售价格而产生限制竞争效果的可能性确实将大大提高。因此，虽然不能将具有限制竞争的动机作为认定限制最低

---

[1] 丽晶案中美国联邦最高法院确立了在判断一项固定价格和维持最低售价的 RPM（resale price maintain，即限制转售价格）协议是否合法时，应考虑三个因素：(1) 价格转售维持协议是否是受上游生产商或下游零售商驱动的；(2) 实施价格转售维持协议的生产商或零售商是否具有市场势力；(3) 价格转售维持协议是否与卡特尔或潜在卡特尔计划相关。*Leegin Creative Leather Products Inc. v. PSKS Inc.*, 551 U. S. 877 (2007), pp. 897 - 898. 美国学者 Phillip E. Areeda 和 Herbert Hovenkamp 提出，在涉及限制转售价格的案件中，可以考察以下八方面的市场要素来进行“合理分析”：生产者集中度、分销商集中度、RPM 的市场覆盖度、分销商动机、品牌势力、分销商支配地位、选择性采用 RPM 以及产品是否具有同质性。Phillp E Areeda & H Hovenkamp, *Antitrust Law*, 2nd ed., New York, Aspen Publishers, 2004, p328 - 329. Quoted from Sandra Marco Colino, *Vertical Agreements and Competition Law - A Comparative Study of the EU and US Regimes*, Oxford and Portland, Oregon, 2010, pp. 85 ~ 87.

[2] 李剑、唐斐：“转售价格维持的违法性与法律规制”，载《当代法学》2010 年第 6 期。

转售价格具有排除或限制竞争效果、构成垄断协议的必要条件，但仍然可以将其作为认定限制最低转售价格行为性质所应考虑的重要参考因素。

在充分竞争的市场，企业应对市场价格竞争的方式通常有两种：(1) 降低价格以保持或扩大市场份额；(2) 不降价，但通过提高产品质量或服务水平来争取市场份额。这两种方式都有助于市场以更低价格提供更优质产品或服务，都是有效率的竞争方式。但是，如果在竞争不够充分的市场，具有市场优势地位的企业则不一定采用这两种有效率的方式应对竞争，这时候固定转售价格、限制最低转售价格的动机可能在于实现促进服务提升、维护品牌形象、推广新品牌、推广新产品等有利于市场竞争和消费者的目标，但也可能在于实现组织价格联盟、利用垄断势力获取高额利润、利用垄断势力排挤竞争者、利用市场支配地位执行价格歧视等不利于市场竞争和消费者的目标。在具体案件中，应结合本案的具体证据来分析判断被告采取限制最低转售价格的行为动机，对于以非效率的方式应对价格竞争，司法应该保持高度的警惕。

也许有人提出疑问，是否损害市场竞争完全是客观评判的结果，何以还要将行为动机作为认定垄断行为的考量因素？首先考虑到行为动机与行为效果的不对应，本文只是将损害竞争的行为动机则只是辅助判断的重要因素，并不是作为认定限制最低转售价格构成垄断协议的必要条件，也不是原告必须证明的事实。其次，还应当认识到，不论是否以规则确定下来，行为动机的考察一直也这类案件中重要的考虑因素。❶ 因此，原告不能证明这一事实，并不影响法院依据其他事实认定垄断行为成立，但若原告能证明这一事实，则会大大加强法官对垄断行为的内心心证。

（四）实际效果：是否产生难以克服、难以抵消的排除或限制竞争的效果

限制最低转售价格既可能产生多种反竞争的负效果，又可能产生多种促进竞争的正效果，一方面由于市场存在一定的自我修复功能，有些反竞争效果很快会由市场纠正，另一方面由于可能同时存在正负两方面效果，有些反竞争效果会被另一些促进竞争的效果抵消，因此，只有那些难以通过市场来克服的负效果，难以通过其他正效果抵消的负效果，才是应该通过反垄断干预来消除的负效果。因此，在分析、衡量、评价限制最低转售价格行为的竞争效果时，特别关注对市场竞争产生实质性影响的正负效果。

第一，考虑以限制价格竞争为主的负效果。在现有经济学文献中，限制最低转售价格被认为具有以下一些限制竞争的负效

❶ “孟山都”案件中，美国最高法院认为上诉法院适用了一个错误的证据标准，不能仅仅因为孟山都公司根据其他分销商的抱怨而取消原告销售资格即认定孟山都公司与其他分销商之间存在协议或联合行动，因为对于制造商而言，分销商是重要的信息来源，分销商对降价者的抱怨产生于非常正常的交易过程，必须要有证据直接或间接能够合理地证明制造商和他人间有意共谋以达到非法目的，才能认定制造商与分销商联合固定价格。这个意见可以说是证据标准问题，换个角度理解，也可以认为是通过证据来确定制造商的恶意。其实，在采用“合理原则”的案件中，被告对行为动机的解释与证明一直是法庭考虑的重要因素。

果：（1）限制了品牌内的价格竞争，减少了消费者福利；（2）限制了经销商的定价自由，无法区分出有效率的经销商；（3）容易促成制造商卡特尔或经销商卡特尔，限制品牌间竞争；（4）尽管可能提高经销服务，部分消费者却并不需要这些服务而宁愿享受降低价格带来的收益；（5）失去价格竞争而又缺乏其他竞争途径后，可能导致经销商以高额广告投入、过剩的包装等不经济的方式进行竞争；（6）由于失去价格竞争，可能促使经销商采用商业贿赂等不正当手段进行竞争。上述效果中第（4）（5）点所涉及的过度服务、过度宣传、过度包装等不经济问题，是可以通过市场自行纠正的问题，不必要通过反垄断执法来消除；上述效果中第（6）点所涉及不正当竞争问题，则存在一些假设前提，比如，经销商不具有其他合法竞争的手段，经销商在充分衡量受到制裁的风险后仍认为采取不正当竞争的收益大于成本等，需在具体案件中谨慎审查；上述第（1）~（3）点直接或间接影响到品牌内、品牌间价格竞争，价格机制是市场竞争最为基础的机制，价格限制相对于非价格限制对市场竞争的限制作用更为明显，因此应该是在对限制最低转售价格协议竞争效果分析中重点关注的问题。

第二，考虑以促进产品质量或服务提升、促进新产品或新企业进入市场为主的正效果。在现有经济学文献中，限制最低转售价格被认为可能产生以下一些促进竞争的正效果：（1）消除经销商之间的搭便车行为，防止搭便车的经销商不提供经销服务（广告、产品介绍、促销等）而通过降价来从提供经销服务的经销商那儿夺取客户，从而促进经销商提高经销服务；（2）有助于维护制造商、经销商以及产品的商誉，给人以具有品质保证的印象；（3）避免零售价格过于混乱，为消费者提供价格比较的依据；

(4) 通过保障经销商利润来保护小规模的经销商，同时限制大规模经销商的市场势力和经销商集中（dealer concentration），并且防止经销商之间套利，从而有助于建设经销网；(5) 在经销商销售多个竞争者之间的品牌产品，采取限制最低转售价格的经营者可以激励经销商销售自己产品，并抵御竞争者的折扣销售；(6) 在市场不确定的情形下为经销商减小风险，保障产品库存和销量，有助于新制造商、新产品进入市场；(7) 有助于促进制造商之间的产品质量竞争，提高产品质量。上述效果中，效果（1）以经销商之间存在低价争夺客户和套利空间为前提；效果（2）(3) 所涉及维护产品声誉以及使消费者获得确定的价格信息，在购买者对产品很熟悉的情形下没有突出的必要；效果（4）所谓促进经销网建设未必能使消费者获益；效果（5）以经销商经销多个品牌、其他品牌降价销售为前提；效果（6）（7）所涉及在促进产品质量或服务提升、促进新产品或新企业进入市场的效果，对于促进市场竞争的作用相对于其他效果更为明显和突出。

第三，进行以增进消费者整体福利为目标的比较衡量。在限制最低转售价格呈现出正、负两方面的效果时，反垄断分析很难像一架天平般精确地衡量正、负效果的差异，还必须有一种明确的价值目标，以在正、负效果衡量中最终作出评价。尽管《反垄断法》第1条规定了我国反垄断法维护公平竞争秩序、提升经济效率、维护消费者利益和社会公共利益等多重立法目的，然而具体在限制最低转售价格行为的分析评价中，维护消费者利益应当是最重要的立法目的。《反垄断法》第15条规定了若干不适用第13～14条的情形，但要主张不适用，最终仍必须满足一项条件，即“经营者还应当证明所达成的协议不会严重限制相关市场的竞争，并且能够使消费者分享由此产生的利益”，此条规定中，能被消费者分享利益是被控行为不适用《反垄断法》第13～14条的最终条件，亦可映证，《反垄断法》将是否增进消费者整体福利作为评价第13～14条所规定行为的重要标准。

以增进消费者整体福利这个目标衡量，应当更关注限制最低转售价格行为对消费者福利的长期影响：（1）长期来看，价格机制作为市场竞争的核心机制，为消费者提供最重要的选择权。一个有效竞争的市场，即一个价格机制作用能正常发挥的市场，在这个市场，投票权最终仍在消费者，消费者总能通过选择质量、服务与价格最相当的商品，从而促进产品在价格、质量与服务上的多重竞争，消费者最终由此得益。（2）长期来看，具有显著市场势力或市场支配地位的企业将其产品最低价格定在竞争价格之上，虽然可能会激励其他企业利用价格空间进行竞争，结果可能有利于其他竞争企业的成长，但是在这个过程中消费者不得不忍受高价，消费者的利益被牺牲。（3）长期来看，质量提升、新产品和新企业进入均可以为消费者增加选择，可以弥补消费者短期内在价格选择权上的损失，因此是可以克服、抵消限制最低转售价格短期负效果的长期正效果。

因此，可以将限制最低价格协议效果评价的一般原则进一步简化为：若没有产生限制价格竞争的负效果，一般可以认为不构成排除、限制竞争的垄断协议；若产生了限制价格竞争的负效果，而又没有产生提高产品质量与服务、促进新产品或新企业进入市场的正效果，则一般可以认为构成排除、限制竞争的垄断协议。

三、限制最低转售价格行为排除、限制竞争效果的举证责任

对限制最低转售价格行为的评价原则、分析要素决定了涉及这类行为的反垄断民事诉讼中原、被告的举证责任分配。

强生案中一个重要的争议焦点亦即涉案限制最低转售价格协议是否具有排除、限制竞争效果的举证责任分配，强生案二审判决明确在反垄断诉讼中应由原告承担涉案限制最低转售价格协议排除、限制竞争承担举证责任。该判决所援引的理由是只有在法律有明确规定的情形下，才适用举证责任倒置，因为没有法律和司法解释对限制最低转售价格协议是否具有排除、限制竞争效果作出特别规定，故依据民事诉讼“谁主张、谁举证”的基本原则，上诉人锐邦公司应对涉案限制最低转售价格协议排除、限制竞争承担举证责任。

同时，在证明标准上，该判决并没有对上诉人提出过高的要求，而是认为上诉人所提交证据能够初步证明被上诉人在竞争不够充分的相关市场具有很强的市场地位，被上诉人限制最低转售价格的动机在于限制竞争，被上诉人限制最低转售价格行为产生了损害竞争的效果，在被上诉人未提供充分反证情形下认定涉案限制最低转售价格协议限制竞争而构成垄断协议。

强生案二审判决对限制最低转售价格协议排除、限制竞争效果的举证责任分配，除了判决所援引的法理依据外，还有以下考虑：

第一，与前述法律评价原则相契合，既然对限制最低转售价格协议不采用原则禁止的立场，就不宜将涉案协议不具有排除、限制竞争效果的举证责任分配给被告，否则会实质上落入原则禁止的立场。

第二，在此类反垄断诉讼中将举证责任分配给被告，会降低此类诉讼的门槛，降低司法效率，反而影响反垄断法的有效实施。

第三，考虑到在此类诉讼中，原告与被告所掌握信息一般不对称，原告所掌握信息往往不够充分，因此将涉案限制最低转售价格协议排除、限制竞争的举证责任分配给原告的同时，在坚持民事诉讼高度盖然性证明标准的前提下，适度降低对原告的证明要求，对原告更为公平，更有利于实现此类诉讼中的实质公正。

四、结　　论

综上所述，在无充分实证依据表明大多数限制最低转售价格行为损害竞争的情形下，在作为新兴市场国家的中国，对限制最低转售价格行为采用“本身违法”或“原则禁止＋例外豁免”都不是明智的选择；“合理原则”比较契合市场实际需要，但不应以一种过于灵活、成本过高的方式适用。在强生案二审判决中，法院试图明确一些最基本和最重要的分析要素，为法官提供一个简洁的分析框架，同时方便企业建立清晰的行为预期；在这个分析框架中，相关市场的市场结构、实施企业的市场地位、实施限制最低转售价格的行为动机、实施限制最低转售价格的实际竞争效果是最为重要的四个判断因素，并且法官应主要关注那些对市场竞争产生实质性影响的市场效果，而可以过滤掉那些对市场竞争产生非实质性影响的结果，因此可以名之为“实质效果衡量”原则；在这个分析框架中，原告应对被告实质性损害竞争承担举证责任，但法官以根据具体案情把握证明标准。

中、欧、美反垄断法规制限制最低转售价格协议的异同

——兼评锐邦诉强生案二审判决

刘　旭*

【摘　要】《反垄断法》生效5年之际，司法机关和反垄断执法机关在该法有关垄断协议规制制度的不同理解和迥异的适用思路也凸现出来，并集中反映在对限制最低转售价格协议的规制上。同样，美国联邦反托拉斯法和欧盟竞争法也在如何规制最低转售价格协议上存在类似分歧，并借此再次显现出了欧美在限制竞争协议规制制度上的差异。同时，这也使我国学术界、实务界都得以再次审视《反垄断法》第二章对垄断协议的规制模式到底与欧美有哪些异同。对此，上海高级人民法院

---

* 海德堡大学法学博士，同济大学法学院知识产权与竞争法中心研究员，清华大学竞争法与产业促进研究中心研究人员。本文立场不代表所属机构。本文以2013年8月27日笔者在《东方早报》发表的文章为基础扩展而来。笔者再次感谢《东方早报》编辑部和吴英燕编辑的支持，同时也感谢同济大学张伟君老师帮助提出修改建议，感谢美国芝加哥肯特法学院博士生蔡婧萌女士、上海交通大学李剑老师、伦敦国王学院法学院张湖月老师对本文写作给予的启发和意见。

对锐邦涌和诉强生限制最低转售价格协议案的判决及相关文献则为检视在我国《反垄断法》中引入美国联邦反托拉斯法的合理原则的思路和各种考量提供了较为翔实的素材。分析该判决和相关文献中存在的问题，不仅有助于厘清个案得失和对限制最低转售价格协议的法律适用思路，更将有助于明确和坚定我国规制垄断协议的路径取向。

【关键词】 反垄断法　欧盟竞争法　美国反托拉斯法　限制最低转售价格　锐邦涌和诉强生案　合理原则

2013 年 8 月 1 日，上海高级人民法院对北京锐邦涌和公司（以下简称“锐邦”）诉强生（上海）医疗器材有限公司、强生（中国）医疗器材有限公司（两被告简称“强生”）限制最低转售价格案二审宣判。这则虽以原告胜诉，但上千万赔偿请求中仅 53 万元获法院支持的判决，与国家发改委对茅台、五粮液和 9 家奶粉企业固定转售价格、限制最低转售价格行为合计 11.19 亿元的处罚，使这类行为的规制成为 2013 年反垄断法实践的焦点。

值得深入剖析的是：锐邦诉强生案二审判决与行政执法在适用《反垄断法》第二章上的分歧。国家发改委查处奶粉企业的通告显示：“涉案企业的上述行为均达到了固定转售商品的价格**或限定转售商品的最低价格的效果，事实上达成并实施了**销售乳粉的价格**垄断协议，违反了《反垄断法》第十四条**的规定……**涉案企业均承认**自身的转售价格维持行为涉嫌违法，**并且无法证明其**

控制价格的行为符合《反垄断法》第十五条规定的豁免条件。”[1]与之形成鲜明对比，锐邦诉强生案二审判决将“相关市场竞争是否充分、被告市场地位是否强大、被告实施限制最低转售价格的动机、限制最低转售价格的竞争效果等四个重要因素”的考察视为认定限制最低转售价格协议是否构成垄断协议的前提，使《反垄断法》第14条仅能适用于市场竞争不充分行业、[2]市场地位强大的企业，且在信息不对称的情况下，仍要求原告举证被告实施限制最低转售价格的动机、促进效果是否显著、是否弊大于利，即便在认定被告违反该法第14条后，也没像国家发改委那样对被告行为是否符合该法第15条进行审理。这样的审理思路与部分文献的观点契合，后者主张运用美国联邦反托拉斯法司法实践中形成的“合理原则（ruleofreason，也有称合理分析原则）”来解释我国《反垄断法》第13条、第14条，借鉴美国联邦最高法院对*Leegin*案判决的多数派意见来评估限制最低转售价格协议的违法性，从而使我国《反垄断法》第15条“成为事实上不必要

---

[1] 国家发改委网站：“合生元等乳粉生产企业违反《反垄断法》限制竞争行为共被处罚6.6873亿元”，http://www.sdpc.gov.cn/xwfb/t20130807_552991.htm。

[2] 白酒、奶粉行业竞争者数量众多，在未能证明存在全行业横向限制竞争协议之前，显然不应视为竞争不充分的行业。即便一些厂家有自建销售渠道，以至于其限制其他经销商与自销渠道遵守同样的最低转售价格行为、组织经销商研讨经销价格策略行为都涉嫌构成横向限制竞争协议，但考虑到自建销售渠道的成本不菲，这些行业中并非所有厂商均如此。

的一个条款”。[1]

假设锐邦诉强生案二审判决的上述思路正确，则国家发改委对奶粉企业和白酒企业限制最低转售价格行为的查处将陷入“非法”的境地。对此，国家发改委价格监督与反垄断局局长许昆林强调：**“我国《反垄断法》在立法技术上对纵向垄断协议采取了与横向垄断协议同样的方式，‘禁止＋豁免’的规定明确了对其所持的原则禁止和例外豁免的法律态度……我国对纵向垄断协议的法律原则就是‘禁止＋豁免’，不一定非要贴上本身违法原则或者合理分析原则的标签。对反垄断执法机构而言，只能依法办案，而不能‘造法’办案。因此，对纵向价格垄断协议的执法应该秉持‘禁止＋豁免’的原则。”**[2]

在探讨规制限制最低转售价格行为的分歧之前，应注意到我国学术界在为起草《反垄断法》提供建议和介绍外国经验时，虽主要关注美国联邦反托拉斯法和欧盟竞争法，但对两者差异研究得尚显不足。前者历史更悠久，后者则汲取了前者的经验和教训，对其理论实践有所扬弃，但又保留了自己的独特性，和而不同、“貌合神离”。但我国文献大都更强调欧美相似性，[3] 或认为

---

[1] 黄勇、刘燕南：“关于我国反垄断法转售价格维持协议的法律适用问题研究”，载《社会科学》2013年第10期（但该文注明投稿日期为2013年6月30日），第83页，引文见第84页。朱理：“关于审理因垄断行为引发的民事纠纷案件应用法律若干问题的规定》的理解与适用”，见《中国竞争法律与政策研究报告2012年》，法律出版社2012年版，第25～26页。

[2] 许昆林：“宽大政策适用于纵向垄断协议”，载《中国经济导报》2013年10月31日。

[3] 例如古红梅：《纵向限制竞争的反垄断法规制》，法律出版社2007年版，第56页。

两者根本上相同或没有本质不同，[1] 把欧盟竞争法和美国联邦反托拉斯法规制限制竞争协议的不同方法都笼统地、非此即彼地区分为"本身违法"（illegal per se）与"合理原则"，[2] 将美国联邦反托拉斯法中的"本身合法原则"与"合理原则"套用到与之有着一系列根本差异的欧盟竞争法上来，尤其是在限制竞争协议规制上，并莫衷一是地直接套用在对我国《反垄断法》第二章的理

---

[1] 许光耀：《欧共体竞争法通论》，武汉大学出版社 2006 年版，第 148～150 页；一如许光耀："《关于禁止垄断协议行为的有关规定（征求意见稿）》的意见"，见王晓晔主编《反垄断法实施中的重大问题》，社会科学文献出版社 2010 年版，第 79 页。

[2] 例如全国人大常委会法制工作委员会经济法室编：《反垄断法条文说明、立法理由及相关规定》，北京大学出版社 2007 年版，第 68 页、第 80 页。

解与适用上来，[1] 尽管这一章有关垄断协议的规定在术语和内在逻辑上主要借鉴原《欧共体条约》第 81 条即现在的《欧盟运行

---

[1] 例如：国务院反垄断委员会编：《〈中华人民共和国反垄断法〉知识读本》，人民出版社 2012 年版，第 60 页，认为《反垄断法》第 13 条至第 15 条的规定“实际上是**以成文法的方式**体现了本身违法原则**和**合理分析原则”；朱理（最高人民法院法官）：“《关于审理因垄断行为引发的民事纠纷案件应用法律若干问题的规定》的理解与适用”，见《中国竞争法律与政策研究报告 2012 年》，法律出版社 2012 年版，第 25 ~ 26 页：“针对不同类型的垄断协议以及对竞争秩序的影响程度，**有的国家或地区**在**执法**实践中形成了**两种**认定垄断协议的分析方法：本身违法原则和合理分析原则。前者只关注行为是否发生，行为本身就必然具有排除或者限制竞争的**效果**……我国《反垄断法》第 13 条第 2 款对垄断协议规定了排除、限制竞争的**效果**条件（《反垄断法》第 13 条第 2 款无‘效果’二字——笔者注），……根据这一规定，经营者之间的协议是否构成反垄断法所禁止的垄断协议，应当以该协议是否具有排除、限制竞争的**效果**为**根本标准**（忽略了该法第 15 条与第 13 条、第 14 条的内在联系——笔者注）。由此，**合理规则成为分析**协议、决定或者其他协同行为**是否构成垄断协议的唯一方法**。……被诉垄断协议**具有排除、限制竞争的效果的证明**……一般遵循如下步骤：原告首先对被诉垄断协议**具有排除、限制竞争的效果**提供证据；如果被告提供的证据证明了促进竞争的效果，则原告需要进一步证明该垄断协议在**总体上是排除或者限制竞争的**。”该引文文字加黑及括号内文字为笔者加注强调。这段引文中的利弊权衡思路是美国普通法传统下演发出来的联邦反托拉斯法“合理原则”的缩影，尽管从该引文可以推断：依据我国《反垄断法》第 13 条第 2 款对垄断协议的定义，即便对属于美国联邦反托拉斯法“本身违法”范畴的行为（一如（2011）深中法知民初字第 67 号判决和二审（2012）粤高法民三终字第 155 号判决对横向限制最低价格的协会决定所采取的分析方法），也应适用其所谓的“合理规则”来分析是否构成垄断协议。而该文通篇自始至终未提及《反垄断法》第 15 条的适用；就此，与之形成对比的是，例如王晓晔：《反垄断法》，法律出版社 2010 年版，第 116、144 页：“与欧盟法一样，我国《反垄断法》**也没有‘本身违法’的原则**。**这种情况下，**我国《反垄断法》第 14 条**应被理解为适用合理原则**。**这即是说，**如果**当事人**能够证明，它们之间的**纵向协议属于反垄断法第 15 条规定的情况之一，且符合该条第 2 款的要求**……这个协议应当给予豁免。”

条约》第 101 条。[1] 而事实上，欧盟竞争法不仅没有美国联邦反托拉斯法意义上的“本身违法”的原则，而且欧洲法院[2]，欧洲初审法院[3]和主流学者[4]也都反对在适用《欧盟运行条约》第 101 条第 1 款认定限制竞争协议时引入“合理原则”。

锐邦诉强生案二审判决[5]是比较中欧美对限制最低转售价格

[1] Immenga, U., Das Recht horizontaler und vertikaler Wettbewerbsbeschränkungen im Entwurf des chinesischen Wettbewerbsgesetzes (AML), RIW 2007, S. 666.

[2] ECJ, 8 July 1999, C – 235/92 P-Montecatini v. Commission, para. 133.

[3] CFI, 18 September 2001, T – 112/99 – M6 and Others v Commission, para. 72; CFI, 23 October 2003, T – 65/98 – Van den Bergh Foods v Commission, paras. 106 ~ 107; CFI, 2 May 2006, Case T – 328/03, O2 (Germany) GmbH & Co. OHG v. Commission, paras. 65 ~ 71.

[4] 如 Everling, U.（原欧洲法院法官），Zurneueren des Gerichtshofs der Europäischen Gemeinschaften, WuW 1990, 995; Frenz, Handbuch Europarecht, Band 2: Europäisches Kartellrecht, 2006, Tz. 72ff.; Mestmäcker, E. J.（德国弗莱堡学派代表人和德国、欧共体企业合并制度的主要设计人之一）/Schweitzer, Europäisches Wettbewerbsrecht, 2. Aufl. 2004, § 7 Rn. 56 ff.; P. Ulmer, Die “ruleofreason” im Rahmen von Art. 85 EWGV, RIW 1985, 517.

[5] 由于本文重点在研究锐邦诉强生案二审判决，所以主要关注的是制成品出厂后在分销环节中对该成品本身的限制最低转售价格行为。但不排除厂商仅对商品转售价格中的某一组成部分加以限制，如运输费、包装费、涉及知识产权授权的零部件价格等。有关涉及知识产品的限制转售价格问题可参考 Hovenkamp, H. J.: “Post-Sale and Related Distribution RestraintsInvolving IP Rights”, in: Innovation and Competition Policy, Ch. 10 (2d ed), SSRN: http://ssrn.com/abstract=1949392。

行为的规制差异，[1] 澄清我国《反垄断法》第二章与《欧盟运行条约》第101条之异同，《反垄断法》适用分歧与成因的一个切片，亦有助于推动学术争鸣走向深入。

一、限制最低转售价格及经济学研究对其的评价

（一）分销与限制最低转售价格

分销业是连接终端购买者与厂商的链条。厂商要实现利润最大化，就会追求规模效应，就会追求最大限度的实现产能，就会寻求更广阔的市场，就离不开由不同环节经销商组成的分销网络。哪里分销业效率高，哪里经济运行的效率也就高，消费者越能获得物美价廉的产品和服务。

直销或自建销售渠道看似对厂商更有利，但并非所有行业都能通过完全依赖自建渠道实现利益最大化；既没有独立决策权也不承担主要交易风险的代理人可以作为“延长手臂”听命于厂商，但与委托—代理问题（Principal-agent problem）伴生的监督

---

[1] 该案二审宣判前已有文献梳理了欧美在规制限制最低转售价格行为上的异同和优劣，只可惜最终未能从我国《反垄断法》立法目的、现有规定和内在逻辑出发，明确支持两者之一或两者结合，如张骏：“完善转售价格维持反垄断法规制的路径选择”，载《法学》2013年第2期，第90～98页。

与激励机制和成本随之而来，以至于时常不如选择受竞争机制约束和激励的经销商。

经销商职能丰富。基层经销商，包括大型零售商，要为厂商担负起品牌维护、客户服务、贯彻营销策略等职责，而一二级批发商则要对被授权区域的供需做宏观把握，优化库存，联系好基层经销商与厂商。同级经销商当然会有竞争，不仅在价格上，也在交易条件上、服务上；不同级的经销商也会有竞争，尤其线上、线下的价格竞争，有助减少中间环节、提高分销效率，最终使消费者受益。

如果经销商之间的竞争更多体现为“价格战”，那么不仅会直接使厂商无法统一自己产品的终端零售价格体系，也会诱发一些经销商从低转售报价区域采购产品再销售到高转售报价区域的“窜货”行为，使终端价格全面下降，并最终把降价压力传导给厂商，使其无法通过维持或提高出厂价来实现利益最大化。[1] 这还会促使经销商通过提高集中度来提升谈判力，削弱厂商议价权甚至最终使厂商被“俘获”。更微妙的是，经销商要分散风险、提高对下游市场的应变能力和议价能力，就会销售不同厂商多个品牌的同类产品。同业厂商若大都限制经销商转售价格，用森严的等级“分封制”控制好各级经销商的利润率，那么不仅经销商间的竞争将无从谈起，终端消费者剩余也会随之受损，甚至还可能让处于竞争关系的厂商们得以撇开变化纷纭的终端价格，依托经销商掌握的其他厂商给产品转售价格划的“红线”，“你边唱罢我登场”地协同提高出厂价，再以控制经销商限制转售价格为抓

---

[1] 尚明主编：《中华人民共和国反垄断法理解与适用》，法律出版社2007年版，第73页。

手，进一步推高终端价格，❶ 尤其是在需求弹性或交叉弹性弱的产品，如此往复循环犹如攀岩一般。也正是由于这样的机制存在，所以也不排除一些大经销商主动要求其上游厂家与其他经销商也实施限制最低转售价格协议，从而不仅使该大经销商可以把该厂家产品转售价格保持在较高位置，还能使之与其他厂家的同类产品的转售价格保持在相近水平，削弱品牌间竞争，甚至主动担当起操纵同类产品出厂价、转售批发价或零售价的主角，❷ 例如美国苹果公司与电子书出版商借助最惠条款和限制转售价格，实施横纵向混合型限制竞争协议抬高电子书价格案。❸

（二）经济学研究对限制最低转售价格的评价

从20世纪70年代以来，在长期严格禁止限制最低转售价格行为的美国，伴随芝加哥学派的兴起，一些经济学研究强调：作为各种转售价格维持（RPM，resalepricemaintenance，RPM）形式

---

❶ 有关控制转售价格协议对上游企业实施价格协同的促进作用和相关经济学分析，例如［意］马西莫·莫塔著，沈国华译：《竞争政策——理论与实践》，上海财经大学出版社2006年版（原著2004年第1版），第304～307页。

❷ 吴玉岭：《契约自由的滥用与规制——美国反托拉斯法中的垄断协议》，江苏人民出版社2007年版，第194～197页。

❸ 对此，欧盟要求相关企业做出整改承诺，EU Commission，25.07.2013，COMP/39.847/E-Books，而美国法院对该案已作出初审判决USA v. Apple Inc.，12 Civ. 2826（DLC），并派遣检察官进驻苹果公司，后者还可能面临三倍索赔。

之一，[1] 限制最低转售价格在理论上也可以有以下几方面的积极意义：(1) 通过维持更高转售价格来暗示产品的质量好于低价的同类产品，有助品牌间竞争；[2] (2) 能防止一些经销商"搭便车"，如通过省下对品牌营销、客户售前服务的投入，以更低转售价格去抢其他经销商生意，削弱后者投入营销和服务的动力；[3] (3) 有助于经销商维持较高的利润来确保必要的库存和对产品的推广投入。[4] 但是，也有经济学研究表明：并非所有产品都需通过抬高转售价格来向消费者证明其质量；[5] 也并非所有产品的销售都需售前服务，即便对可能需要售前服务的产品也并非所有消

---

[1] 此外还有固定转售价格，以及欧盟和美国通常不禁止的限制最高转售价格和建议定价，除非这两者事实上起到了固定转售价格和限制最低转售价格的作用。鉴于我国《反垄断法》第 14 条仅明确禁止了固定转售价格和限制最低转售价格，为避免术语混淆导致的不精确和误解，除直接引用其他文献外，本文尽量避免使用"转售价格维持"这样的统称。

[2] Marvel, H. P. /McCafferty, S. (1984): "Resale Price Maintenance and Quality Certification", The RAND Journal of Economics, Vol. 15, No. 3 (Autumn, 1984), pp. 346 ~ 359.

[3] Telser, L. G. (1960): "Why Should Manufacturers Want Fair Trade?", Journal of Law and Economics Vol. 3, (Oct., 1960), pp. 86 ~ 105.

[4] Deneckere, R. /Marvel, H. /Peck, J. (1996): "Demand Uncertainty, Inventories, and Resale Price Maintenance", The Quarterly Journal of Economics Vol. 111, No. 3, 1996, pp. 885 ~ 913.

[5] 能真正反映产品质量的是出厂价，而非各环节转售价格，[意] 马西莫·莫塔著，沈国华译：《竞争政策——理论与实践》，上海财经大学出版社 2006 年版（原著 2004 年第 1 版），第 285 页。

费者都需售前服务，且限制转售价格易诱发过度包装、过度服务；[1] 即便限制最低转售价格可能带来效率提升，也并非合乎比例原则的措施；[2] 更何况在2007年美国联邦最高法院 *Leegin* 案判决使限制最低转售价格不再属于“本身违法”后，经济学家通过对美国那些允许对限制最低转售价格或固定价格实施“合理原则”的州进行调查，也发现这些类措施导致限制转售价格协议所涉产品出现终端价格上升而质量却未相应提高的现象，[3] 使消费者福利受损。[4] 更重要的是，限制最低转售价格使得上游供给方不可避免地监督下游各经销商的转售产品数量、价格与库存、销售情况等信息，极易促成经销商间甚至厂商间实施防不胜防的协

---

[1] da Graca, T. B. / Masson, R. T. (2012): “The ‘Services’ Explanation for Resale Price Maintenance: Deleterious Results Missed in the Economics Literature and in Legal Decisions”, Southern Economic Journal 2012 Vol. 79, No. 2, pp. 450 ~ 463.

[2] Shaffer, A. (2013): “Anti-Competitive Effects of RPM (Resale Price Maintenance) Agreements in Fragmented Markets”, http://www.oft.gov.uk/shared_oft/research/RPM.pdf.

[3] Smith, D. A. / MacKay, A. (2013): “The Empirical Eects of Minimum Resale Price Maintenance on Prices and Output”, http://home.uchicago.edu/~davidsmith/research/Leegin_and_MRPM.pdf.

[4] 又如英国取消出版业限制折扣或最低转售价格前后的对比，参见李剑（上海交通大学）：“出版物多样性保护与反垄断法的转售价格维持规制”，载《中外法学》2013年第2期，第385~386页。

同行为。❶

二、美国和欧盟在限制最低转售价格规制上的比较

无论是规制限制最低转售价格协议，还是其他类型的限制竞争协议，都要面临如何认定限制竞争协议，如何区分应禁止和不必禁止的协议，如何证明对限制竞争协议的干预具有正当性，以及如何确保这样的识别与干预机制是有效的，亦即同时满足合目的性、可操作性、法律适用结果的确定性和可预见性，并确保由此导致的社会成本最低。面临这些考验，美国联邦反托拉斯法和欧盟竞争法有着不同的制度设计。

（一）美国

1. “本身违法” + “合理原则”

美国联邦反托拉斯法是基于普通法传统，依据1890年《谢尔曼法》的原则性规定，由美国法院，在陪审团参与下，逐渐形

---

❶ Jullien, B. / Rey, P. (2007): “Resale price maintenance and collusion”, The RAND Journal of Economics, Volume 38, Issue 4, pp. 983 ~ 1001; Rey, P., and T. Vergé, “Economics of Vertical Restraints,” in P. Buccirossi, ed., Handbook of Antitrust Economics, Cambridge, MA: MIT Press, 2008, pp. 353 ~ 391; Schwalbe, U. (2011), Preisgestaltung in vertikalen Strukturen-Preisbindung und Preisempfehlungausökonomischer Sicht, WuW, 2011, S. 1197 ff.

成的判例体系和后续相关成文法共同组成的规则体系。其对限制竞争协议的规制不是适用“本身违法”，就是适用“合理原则”，非此即彼。❶

所谓“本身违法”，也称“本身违法原则”，在 1897 年 *U. S. v. Trans Missouri Freight Ass'n* 案确立，1940 年在 *U. S. v. Socony-Vacuu Oil Co.* 案中被解释为：“无论如何，有些协议或做法，由于它们本身对竞争产生有害的结果，并且缺乏任何补救，肯定是不合理的，因而是非法的，无需对该类协议造成的确切损害做出详细调查，或对其适用作出辩解。”❷ 该规则主要考察《谢尔曼法案》第 1 条意义上的“任何协议”是否基于其属性而必然带来无以弥补的消极后果或直接的损失，有着法律适用确定性好，调查或举证简洁，诉讼效率高的优点，但也必然面临着许多协议可能带来积极后果，却因适用该规则而一样禁止的危险。

所谓“合理原则”，是因循普通法传统，通过个案分析来区分哪些协议虽然限制跨州贸易，但可能并非弊大于利，因而可以被视为合理的，不予禁止。“合理原则”被认为最初由威廉·霍华德·塔夫脱（William Howard Taft）法官在 1898 年从普通法传统演化而来，被爱德华·怀特（Edward D. White）法官采纳和发

❶ 许光耀：《欧共体竞争法通论》，武汉大学出版社 2006 年版，第 146 页。

❷ 高菲：《美国反托拉斯法及其域外适用》，中山大学出版社 1993 年版，第 48 ~ 48 页，转引自许光耀：《欧共体竞争法通论》，武汉大学出版社 2006 年版，第 144 页。

展，[1] 并于 1911 年在 *Standard Oil Company of New Jersey v. U. S.* 案[2]首次运用，在 1918 年 *Chiacago Board of Trade v. s. U. S.* 案，[3] 由路易斯·布兰代斯（Louis Brandeis）法官加以明确："一项协议或规定的合法性，不能根据其是否限制竞争这样简单的标准决定。**任何有关贸易的协议，任何贸易规则，都限制竞争。约束和限制恰恰是其本质**。真正的**合法性标准**是，该限制是（仅仅限制并可能进而）促进竞争，还是压制甚至破坏竞争。为决定该问题，法院通常必须考虑该限制所适用的交易的具体情况；施加限制之前和之后的情况；限制的性质和**实际后果**或可能的原因，所要达到的目的或**结果**，都属于相关因素。"[4] 而这也就决定了适用"合理原则"必然会因为考察因素很多、市场结果复杂多变、信息不对称而导致法律适用不确定性、不统一性；相应地，原告包括执法者举证责任更重、司法成本会更高，以至于即便有三倍赔偿规则，仍可能使事实上弊大于利的许多限制竞争协议难以被规制。

倘若对比 1940 年 *U. S. v. Socony-Vacuu Oil Co.* 案对"本身违法"的解释，不难发现：这些判例虽意识到了限制竞争的实质就是限制经济行为自由，但最终确立的"本身违法"与"合理原则"本质是一样的，都是让法院或执法者来权衡某项协议——**限**

---

[1] 吴玉岭：《契约自由的滥用与规制——美国反托拉斯法中的垄断协议》，江苏人民出版社 2007 年版，第 60 页。

[2] 221 U. S. 1（1911）.

[3] 246 U. S. 231（1918）.

[4] 孔祥俊：《反垄断法原理》，中国法制出版社 2001 年版，第 412 页，转引自许光耀：《欧共体竞争法通论》，武汉大学出版社 2006 年版，第 145 页。

制竞争的后果——到底是否弊大于利。只不过，归入“本身违法”的行为是判例法从协议客观属性上就认定其必然弊大于利，所以视作不合理，进而无须进一步个案分析，既节省社会成本、又保障了《谢尔曼法》第1条适用的可操作性、确定性和可预见性。相比之下，“合理原则”是通过先例判决引入的不成文的例外规则。

2. 美国联邦最高法院对限制最低转售价格的判决

美国从1911年*Dr. Miles*案起就主张严格禁止限制最低转售价格协议。[1] 虽然前文所述经济学文献有关限制最低转售价格可能有利于效率提升的讨论始终不绝于耳，但直到2007年6月28日，美国联邦最高法院才在*Leegin v. PSKS*案以5：4的微弱多数，[2] 颠覆性地判决不再对限制最低转售价格一概禁止，转而主张对其适用“合理原则”，通过权衡个案中限制最低转售价格对竞争的消极影响和积极影响来判断是否应禁止。[3] 但是，该判决也不排除：处于竞争关系的厂商很可能借助限制最低转售价格，或通过提高批发价透明度，或直接通过还在分销其他品牌同类产品的经销商，来实施协同行为、串谋涨价，尤其是在限制转售价格行为非常普遍的行业；但在无法有效证明存在品牌间限制竞争行为时，该判决则倾向于认为只有当厂商具有市场力，亦即具有使其

---

[1] *Dr. Miles* Medical Co. v. John D. Park & Sons Co., 220 U.S. 373 (1911).

[2] 审理该案的9位大法官中有7位是共和党执政时期被任命的，尽管并没有证据表明该判决明显受到政治的影响，但是四名由布什父子任命的法官中的三位和两名由里根总统任命的大法官形成了该判决的多数派。

[3] Leegin Creative Leather Prods., Inc. v. PSKS, Inc., 551 U.S. 877, 892 (2007).

产品或服务价格高于边际成本的能力时，才可能实施限制转售价格并损害消费者福利。[1]

但是，美国联邦最高法院的多数派意见显然轻视了限制最低转售价格协议对品牌内竞争的消极影响，及由此可能导致的价格上涨，先验地认为：要么这样的消极影响必然能被这类协议的积极影响冲抵，无论这样的积极影响是否能够像由此导致的价格上涨一样得以量化；要么品牌间地竞争可以阻却因为品牌内竞争被限制而导致的价格上涨，尽管其无法穷尽地列举到底在满足哪些条件下这样的阻却效果才能在各行各业纷繁复杂而又动态发展的经济活动中得以存续，尤其是在对品牌内价格竞争的限制被普遍视为可以合法化后同样会严重弱化品牌间竞争的有效存续，一如美国联邦九十余年一直禁止限制最低转售协议时仍会普遍存在这类协议的行业那样。这样的多数派意见更容易让人把分析（a）限制最低转售价格协议的可行性，以及（b）由此导致横向限制价格竞争行为的可能性和可持续性，与评价限制最低转售价格的消极本身影响混淆起来，以至于因为原告、举报人或执法机关仅仅因为无法对两者充分举证时，便失去进一步评价这类协议对竞争（尤其是品牌内竞争）产生消极影响的机会，尽管这样的分析往往是前瞻性地，作为一般经销商要举证（a）（b）两点更是难上加难。相应地，美国联邦最高法院斯泰芬·布莱尔（Stephen Breyer）法官作为该判决的少数派也表示了同样的担忧。他更直言，经济学家群体自身也都很难断言到底何时限制最低转售价格协议会产生积极影响，或即便能够如此断言并举证也难以预见其

---

[1] Leegin, 551 U. S. at 897 ~ 898.

将来不会带来更大的损害效果。[1] 而这些不确定性和举证上的难题客观上使得美国法院不可能在“合理原则”框架下对限制最低转售协议的利弊进行权衡，而只能将其作为考察厂商间或经销商间是否串谋横向限制价格竞争等“本身违法”行为的线索而已，并因为这样的串谋本身恰恰由于限制最低转售协议提供的便利而更难留下直接证据，以至于不仅使之难以被认定、禁止进而得以

---

[1] Breyer，J.，dissenting in slip opinion of the Court，in case Leegin，551 U. S.，pp. 8～15. 许光耀：《转售价格维持的反垄断法分析》，载《政法论丛》2011 年第 4 期，第 101 页。认为这个理由“十分牵强，**法律规则必须适应时代的发展**，而不是相反。经济学研究虽然无法充分证明转售价格维持（‘Leegin’案涉及的是限制最低转售价格协议——笔者注）是促进效率的时候多，还是产生反竞争效果的时候多，但至少可以证明，这种限制有可能产生效率，那么采用本身违法规则无疑会扼杀这些效率。”仅从美国联邦反托拉斯法“合理原则”出发，该论断忽视了两个根本问题：（a）即 Breyer 法官的主旨，如果经济学研究本身也不能对某一限制最低转售价格协议的利弊分析给出统一、明确且具有可操作性和可预见性的评估方法时，一如时至今日美国的现状，那么法官也就无法适用“合理原则”来权衡利害，进而客观上导致这种本身可能会导致限制竞争，尤其是限制品牌内经销商间竞争关系并导致产品价格上升的行为超脱美国联邦反托拉斯法约束、事实上合法化；（b）在该判决作出前的九十多年，无证据表明限制最低转售价格协议所能实现的积极效果，无法通过其他替代措施得以实现。相比欧盟竞争法，尤其欧盟委员会 2010 年《纵向限制竞争行为指南》的相关说明，美国至今在学术界、实务界、立法界仍未能就有效规制和引导限制最低转售价格协议形成广泛共识的现状，使人难免怀疑“本身违法” + “合理原则”的组合模式是否仍旧“**适应时代的发展**”，尽管限制最低转售价格的规制问题至少是美国联邦最高法院首次正式运用“合理原则”的同一年就摆在美国立法者、法院、执法者面前的。（“*Dr. Miles*”案是 1911 年 1 月 4～5 日辩论，4 月 3 日宣判，“*Standard Oil Company of New Jersey v. U. S.*”案是同年 5 月 15 日宣判，但辩论在同年 1 月 12～17 日和 1910 年 3 月 14～16 日。）

预防和阻却，更会使为其创造条件和氛围的限制最低转售协议大行其道，加重对品牌内和品牌间竞争的双重削弱。

因循美国联邦最高法院这则很有争议的判决，美国第五巡回上诉法院在 2010 年 8 月 17 日以上诉人 PSKS 既未能充分证明被上诉人 Leegin 有市场力，又难以证明后者限制最低转售价格会导致品牌间竞争受损或损害消费者福利为由，判 PSKS 败诉。[1] 该上诉法院甚至认为："根据经济学常识，Leegin 任意涨价只会让其他竞争对手获得更多销量。"但该上诉法院并没有考虑到美国联邦最高法院 2007 年在 *Leegin* 案判决时还提到了在普遍存在限制最低转售价格的行业里更易诱发和维持危害不浅的横向限制竞争行为，尤其是难以直接证明的协同行为，以至于争议所涉行业的转售价格或终端价格通过限制竞争而被普遍抬高，使得消费者没有动力仅仅因为 Leegin 限制最低转售价格而转向其他同样借此机制被抬高转售价格的可替代产品。而恰恰在这个问题上，原告通常没能力对争议所涉行业是否普遍存在限制最低转售价格协议进行举证，法院也无权主动调查。此外，该上诉法院和美国联邦最高法院都忽视了另一种可能性，即当 Leegin 借助品牌营销和限制最低转售价格而把单价抬升到一定高度时，其由此增加的收益将高于因销量减少而带来的损失，而这部分"增收"便恰恰攫取自消费者。而限制最低转售价格本身与品牌价值提升并无必然的直接因果关系，而只是在锁定消费者后使其只能在厂商所限定的最低价以上做选择的工具罢了。也正是由于这些原因，一如美国联邦

---

[1] PSKS, Inc. v. Leegin Creative Leather Prods., Inc., 615 F.3d 412, 417 (5th Cir. 2010), cert. denied, 131 S. Ct. 1476 (2011). PSKS 二次上诉美国联邦最高法院，却未能再被受理。

最高法院法官在 *Leegin* 案判决中所持少数派观点中引述美国司法部的调查结果所显示：在那些过去允许限制最低转售价格协议的州，这类行为所涉产品会比禁止这类行为的州里平均贵 19% 至 27%。[1] 而最近美国学者的研究更进一步确认了这一认知。[2]

3. 美国联邦最高法院 *Leegin* 案判决产生的影响

由于经销商或消费者很难举证厂商秘密从事品牌间限制竞争行为或者存在市场力，因此美国联邦最高法院对 *Leegin* 案的判决无异于原则上允许厂商限制经销商最低转售价格，只能在相关产品价格显著上涨、造成非常明显的损害后才有可能对它们主张诉讼救济或执法干预。然而，由于信息不对称，通过提取大量数据进行经济学分析来举证限制最低转售价格是否弊大于利，对消费者和执法者更是非常困难的。而一旦默许限制最低转售价格行为，它就会弥漫整个行业，以至于原本分别处于竞争关系的厂商们和他们的经销商们很容易默契地形成一个推高终端价格的利益共同体，更没有动力再去检举其中弊大于利的情况，进而最终让消费者不知不觉中，积年累月地蒙受损失。

至今美国仍有 20 多个州没相应修改州法，继续严格禁止限

---

[1] Breyer，J.，Dissenting in slip opinion of the Court，in case Leegin，551 U. S.，p. 5. 少数派的这一意见和证据说明没能受到国内被部分文献的重视，如许光耀：《转售价格维持的反垄断法分析》，载《政法论丛》2011 年第 4 期，第 101 页。另外，从美国的统计数据来看，国家发改委查处长期实施限制最低转售价格行为的奶粉企业后，涉案厂家承诺把出厂价降低 7% 至 15%，不排除仍留有相当的降价余地。

[2] Smith，D. A. / MacKay，A.（2013）：“The Empirical Eects of Minimum Resale Price Maintenance on Prices and Output”，http://home.uchicago.edu/~davidsmith/research/Leegin_and_MRPM.pdf.

制最低转售价格协议。[1] 2012年5月4日，美国堪萨斯州最高法院便在另一起起诉Leegin限制最低转售价格协议的案件中依据州法判其违法。[2] 美国民主党在2009年启动了制定《消费者折扣保护法（The Discount Pricing Consumer Protection Act）》的进程，[3] 希望通过联邦立法来严格规制这类行为，保护消费者权益和经销商定价自由，但后因联邦众议院中期选举民主党输给共和党而搁置。

有学者认为“世界各**主要经济体**的反垄断**执法和司法实践**也开始转向重新审视对涉及**RPM案件**的分析方法问题。”[4] 仅就转售价格维持（RPM）中的限制最低转售价格而言，这样的看法似乎以偏概全。日韩澳仍一如既往地严格规制限制最低转售价格，[5] 我国台湾地区、欧盟及其成员国亦然，[6] 鉴于我国《反垄断法》

---

[1] Lindsay, M. A. (2013): “Overview of State RPM”, www. antitrustsource. com, April 2013.

[2] O’Brien v. Leegin Creative Leather Products, 294 Kan. 318 (Kan. 2012). 值得一提的是2013年美国堪萨斯州立法者又修改了州法，S. B. 124, 58 th Leg., 2013 Reg. Sess. (Kan. 2013)，允许限制转售价格协议主张合理性抗辩，但同时又为此设定了一系列的例外规定，相关立法资料参见http://kslegislature. org/li/b2013_ 14/measures/sb124/。

[3] 该法案草案参见http://beta. congress. gov/bill/112th/senate-bill/75/text。

[4] 黄勇：“价格转售维持协议的执法分析路径探讨”，载《价格理论与实践》2012年第12期，第4页。

[5] 苏华：《分销行为的反垄断规制》，法律出版社2012年版，第80~90页。

[6] 刘旭：“各国对限制最低转售价格的规制”，载《东方早报》，2013年8月27日第C05版。

第二章更多借鉴《欧盟运行条约》第101条，下文将仅介绍后者。

（二）欧盟

1. 欧盟规制限制竞争协议的基本思路

与美国联邦反托拉斯法更关注市场竞争的结果不同，作为《欧盟运行条约》及其派生规则的重要组成部分，欧盟竞争法更注重保护市场竞争的前提，即企业的经济行为自由。[1] 这不仅是因为经济行为自由是市场经济分散决策的基础，是交易各方为实现利益最大化而对交易条件进行博弈进而降低缔约失败风险的先决条件，更是竞争之所以成为约束和引导经济主体决策的市场内生秩序并得以存续的前提。欧洲经济一体化的进程便是要彻底打破其成员国政府对境内企业经济行为自由的过度干预和对跨成员国贸易的限制，实现统一的、开放的、以有效竞争为驱动的内部市场。同样，这也不允许企业及企业联合组织取代政府，通过限制彼此的经济行为自由来限制有效竞争的实现，[2] 为跨成员国贸易设置私人壁垒。[3] 而这也就意味着：执法者和司法机关认可某些限制竞争行为的正当性抗辩并因此不予禁止也同样是等同于——作为公权力——间接地默许了这种对经济行为自由的限

---

[1] 欧洲法院相关判例发展参见刘旭："中欧垄断协议规制对限制竞争的理解"，载《比较法研究》2011年第1期，第72~74页。

[2] Schröter, H. / Jakob, T. / Mederer, W. (Hrsg.): Kommentar zum Europäischen Wettbewerbsrecht, 2003, Vorbem. zu den Art 81 bis 89, Rn. 13, Art. 81 EG Rn. 101。

[3] EU Commissionnotice-Guidelines on Vertical Restraints, 10. 5. 2010 SEC (2010) 411 final, para. 7.

制，因此也就需要对抗辩理由的审查做出同样严格地规范，使之符合比例原则和《欧盟运行条约》的目的，服务于统一、开放、存在有效竞争的内部市场。因而在欧盟前身欧洲经济共同体建立之初就在《建立欧洲经济共同体条约》第 85 条即《欧盟运行条约》第 101 条作了如下规定：

第一款**一切以限制竞争为目的或者具有限制竞争效果**、危害跨欧盟成员国贸易的企业间协议、**企业联合组织**决定、**企业**或**企业联合组织**所从事的协同行为（常统称为“限制竞争协议”——笔者注）都与欧盟内部市场不相符**并予以禁止**，尤其是：

（一）**或直接或间接地设**定采购或销售价格、**交易条件，**

（二）限制或**控制**生产、**销售**、技术研发**与投资，**

（三）划分市场与采购渠道，

（四）**通过就价值相同的标的对交易相对人设置不同的交易条件，使该交易相对人在竞争中处于不利地位，**

（五）**在与交易相对人签署协议时附加给条件，使交易相对人必须采购额外的标的，而这些标的无论是客观上还是商业习惯上均与合同内容不相关。**

第二款**本条**所禁止的**协议或决定自始**无效。

第三款**但是**，企业间的协议或系列协议、企业联合组织的决定或系列决定、协同行为或系列协同行为，在**同时**符合下述条件时可以不适用本条第一款：

有利于改善产品生产、**销售**或者技术进步；**并**使得**消费者**能**公平地**分享由此产生的利益；**且不得强迫参与该行为的企业接受对于实现前述积极目标而言并非不可或缺的限制**；也不得使**所涉相关产品**中**绝大**部分面**临排除**竞争的**可能性**。

而根据《欧盟运行条约》第 101 条和欧洲法院的相关判例，

企业间任何限制彼此经济行为自由的行为都有可能在影响跨欧盟成员国贸易时被认定为限制竞争行为；这其中只有那些同时满足《欧盟运行条约》第 101 条第 3 款四方面要求，亦即能够证明相关限制竞争协议是（a）足以实现提升经济效率，（b）并使之与消费者分享，（c）而又不至于排除竞争，（d）且符合比例原则的必要措施时，才可能获得正当性，从而免于禁止。

2. 比较《欧盟运行条约》第 101 条与美国联邦反托拉斯法“本身违法”/“合理原则”

相比美国联邦反托拉斯法要么在事前或事后对危害显而易见、“错误地宣告无罪的成本更大一些”的限制竞争行为按“本身违法”一概禁止，要么就按合理原则在个案分析中要求原告或执法机构举证违法者或具有市场力或存在竞争者间秘密的限制竞争行为，再进一步举证被告行为弊大于利，由法官面对复杂的商业行为和背后的经济学分析来做出裁判，[1] 欧洲法院及其初审法院（即《里斯本条约》生效后的综合法院又称欧盟法院）曾先后排除了在适用《欧盟运行条约》第 101 条第 1 款时引入“合理原则”的可能，[2] 并明确强调只有符合《欧盟运行条约》第 101 条第 3 款要求的行为才有可能免于适用《欧盟运行条约》第 101 条

---

[1] 有关美国联邦反托拉斯法“本身违法”与“合理原则”背后的功利主义考量，参见［美］基斯·N. 希尔顿著，赵玲译：《反垄断法——经济学原理和普通法演讲》，北京大学出版社 2009 年版，第 92 ~ 132 页。

[2] ECJ，8 July 1999，C-235/92 P-Montecatini v. Commission，para. 133；CFI，18 September 2001，T-112/99-M6 and Others v Commission，para. 72；CFI，23 October 2003，T-65/98-Van den Bergh Foods v Commission，paras. 106 ~ 107；CFI，2 May 2006，Case T – 328/03，O2（Germany）GmbH & Co. OHG v. Commission，paras. 65 ~ 71.

第1款。而这主要是因为《欧盟运行条约》第101条的适用有着下述特性。

（1）限制竞争协议与利弊权衡分离。

与美国联邦反托拉斯法对本身违法类型的限制竞争协议完全不考虑效率抗辩，而对适用合理原则的限制竞争协议需要执法者或起诉方同时举证其负面效果和积极效果不同，《欧盟运行条约》第101条将认定限制竞争协议与利弊权衡分为两个相对独立的环节，分别用该条第1款和第3款加以规范，使欧盟委员会及欧盟成员国执法机关、司法机关有权限调查或审理一切与限制竞争存在因果关系的限制企业经济行为自由的协议、企业联合组织决定和协同行为，[1] 而不得在信息不对称的情况下，恣意地自行预先对相关行为是否利大于弊做出判断，各自为政地认定限制竞争协议，以至于破坏该条在欧盟和欧盟成员国两个层面的统一适用。

（2）明确横向与纵向“以限制竞争为目的”的协议类型，并不排除豁免禁止。

欧洲法院判例将那些客观属性决定其必然会严重限制竞争的行为划入“以限制竞争为目的”的协议，例如，限制产品价格[2]

---

[1] ECJ，30. 6. 1966，Case C – 56/65，Société Technique Minière（L. T. M.）v. Maschinenbau Ulm GmbH（M. B. U.）. Reference for a preliminary ruling：Courd'appel de Paris-France，［1987］E. C. R. English special edition，p. 235，248.

[2] ECJ，26. 11. 1975，Case 73/74-Papier Peints/Commission，para 10.

或限制服务价格、❶ 横向划分市场、❷ 固定转售价格❸以及绝对地域保护❹等“核心限制竞争行为”，使执法者和原告无须举证相关行为是否既遂、是否已产生显著的限制竞争效果，是否显著地影响跨成员国贸易，即可认定其属于该条第 1 款所禁止的行为，从而很大程度上降低了执法者和原告的举证负担，❺ 有效阻却了企业的投机心理，最大限度地预防了这样的严重限制竞争协议。这些协议类型与美国联邦反托拉斯法本身违法规则禁止的类型相比，多了纵向固定转售价格、绝对地域保护，欧盟委员会还在其法律适用指南中把限制最低转售价格也视作和固定转售价格一样“以限制竞争为目的”，❻ 尽管欧洲法院和其初审法院尚未对此明确表态。❼ 不同于“本身违法”，即便是“以限制竞争为目的”

---

❶ ECJ, 27. 1. 1987, Case 45/85-Verband der Sachversicherer e. V. / Commission, para. 39.

❷ ECJ, 15. 7. 1970, Case 41 ~ 69-ACF Chemiefarma NV /Commission, para. 128.

❸ ECJ, 3. 7. 1985, Case243/83-SA Binon&Cie / SA Agence et messageries de la presse, para. 44.

❹ ECJ, 13. 7. 1966, joinedcases 56 and 58 ~ 64 – établissementsConstenS. à. R. L. and Grundig-Verkaufs-GmbH/Commission.

❺ Guidelines of Commission (EC) on the application of Article 81 (3) of the Treaty (Text with EEA relevance), OJ C 101, 27. 4. 2004, pp. 97 ~ 118, para. 23.

❻ Guidelines of Commission (EC) on the application of Article 81 (3) of the Treaty (Text with EEA relevance), OJ C 101, 27. 4. 2004, pp. 97 ~ 118, para. 23.

❼ ECJ, 13. 11. 2006, Case C – 74/04 P-Commission /Volkswagen AG 中已经涉及，但法院认为涉案企业的单边行为尚不足以构成协议，因而没有考察限制最低转售价格行为是否也属于以限制竞争为目的。

的协议，如固定转售价格，原则上不排除适用《欧盟运行条约》第 101 条第 3 款豁免禁止。❶

（3）通过派生规则简化对协议限制竞争效果的认定和豁免禁止审查。

相比欧洲法院通过近 60 年判例实践反复确定的 5 种“以限制竞争为目的”的协议，其他类型纷繁但具有限制竞争效果的协议，原则上也是禁止的，但需依《欧盟运行条约》第 101 条第 1 款综合考虑各方面因素进行个案审查，考察具体会产生哪些限制竞争效果，个案审查是否符合该条第 3 款。为提高该款的适用效率和可预见性，经欧盟理事会授权，欧盟委员会结合以往执法和欧洲法院及其初审法院判例实践，制定了一系列适用该款规定的集体豁免禁止条例，❷ 并依据欧洲法院基于该条约目的和比例原则对限制竞争协议影响跨成员国贸易的限制性要求，❸ 制定了《欧共体委员会关于限制竞争效果并不显著的限制竞争协议不予

---

❶ ECJ，3. 7. 1985，Case243/83-SA Binon&Cie / SA Agence et messageries de la presse.

❷ 刘旭：“第十章欧盟竞争法”，见张彤、秦瑞亭主编：《欧盟法概述》，中国人民大学出版社 2011 年版，第 279 页。

❸ ECJ，30. 6. 1966，Case C – 56/65，Société Technique Minière（L. T. M.）v. Maschinenbau Ulm GmbH（M. B. U.）. Reference for a preliminary ruling：Courd'appel de Paris-France，［1987］E. C. R. English special edition，pp. 235，249.

调查的通告（与欧洲经济区相关）》，❶ 只要符合该通告要求，**在不涉及“以限制竞争为目的”的协议时**，例如，潜在竞争者或竞争者间的限制竞争协议所涉企业市场份额总和低于10%或非竞争关系企业间限制竞争协议所涉企业市场份额低于15%，原则上就默认符合这些派生规则的限制竞争协议也符合《欧盟运行条约》第101条第3款。这同样简化了执法机关或民事主体对限制竞争协议的举证责任，也使中小企业在实施除了“以限制竞争为目的”以外的其他限制竞争协议时能更有安全感，而市场份额较大的企业则需三思而行。

（4）由实施限制竞争协议的企业为其主张豁免禁止进行举证。

对于“以限制竞争为目的”或不符合上述集体豁免禁止条例的限制竞争协议而言，将认定限制竞争协议与通过效率抗辩主张免于禁止分“两步走”，并在《欧盟运行条约》第101条第3款规定让对限制竞争协议在提升经济效率的合理性进行举证的责任转移到实施限制竞争行为的企业身上，客观上减轻了执法者和原告的举证责任，确保了《欧盟运行条约》第101条的可操作性和执法效率。

（5）将消费者分享收益与比例原则纳入豁免禁止。

与美国联邦反托拉斯法的“合理原则”一样，《欧盟运行条

---

❶ Commission Notice on agreements of minor importance which do not appreciably restrict competition under Article 81 (1) of the Treaty establishing the European Community (de minimis) (Text with EEA relevance), OJ C 368, 22.12.2001, pp. 13～15. 欧盟委员会在2013年启动了对该文件的修订，参见 http://ec.europa.eu/competition/consultations/2013_de_minimis_notice/index_en.html。

约》第101条第3款同样只强调效率抗辩，没将其他非经济因素作为抗辩理由纳入考量；不同之处在于，无论是对限制竞争协议，还是对经营战略上可以作为限制竞争协议替代选项的企业合并，欧盟在规制或审查时都会同时兼顾效率提升在企业和争议行为所涉相关市场消费者之间的分配。[1] 更重要的是，由于欧盟竞争法立足于保护竞争的前提即经济行为自由，所以在认可企业限制竞争自由与欧盟成员国限制跨成员国商品、服务贸易、人员和资本自由的正当性抗辩时都同样非常强调比例原则。

（6）限制豁免禁止的恣意性。

《欧盟运行条约》第101条第3款尽最大可能地限制了执法者和法官地恣意性，使之不必过于纠缠于经济学分析，而只需把考察重点放在分析限制竞争协议是否是实现效率提升所必需的、对竞争损害最小的措施，提高了法律适用的确定性，使企业也能以较低成本预见相关行为后果。

（7）平衡对限制竞争行为的预防和疏导。

《欧盟运行条约》第101条的设计既保障了执法者能高效地全面规制各类限制竞争协议，也使企业对其行为后果更有可预见性，更激励企业以《欧盟运行条约》第101条第3款为准则，自行权衡对其限制竞争协议主张正当性抗辩的成功概率，提高企业

---

[1] 正如欧共体委员会在审查一些企业合并案件时所强调的那样，（EC）Commission，2 October 1991，（IV/M. 53）-Aérospatiale-Alenia/de Havilland，para. 26 以下；（EC）Commission，4 December 1996，（IV/M. 774）-Saint-Gobain/Wacker-Chemie/NOM，paras. 244 ~ 246。这样的立场集中体现在（EC）Commission，5February2004，Guidelines on the assessment of horizontal mergers under the Council Regulation on the control of concentrations between undertakings，Official Journal C 031，pp. 5 ~ 18，paras. 78 ~ 79.

预防限制竞争行为的自觉性，调动其积极性去优先选择符合比例原则的限制竞争形式，追求能与消费者分享的效率提升。

3. 欧盟对限制最低转售价格的规制

（1）将限制最低转售价格协议视为“以限制竞争为目的”的限制竞争协议。

限制最低转售价格协议作为对经销商经济行为自由的严重限制应当依据《欧盟运行条约》第 101 条第 1 款被视作严重限制竞争行为，且因为通常情况下都并非提升效率与消费者福利的必要手段，而不能适用该条第 3 款的豁免禁止规定，因而被欧盟委员会及其前身欧共体委员会一直视为“以限制竞争为目的”的限制竞争协议，❶ 无论实施限制最低转售价格的相关企业市场份额高低、限制最低转售价格的条款或机制是否既遂、对竞争危害到底如何。

（2）欧盟委员会 2010 年《纵向限制竞争行为指南》：保留限制最低转售价格协议豁免禁止的可能性并提示可能豁免的情况。

作为对美国联邦最高法院的 *Leegin v. PSKS* 案判决，尤其是该判决少数派意见的回应，欧盟委员会在 2010 年新修订的《纵向限制竞争行为指南》中明确：虽然限制最低转售价格的本质属性决定其必然导致对竞争的限制，并详细罗列了大量对竞争可能产

---

❶ Guidelines of Commission (EC) on the application of Article 81 (3) of the Treaty (Text with EEA relevance), OJ C 101, 27. 4. 2004, pp. 97 ~ 118, para. 23.

生的危害，[1] 但仍不排除依据《欧盟运行条约》第 101 条第 3 款免于禁止的可能性，并对有利于经济效率提升的情况进行了非穷尽地列举：（a）在新产品刚引入市场因而有必要采取临时措施时；（b）在产品的使用较为复杂因而需经销商在售前或售后传授相关经验与技巧时；（c）在遏制经销商通过“搭便车”行为时。[2] 这样的列举实际上是将与消费者分享受益要件和经济学文献中对限制最低转售价格的积极作用取了交集，使之无论对于企业还是执法机构、法院都容易识别，是对抽象的“改善销售”以及背后的效率抗辩的具体化，非常具有可操作性和预见性。相比之下，对限制最低转售价格主张前述效率抗辩的企业而言，更关键的问题是必须能证明：限制最低转售价格是实现前述抗辩理由的必要条件，且没有其他替代措施能比它带给竞争的负面影响更小。而该指南详细罗列限制最低转售价格行为对竞争的危害，既指导欧盟委员会自身、欧盟成员国执法机构和法院判断限制最低转售价格行为在何种情况下会有《欧盟运行条约》第 101 条第 3 款意义上的“排除竞争”、不合比例之虞，也警告需要对自己行为后果有所预见的企业放弃投机地利用限制最低转售价格协议去严重限制、排除竞争，可谓“一箭双雕”。

欧盟的上述做法提高了法律适用的可预见性和确定性，限制了执法者与法官评价限制最低转售价格行为的恣意性，既有助于

---

[1] EU Commission notice-Guidelines on Vertical Restraints, 10. 5. 2010 SEC（2010）411 final, para. 224；苏华：《分销行为的反垄断规制》，法律出版社 2012 年版，第 110 ~ 111 页（第 232 ~ 316 页附苏华译“欧盟委员会 2010 年《纵向限制竞争行为指南》”）。

[2] EU Commission notice-Guidelines on Vertical Restraints, 10. 5. 2010 SEC（2010）411 final, para. 225。

降低企业法律风险、节约交易成本，更有助于最大限度防范厂商间利用限制转售价格机制实现协同涨价、危害消费者福利。实践中往往存在其他替代手段同样可以实现上述目的，无须一定通过限制最低转售价格，例如：厂商可以和经销商就新产品引入时的营销宣传成本、各类经销商必须提供的售前或售后服务等单独安排报销补偿、服务购买和奖励措施；为防止可能的搭便车行为而结合经销商的服务提供情况、销量给予折扣；❶ 又或者是选择特许经营模式。❷ 如果厂商自信能通过内部文件证明其限制转售措施是必要的，能让消费者从中受益，且只是短暂、临时的，所涉市场份额低到不会导致严重限制竞争，也不会为协同行为创造条件的话，则不排除能适用《欧盟运行条约》第 101 条第 3 款豁免禁止。❸

❶ Möschel，W.，Vertikale Preisbindung：Mythen und verkürztes Denken，in Studienvereinigung Kartellrechte. V.（Hrsg.）Kartellrecht in Theorie und Praxis，Festschrift für Cornelis Canenbleyzum 70. Geburtstag，2012，S. 350，前提是实施这种折扣机制的企业没有市场支配地位。对于防止新进入市场时一些经销商因为担心自己投入很多宣传成本后其他经销商不仅搭便车还以低价竞争的情况，也不排除对经销商授予特定地域的独家销售权，又或者限定经销商的最高转售价格，只要其事实上不至于低到形同设定了最低转售价格或固定转售价格的水平。

❷ Haucap，J./Klein G. J.，Einschränkungen der Preisgestaltung im Einzelhandel aus wettbewerbsökonomischer Perspektive，DICE Ordnungspolitische Perspektiven，No. 22，S. 14.

❸ Simon，S，Preisbindungen und Preisempfehlungen-Kartellrechtliche Grenyen der vertikalen Kooperation zwischen Industrie und Handel，in Ahlert，D./Kenning，P./Olbrich，R./Schröder，H.（Hrsg.）：Vertikale Preis-und Markenpflege im Kreuzfeuer des Kartellrechts，2012，S. 256.

（3）代理问题和单边行为的廓清。

此外，欧盟委员会及欧盟成员国在适用《欧盟运行条约》第101条第1款来认定限制最低转售价格协议时，也会遇到要甄别哪些代理协议属于限制竞争协议，厂商单方面做出固定或限制最低转售意思表示是否也应视为构成限制竞争协议的问题。[1] 对此，欧洲法院和其初审法院分别从解释限制竞争协议的主体要件和行为要件入手来加以认定，先后明确了：如果代理商仅代理一家厂商，而且除了代理业务之外并未再从事其他经济活动，与其被代理人属于依附关系，且并不独立承担其经济行为所致风险，那么此类代理商也就被那些承担相关风险的被代理企业所吸收，不再构成《欧盟运行条约》第101条意义上的企业，因而两者间的协议也不再受《欧盟运行条约》第101条规制；[2] 而限制竞争协议（此处特指协议、企业联合组织的决定，不含协同行为）除了通过书面或口头明示的，还可以是默示的、通过已实施的特定行为来推定，如果仅是厂商单方面地通知或告诫，经销商没有唯命是

---

[1] 欧洲法院对限制竞争协议构成要件的这些解释一定程度上回应了美国相关实践中“代理人抗辩”和“高露洁原则”（Colgate Rule）（U. S. V. Colgate & Co., 250 U. S. 300(1919)）所涉及的问题，囿于篇幅本文不再展开比较欧美异同。

[2] ECJ, 14. 12. 2006, Case C – 217/05, ConfederaciónEspañola de Empresarios de Estaciones de ServiciogegenCompañíaEspañola de Petróleos SA., Reference for a preliminaryruling: Tribunal Supremo-Spain, [2000] E. C. R. I – 11987, paras. 56 ~ 60. 相关案例回顾参见苏华：《分销行为的反垄断规制》，法律出版社2012年版，第94 ~ 104页。

从地照办也没有因此而被惩罚，则不应视为构成了限制竞争协议。[1]

（三）小　结

由于《欧盟运行条约》第101条与美国联邦反托拉斯法“本身违法”+“合理原则”框架下对限制竞争协议的规制存在交集，但有着本质上的不同，可谓和而不同、“貌合神离”：前者对竞争的保护更多立足于对竞争存续前提——经济行为自由的保障，而后者则更多关注限制竞争所导致的后果，亦即市场结果，尤其是价格的变化，所以《欧盟运行条约》第101条对竞争的保护更全面也更严格，只要是经营者彼此对经济行为自由的限制与限制、扭曲竞争机制存在因果关系，例如，定价自由就都属于《欧盟运行条约》第101条第1款意义上的限制竞争协议，都需要在参与这些协议的企业能够证明其符合该条第3款的所有条件时（兼顾消费者分享收益和比例原则），才能免于被禁止，除非这些限制竞争协议在客观属性上不属于“以限制竞争为目的”的类型，同时基于公法的比例原则，其对市场环境的影响并未达到公权力予以干预的显著程度。

---

[1] ECJ, 13.7.2006, Case C－74/04 P, Commission of the European Communities v. Volkswagen AG, 2006 Page I－6585 I/6602, paras. 35～46; ECJ, 6.1.2004, Joined cases C－2/01 P and C－3/01 P, Bundesverband der Arzneimittel-Importeure eV and Commission of the European Communities v. Bayer AG, [2004] E. C. R. I～23, paras. 88～146（该判决中文译文参见许光耀：《欧共体竞争法经典判例研究》，武汉大学出版社2008年版，第207～241页）；CFI, 11.12.2003, Case T－56/99, Marlines SA v. Commission of the European Communities, [2003] E. C. R. II－5225, paras. 22～62.

换言之，《欧盟运行条约》第101条的最大优越性，并不在于简化了执法者或起诉方对限制竞争协议的举证责任，也不在于能够让实施限制竞争协议的企业自身、执法者、起诉者和法院都能够不进行复杂的经济学分析也可以对限制竞争协议是否符合《欧盟运行条约》第101条第3款的比例原则作出清楚的判断，而是在于其通过最大限度地预防和引导以限制企业经济行为自由为代价的限制竞争协议，使企业有动力在开展任何企业间的合作或交易时都遵循《欧盟运行条约》第101条第3款及与之相关的集体豁免条例明文所包含的竞争政策导向，实现提升经济效率的目标，而这也恰恰是竞争政策得以存续的正当性所在，是欧盟及其前身近60年来通过打破自由贸易樊篱、矫正扭曲竞争行为来建立内部市场所最终追求的目的。这样的成文法传统相比美国联邦反托拉斯法所贯彻的普通法传统而言，并非是要消除法院伴随实践和认识的发展、在纷繁复杂的经济生活中发现规则的可能性和积极性，而是使法院对规则的发现能够一方面受到成文法既定原则的约束，从而保持法律适用及相关竞争政策的连续性、确定性和统一性，另一方面将各种规则发现分别纳入对限制竞争协议的各个认定要件、各项豁免禁止条件的发展中去，而非笼统地都冠以“合理”之名“造法”。

三、中国和欧盟在限制最低转售价格规制上的比较

我国对企业间限制竞争协议的规制更多借鉴了欧盟竞争法，

但也存在着一系列细小但明显的差异。[1] 在探讨我国《反垄断法》对限制最低转售价格行为的适用前，有必要先简要比较中欧在规制限制竞争协议上的异同，亦即两者在扬弃美国联邦反托拉斯法的经验上的异同。

（一）对限制竞争协议的界定

1. 相同之处

《反垄断法》第 13 条第 2 款规定："本法所称垄断协议，是指排除、限制竞争的协议、决定或者其他协同行为。"该定义在限制竞争协议的行为要件、[2] 因果关系要件上更接近《欧盟运行条约》第 101 条第 1 款（"一切以限制竞争为目的或者具有限制竞争效果、危害跨欧盟成员国贸易的企业间协议、企业联合组织决定、企业或企业联合组织所从事的协同行为都与欧盟内部市场不相符并予以禁止"）。

---

[1] 以下分析主要参考［德］乌尔里希·伊蒙伽，王晓晔译："中国反垄断法草案中的垄断协议"，见王晓晔主编：《反垄断立法热点问题》，社会科学文献出版社 2007 年版，第 4～10 页；Immenga，U.，Das Rechthorizontaler und vertikaler Wettbewerbsbeschränkungenim Entwurf des chinesischen Wettbewerbsgesetzes（AML），RIW 2007，S. 666；许光耀："《反垄断法（草案）》垄断协议条款之评析"，见王晓晔主编：《反垄断立法热点问题》，社会科学文献出版社 2007 年版，第 11～31 页；时建中："对反价格垄断行政执法机制和体制的延伸思考"，载《中国物价》2013 年第 11 期，第 23 页。

[2] 有关《反垄断法》第 13 条第 2 款中"其他协同行为"这一表述是否合适的问题本文暂不展开讨论，可参考许光耀："《反垄断法（草案）》垄断协议条款之评析"，见王晓晔主编：《反垄断立法热点问题》，社会科学文献出版社 2007 年版，第 14 页。

2. 不同之处

（1）以法定定义及限制认定垄断协议权限的兜底条款替代欧盟对限制竞争协议的原则禁止。

首先《反垄断法》第 13 条第 2 款仅为法定定义条款，并非像《欧盟运行条约》第 101 条第 1 款那样——作为一般条款——明确禁止一切限制竞争协议。所以，地方反垄断法执法机构和各级法院**都不能**直接认定《反垄断法》第 13 条第 1 款和第 14 条未明确列举，但符合垄断协议法定定义的其他垄断协议类型。这种制度设计客观上使得只有国务院一级的反垄断法执法机构才能依据《反垄断法》第 13 条第 1 款第 6 项和第 14 条第 3 项认定或通过行政法规来规范前述未明确列举的垄断协议类型，以避免在该法实施初期地方反垄断法机构和各级法院各自为政地查处或审理未明确列举的垄断协议。这种限制认定垄断协议权限的兜底条款更主要是为保障《反垄断法》适用的统一性、可预见性、确定性，同时也为国务院反垄断执法机构进一步发展对垄断协议的规制预留了空间。[1]

（2）省略了主体要件。

我国《反垄断法》第 13 条第 2 款虽未提及主体要件，但在第 12 条第 1 款对经营者进行了界定，又在第 16 条对行业协会实施垄断协议的情况进行了单独强调，因此，可以认为垄断行为的主体是经营者和行业协会，倘若暂且不论《反垄断法》意义上的经营者和行业协会与欧盟竞争法意义上的企业和企业的联合组织

[1] 例如《工商行政管理机关禁止垄断协议行为的规定（2009 年 4 月版征求意见稿）》第 6 条第 2 项曾对纵向协议中的地域保护条款作出一些笼统规定，便属于这种情况。但是在 2010 年 12 月 31 日国家工商行政管理总局令第 53 号公布的版本中删去了这项规定。

内涵与外延上的差异，那么在主体要件上与《欧盟运行条约》第101条第1款大体是一致的。但是由于没有明确强调“决定”是行业协会的决定，所以难免会引人误解也包括经营者单方面的决定或所谓企业集团的决定。❶《工商行政管理机关禁止垄断协议行为的规定》第9条和国家发改委《反价格垄断规定》第9条对行业协会限制竞争行为进行列举时虽都提及了“决定”，但并未能明确《反垄断法》第13条第2款所指的决定仅是指行业协会的决定及协会章程等其他对其会员事实上具有约束力的文件。

（3）省略了对“以限制竞争为目的”和“具有限制竞争效果”的区分。

如前文所述，倘若暂且不考虑一些历史原因，根据欧洲法院有关《欧盟运行条约》第101条第1款适用的案例及欧共体委员会2004年颁布的有关《欧盟运行条约》第101条第3款的适用说明，❷ 区分“以限制竞争为目的”和“具有限制竞争效果”的最主要的现实意义就是简化对横向限制价格竞争、分割客户与市场和限制产量的协议，以及固定或限制最低转售价格、绝对地域保护条款的举证责任，使这些在客观属性上必然导致限制竞争的行为无需证明其具体产生怎样的限制竞争效果都需在不能符合

---

❶ 例如全国人大常委会法制工作委员会经济法室编：《反垄断法条文说明、立法理由及相关规定》，北京大学出版社2007年版，第67页。有关企业集团内母子公司间限制竞争协议的规制问题参见金美蓉：《欧盟条约第81条第1款对母子公司行为的法律适用》，载《法学家》2006年第2期，第154页以下。

❷ Guidelines of Commission（EC）on theapplicationof Article 81（3）ofthe Treaty（Text with EEA relevance），OJ C 101，27.4.2004，pp.97 ~ 118，para.23。

《欧盟运行条约》第 101 条第 3 款的情况下被禁止。

我国《反垄断》是以国务院法制办 2006 年提交的草案为基础制定的，从已经公布的材料来看，在 2007 年 8 月 30 日前的一读到三读程序中，《反垄断》第 13 条到第 15 条并非是全国人大常委会代表审议的争议焦点。[1] 而从现行《反垄断》第 13 条、第 14 条明确列举的垄断协议类型来看，立法者更倾向于以 2006 年欧盟"以限制竞争为目的"的限制竞争协议与美国联邦反托拉斯法以本身违法原则禁止的限制竞争协议类型的交集作为原则上应当禁止的垄断协议的主要组成部分，同时像欧盟竞争法那样再保留这些垄断协议适用《反垄断》第 15 条免于禁止的可能性，尽管《反垄断》第 15 条相比《欧盟运行条约》第 101 条第 3 款的规定并不完全相同。而《欧盟运行条约》第 101 条适用实践中那些"具有限制竞争效果的"限制竞争协议类型则实际上是由我国立法者借助《反垄断法》第 13 条第 1 款第 6 项和第 14 条第 3 项，授权国务院反垄断执法机构另行规定或在个案中具体认定。

（二）对限制竞争协议的列举

《欧盟运行条约》第 101 条第 1 款在列举限制竞争协议时并未区分竞争者间的横向限制竞争协议与非竞争关系企业间的纵向限制竞争协议，因而其客观上对纵向协议的明文列举比《反垄

---

[1] 《全国人大法律委员会关于〈中华人民共和国反垄断法（草案）〉修改情况的汇报（第一次至第三次审议稿）》，见《〈中华人民共和国反垄断法〉学习与问答》，中国民主法制出版社 2012 年版；黄庆畅、毛磊："二审反垄断法草案新增六项规定促进公平有序"，载《人民日报》2007 年 6 月 26 日；郭晓宇："反垄断法草案又有三方面修改"，载《法制日报》2007 年 8 月 25 日。

断》第14条要更宽泛，再辅之以欧盟委员会有关纵向限制竞争协议适用《欧盟运行条约》第101条第3款的集体豁免条例和相关适用指南，比我国《反垄断法》及其配套规则对纵向限制竞争协议规制得更严格也更细致。

此外，《欧盟运行条约》第101条第1款第2项虽然也提及《反垄断》第13条第1款第4项所规制的限制技术研发行为，但是前者的执法和司法实践及配套规则中并未将这类行为一概视为“以限制竞争为目的”的限制竞争协议，因而在这类协议的缔约各方市场份额低于10%时可以不适用《欧盟运行条约》第101条第1款的禁止性规定。类似情况也体现在《欧盟运行条约》第101条第1款没有明确列举，也没有被欧洲法院视为“以限制竞争为目的”的联合抵制行为却被《反垄断》第13条第1款第5项明确列入应禁止的垄断协议之列。同样，在美国联邦反托拉斯法实践中，对这两类行为的规制并非是统一的，都存在适用“合理原则”的情况，而非一概禁止。[1] 有学者认为：“鉴于第十三条第一款所列举的诸如竞争者间固定价格、限定产量、划分市场等情形由于已经被公认为具有严重的排除、限制竞争效果而适用‘本身违法原则’来判断。”[2] 这句话中的“等”若也涵盖《反垄断法》第13条第1款第4项、第5项所规制的限制技术转让与研

---

[1] 有关美国反托拉斯法对联合抵制的规制，参见李剑（吉林大学）：“论联合抵制交易的违法性判断标准”，载《当代法学》2013年第3期，第104页以下；吴玉岭：《契约自由的滥用与规制——美国反托拉斯法中的垄断协议》，江苏人民出版社2007年版，第102～153页。

[2] 黄勇、刘燕南：“关于我国反垄断法转售价格维持协议的法律适用问题研究”，载《社会科学》2013年第10期（但该文注明投稿日期为2013年6月30日），第83页。

发、新设备采购与研发和联合抵制的话，则不仅与美国反托拉斯法实践相悖，更混淆了《欧盟运行条约》第101条“原则禁止”+“例外豁免”和美国联邦反托拉斯法中的“本身违法”+“合理原则”这两种不同的规制模式。而我国立法者在制定《反垄断法》时显然应已清楚欧美对限制技术研发和联合抵制行为的立场，但仍使之与横向限制价格竞争协议等客观属性上必然导致限制竞争的行为并列，则只能理解为我国立法者对禁止和预防这两类限制竞争行为的重视程度，已经明显超过了其有关各级执法机构和各级法院对该法笼统禁止的这两类行为可能作出不同认定的担忧程度。同理，也就不难理解，为何我国立法者放弃了直接在《反垄断法》第14条中对种类繁多的纵向限制竞争协议明文罗列禁止，而仅仅明令禁止固定转售价格和限制最低转售价格了。

与限制技术研发和联合抵制行为形成鲜明对比的是《欧盟运行条约》第101条第1款第2项、第4项和第5项，在未区分横纵向限制竞争协议类型的情况下，明文列举的限制或控制生产与销售、限制投资、设置歧视性条件和搭售行为都没能在我国《反垄断法》第13条第1款和第14条中被提及。而这也就暗示了：**要么我国立法者认为这些行为不会必然导致限制竞争，要么立法者内部对这些行为的定性存在严重分歧并且觉得解决这样的分歧并不具有紧迫性，**[1] **因而才通过兜底条款留给国务院反垄断执法**

---

[1] 例如在《反垄断法（草案）》二读前，有德国学者建议不必效仿《欧共体条约》第81条第1款，将歧视行为和搭售行为进行明文列举，参见［德］乌尔里希·伊蒙伽，王晓晔译：“中国反垄断法草案中的垄断协议”，见王晓晔主编：《反垄断立法热点问题》，社会科学文献出版社2007年版，第4页。

机构日后再加以认定或者通过配套规则加以规范。

也正是基于立法者的上述逻辑，在对纵向限制竞争协议的规制上，立法者最终修改了《反垄断法（草案)》第8条，即："禁止经营者在交易活动中限定向第三人转售商品的价格或者设定其他交易条件，排除、限制竞争"，并将其最终限缩为仅仅明令禁止固定转售价格和限制最低转售价格。因为时建中教授在该草案二审前曾提出："设定其他交易条件"的表述"语焉不详"；而"限定向第三人转售商品的价格"中的限制最高转售价格和建议价格与限制最低转售价格的危害程度明显不同，不应该同后者一样一概禁止。[1] 而立法者最终把《反垄断法（草案)》第8条限缩为现行《反垄断法》第14条与时建中教授当时的提议是吻合的。他同时强调："值得注意的最新发展是，有的国家甚至不再认为维持最低转售价格为'本身违法'，也要适用'合理原则'进行分析。……笔者认为，无论是出于对消费者利益和竞争秩序的维护，还是出于节省反垄断法的适用成本等角度的考虑，草案有必要借鉴其他国家的普遍性的做法，对限定转售最低价格的行为，采取本身违法原则"。[2] 这样的建议应当也是立法者认可并采纳的，同时也可以认为无论是该法第13条第1款还是第14条第1项、第2项明令列举应禁止的垄断协议类型也都是出于"对消费者利益和竞争秩序的维护"和"节省反垄断法的适用成本"的

---

[1] 时建中："《反垄断法（草案)》有关垄断协议的规定"，见王晓晔主编：《反垄断立法热点问题》，社会科学文献出版社2007年版，第37～38页。

[2] 时建中："《反垄断法（草案)》有关垄断协议的规定"，见王晓晔主编：《反垄断立法热点问题》，社会科学文献出版社2007年版，第37～38页。

考虑。尽管这并不意味着完全否定限制转售价格行为等前述明确列举的垄断协议仍可以适用《反垄断法（草案）》第 10 条，即现行《反垄断法》第 15 条免于禁止。[1]

综合上述分析可以得出：我国立法者并非仅仅是参考欧美限制竞争协议规制实践的交集，而是更多立足我国国情实际，将对我国经济秩序危害较大的限制竞争协议类型，都作为无须进一步认定具体危害程度或是否需要满足其他构成要件，即可由各级执法机构和法院直接认定的垄断协议。

（三）对禁止限制竞争协议的例外规定

我国《反垄断法》第 15 条效仿了《欧盟运行条约》第 101 条第 3 款的规定，都肯定了所有限制竞争协议均可以在企业能够证明其有助于效率提升，合乎比例原则，又能使消费者分享收益且不会严重限制竞争时，主张其免于禁止。两者差异主要体现在以下两方面。

1. 非竞争政策考量

《反垄断法》第 15 条第 1 款第 3 项至第 6 项对中小企业竞争力提升，节约能源、保护环境、救灾救助等社会公共利益，缓解产能过剩和保障对外贸易和对外经济合作中的正当利益等考量并非是单纯的竞争政策考量，兼顾了一些非经济因素和与效率提升

---

[1] 由此可以再次证明，在《反垄断法》起草期间，学术界对“本身违法”与“合理原则”的使用并不严谨，并没能考虑到《反垄断法》第 15 条即该法草案第 10 条已经使该法对限制竞争协议的规制深深地打上了欧盟竞争法的烙印，因而不能再与美国联邦反托拉斯法的规制逻辑和术语混淆的现实。

抗辩并无直接联系的经济因素。《欧盟运行条约》第101条第3款则没有基于这些考量而为禁止限制竞争协议开辟法定例外或不成文的“后门”。

2. 比例原则

《欧盟运行条约》第101条第3款的一大特色，也是其相比美国联邦反托拉斯法对限制竞争协议规制传统的一大优越性，体现在该款强调了主张限制竞争协议可以适用《欧盟运行条约》第101条第3款的企业还必须证明其所从事的限制竞争协议是实现其所主张的效率提升所必要的、合目的的、无可替代的或者相比其他替代措施对竞争环境危害最小的。[1] 在市场环境动态发展、信息也严重不对称的情况下，对于法官或执法机构而言，根据从事限制竞争协议的举证和案件全局的分析，判断限制竞争协议是否符合严格的比例原则，会比量化地认定某一限制竞争协议所可能带来的效率提升到底有多少，是否一定可持续地抵消其给竞争带来消极影响更简便、更具可操作性，也更客观；同样，对于相关企业而言，无论是从事限制竞争协议的企业还是受其影响的第三方，也都能比较简便地理解或预见限制竞争协议是否符合比例原则。但是，恰恰是《欧盟运行条约》第101条第3款中最值得借鉴的这项原则却没有直接被纳入《反垄断法》第15条，从而使得执法机构和司法机关可能拥有很大的自由裁量权，使一些并非严格满足比例原则的限制竞争措施也可能被笼统地认为符合《反垄断法》第15条，进而被免于适用该法第13条、第14条的

---

[1] Ellger, R., in: Immenga/Mestmäcker (Hrsg.) Wettbewerbsrecht Band 1. EU/Teil 1, Kommentar zum Europäischen Kartellrecht, 5. Auf. 2012, Art. 101 Abs. 3 AEUV, Rn. 253 ff.

禁止性规定，例如：广东省深圳市惠尔讯科技有限公司诉广东省深圳市有害生物防治协会限制有害生物消杀服务费最低价格决定违反反垄断法案，❶ 一审和二审法院就都没有考察和论证行业协会横向限制最低价格的决定对于实现《反垄断法》第 15 条第 1 款所列抗辩理由而言是否符合严格的比例原则。

实际上，即便《反垄断法》第 15 条并未明文将比例原则作为判定垄断协议是否应当免于禁止的前提条件，执法者及司法机关也应在个案中对此进行考察。因为，《反垄断法》第 13 条和第 14 条对垄断协议的禁止本身是公法对缔约自由和财产权利行使的干预，因而依据行政法的一般原则，适用这两条规定就须符合比例原则，无论是执法机构通过具体行政行为，还是司法机关通过司法判决来适用这样的规定。同样，《反垄断法》第 15 条是对免于适用该法第 13 条和第 14 条所做的例外规定，也同样涉及公法是否干预私权利的问题，尤其涉及被垄断协议直接约束的经营者或受其影响的消费者等第三方当事人的民事权利，因而也必然需要恪守比例原则。执法机构和司法机关在适用该法第 15 条时既然要遵守比例原则，也必然相应地要求只有当事人能够证明其实施的垄断协议同样符合严格的比例原则时，才能被执法机构和司法机关认定符合该法第 15 条，才有可能作出符合比例原则的具体行政行为和判决。

---

❶ 一审（2011）深中法知民初字第 67 号判决和二审（2012）粤高法民三终字第 155 号判决。有关该案的介绍可参见该案一审法官祝建军："横向垄断协议成立条件的司法审查"，载《人民法院》2013 年第 2 期，第48～52 页。

（四）反垄断法配套规则对垄断协议认定的细化及与限制最低转售价格相关的问题

1. 国务院反垄断执法机构制定的规章

作为《反垄断法》配套规则的《工商行政管理机关禁止垄断协议行为的规定》第9条和国家发改委《反价格垄断规定》对认定垄断协议的细化规定主要集中在对《反垄断法》第13条第1款和第16条的补充描述和细化协同行为与行业协会违法行为的认定上。在美国联邦最高法院2007年6月底对*Leegin*案宣判，2010年8月美国第五巡回上诉法院驳回上诉人PSKS对Leegin的限制最低转售价格的上诉后，2011年2月生效的国家发改委《反价格垄断规定》并没有改变《反垄断法》第14条对限制最低转售价格行为的禁止性规定，也没有对此加以细化，例如，要求执法机构或举报人举证这类行为的限制竞争效果、实际产生的后果、与限制竞争间的因果关系，或者要求从事限制最低转售价格协议的经营者对这三者提出反证。可见国家发改委和我国立法者一样，对限制最低转售价格可能对分销业、消费者带来的危害有着很清醒的认识，所以才效仿欧盟竞争法的规制思路对其严格规制，例如中国出版工作者协会、中国书刊发行业协会和中国新华书店协会就是在国家发改委反垄断部门的干预下于2010年9月废止了《图书交易规则》中涉及限制最低转售价格的“新书限折”规定。[1]

2. 最高人民法院的司法解释

与上述规章形成鲜明对比，2012年1月30日最高人民法院

---

[1] 李娇凤：“图书限折令未满8月被叫停：反垄断部门干预”，载每日经济新闻网，2010年9月3日访问。

审判委员会讨论通过的《最高人民法院关于审理因垄断行为引发的民事纠纷案件应用法律若干问题的规定》（法释〔2012〕5号）第7条规定：

被诉垄断行为属于反垄断法第十三条第一款第（一）项至第（五）项规定的垄断协议的，**被告应对该协议不具有排除、限制竞争的效果承担举证责任。**

而该司法解释2011年公布的草案第8条则规定：

第一款垄断协议行为的受害人应对被诉垄断协议具有排除、限制竞争的效果承担举证责任。被诉垄断协议属于反垄断法第十三条第一款第（一）项至第（五）项**和第十四条第（一）项、第（二）项**规定的情形的，**受害人无须对该协议具有排除、限制竞争的效果举证证明，但被诉垄断行为人有相反证据足以推翻的除外。**

第二款**被诉垄断行为人应对被诉垄断行为符合反垄断法第十五条的规定承担举证责任。**

从该司法解释草案的第8条来看，最高人民法院承认《反垄断法》第13条第1款和第14条明确列举的垄断协议都具有排除、限制竞争效果，**只有在被诉垄断行为人对此提出相反证据且“足以推翻”前述认定时，受害人才需承担对该协议具有排除、限制竞争效果的举证责任。**可是法释〔2012〕5号第7条则似乎因为司法解释制定者与被征求意见者存在分歧，而做了模糊处理，没有再对《反垄断法》明确列举的垄断协议是否必然具有排除、限制竞争的效果，是否需要受害人举证做明确规定，而是只允许涉及《反垄断法》第13条第1款第1项到第5项的被诉垄断行为人应当提出其行为不具有限制、排除竞争效果的反证，同时有意识地完全忽略了对《反垄断法》第14条明确列举的固定转售价格与限制最低转售价格而言，被诉垄断行为人是否也有义务对该行为不具有排除、限制竞争的效果承担举证责任的问题。

其实，无论法释〔2012〕5号第7条还是其草案第8条，共同之处都是要否定《反垄断法》第13条第1款和第14条明确列举禁止的“下列垄断协议”必然导致排除、限制竞争的因果关系，从而使被告就其从事这些明列禁止的行为时拥有举证其行为不具有排除、限制竞争效果的机会，使各地各级法院拥有引入**其所理解的“合理原则”**来评估限制竞争效果进而认定或否定被《反垄断法》明确列举禁止的“下列垄断协议”类型不构成垄断协议的机会，[1] 尽管《反垄断法》第13条第2款仅规定：“本法所称垄断协议，是指排除、限制竞争的协议、决定或者其他协同行为”，未提“效果”二字。而且，“效果”一词难免与垄断协议即遂的“后果”联系在一起。[2] 而《反垄断法》第46条则明确对“尚未实施所达成的垄断协议的”情况该如何处罚做了规定，可见判断垄断协议是否必然具有排除、限制竞争，不应考虑是否已经实施以及最终导致什么样的后果，而仅应考察协议、决定或协同行为与排除、限制竞争是否存在因果关系。

---

[1] 如法释〔2012〕5号于2011年4月25日发布后，深圳中院于同年9月19日对深圳惠尔讯科技诉深圳市有害生物防治协会案做出的一审判决及该案二审判决。

[2] 例如朱理：“《关于审理因垄断行为引发的民事纠纷案件应用法律若干问题的规定》的理解与适用”，见《中国竞争法律与政策研究报告（2012年）》，法律出版社2012年版，第26页：“原告应对该纵向协议具有排除、限制竞争的后果承担举证责任。”

同《欧盟运行条约》第 101 条第 1 款、第 3 款一样，我国《反垄断法》第 13 条、第 14 条对垄断协议的列举禁止和（限制认定其他垄断协议权限的）兜底条款，与该法第 15 条一起可以最大限度地预防和禁止垄断协议，减少执法者、司法机关在认定垄断协议和豁免禁止垄断协议上的恣意性，从而确保《反垄断法》第二章在全国和司法系统得以统一适用，使《反垄断法》第 15 条所反映的竞争政策导向得以实现。然而，法释〔2012〕5 号第 7 条的出现，相比其草案第 8 条，则有可能被误解在暗示或默认原告也应该对《反垄断法》第 13 条第 1 款、第 14 条列举垄断协议类型是否具有排除、限制竞争“的效果”或“的后果”承担举证责任，甚至“如果被告提供的证据证明了促进竞争的效果，则原告需要进一步证明该垄断协议在总体上是排除或者限制竞争的”，[1] **尽管《反垄断法》第 13 条第 2 款并未出现“效果”二字，且立法者在《反垄断法》第 15 条已明确了评估争议行为积极效果的法定原则**。如果这样的误解成立，那么在法释〔2012〕5 号本身并未对垄断协议构成要件的认定做出详细规范的情况下，难免会造成各地各级法院适用法律尺度不统一，使《反垄断法》第 13 条、第 14 条的适用面临空前的不确定性，让地方法院可以通过适用法释〔2012〕5 号第 7 条所赋予的自由裁量权，恣意地以原告举证不足为由，或者以被告不具有排除、限制竞争效果为由，判定争议行为并不适用《反垄断法》第 13 条、第 14 条，让《反垄断法》第 15 条也再无用武之地，其所含竞争政策导向沦为

---

[1] 朱理：“《关于审理因垄断行为引发的民事纠纷案件应用法律若干问题的规定》的理解与适用”，见《中国竞争法律与政策研究报告（2012 年）》，法律出版社 2012 年版，第 26 页。

空中楼阁，尽管《反垄断法》第 15 条，相比美国联邦反托拉斯法的“合理原则”而言，恰恰是对执法者和司法机关自由裁量权的最好约束。

法释〔2012〕5 号第 7 条带来的上述误解及其弊端在锐邦诉强生案的一、二审判决中得以充分体现，并正式拉开了司法系统与反垄断执法机构在《反垄断法》第二章的理解和适用上出现严重分歧的大幕。

四、对锐邦诉强生案一审判决、二审判决的分析

（一）案件概况

原告锐邦是被告强生在北京地区医用吻合器及缝线产品销售业务的经销商，经销合同每年一签。2008 年 1 月，强生与锐邦按惯例签订经销合同，授权锐邦在其指定的区域内经销产品，但是销售价格不得低于强生公司规定的产品价格。2008 年 3 月，北京人民医院对强生医用缝线的专场采购招标中，锐邦为获取（非授

权区域的)[1] 订单，以低于强生规定的最低转售价格条款，[2] 在仅由**四家强生**医用缝线**经销商**参与的投标中胜出。为此，2008 年 7 月 1 日，强生扣除了锐邦的保证金并**取消其在北京阜外医院、北京整形医院的经销权。2008 年 8 月 15 日**，锐邦向强生公司发出订单要求发货，但强生公司一直没有给锐邦公司发货，直至合同期满。为此，锐邦不得不从其他渠道购买原订单产品来履行其与第三方的合同。2009 年强生不与锐邦续约，锐邦辗转寻求法律救济。[3] 直到 2010 年 8 月 26 日，也就是在国家发改委仍在根据反馈意见完善《反价格垄断规定（征求意见稿)》、而工商总局在 2010 年 5 月 25 日发布的《工商行政管理机关禁止垄断协议行为的规定（征求意见稿 2010 年 5 月版)》中取消该文件 2009 年 4 月版征求意见稿第 6 条第 2 项有关禁止限制经销地域的规

---

[1] 该案二审判决中载明：原审查明锐邦参加这次竞标是要获取非授权区域的订单。但一审判决中载明："经审理查明……经销合同签订后，被告强生（上海）医疗器材有限公司分别于 2008 年 1 月 1 日、3 月 15 日、6 月 30 日向原告出具授权区域证明书，证明原告可以在包括人民医院在内的相关区域负责销售强生产品。"

[2] 二审判决并未披露强生规定的最低转售价格为多少，只提及："锐邦公司报价比当时强生全国统一价整体下浮 6%。上诉人还提交了人民医院制作的两份表格，内容为人民医院所使用各种强生缝线产品在 2008 年招标前、招标后的明细价格……上诉人以此证据证明其在人民医院招标中没有遵守强生公司的价格限制，招致此后受到被上诉人处罚，但上诉人的行为实际导致强生公司产品在人民医院的价格下降超过 6%。"但二审法院没有查明为何"锐邦公司报价比当时强生全国统一价整体下浮 6%"，却"实际导致强生公司产品在人民医院的价格下降超过 6%"。

[3] 以上案情介绍参考了该案二审判决和赵丽："强生公司规定产品转售价格被诉垄断"，载法制网，2012 年 2 月 4 日访问。

定后，❶ 上海一中院正式受理锐邦对强生涉嫌违反《反垄断法》的起诉。近一年半后，该案在 2012 年 2 月 3 日，亦即法释〔2012〕5 号正式通过后第 4 天开庭审理，**择日**于同年 **5 月 18 日**宣判（〔2010〕沪一中民五（知）初字第 169 号），以原告锐邦不能举证被告限制最低转售价格行为具有限制竞争效果为由驳回原告全部诉讼请求。❷ 锐邦随后进行上诉，该案二审开庭 3 次，判决书反复修改 12 稿，❸ 最终在《反垄断法》生效五周年当日改判锐邦胜诉，并作为“首例纵向垄断案”“纵向垄断第一案”❹“全国首例原告终审胜诉垄断案”被媒体广为报道。

但是，该案二审判决最后仅认可强生借由其违反限制最低转售价格而停止对缝线供货而给锐邦导致的损失 53 万元，不认可后者其他赔偿请求合计 1 386.93万元。相比锐邦从 2009 年起辗转聘请律师、专家证人以及派员多次参与庭审所花费用，需要负担的诉讼费两万余元，区区 53 万的赔偿似乎有些“得不偿失”，更何况其因为一次违反最低限制转售价格的行为还丢掉了维持了 15 年的强生缝线、吻合器的经销权，仿佛被没收了下金蛋的鹅。如

---

❶ 该征求意见稿参见 http：//www. saic. gov. cn/zwgk/zyfb. . /qt/fld/201005/t20100525_ 85718. html。

❷ 该判决可在上海法院法律文书检索中心查阅。笔者对该案一审判决的批评，参见刘旭：“从‘锐邦诉强生’案看《反垄断法》对限制最低转售价格的规制”，载同济知识产权与竞争法研究中心网站，http：//law. tongji. edu. cn/index. php？ classid = 2434&newsid = 3350&t = show。

❸ 张舟逸：“对话主审法官丁文联”，载《财经》2013 年 8 月 12 日。

❹ 实际上，2011 年底，南京市中级人民法院审理的魏忠诉南京喜郎儿投资管理有限公司限制转售价格案是第一个涉及《反垄断法》第 14 条适用的案件。该案判决【（2011）宁知民初字第 482 号】以原告无法举证被告行为的限制竞争目的和效果而判原告败诉。

果经销商因违反限制转售价格条款而被停止供货、经销权与厂商而对簿公堂，但法院认可的赔偿却让这样的经销商得不偿失，那么是否仍可以像锐邦代理律师高呼的那样，称得上“庶民的胜利，反垄断法的胜利”呢？[1]

囿于篇幅，本文仅对锐邦诉强生案二审判决对限制最低转售价格行为法律适用上的部分关键问题进行如下分析。

（二）不应要求额外证明限制竞争效果

二审判决与一审判决如出一辙地认为：《反垄断法》第 14 条第 2 项中明确列举的垄断协议类型——“限定向第三人转售商品的最低价格”未必是《反垄断法》第 13 条第 2 款意义上的垄断协议，而是必须再额外举证“限定向第三人转售商品的最低价格”具有“排除、限制竞争效果”，尽管《反垄断法》第 13 条第 2 款本身并没有出现“效果”这两个字。一二审判决的前述理解错误，理由如下。

1. 比较法的维度

前文的比较法研究已分析：为何我国立法者没有像《欧盟运行条约》第 101 条第 1 款那样在界定垄断协议时区分“以限制竞争为目的”和“具有限制竞争效果”，以及将明列禁止垄断协议类型与（限制认定其他垄断协议类型的权限作为）兜底条款相结合的考量。对此不再赘述。

2. 对立法者初衷的理解

《反垄断法》第 13 条第 2 款仅要求对协议、决定或者其他协

---

[1] 黄亚楠：“锐邦强生垄断纠纷宣判　首例纵向垄断案原告胜诉”，载 IBTimes 中文网，2013 年 8 月 1 日访问。

同行为与排除、限制竞争之间是否存在因果关系进行定性判断，而未授权各级执法者或司法机构在认定垄断协议环节去增设构成要件或其他考察因素，例如考察具体实施垄断协议的效果，无论是程度上的效果，还是是否即遂。这避免了因为各级法院或执法者恣意地作出判断导致垄断协议认定尺度的混乱，诱发地方保护主义甚或寻租，让本身与排除、限制竞争具有因果关系的“协议、决定或者其他协同行”逍遥法外，变相架空该法第15条。

（1）限制竞争效果与程度分析、利弊权衡问题。二审判决自始至终回避适用的《反垄断法》第15条有关对限制竞争程度进行分析的规定，即该条第1款第（1）～（5）项所列抗辩理由只有在同时符合该条第2款时下才能豁免适用该法第13～14条的禁止性规定，而该法第15条第2款也就包含了：“**经营者还应当证明**所达成的协议不会**严重限制**相关市场的竞争，**并且能够使消费者分享由此产生的利益**”。对（a）是否“严重限制相关市场的竞争”作出判断本身就是对限制竞争效果的程度分析或者说量化分析，[1] 而

---

[1] 韩伟：“限定最低转售价格的反垄断规制——兼论丽金案后美国理论与实践的发展”，载《价格理论与实践》2011年第04期，第25页，一方面肯定了“目前《反垄断法》第14条、15条对限定最低转售价格确立的‘本身违法原则加例外豁免’的制度框架具有合理性”，另一方面又建议国内立法和执法参考美国联邦最高法院“Leegin”案判决后美国各界提出的几种分析限制最低转售价格协议的方法，但没有明确这些分析方法到底是应该适用《反垄断法》第14条第2项时引入，还是适用在该法第15条框架下。笔者认为，美国各界提出的分析方法更多是基于美国普通法传统和美国联邦反托拉斯法“合理原则”，在我国《反垄断法》框架下并无必要引入即可实现对限制最低转售价格协议的规制。根据限制最低转售价格协议的类型来分析其限制竞争的影响，充其量可以用于《反垄断法》第15条第2项下分析其是否导致严重限制竞争，或者用于引导执法者或者法院考察相关争议行为是否属于横纵向混合型限制竞争协议。

(b)“能够使消费者分享由此产生的利益”与(c)《反垄断法》第 15 条基于该法公法属性而必然恪守的比例原则一起构成了更重要的评估标准，取代了在纷繁复杂又动态变化的经济生活中让法官或执法者或“自由心证”地，或透过严重依赖数据质量和建模方法的经济学分析去权衡利弊，“铁口直断”地评估争议行为限制竞争效果与该条第 1 款列举的抗辩理由中到底哪个“显著”，哪个“不显著”。从这三方面对争议行为产生的影响进行分析，与适用《反垄断法》第 13 条第 2 款来认定垄断协议、认定经营者是否存在该法第 14 条第 2 项明列禁止的限制最低转售价格行为时，需要进行的因果关系分析即定性分析，并非一种“重复”，[1]而是分析涉嫌限制竞争的争议行为是否应被禁止的两个相对独立的步骤。这两个步骤考察的问题不同，所以在信息不对称的情况下的举证责任分配也不同，一如前文对欧美限制竞争协议规制模式的比较所展现的。

(2)限制竞争效果与即遂判定问题。锐邦在上诉阶段对一审判决要求其举证限制最低转售价格条款是否具有排除、限制竞争效果的理由进行了驳斥，阐明排除、限制竞争效果，在被理解为是否即遂、到底产生怎样的后果时，是适用《反垄断法》第 46 条确定如何处罚违法行为时才需考虑的。

(3)限制竞争效果与民事赔偿。在计算民事赔偿时，需要考

---

[1] 黄勇、刘燕南：“关于我国反垄断法转售价格维持协议的法律适用问题研究”，载《社会科学》2013 年第 10 期（但该文注明投稿日期为 2013 年 6 月 30 日），第 84 页。“也就是说，如果一项协议虽然落入第十五条第一款（1）项至（5）项范围，但却严重限制了竞争，是不满足不适用第十四条的。恰这一点会在事实上造成第十四条与第十五条的部分重复。而这种重复，从立法技术的角度看是不应该的”。

虑实施限制竞争协议的真实效果亦即实际产生的后果，从而将垄断协议与原告主张的损害赔偿联系起来。对此二审判决也作出了一些说明，尽管最终没能明确地将强生不与锐邦续约和取消后者在2008年下半年对两家医院的经销权作为对经销商背离行为的惩罚措施，亦即限制最低转售价格协议的重要组成部分，与锐邦主张的损害赔偿联系起来。

3. 解释权限

明文列举哪些行为属于《反垄断法》第13条第2款意义上的垄断协议是立法者的权限。这种对种属关系的认定和轻重权衡，一如前文所述时建中老师在该法审议期间建议的那样，已由立法机关清楚地体现在《反垄断法》中。我国作为成文法国家，无论是最高人民法院还是地方法院均无权通过自己的解释，变相限缩或篡改，包括通过加重原告举证责任的方式，尤其是在这样做将导致该法预防和禁止垄断行为的立法目的难以实现、该法第15条被架空，以至于对企业的竞争政策导向和对执法者、法院评估限制竞争协议积极作用的约束也随之荡然无存时。

4. 在解释《反垄断法》第13条第2款和第14条关系时的逻辑谬误

二审判决对《反垄断法》第13条第2款和该法第14条关系的理解，亦即其主张对该法第14条禁止的限制最低转售价格行为的**限制竞争效果**进行考察的逻辑起点是："第十三条对垄断协议的定义同样适用于第十四条对纵向协议的规定。"[1] ——这其实是不言自明的。《反垄断法》第14条罗列的垄断协议类型之

---

[1] 本文在引用锐邦诉强生案二审判决原文时增加下划线，以便与直接引用的文献进行区分。

一——限制最低转售价格——与该法第13条第2款所定义的垄断协议是由立法者通过法律规定的“白马与马”的关系。但二审判决要求再次考察限制最低转售价格行为的**限制竞争效果**等于认为有的限制最低转售价格行为并无限**制竞争效果**，这实际上在主张“有的白马非马”，这与经典的“白马非马”的逻辑谬误抑或诡辩是否异曲同工呢？❶

5. 引入美国联邦反托拉斯法“合理原则”违背《反垄断法》内在逻辑和现有规定

（1）引入美国联邦反托拉斯法“合理原则”的主张。与上述质疑理由中提及的二审判决观点与该案一审判决和部分文献一脉相承，后者认为：

……从我国《反垄断法》的文义出发，指出由于《反垄断法》第十三条第二款对“垄断协议”的定义是指“本法所称垄断协议，是指排除、限制竞争的协议、决定或者其他协同行为。”因此，**当且仅当一项协议已经被判定为“违法”时，才可称为垄断协议**。且第十三条第二款在定义“垄断协议”时使用了“本法所称”的字样，因此，此款对于垄断协议的定义应当是适用于整个《反垄断法》的。而第十四条规定了“禁止经营者与交易相对人达成下列垄断协议……”鉴于此，**对一项涉及最低限价或固定价格的RPM协议适用合理原则进行分析的方法并非是与现行法律相冲突，只有当分析的结果认为此项RPM具有负向净效果，**才再适用《反垄断法》第十四条予以禁止。作为对这一种观点支持的佐证，《反垄断法》第十五条规定：“经营者能够证明所达成的协议属于下列情形之一的，不适用本法第十三条、第十四条的

---

❶ 美国《谢尔曼法案》第1条没有列举其禁止的协议类型。

规定……”这里没用出现“垄断协议”，而是采用了“协议”一词的表述方式，就意味着只有当一项协议被认为违法时，才可以被称为是一项“垄断协议”。**因此，那种主张《反垄断法》第十四条按照严格文义解释是一概禁止任何最低限价或固定价格的RPM的观点是站不住脚的。**[1]

显然，部分文献所持上述观点目的明确，即主张在对限制最低转售价格行为适用美国联邦反托拉斯法中的“合理原则”，尽管其只字未提美国联邦最高法院在审理*Leegin*案时4位少数派大法官的代表对此类行为适用“合理原则”提出的反对意见。

那么，前面所引文献的这些论述本身是否也有问题呢？是的。

（2）违背《反垄断法》第1条、第3条、第13条至第15条的内在逻辑。的确，如果经营者实施了《反垄断法》第14条明列禁止的行为，同时又能举证该行为符合该法第15条第1款和第2款，那么这样的行为不适用该法第13条、第14条，也就没有所谓的是否被称作“垄断协议”的问题。《反垄断法》第15条第1款之所以规定“经营者能够证明所达成的协议属于下列情形之一的，不适用本法第十三条、第十四条的规定……”而非仅表述为“经营者能够证明所达成的协议属于下列情形之一的，不适用本法第十三条第一款、第十四条的规定……”，是因为该法第1

[1] 黄勇、刘燕南：“关于我国反垄断法转售价格维持协议的法律适用问题研究”，载《社会科学》2013年第10期（但该文注明投稿日期为2013年6月30日），第83页。类似的观点也已经反映在该案一审判决后发表的文献中，如黄勇：“价格转售维持协议的执法分析路径探讨”，载《价格理论与实践》2012年第12期，第4～6页。

条明确了立法目的是禁止和预防垄断行为，而第 3 条随即将垄断协议作为垄断行为之一加以列举。为确保《反垄断法》术语统一、逻辑周延，才会有现在第 15 条第 1 款这样的表述。也正因为如此，**“当且仅当一项协议已经被判定为‘违法’时，才可称为垄断协议”**[1] 的表述是因果倒置，违背并搅乱了《反垄断法》的内在逻辑。

（3）漠视《反垄断法》第 15 条的存在，割裂了《反垄断法》第 14 条与第 15 条的内在联系。诚然，如前所述，依据《反垄断法》第 14 条禁止其列举禁止的行为之前，从事该行为的经营者有权依据该法第 15 条进行抗辩，如果执法者或法院认可其能够证明该垄断协议符合该法第 15 条的要求，该法第 14 条并不适用于该行为；反之，如果相关经营者放弃这样的抗辩权利，或者其抗辩理由不能符合该法第 15 条的要求，那么自然应当依据该法第 14 条予以禁止，并赔偿受其影响的民事主体相应的损失。所以，前述被引用文献中貌似是在有道理地批评“……那种主张《反垄断法》第十四条按照严格文义解释是一概禁止任何最低限价或固定价格的 RPM 的观点是站不住脚的”，[2] 但实际上暗含地误导读者漠视《反垄断法》第 15 条的存在，割裂《反垄断法》第 14 条与第 15 条的联系，制造出仿佛只有引入美国联邦反托拉斯法“合理原则”才可以拯救限制最低转售价格行为免于一概禁止的印象。

---

❶ 黄勇、刘燕南：“关于我国反垄断法转售价格维持协议的法律适用问题研究”，载《社会科学》2013 年第 10 期（但该文注明投稿日期为 2013 年 6 月 30 日），第 83 页。

❷ 同上注。

（4）漠视《反垄断法》第15条与美国联邦反托拉斯法“合理原则”的差异而以后者取代前者。如前所述，《反垄断法》第15条和《欧盟运行条约》第101条第3款虽有所不同，但都允许被告或被调查者依据这些条款的要求，举证其所从事的限制竞争协议，例如，限制最低转售价格协议，具有正当性，从而免于被适用禁止性规定。《反垄断法》第15条和《欧盟运行条约》第101条第3款都严格地限制执法者或法官恣意地提出或运用评估正当性抗辩的标准，尤其注重考察争议行为是能否与消费者分享由其带来的收益，是否严重限制竞争、是否符合比例原则。《反垄断法》第15条与美国联邦反托拉斯法“合理原则”的根本不同和优点均显而易见，无法被仅仅考察争议行为是否具有所谓的“负向净效果”所取代。

“对一项涉及最低限价或固定价格的RPM协议适用合理原则进行分析的方法并非是与现行法律相冲突，只有当分析的结果认为此项RPM具有负向净效果，才再适用《反垄断法》第十四条予以禁止”。[1] 这样的表述虽颇具迷惑性，但其主旨显然就是主张：不在《反垄断法》第15条（尤其第2款）的严格约束下进行上述利弊权衡，而是在认定该法第14条明令禁止的垄断协议之一——限制最低转售价格行为——是否符合该法第13条第2款

[1] 黄勇、刘燕南：“关于我国反垄断法转售价格维持协议的法律适用问题研究”，载《社会科学》2013年第10期（但该文注明投稿日期为2013年6月30日），第83页。

对垄断协议的认定环节，就进行这样的利弊权衡，[1] 或者像其和该案二审判决中所言，先要求原告举证限制最低转售价格行为是否具有限制竞争效果，只不过随后在该案二审判决提出的分析方法中赫然在列的不再是“限制竞争效果”，而是被未加论证就悄然取而代之的——对该行为“竞争效果”的评估，让法院对该行为的“正面”效果也进行了评估，权衡得出了限制竞争效果显著而促进竞争效果不显著的所谓“负向净效果”——尽管这一连串的偷换概念并不能改变：（a）前文已经提出的质疑；（b）《反垄断法》对垄断协议的定义仅仅是“本法所称垄断协议，是指排除、限制竞争的协议、决定或者其他协同行为”，没出现“效果”二字的事实；（c）该法更没有授权法院无视《反垄断法》第 15 条的严格规定，恣意地评估所谓限制最低转售行为的“竞争效果”“促进竞争效果是否显著”或所谓的“负向净效果”。

综上，我国《反垄断法》第二章的内在逻辑并不难理解，即：凡是该法第 13 条第 1 款第 1 项至第 5 项和第 14 条第 1 项、第 2 项列举的行为，只有在行为人（被告）不能自行举证其行为

[1] 国务院反垄断委员会编：《〈中华人民共和国反垄断法〉知识读本》，人民出版社 2012 年版，第 83 页，“……应当权衡限定向第三人转售商品的最低价格的协议所产生的负面影响及积极效果，当排除、限制竞争的效果大于促进竞争的效果时，应判定为《反垄断法》第 14 条所禁止的垄断协议。”这显然错误地为适用《反垄断法》第 14 条权衡限制最低转售价格的利弊敞开了大门，而只字未提《反垄断法》第 15 条的适用，尽管该书第 60 页将该法第 13 条至第 15 条评价为所谓“是以成文法形式体现了本身违法原则和合理分析原则”。该书仅在第 74 页解释《反垄断法》第 13 条第 1 款第 5 项禁止的联合抵制行为可以在符合该法第 15 条时不适用禁止性规定。由此可见该书对第二章的理解和解释缺乏内在统一性。

符合该法第 15 条时才被作为垄断协议予以禁止。而主张引入美国联邦反托拉斯法“合理原则”来分析我国《反垄断法》第 14 条第 2 项所列举的限制最低转售价格行为不外乎是要强调：法官无须适用《反垄断法》第 15 条，就可以径直对限制转售价格行为是否弊大于利做出判断，并只有在原告能够举证该行为弊大于利时才能认定该行为违法，进而称其为“垄断协议”。这样的主张无疑违背了我国《反垄断法》第二章的内在逻辑和现行规定，只会相应增加原告举证责任和胜诉难度、打击经销商作为原告起诉厂商或执法者调查限制最低转售价格的积极性和主动性，并为恣意行使由此给法官带来的自由裁量权提供了可乘之机：因为一旦法院认为原告对限制转售价格弊大于利的举证不足，正如锐邦诉强生案一审判决那样；❶ 或者在因为信息不对称，（a）法院主观上怠于行使主动调查权限，或（b）有选择性地行使主动调查权限，抑或（c）客观上难以在被告不配合的情况下仅通过法院主动调查获得足够证据（这三种情况在锐邦诉强生二审判决中都有所体现），那么法院是否能认定限制转售价格弊大于利，则完全取决于法官的“自由心证”——只要法官认为某被告实施限制转售价格的效果弊大于利的证据不充分，那么也就不能被认定其构成垄断协议，被告也就无须承担任何举证责任了，无论是对其行为具有排除、限制竞争效果的反证，还是有关满足《反垄断法》第 15 条的证据。而这样的结局不仅会导致该法第 15 条被架空使权衡限制竞争协议利弊的自由裁量权不受该条约束，更会使得法释〔2012〕5 号第 7 条有关被告提出反证的规定及将其类推

---

❶ 尽管该案二审判决中载明锐邦一方表示是一审法院不接受其补充证据。

到《反垄断法》第14条上的意义都仅限于：凸显法院主动调查和法官“自由心证”之重要性（如锐邦诉强生案一、二审），以及为部分文献和锐邦诉强生案二审判决主张引入美国联邦反托拉斯法“合理原则”提供“跳板”罢了。

6. 通过错误地解释法释〔2012〕5号第7条引入美国联邦反托拉斯法“合理原则”

法释〔2012〕5号第7条在《反垄断法》适用和法释〔2012〕5号第7条的理解存在疑问时，锐邦诉强生案二审法院开庭3次，判决书反复修改12次，都始终没有依据2007年4月1日起实施的《最高人民法院关于司法解释工作的规定》，提请最高人民法院就法律适用和司法解释的理解问题作出批复或专门组织起草司法解释，而是选择为了最终在我国《反垄断法》引入美国联邦反托拉斯法“合理原则”的思路来分析限制最低转售价格，而提出包含至少五个错误的逻辑推理：“《最高人民法院垄断纠纷审理规定》第七条规定：‘被诉垄断行为属于反垄断法第十三条第一款第（一）项至第（五）项规定的垄断协议的，被告应对该协议不具有排除、限制竞争的效果承担举证责任’，据此可知，认定《反垄断法》第十三条所规定横向协议构成垄断协议，应以该协议具有排除、限制竞争效果为前提。一般认为，由于横向协议直接排除、限制了市场竞争，横向协议限制竞争的效果甚于纵向协议，举重以明轻，反竞争效果强的横向协议构成垄断协议尚须以具有排除、限制竞争效果为必要条件，反竞争效果相对较弱的纵向协议更应以具有排除、限制竞争效果为必要条件。”

（1）错误一。该案二审判决主张：**“一般认为，由于横向协议直接排除、限制了市场竞争，横向协议限制竞争的效果甚于纵向协议……”**这样的主张在我国《反垄断法》中是找不到法律依据的，更犯了以偏概全的错误，不能以此作为主张该法应区别对待横向协议与纵向协议，为该法第 13 条第 1 款和第 14 条的适用制定不同举证责任分配规则。[1]

横向协议如果被理解为竞争者之间的限制竞争协议的话，那么，不仅包含欧盟竞争法中“以限制竞争为目的”的限制竞争协议亦即美国联邦反托拉斯法本身违法原则下禁止的限制价格、数量竞争与划分客户、市场的行为。此外，横向协议还包括欧美都不会禁止的其他横向限制竞争协议，例如，联合研发、生产分工、技术转让协议等。这些协议对竞争的危害的确小于只能依据《欧盟运行条约》第 101 条第 3 款个案考察的“以限制竞争为目的”的限制竞争协议（包括限制最低转售价格协议）。而限制最低转售价格协议却被视为“以限制竞争为目的”“核心限制”，所以被排除在集体豁免条例及相关指南的适用范围之外，且和其他“以限制竞争为目的”的横向限制竞争协议一样因为“通常情形下”无法满足《欧盟运行条约》第 101 条第 3 款而被禁止。与之相比，其他“通常情形下”能满足《欧盟运行条约》第 101 条第 3 款的限制竞争协议才更常见，也更需要通过配套规则加以引导。也正是在这样的语境下，欧盟委员会 2010 年颁布的《关于纵向限制的指南》第 6 段才会说：“**在通常情形下**，纵向限制比横向

---

[1] 也有文献认为法释〔2012〕5 号第 7 条之所以未提及《反垄断法》第 14 条，仅仅允许涉及《反垄断法》第 13 条第 1 款第 1 项至第 5 项禁止的垄断协议类型时，被告可以为其行为不具有限制竞争效果进行举证，是因为这些行为比该法第 14 条禁止的固定转售价格和限制最低转售价格协议危害性更显著，如朱理：“《关于审理因垄断行为引发的民事纠纷案件应用法律若干问题的规定》的理解与适用”，载《中国竞争法律与政策研究报告（2012 年）》，法律出版社 2012 年版，第 26 页。

限制所造成的损害要小，且可能提供限制的效率。”这种仅对“通常情形下”的描述，本质上区别于该案二审判决上述推理的逻辑出发点**“一般认为，由于横向协议直接排除、限制了市场竞争，横向协议限制竞争的效果甚于纵向协议……”**

（2）错误二。法释〔2012〕5号第7条：“被诉垄断行为属于反垄断法第十三条第一款第（一）项至第（五）项**规定的垄断协议的**，被告应对该协议不具有排除、限制竞争的**效果**承担举证责任。”该条已经认可经营者间达成的协议属于《反垄断法》第13条第1款第1项至第5项列举的情况就是垄断协议。该条不能被理解为：要求**原告必须再**对这些垄断协议具有排除、限制竞争**的效果**承担举证责任，尤其是在《反垄断法》第13条第1款没有如此规定，该法第2款对垄断协议的界定也没提“效果”二字的情况下。更何况法释〔2012〕5号第7条并没有明确被告到底是在该协议是否应被认定为垄断协议时“对该协议不具有排除、限制竞争的效果承担举证责任”，还是应具体就垄断协议**没有即遂、没有产生限制竞争的后果**，因而不承担民事赔偿责任时才对该协议“不具有排除、限制竞争的效果”承担举证责任。

反之，如果要求原告对《反垄断法》第13条第1款第1项至第5项规定的垄断协议垄断协议是否具有排除、限制竞争的**效果**承担举证责任，也就意味着法院可以就这些垄断协议的认定享有很大的自由裁量权，甚至在对那些适用美国联邦反托拉斯法本身违法原则的横向限制价格竞争协议也都可以像锐邦诉强生二审判决那样分析市场竞争是否充分、被告市场地位强大与否，然后才能将其定性为《反垄断法》第13条第2款意义上的垄断协议了，正如深圳中院和广东高院审理深圳惠尔讯科技诉深圳市有害生物防治协会案那样，将行业协会要求竞争者限制最低价格的决定也不视为构成垄断协议。[1] 这样的认定显然是与各国对价格卡特尔这种严重限制竞争行为的严打立场相悖的，更会使得《反垄断法》禁止和预防垄断行为的立法目的难以实现，并客观上与我国发改委系统和工商系统以往相关执法实践冲突，例如：湖南省物价局对娄底市保险行业协会组织保险公司限制车险最低销售价格的查处、辽宁工商对建材协会组织保价限产协议的查处。

（3）错误三。法释〔2012〕5 号通篇都是在解释程序法问题，其第 7 条也是在细化举证责任分配，并不能将其视为对《反垄断法》实体法做出解释，尤其是最高人民法院也没有权限，直接通过有关程序法上的司法解释，来事实上通过改变实体规则的构成要件，来限缩法律的适用范围，以至于难以实现《反垄断法》最直接的立法目的，即禁止和预防垄断行为。

（4）错误四。对于实体规则适用的解释，尤其是对构成要件的补全或限缩，例如为《反垄断法》第 13 条第 2 款中的“排除、限制竞争”增加“效果”二字（并在具体认定时要求分析市场格局、经营者市场地位强弱、实施争议行为动机、促进竞争效果等等），司法解释都以明文规定来实现，鲜有能够明文规定而不规定，要依靠下级法院推理、推定的。若如此，必然导致各地方法院在是否进行类似推理、推定上出现不统一的格局，违背制定司法解释统一法律适用、保障公平正义的初衷。

（5）错误五。二审法院提出的“举重以明轻”最初源自《唐律疏议》：“诸断罪而无正条，其应出罪者，则举重以明轻；

---

[1] 对该案一、二审判决的批评参见李剑（上海交通大学）：“横向垄断协议法律适用的误读与澄清——评“深圳有害生物防治协会案”，载《法学》2014 年（即将发表）。

其应入罪者，则举轻以明重。”因此即便是依据法释〔2012〕5号第7条，按“举重以明轻”来推定，能得出的结论也只能是：“被诉垄断行为属于反垄断法第14条第1款第1项第2项规定的垄断协议的，被告应对该协议不具有排除、限制竞争的效果承担举证责任。”尽管这样的规定本身包含在法释〔2012〕5号的草案第8条内，但最终在正式颁布该司法解释时被删掉了，因而也更应该理解为司法解释的制定者并未对如此规定达成广泛共识。

诚如前面的分析，不顾《反垄断法》的内在逻辑和立法者的初衷、该法的立法目的，漠视《欧盟运行条约》第101条相比美国联邦反托拉斯法“合理原则”的优越性及我国《反垄断法》第二章对欧盟法的借鉴，试图通过错误地解释司法解释，僭越法院对法律适用的解释权限、怠于行使提请最高人民法院作出批复的义务，通过一系列错误地推理来人为地在《反垄断法》第13条第2款对垄断协议的界定中加入“效果”二字，使该条原本对协议、决定和协同行为与排除、限制竞争间的因果关系认定，被替换为对排除、限制竞争效果的笼统分析，再进一步偷换概念，把本应在《反垄断法》第15条由被告，即从事涉嫌构成垄断协议给他人带来损害的经营者，才应举证的“促进竞争的效果”纳入到认定垄断协议环节中的“竞争效果”评估范畴，作为分析限制竞争效果的一部分，从而彻底架空《反垄断法》第15条，极大地扩张法官自由裁量权及难免与此相伴的恣意性，显然是非法治的，也是危险的——正如锐邦诉强生案一、二审判决所反映的那样。

7. 主张引入美国联邦反托拉斯法“合理原则”的理由有悖法治精神

那么为什么部分文献会主张在我国《反垄断法》第二章引入

美国联邦反托拉斯法“合理原则”呢？也许其初衷是下述三种很值得质疑的“担忧”。

（1）如果不引入美国联邦反托拉斯法“合理原则”就会过度执法？部分文献认为：“首先，是对过度执法和司法的担心。一旦适用可抗辩的违法推定原则，导致大量具有正向净效果的 RPM 被认定为非法，最终将会使消费者整体福利被损害。”“通过适用合理原则，原告承担的举证责任大大加重，诉讼过多所导致的对具有正向净效果的 RPM 的限制或干预将大大减少。”[1]

第一，上述观点忽略了：“通过适用合理原则，原告承担的举证责任大大加重”后，大量并非“正向净效果”限制最低转售价格行为会难以通过诉讼或举报执法机关得以规制，甚至不排除（恰恰因此）也会诱发一些“正向净效果”限制最低转售价格行为，在纷繁复杂而又动态发展的经济生活中，“时不时地”就沦为厂商或经销商实施横向限制价格竞争协议的辅助工具而同样难以被起诉和查处。而这显然严重背离了《反垄断法》第 1 条预防垄断行为的法定立法目的，也相应地背离了法治原则。

第二，对于所谓“正向净效果”的限制最低转售价格行为，经营者仍是可以适用《反垄断法》第 15 条对执法调查或起诉提出抗辩，从而获得免于禁止或被认定违法的机会，**如果不能举证或没有自信进行这样的举证，则可选择其他行为来替代限制最低转售价格的措施**。实际上，在美国许多仍一概禁止限制最低转售价格行为的州，以及美国联邦最高法院 *Leegin* 案判决作出之前九十余年对跨州贸易中限制最低转售价格行为的禁止并没妨碍美国

[1] 黄勇：“价格转售维持协议的执法分析路径探讨”，载《价格理论与实践》2012 年第 12 期，第 6、5 页。

品牌厂商的发展。无论是通过经销商进行售前、售后服务，防止各类经销商搭便车，还是推出新品进入新市场等等，都没有因为选择了替代限制最低转售价格的措施而受到影响。**反倒是在美国一直不敢实施限制最低转售价格行为的部分企业，例如强生，却在中国大陆市场十几年如一日地用白纸黑字的限制最低转售价格条款来“排除品牌内竞争、长期维持较高价格水平、回避品牌间价格竞争，降低了相关市场的价格竞争、限制经销商定价自由、排挤有效率的经销商”，一如锐邦诉强生案二审判决认定的那样。**

第三，《反垄断法》生效五年多，发改委系统至今只查处了三批涉及限制最低转售价格的案件，[1] **甚至在2011年国家发改委对茅台涨价过快作出警告后也没有立即查处限制最低转售价格，**而是一直等到2013年证据确凿、理论准备充分、执法人员培训到位之后，[2] 才对茅台、五粮液的这类行为进行处罚，且至今没有任何公开披露的信息表明发改委系统有对白酒、奶粉行业其他企业是否存在同类行为进行调查或处罚。而经销商起诉限制最低转售价格的案件至今也只有两例；且相比美国反托拉斯法中广泛

---

[1] 对出版社实施“新书限折”行为是否进行了处罚则未予公布，类似的情况如北京奔驰限制最低转售价格行为，参见叶高芬：“垄断协议的反垄断规制”，见《中国竞争法律与政策研究报告》，法律出版社2012年版，第66页。

[2] 在锐邦诉强生案一审宣判后，正式调查茅台、五粮液限制最低转售价格前，2012年10月11～12日中国反垄断法执法机构与欧盟委员会代表在“第五次中欧竞争政策周”中就中欧对纵向限制竞争协议的规制问题展开交流，相关会议资料参见http：//www.euchinacomp.org/index.php/zh/？option=com_content&view=article&id=255。

适用的三倍赔偿规定，[1] 五年多来唯一胜诉的锐邦却只拿到得不偿失的赔偿，经销商大规模起诉厂商的可能性微乎其微，那么终端消费者最终获得不当得利返还的可能性就更无从谈起了，尤其是在法释〔2012〕5号没有明确终端消费者和其他间接购买者是否可以跳过经销商直接向违反《反垄断法》的厂商索赔，甚至还整体删除了该司法解释草案第10条至第12条与消费者起诉索赔相关条款的背景下。[2]

相比对“过度执法”的担忧，更令公众普遍担心的是“选择性执法”和对违法者处罚过轻以至于难以达到遏制再犯或同类投机性违法行为等问题。[3] 而这两个问题更多有待于细化《反垄断法》第46条，并将确保举报奖励、受理监督和执法透明度的措施法治化。

---

[1] 约瑟·鲍尔著，蒋尚仁译：“美国反托拉斯法透析——供中国发展其反托拉斯法之参考”，见游劝荣主编：《反垄断法比较研究》，人民法院出版社2006年版，第620页。

[2] 毛晓飞：“析我国反垄断民事救济中的消费者利益保护机制”，载《法律适用》2013年第2期，第53页。

[3] 对相关争议的系统汇总参见时建中：“对反价格垄断行政执法机制和体制的延伸思考”，载《中国物价》2013年第11期，第20～25页；盛杰民老师对规制最低转售价格行为时免罚自首企业的质疑，载谢鹏：“‘自首’也麻烦——反垄断法的‘宽恕’暗道”，《南方周末》2013年9月27日；认可执法机关这一做法的观点，参见齐世山：“论纵向垄断协议的宽大政策适用”，载《中国物价》2013年第11期，第33～55页；另参见刘武朝：“价格垄断行为违法所得的认定及处理”，载《中国物价》2013年第11期，第44～47页；黄亚楠：“专家谈限制最低转售价格：此前对茅台五粮液处罚过轻”，载IBTimes中文网，2013年7月3日访问；刘旭：“《反垄断法》条款适用的不足”，载《东方早报》2013年8月27日第C06版、C07版。

（2）因为“法不责众”所以更应引入美国联邦反托拉斯法“合理原则”？部分文献认为：“其次，出于对市场现状难以突然转变的担心。目前我国社会经济生活中大量存在各种最低限价或固定价格的RPM，少有生产商或经销商认为是违法的，甚至采用最低限价或固定价格的RPM协议普遍性地存在于一些行业中，是行业中大家公认的规则。如果适用可抗辩的推定违法原则，则打击面过宽，反而容易导致法律不能真正被贯彻实施。毕竟‘法不责众’，一项不能真正获得遵守和尊重的法律只能是落在纸上的条文，而不能转化成人人遵守的行为规则。”❶

上述担忧是可以理解的，但同样是违背法治原则的。没有任何证据表明目前我国社会经济生活中大量存在的各种限制最低转售价格或固定价格在引入美国联邦反托拉斯法“合理原则”到我国《反垄断法》后就**都**应该或大部分都可以被认定为是所谓“正向净效果”的行为，进而不应被禁止；相反，这只会让其中绝大多数只追求自身利益最大化的厂商所从事的大量**并非**“正向净效果”的行为难以查处和起诉，对消费者的损害、对竞争环境的扭曲也只会相应被掩盖下来，并必将因为引入美国联邦反托拉斯法“合理原则”而持续下去。

《反垄断法》颁布后已经留了近1年的过渡期限，而且该法生效5年多，经营者应当知道哪些行为有可能涉嫌违反该法。对于心存侥幸而投机地实施限制最低转售价格的经营者，不应以“法不责众”这一没有任何法律依据的理由而被姑息。倘若因为“法不责众”就试图通过引入美国联邦反托拉斯法“合理原则”

---

❶ 黄勇：“价格转售维持协议的执法分析路径探讨”，载《价格理论与实践》2012年第12期，第6页。

来增加执法机关和原告举证负担变相纵容限制最低转售价格行为，或者在司法改革真正全面实现以前让和地方政府关系密切的法院系统各自为政地使用由此带来的自由裁量权去对这类行为“权衡利弊”，那么对于同样更常见的横向限制价格竞争行为是否也可以主张“一项不能真正获得遵守和尊重的法律只能是落在纸上的条文，而不能转化成人人遵守的行为规则”，所以也就不被禁止，或者也适用“合理原则”让执法者和原告去举证它们并非具有“正向净效果”？

（三）不应要求原告举证限制最低转售价格行为的限制竞争效果

1. 要求原告举证限制最低转售价格行为的限制竞争效果没有法律依据

部分文献主张法释〔2012〕5号第7条是在我国《反垄断法》中引入美国联邦反托拉斯法的“合理原则”来规制限制最低转售价格的支持，例如：

另一些学者则认为，不应当采用可抗辩的违法推定方法（即适用《反垄断法》第15条——笔者注）来判断最低限价或固定价格的RPM协议，而**应当借鉴美国“丽晶案”的作法，以合理原则为出发点，按照一般民事诉讼的举证规则，“谁主张谁举证”，由行政机构或民事原告承担完全的举证责任，证明经营者（民事被告或被调查者）实施的限制最低价格或固定价格的RPM产生的负效果大于正效果**，因而违反了反垄断法，应当被限制或禁止。最高人民法院2012年1月（1月30日通过，同年2月3日锐邦诉强生案一审庭审——笔者注）颁布的《关于审理因垄断行为引发的民事纠纷案件应用法律若干问题的规定》

中**仅规定，对于落入《反垄断法》第十三条横向垄断协议的，由被告承担举证责任**。并未提及第十四条举证责任的划分。按照一般原则，对落入《反垄断法》第十四条的最低限价或固定价格的 RPM 问题，应当适用“谁主张谁举证”的一般民事诉讼举证规则。**从最高法院的司法解释看，似乎是对这一派学者主张的肯定**。❶

上述推理显然是错误的。因为法释〔2012〕5 号第 7 条本身并没有——像美国法院适用联邦反托拉斯法“合理原则”时那样——要求原告在起诉《反垄断法》第 13 条第 1 款第（1）～（5）项罗列的横向垄断协议时举证它们“**产生的负效果大于正效果**”，❷ 所以只能理解为原告在起诉《反垄断法》第 14 条明列禁止的限制最低转售价格行为时，只需要举证被告实施了该行为即可。又如何能够认为——“**从最高法院的司法解释看，似乎是对这一派学者主张（即主张借鉴美国联邦最高法院 *Leegin* 案判决多数派意见‘以合理原则为出发点’）的肯定**”？

综合前述分析，由于二审判决有关将限制最低转售价格行为认定为垄断协议需以分析其排除、限制竞争效果为前提的主张不仅逻辑上存在严重问题，更存在偷换概念、恣意解读司法解释、严重违反《反垄断法》内在逻辑和限缩该法第 13～14 条的适用，涉嫌以非法治的手段消除违背法治原则且与事实不相符的“担忧”，所以其主张依据“谁主张谁举证”的原则要求由原告额外

---

❶ 黄勇：“价格转售维持协议的执法分析路径探讨”，载《价格理论与实践》2012 年第 12 期，第 6 页。

❷ 更何况我国《反垄断法》第 13 条第 1 款第 1 项至第 3 项明令禁止的横向限制竞争行为在美国本来就属于“本身违法”。

举证限制最低转售价格行为具有限制竞争**效果**既没有法律依据，也不合理。

2. 要求原告举证限制最低转售价格行为的限制竞争效果弊端明显

由于信息不对称，要求原告举证限制最低转售价格行为的限制竞争效果的弊端也是显而易见的，即原告方/上诉方锐邦难以就该案二审要求的四方面考察因素进行充分地举证，而被告/被上诉方强生则更不可能有动力积极举证自己违法，甚至连其所聘请的经济学专家也没有意愿参与任何一次庭审，而只出具了书面意见，以至于锐邦很可能面临因对限制最低转售价格行为的限制竞争效果举证不足，而无法满足二审法院自行为认定《反垄断法》第 14 条第 2 项禁止的垄断协议类型之一——限制最低转售价格协议——属于该法第 13 条第 2 款界定的垄断协议而增设的构成要件，进而让依据《反垄断法》第 15 条要求强生举证其行为的正当性也变得不可能了。而这也恰恰是建议适用美国联邦反托拉斯法“合理原则”认定限制最低转售价格的部分文献已然预见到的：

……作为一项垄断协议应当具有两个基本要件：(1) 存在一个协议；并且 (2) 这个协议**具有排除、限制竞争**的效果。虽然法律没有明确要求当“排除、限制竞争的效果”达到何种程度才是非法，但通常认为，轻微的排除、限制竞争效果不构成非法，只有协议产生了比较严重的排除、限制竞争效果时才被认为非法。因为按照第十四条的**法律解释**,[1] **原告**需要就构成"垄断协议"的两个要件都承担举证责任,**如果举证不能则被驳回起诉。因此对于被告而言,他将无须援引第十五条的任何条款来主张不适用第十四条了,也就不需要承担任何的举证责任。**[2]

也恰如部分文献所建议的那样,[3] 上述这种欠缺法律依据的举证责任分配使得该案中的**二审**法院,事实上,要像执法机关一样对一些**事实问题**"另行调查",尽管其并没有执法机关那么强大的调查能力,也没有中止审理请求执法机关先行调查,更没有因为涉及一系列重要的事实问题需要法院主动"另行调查"事实,所以出于保障双方当事人对这些事实认定的上诉权,或者出于担心自己对这些事实问题"另行调查"的结果受到双方当事人质疑而被提起审判监督程序,而选择发回一审法院重审。那么,

---

[1] 这里所谓的"法律解释"是指:"作为一项垄断协议应当具有两个基本要件:(1)存在一个协议;并且(2)这个协议具有排除、限制竞争的效果。"如前文所述,"的效果"三个字是《反垄断法》第13条第2款没有的,换言之,立法者在该法第13条第1款和第14条明列的垄断协议类型本身就与限制竞争存在必然的因果关系,且被立法者视为危害严重才没有划入兜底条款的。而法释〔2012〕5号第7条也仅仅规定:"被诉垄断行为属于反垄断法第十三条第一款第(一)项至第(五)项规定的垄断协议的,被告应对该协议不具有排除、限制竞争的效果承担举证责任。"相关分析见前文。

[2] 两段引文分别摘自黄勇、刘燕南:"关于我国反垄断法转售价格维持协议的法律适用问题研究",载《社会科学》2013年第10期(但该文注明投稿日期为2013年6月30日),第83、84页。

[3] 黄勇、刘燕南:"关于我国反垄断法转售价格维持协议的法律适用问题研究",载《社会科学》2013年第10期(但该文注明投稿日期为2013年6月30日),第90~91页。

对于二审法院主动调查的内容以及二审法院大量——缺少直接证据和专家证言支持的——**推断**是否全面、是否真实，双方当事人是否也对法院的调查结论能够充分地进行质证等一系列问题，以及其背后可能潜伏的道德风险及其他隐患，也就随之浮出水面。例如，在二审法院另查明强生“**2009 年以后**修改经销协议，放弃了最低转售价格限制”的情况下，却没能“另查明”：2009 年以来至 2013 年最后一次开庭时，为何“强生公司缝线产品在人民医院的销售价格保持在上诉人的报价水平”一直不变呢？强生是否真的“放弃了最低转售价格限制”，抑或其经销商间无论 2009 年前后都始终存在横向限制竞争协议？

如果要求原告必须举证限制转售价格行为具有限制竞争效果只是为了让法院获得更多不受制衡与监督的机会去“另行调查”和“自由心证”地推断事实，那么法律的适用必然带来极大的不确定性，并难免会诱发当事人对法官的寻租，尤其是在涉及《反垄断法》适用的案件往往标的额较大、被告不乏法院所在地纳税大户、或可能导致连锁诉讼和执法机构追查与处罚的情况下。而这也恰恰是另一个应当反对在我国《反垄断法》中引入美国联邦反托拉斯法“合理原则”的另一个重要理由。

3. 依据《反垄断法》原被告应当各自承担的举证责任

依据《反垄断法》第 13 条第 2 款、第 14 条的本义和两者与该法第 15 条的逻辑关系，原告仅需在法院认定被告是否从事了限制最低转售价格行为时对此进行举证，并在被告主张其行为符合该法第 15 条的严格要求时提出反证，在该行为被法院判定不能满足该条要求，因而应当适用该法第 14 条第 2 项予以禁止后，对该行为实施的情况及由此对其产生的损害进行举证。

相应的，被告可以对其没有通过事实上的约束性措施、监督措施和以各类处罚或变相处罚,[1] 来胁迫、控制或诱导原告实施其合同中规定的限制最低转售价格条款，如果该条款在表述上采用的是建议定价形式,[2] 且并未对建议定价的执行予以监督，也未对违背该条款的处罚措施或减少补贴、供货量、返点等变相处罚措施进行规定或加以口头约定、暗示的话。此外，被告也可以主张原告并非《反垄断法》第10条第2款意义上的经营者，而是纯粹作为其延长手臂的代理人，并无自主定价或与第三方谈判、订立交易条件的能力，也无需为代理行为承担任何值得一提的风险，例如作为这种类型的代理人是否不必为此先行支付大量沉淀成本或不必因交易未达成、销售指标为实现而面临处罚或损失奖金。如果前述问题被告无法充分举证或举证内容在原告质证后不能为法院采纳，则其应当被认为实施了限制最低转售价格行为，并须由被告自己，而非原告或法院主动行驶的调查权，来举证其行为符合《反垄断法》第15条。如果这样的举证经原告质证后没能获得法院采信，则被告的限制最低转售价格行为应被认定违法。

---

[1] 除了与其他非价格性的纵向限制竞争协议相结合的情形，一些常见的处罚措施、变相处罚措施参见徐新宇、高牟："纵向价格垄断的协议类型实施方式和控制手段"，《中国价格监督检查》2013年第10期，第15~16页。

[2] 对于建议定价的规制，可参考 EU Commissionnotice-Guidelines on Vertical Restraints, 10.5.2010 SEC (2010) 411 final, paras. 226~229；但也有学者认为应从行为经济学的角度对建议定价对消费者决策的影响纳入考量。李剑："消费者价格决策方式与建议零售价的法律规制——行为经济学下的解释、验证与启示"，载《法商研究》2012年第1期。

（四）评估限制最低转售价格行为的方法不合法、逻辑不清

1. 二审法院评估限制最低转售价格行为的方法不合法

综合前述分析，没有法律依据或逻辑无误的推理来支持该案二审法院，在认定被告强生实施了限制最低转售价格行为后，仍要求原告就其罗列的四方面考察因素都进行举证，即：市场竞争是否充分、被告是否具有很强的市场地位、被告实施限制最低转售价格行为的动机，与该行为对竞争产生的负面效果与正面效果分别为哪些，哪个明显。这四方面因素本应由被告在适用《反垄断法》第 15 条进行抗辩时举证。但是，被上诉人强生虽然在二审环节提及了该法第 15 条，但是二审法院三次庭审都未询问强生是否要依据该条进行举证，尤其是在其实施的限制最低转售价格行为可能被二审法院认定为违反该法第 14 条的情况下。二审判决中，二审法院也完全漠视该法第 15 条的存在，只提到上诉人强生曾谈及该条，却并未在认定强生限制最低转售价格违反该法第 14 条时分析该法第 15 条的适用，事实上架空了该条规定。而与该案二审法院判决不谋而合的亦恰好是部分文献所持的观点：

……作为一项垄断协议应当具有两个基本要件：(1) 存在一个协议；并且 (2) 这个协议具有排除、**限制竞争的效果**。虽然法律没有明确要求当“排除、限制竞争的效果”达到何种程度才是非法，但通常认为，轻微的排除、限制竞争效果不构成非法，只有协议产生了比较严重的排除、限制竞争效果时才被认为非法。因为按照第十四条的法律解释，原告需要就构成“垄断协议”的两个要件都承担举证责任，如果举证不能则被驳回起诉。因此对于被告而言，他将无需援引第十五条的任何条款来主张不

适用第十四条了，也就不需要承担任何的举证责任。**因此，如果按照主张适用“合理分析方法”一派学者对第十四条的解释，则第十五条对第十四条而言，除了第一款的第（6）项内容外，将成为事实上不必要的一个条款。**[1]

该观点所说的恰恰是锐邦诉强生一审时的情况，尽管二审判决透露原告锐邦表示一审法院曾拒绝让其补充举证。只不过，该案二审法院并未因程序瑕疵而发回一审法院重审，而是在《反垄断法》生效5周年的当天，借助二审法院另行查明的若干事实，终审判决强生的限制最低转售价格行为违反了《反垄断法》第14条，却仍旧视该法第15条于无物——从而事实上达到了以“合理分析原则”彻底取代《反垄断法》第15条的目标。

而且，基于信息严重不对称，让作为经销商的原告对这些问题进行举证是非常困难的，成本高昂，尤其是相比原告可能获得法院支持的赔偿请求金额而言，这样的举证要求显然只会阻却经销商对此类违法行为提起诉讼。相应的，如果诉讼本身是不划算的，那么经销商即便明知厂商实施的限制最低转售价格行为弊大于利，也没有动力违反这样的合同约定或厂商事实上对其经营行为自由的干预，那么也就不会被厂商处罚而且可以继续通过这样的违法行为共同牟利，形成利益共同体，放弃本身风险也不小的经销商间价格竞争，何乐而不为？

2. 二审法院对限制最低转售价格行为设置的四方面考察因素逻辑不清

该案二审判决提出要认定《反垄断法》第14条第2项明令

[1] 黄勇、刘燕南：“关于我国反垄断法转售价格维持协议的法律适用问题研究”，载《社会科学》2013年第10期，第83、84页。

禁止的垄断协议类型之一——限制最低转售价格——违法，就必须由原告举证为主、法院主动调查为辅，再由法官评估四方面因素：即：市场竞争是否充分、被告是否具有很强的市场地位、被告实施限制最低转售价格行为的动机，与该行为的竞争效果，亦即不仅要考察该行为对产生的限制竞争效果，还要考察其促进竞争的效果分别为哪些，哪个明显。

囿于篇幅，暂不就二审法院具体论证其考察的上述四方面考察因素中的细节问题进行展开研讨，仅指出它们之间在逻辑关系上的问题。

（1）市场竞争不充分、市场地位很强、定价能力与限制最低转售价格的关系不清。二审判决认为中国大陆地区医用缝线市场竞争不充分，其证据之一是强生在该领域长期具有很强的定价能力。后者也是证明强生具有很强市场地位的原因之一。同时二审判决又认定强生对经销商有很强的控制能力，包括限制最低转售价格措施及与之相应的监督和处罚措施。那么这市场竞争是否充分、强生市场地位是否很强、其对经销商的控制能力及限制转售价格措施四者间到底是什么关系呢？

如果没有限制最低转售价格机制，那么强生对经销商是否还有足够的控制力来保持强生长期稳定的定价能力呢？如果品牌内经销商间的价格竞争被强生视为对其价格体系的威胁，那么限制最低转售价格机制无疑是其保持定价能力的关键。因而，以强生定价能力强为依据来论证市场竞争不充分、强生市场地位强，进而将三者视作认定限制最低转售价格具有限制竞争效果的前提，而非后者的具体表现或结果，则显然是因果倒置的。二审判决的相关论证只能表明：因为存在限制最低转售价格，才导致强生能够维持医用缝线的定价权、形成并不断巩固较强的市场地位以及加剧恶化相关市场的竞争环境。

就此，二审判决也已经清晰地指出限制最低转售价格必然会导致的三大类限制竞争效果：排除品牌内竞争，长期维持较高价格水平；回避品牌间价格竞争，降低了相关市场的价格竞争；限制经销商定价自由，排挤有效率的经销商。对此，二审判决举了两个例子来加以佐证：

例子1：2008年强生公司把W9109H缝线的基准价格从60元提高到80元，但遭到由锐邦负责经销的积水潭医院的拒绝，所以强生同意锐邦不对积水潭医院涨价，同时承诺给予锐邦一定补贴。二审判决认为："这可以说明，**面对个别医院的'反抗'，强生公司最终还是选择牺牲涨价利益以保住市场份额，说明即使在强生公司缝线产品与其他品牌缝线产品间也存在价格竞争的空间。**"

例子2：二审法院认定"本案中，**上诉人在人民医院降价后，强生公司缝线产品在人民医院的销售价格保持在上诉人的报价水平**，上诉人降价销售并不导致其亏本经营，因此上诉人的降价销售完全属于市场正常的降价需求。正是由于被上诉人采取最低转售价格限制，才使得这种现实、正常的降价需求变得不可能，直接排除了品牌内的价格竞争。"

例子1表明，强生仍面临品牌间竞争压力，而且也间接地面临个别拥有较强谈判能力的大客户，可见相关市场上仍旧存在有效竞争，强生的市场地位并不足以使其我行我素地进行定价。尽管如此，限制最低转售价格行为仍能够使品牌内竞争受到抑制，一如例子2所证明的。这两个例子无疑都充分地说明了限制最低转售价格不仅是对经销商经济行为自由，尤其是定价自由的直接干预，而且必然导致品牌内竞争的遏制和品牌间竞争的弱化。

由此可见，限制最低转售价格对竞争的危害并非以市场竞争不充分、强生拥有很强市场地位为前提。

（2）限制转售价格行为的动机分析与分析该行为促进竞争效果之间关系不清。二审判决也有要求原告举证强生限制转售价格具有限制竞争的动机，并以此作为证明这种行为符合限制竞争效果的必要条件，以及被认定违法的前提。巧合的是，这并非新论。在2011年底，南京中级人民法院在审理魏忠诉南京喜郎儿投资管理有限公司限制转售价格案时，就曾以原告无法举证被告行为的限制竞争目的和效果而判原告败诉〔2011〕宁知民初字第482号）。这里原告被要求举证的限制竞争目的显然不是《欧盟运行条约》第101条第1款意义上的协议与限制竞争间是否具有客观的因果关系，而是被告实施限制最低转售价格的动机。而在锐邦诉强生案二审判决中，二审法院颇费周折地进行一番论述后最终得出了一个不言自明的结论：强生实施限制最低转售价格的动机“在于执行其回避价格竞争的策略，维持其价格体系。”但是，与此矛盾的是，二审判决随后分析的强生实施限制最低转售价格所能实现的促进竞争效果，及追求实现这些效果的动机竟然丝毫没能在其分析强生实施限制最低转售价格的动机时加以兼顾。同样的矛盾也是锐邦被二审法院要求进行此类举证时要面对的。

（3）法院替原告对限制最低转售价格行为促进竞争效果不明显进行了论证。二审法院一方面强调应该遵循“谁主张谁举证”的原则由原告/上诉人锐邦来举证强生限制最低转售价格行为限制竞争效果，并将本应在《反垄断法》第15条由被告强生举证的抗辩理由——例如限制最低转售价格行为促进竞争的效果，也纳入二审法院自己罗列的四项考察因素中来，并要求原告举证。

但实际上，在二审判决中，有关“本案限制最低转售价格协议不具有明显的促进竞争效果”的论述并非都是，在信息严重不对称的情况下，由强生方面提出的，而是由锐邦的经济学专家证人提出的；[1] 在具体论证和举证上，也恰恰不是锐邦方面做的，而是严重依赖法院调查和“法院认为”。这客观上使得对限制最低转售价格的评价更多依赖于法院的意志、更多取决于法官的“自由心证”，尤其是在我国司法体制中并没有美国式的陪审团制度用于事实认定时（特别是用于认定**二审法院主动查明的事实时**），由此可能导致的恣意性和道德风险或难以预估和预防。

此外，在二审法院认定强生违反《反垄断法》第 14 条后，并没有适用该法第 15 条，要求强生进一步举证其限制最低转售

[1] 也不排除专家证人的意见与二审法庭提出的问题有关，尽管这些问题在二审判决中并未公布也未就这一经过及提出这些问题的依据作出说明，参见张舟逸：“对话主审法官丁文联”，载《财经》2013 年 8 月 12 日：“法庭围绕双方经销模式、相关市场特点、涉案产品特点、强生公司竞争策略、涉案产品价格变化等方面事实提出 20 多个问题，双方都有针对性地做了准备。”

价格行为具有“增进效率”的效果，[1] 符合该法第15条第1款第

---

[1] 许光耀：“转售价格维持的反垄断法分析”，载《政法论丛》2011年第4期，第102页。综合2010年以前美国学者对限制最低转售价格协议进行评估的6种方法，建议在适用《反垄断法》第14条中通过引入其所提出的“结构性分析方法”，“考察该相关市场的结构状况，以判明该协议有无产生反竞争结果的可能性”。其出发点是，如果将所有限制最低转售价格协议都纳入该法第14条规制范畴的话，那么企业在举证其此类行为是否符合该法第15条时，尤其是在举证是否存在替代措施可以实现限制最低转售价格协议所能发挥的积极作用时，会遇到举证困难。这样的思路存在5个问题：(a) 在信息不对称的情况下，没有谁比实施或计划实施限制最低转售行为的企业自身更能了解是否还存在替代措施实现其希望由此实现的效率提升；(b) 欧美日韩澳等主要工业国及台湾地区长年禁止限制最低转售价格行为，但事实上企业仍可以通过其他措施实现部分经济学文献为限制最低转售价格行为有限罗列出的积极作用，一如其他经济文献对那些替代措施的罗列；(c) 相比判断是否有其他措施可以替代限制最低转售价格行为实现其所能实现的效率提升，对于企业而言更难的是——理解和预见如何依据立法者没有详细说明，学者没有穷尽列举，各地各级法官、执法者又未必能统一、准确、有效适用的“结构性分析方法”来判断限制最低转售价格行为是否会产生“反竞争效果”；(d) 同理，对法官和执法者而言只会难上加难的是，如何在适用《反垄断法》第14条时，依据这种“结构性分析方法”去主动调查取证，在没有美国陪审团制度支撑下，客观公正地认定自己调查出来的事实真相而非“自由心证”，并严密论证限制最低转售价格协议具有其所谓的“反竞争效果”，做到“避免出现‘漏网之鱼’”（一如许光耀：“《关于禁止垄断协议行为的有关规定（征求意见稿）》的意见”，载王晓晔主编：《反垄断法实施中的重大问题》，社会科学文献出版社2010年版，第71页对《反垄断法》第13条、第14条的评价）；(e) 其所谓“结构性分析方法”中的“反竞争效果”被界定得比较狭隘，仅局限在厂商与经销商分别达成“卡特尔”的范畴，没有将限制品牌内经销商间竞争本身对品牌内竞争削弱和品牌间竞争的影响纳入其中，尽管欧美从未否认这些负面影响，只不过不同于美国，欧盟将限制品牌内价格竞争同样看得很重要，而锐邦诉强生案二审判决也坦诚限制最低转售价格协议与限制品牌内竞争存在必然的因果关系，即便这本身就是不言自明的。非常遗憾的是该文未能谈及欧盟委员会2010年5月27日发布的《纵向限制竞争行为指南》，尽管许光耀老师在该文及其他文献中已多次强调我国《反垄断法》第二章“**主要借鉴了**”欧盟竞争法的相关规定。

2 项“为提高产品质量、降低成本、增进效率，统一产品规格、标准或者实行专业化分工的”和该条第 2 款“属于前款第一项至第五项情形，不适用本法第十三条、第十四条规定的，经营者还应当证明所达成的协议不会严重限制相关市场的竞争，并且能够使消费者分享由此产生的利益”。没有这些规定对强生举证热情的激励，也就难怪二审判决会抱怨：“尽管双方所委托经济学家均为本案提供了依据比较充分的经济学论述，但是在上诉人完成初步举证情形下，由于被上诉人未能积极举证，未能提供本案相关市场集中度、强生公司市场份额、本案限制最低转售价格协议竞争效果等方面的证据，导致被上诉人主张难以获得支持。”——奇怪的是，该案二审 3 次庭审，二审判决反复修改 12 稿，却始终没透露强生是否主张依据《反垄断法》第 15 条进行抗辩和举证，二审宣判后，强生方面也没对这一明显的法律适用疏漏而申请再审。而这或许与二审判决让强生承担的损害赔偿微不足道得已经让其获得“某种心理平衡”有关吧。

（五）对损失赔偿的认定没能与限制最低转售价格的处罚机制联系起来

倘若暂不考虑二审判决对锐邦 2008 年医用缝线经销利润损失计算是否存合理，损害赔偿部分的问题主要集中在下面两方面。

1. 涉及 2008 年吻合器销售的损失

二审判决中透露：“上诉人称，因 2008 年上诉人吻合器招标价格下降，被上诉人承诺补贴价格损失 51 万元，故提出支付请求。”但二审法院没有就吻合器销售协议中是否也存在限制最低转售价格协议或固定转售价格行为进行调查。如果执法机关通过调查认定有关补贴的约定涉及锐邦执行强生固定转售价格行为所应获得收益，那么在该固定转售价格行为被认定为违法且自始无效时，锐邦对该补贴的请求权也就失去了法律基础。

2. 强生取消锐邦经销权导致的损失

在锐邦违反强生限制最低转售价格后，被强生取消了两家医院的经销权，同时也没有在2009年再与锐邦续约，并由此给锐邦造成可期待的2009年利润损失、员工遣散费、库存积压损失、已沉淀的推广费用难以挽回和商誉损失。这些主张二审法院都没有支持，尽管其在二审判决中曾明确表示："上诉人由于违反限制最低转售价格协议受到处罚而遭受的损失，可能属于因垄断行为导致的损失。"

二审法院在认定强生限制最低转售价格行为违反《反垄断法》后，没能进一步认定经销合同剩余条款中哪些也应被认定为无效、无效条款认定的溯及期，更没能明确地将"2008年7月1日强生上海公司致函锐邦公司，以锐邦公司于2008年3月在人民医院的竞标中私自降低销售价格、获取非授权区域的缝线经销权为由，扣除锐邦公司保证金2万元，并取消锐邦公司在中国医学科学院阜外心血管医院、北京整形医院销售权"认定为强生实施垄断协议对锐邦的经济处罚。同理，强生不与锐邦续约，以至于后者无法按照15年的合作经验和管理继续与其原负责经销强生产品的医院继续在2009年度开展业务的做法，显然也应当被认定是强生为保障其垄断协议在中国大陆市场所有经销商中保持约束力而对锐邦实施的处罚措施之一。除了取消授权所带来的可预期收益应当赔偿，与取消授权客观上存在必然因果关系的人员遣散费、库存积压损失、2008年当年经销商为产品推广和对当年被取消经销权的两家医院所支付的售前、售后服务成本、商誉损失也都应该被纳入被告赔偿范围。而对可预期的赔偿额度也不应局限在2009年，而是应当扩展至该案起诉受理之日。”

对于强生利用一年一续签经销合同，以不续约及由此导致的可预期收益、库存损失、人员遣散成本、沉没成本及商誉损失为要挟或赤裸裸的处罚措施，来控制经销商服从其最低转售价格的事实，即便二审法院没有主动调查强生以往是否因为经销商违背其限制最低转售价格条款而取消其经销权的先例，也可以通过二审判决中查明的事实加以佐证，例如但不限于：“强生公司采取一年一签的短期合约安排。”“本院注意到，以下证据清楚地体现了强生公司在缝线产品上回避价格竞争的竞争策略：（1）《经销合同》与附件的相关约定。《经销合同》附件五第2条规定经销商有义务帮助强生公司维护好市场价格体系，禁止任何形式的恶意竞价行为。《经销合同》附件七a优秀经销商实践考评制度中则进一步明确‘因无力应对降价压力而导致价格下跌，或因其他工作失误导致价格体系受损’属于每月考核中因不能‘有效控制价格体系’而应扣分的情形。由此可见，不仅仅经销商的故意降价被《经销合同》禁止，哪怕是在市场降价压力下的被动降价行为也是对经销商进行负面评价的事由。总之，强生公司希望维护其价格体系而不愿意降低销售价格。”

遗憾的是，二审法院在已经查明上述事实后，最终却未能将这些保障限制最低转售价格条款得以实现的处罚机制与锐邦因违反该条款而必然蒙受的损失联系起来，以至于法院没能找到让锐邦的大部分损失赔偿主张获得支持的理由。

（六）小　结

该案二审判决能够阐明《反垄断法》对该案的适用的原因之

一是强生对违反其所设最低转售价格的处罚给锐邦带来的损害与影响延续至该法生效后；并能够强调保障因此被处罚之经销商的合法权益，包括由此直接导致的可预期收益损失——这两点无疑都是积极的。但相比之下，这些积极的态度并没能最终在计算损害赔偿时得以贯彻，既忘记了就强生对锐邦一系列处罚措施和变相处罚措施加以认定，更错失了尝试为这些处罚措施直接导致的可预期收益损失的认定勾画出清晰思路的机会。这最终使作为经销商的原告虽然赢了官司，但不仅丢了生意，甚至还要为依据《反垄断法》维权而承担巨额损失。这样的结果显然会彻底打消经销售通过诉讼来抵制限制转售行为的积极性，更使之没有动力违抗厂商强迫其接受的限制转售价格协议。如此一来岂不是与该案二审判决中担忧经销商权被剥夺诉权的结局[1]殊途同归？这甚至也就等于借助该案二审判决告知中国大陆所有行业各级经销商：厂商以经销合同未到期时取消部分经销权、经销合同到期后不续约来惩罚经销售突破最低转售价格都是无须承担赔偿责任的。但是，倘若这些惩罚措施是基本不受法律约束的，没有违法成本的，被如此惩罚的经销商又如何能得到法律保护呢？难道这也算是“庶民的胜利”？

同样抑或更应警醒的是：该案二审判决并非“反垄断法的胜利”，而是通过一、二审法院前仆后继的一系列错误地解释和适用《反垄断法》、曲解《反垄断法》第二章内在逻辑、极大地增加原告举证责任、彻底架空该法第 15 条进而极大地扩张法院在

---

[1] 该案二审判决表示：“合同当事人之外的利益主体（包括消费者）通常很难知道垄断协议的具体情形，如果不允许知悉内情、掌握证据的垄断协议当事人提起反垄断诉讼，垄断协议这种违法行为就很难受到追究。”

认定垄断协议和评估其正当性上的自由裁量权，最终将部分文献主张的美国联邦反托拉斯法“合理原则”引入《反垄断法》第二章的“胜利”。而后一种“胜利”所带来的负面影响是广泛而深远的。比如，这会纵容限制转售价格行为；造成司法系统与反垄断执法系统在适用《反垄断法》第 14 条上无法统一，让经营者和法律咨询服务无所适从；[1] 使得因垄断协议引发争议的案件中原告不仅举证困难，而且往往失去了起诉的动力，那么《反垄断法》整个第二章的适用都将变得很困难；如果不彻底否定锐邦诉强生二审判决对《反垄断法》的错误解释与适用，那么该法第 15 条也必将，如部分文献所预见的那样，沦为“不必要的条款”，[2] 被彻底废弃，以至于依据该条制定集体豁免禁止规则也成为空中楼阁了。

基于前述分析，对于锐邦诉强生案二审判决在《反垄断法》解释和适用上存在的错误，对原告由于违反强生限制最低转售价格的约束而遭受一系列经济处罚措施依法作出认定，导致损害赔偿认定不公正等一系列问题，如果该案二审法院不能依据《民事诉讼法》第 108 条第 1 款决定再审该案，而当事人也未能在二审

---

❶ 例如：刘成、俞珍珍、干潇露：“合营合同中不竞争条款的反垄断法分析”，2013 年 8 月 21 日；宁宣凤、彭荷月、刘佳、萧达莎：“《反垄断法》的双轨制——行政执法与民事诉讼的互动”，2013 年 9 月 13 日，两篇文章均刊载于 http：//www. chinalawinsight. com。同样是金杜律师事务所，不同律师团队对限制最低转售价格行为的《反垄断法》适用就已经出现了差异，由此可管窥该案二审判决给该法适用增加的不确定性。

❷ 黄勇、刘燕南：“关于我国反垄断法转售价格维持协议的法律适用问题研究”，载《社会科学》2013 年第 10 期（但该文注明投稿日期为 2013 年 6 月 30 日），第 84 页。

判决生效6个月内向上级法院提起再审请求，则最高人民法院应当依据《民事诉讼法》第108条第2款主动对该案提起再审，纠正该案二审判决的所有错误，正本清源，为全国范围内统一适用《反垄断法》创造条件和范例。此外，理论上讲，也不排除国家发改委作为“其他组织”，依据《民事诉讼法》第200条、第208条和2013年11月19日发布生效的《人民检察院民事诉讼监督规则》第23条，为保障《反垄断法》统一适用、确认其对限制最低转售价格行为已做出或将做出的处罚决定在法律适用上的合法性，而向最高人民检察院举报涉嫌错误适用《反垄断法》的生效判决，例如锐邦诉强生二审判决，请求检察机关提起抗诉。

五、总　　结

欧盟竞争法与美国联邦反托拉斯法在限制竞争协议上看似殊途同归，但实际和而不同，“貌合神离”。这归根于：欧盟法追求通过消除一切内部贸易藩篱、扭曲竞争机制、一步步为减少公权力对企业经济行为自由的干预来建立统一、开放、有效竞争的内部市场，所以对竞争的保护着眼于对有效竞争存续之前提——即企业经济行为自由的保护，强调通过四大豁免禁止的条件疏导和约束企业通过限制济行为自由来实现合作、促进效率提升并惠及消费者，从而根本上，而非仅仅在举证责任分配上，不同于美国联邦反托拉斯法；因为后者在过去一百多年来的发展中日益着眼于限制竞争行为所导致的市场效果，从而通过功利地权衡利弊，来判断哪些行为应当禁止，哪些行为应当允许——在这样的语境下，一方面要求原告和执法者承担更多举证责任，一方面又引入经济学方法试图借助有限的数据和经济学分析模型，对纷繁复杂而又不断变化的市场结果进行解析和预测，并交由未必精通计量经济学等方法的法官、陪审团来决断，则更加剧了法律适用的成本和不确定性，以至于既限制了通过执法和私人诉讼约束限制竞争行为的可操作性，又使得企业决策不得不面临更多不可预见性和交易成本。

具体到《反垄断法》颁布四五年后，我国执法机构和司法系统对限制最低转售价格上的分歧，实际上是制定该法之初就已存在并一直延续至今的，有关我国到底应该借鉴美国法还是欧盟法之争的一个缩影，与学术界未能及时明确欧美竞争法在限制竞争协议规制上的本质差异及背后对限制竞争的不同理解不无关系。只不过这如今已经演化成：借助锐邦诉强生案，成功地在本身借鉴《欧盟运行条约》第 101 条设计的《反垄断法》第二章框架内，通过所谓以限制竞争效果作为认定垄断协议的条件，将垄断协议促进竞争的效果一并纳入其中，从而事实上引入所谓“合理分析原则”，架空效仿《欧盟运行条约》第 101 条第 3 款的《反垄断法》第 15 条，使之成为“不必要的条款”，来最终实现我国《反垄断法》第二章的“美国化”。这必然导致限制竞争行为，由于原告举证责任增加、法官自由裁量权过大、过度依赖法院在信息不对称、被告不配合的情况下去主动调查，而难以被追究和预防。这给我国市场和消费者带来广泛而深远的负面影响，对我国当下强调以消费为驱动的经济转型更是非常不利。相比之下，国家发改委价格监督与反垄断局局长许坤林对我国《反垄断法》第二章的理解是正确的。由此出发，欧盟 2010 年《纵向限制竞争行为指南》对制定有关适用我国《反垄断法》第 14 ~ 15 条的行政规章亦可资借鉴。

鉴于中共中央十八届三中全会《关于全面深化改革若干重大问题的决定》提出的客观要求，即完善统一、开放、竞争、有序的市场经济体系，确保市场行为能最大限度地受到有效竞争的约束和驱动，从而以成熟的价格形成机制尽最大可能地取代政府对价格的干预，我国适宜明确而坚定地效仿同样服务于保障市场统一、开发、有效竞争得以存续的欧盟竞争法，更好地借助《反垄断法》第二章既有的“原则禁止＋例外豁免”的规制体系，加快推进细化配套规则和相关执法，[1] 全面预防和引导限制竞争协议，并及时通过审判监督程序再审锐邦诉强生案，正本清源，纠正该案二审判决中的法律适用错误，统一《反垄断法》适用，保障经销商的合理赔偿请求，为广大经销商突破违法的限制最低转售价格条款提供坚强后盾，使大量无法满足《反垄断法》第15条的这类限制竞争行为自动瓦解和纠正，实现该法预防和禁止垄断行为的目的。

由锐邦诉强生案引发的有关对限制最低转售价格行为的法律适用之争，以及其背后究竟是继续借鉴欧盟竞争法，还是转向美国联邦反托拉斯法的争论，只是一个新的开端。一如在美国、欧盟法学界、经济学界和企业界，有关竞争法适用的论战贯彻其发展始终一样，学术争鸣也必将推动我国《反垄断法》大踏步向前发展。但即便是竞争法领域，真正拥抱学术争鸣同样需要极大勇气、智慧和胸怀，才能借助一次次大规模争鸣，使执法者、司法

---

[1] 相关建议参见刘旭：“论大部制改革背景下完善国务院反垄断委员会职能与改革反垄断法实施机制——兼论对欧盟与德国经验的借鉴”，载《经济法论丛》2013年第24卷，第90～92、97～103页。

机关和立法者能够比照甄别，着眼于我国改革开放的大势和经济转型的客观需要、人民群众的利益和《反垄断法》立法目的，"抓紧研究"[1]和确定我国《反垄断法》适用的方法、尺度和发展方向。

[1] "（2014年）1月17日上午，十位来自高校、研究机构和企业的代表受邀来到国务院第一会议室，为正在起草的《政府工作报告》和政府工作提出建议和意见。……对于马化腾提出完善《反垄断法》的建议，李克强也当场表态，要求相关部委**抓紧研究**。"载《北京青年报》2014年1月19日第3版。

第三篇

滥用市场支配地位与技术标准

欧洲电信标准组织 ETSI 的原则、准据法及向 ETSI 所做声明之效力*

[德] 约瑟夫·斯特劳斯 (Joseph Straus)** 撰
蒋 舸*** 译

【摘　要】在技术迅猛发展的全球化背景下，技术标准和作为其制定与管理者的标准化组织扮演的角色越来越重要。标准化组织的任务之一，就是保障任何人都能以公平、合理和非歧视的条件使用既是标准同时又受专利保护的技术。本文将分析 ETSI 及其功能、法律依据和工作方式，尤其是在 ETSI 标准经常演变为标准垄

---

* 作者谨将本文献给国际私法的开拓者之一，萨格勒布的 Kresimir Sajko 教授，恭贺其 75 岁生日。本文部分基于作者 2009 年受赫尔辛基 Nokia 委托出具的专家意见。

** 约瑟夫·斯特劳斯，法学博士，卢布尔雅娜大学及克拉古耶瓦兹大学荣誉法学博士，卢布尔雅娜大学教授，慕尼黑大学名誉教授，乔治·华盛顿大学法学院 Marshall B. Coyne 国际法及比较法访问教授，斯坦福大学胡佛研究所访问学者，慕尼黑知识产权法及竞争法马克思·普朗克研究所［现创新与竞争马克思·普朗克研究所——译者注］荣休所长。

*** 蒋舸，清华大学法学院讲师。本文原文刊发在 GRUR Int. 2011，第 469 页起。

断的情况下，ETSI 机制如何防止标准阻碍互通性（Interoperabilität）的实现。

一、欧洲竞争和创新政策背景下的标准化组织

在考察欧洲电信标准组织（European Telecommunications Standards Institute，下称 ETSI）机制的法律基础之前，有必要对标准组织（尤其是 ETSI）在欧洲竞争和创新政策中扮演的角色，以及与其目标相关的竞争法和专利法，展开一定的分析。

时任欧盟竞争委员的尼莉·克罗斯（Neelie Kroes）在 2008 年 6 月 10 日[1]的讲话中曾提及技术标准日益增长的重要性。她首先指出：

很显然，标准比过去任何时候都重要。它们往往能起到促进经济规模的作用，但它们对技术市场而言真正的意义还在于互通性。

通信网络的发展见证了互通性在使用设备、提供服务以及交换数据方面日益增长的重要性。互通性能够促进不同公司的技术形成竞争，并防止锁定效应的出现。

而标准正是互通性的基础。

克罗斯女士继而谈到标准包括专有技术和公开技术。欧洲第

---

❶ 《对标准保持开放态度》，Speech/08/317，布鲁塞尔，2008 年 6 月 10 日。

二代和第三代无线技术成功的关键在于专有技术。知识产权保护对于研发投资能够取得公平回报而言至关重要。克罗斯女士紧接着反问道：“对实务而言，这意味着什么？”

尼莉·克罗斯自问自答道：

首先，我们不应急于将技术加以标准化，而应该只将确实有益的技术加以标准化。

第二，如果在标准中采用专有技术相对于在标准中采用公开技术没有明显的好处，我看不出在标准中采用专有技术对消费者有什么好处。

第三，标准协议应以相关技术的要求为基础。竞争法通常不允许公司坐下来共同规划本行业的技术发展。所以如果要允许这种协商，我们必须仔细分析协商的过程。

……

各个标准机构在不同情况下履行它们各自的职责。但和所有人一样，它们的规则也必须和商业环境保持步调一致。如果它们需要收紧规则以免被狭隘的商业利益所操纵，或者在设计正确的事前规范方面需要帮助，它们都将获得我的支持。我的大门永远是敞开的。

第四，在拓展知识产权对技术的保护时，必须遵循知识产权保护的原则，即知识产权保护是以激励创新从而增进消费者福利为界限的。

最后，如果标准是基于消费者偏好而产生的，原则上我们应当袖手旁观。

尽管我是市场论的坚定信仰者，但我并不天真。有时候必须进行干预。

……

竞争主管机构或者立法者有时可能需要干预技术的权利人对其权力的运用❶。尽管这并非理想状态，但竞争主管机构不能怠于行使保护竞争过程和消费者的职责。

一言以蔽之，竞争主管机构有义务构建标准制定过程合理的情况下所应呈现的竞争条件。

欧盟竞争委员的这番话意味着：在标准的制定过程中，参与的技术企业必须就标准达成一致。所以标准及其制定过程若要符合竞争法，必须能促进不同企业间的技术竞争并增进消费者福利。反之，如果拥有专有技术的市场主体滥用标准，则竞争主管机构有义务为了维护竞争过程、增进消费者福利而进行干预。

尽管欧盟竞争委员是在 2008 年阐述的上述原则，但其实从 1983 年 3 月 28 日理事会通过标准与技术规则领域的信息程序❷ 83/189/EWG 指令以来，委员会就一直在重申这些原则。指令立法理由的第 2 项表明：只在强制性要求及保障公共利益所必须时，才允许基于技术规则达成针对产品的商业限制。指令第 1 条第 2 项对“标准”的定义如下：由经认可的标准组织为了反复或持续使用而采纳的、无须强制遵循的技术特征。在附件列表 1 中，除了列举各成员国的标准机构外，还列举了位于布鲁塞尔的欧洲标准委员会（CEN）和欧洲电子技术标准委员会(CENELC)。

1988 年建立的 ETSI 是基于委员会在标准绿皮书中的提议而

❶ 即从发展为事实标准的专有技术中衍生出的权力。

❷ 《欧盟公报》，第 L109 号，1983 年 4 月 6 日，第 8 页。

成立的。根据绿皮书，ETSI 的任务是制定欧洲电信标准。[1] 自从通过标准与技术规则领域的信息程序 83/189/EWG 指令和信息社会服务规范[2]以来，ETSI 已被接受为继 CEN 和 CENELC 之后的第三个“欧洲标准化机制”。[3]

委员会对两个问题始终保持着清醒的认识，一是知识产权和标准间的紧张关系，二是这种紧张关系对于经济和技术发展的一般性意义。委员会指出，尽管标准化和知识产权保护服务于不同的目的，但它们必须在相同的工业和经济领域并存。标准化以促进技术扩散、增进公共利益为目标，知识产权则致力于维护私有产权。[4] 委员会 1991 年 12 月宣布，标准化机构将为吸纳知识产权设立清晰的条件，委员会对这一趋势表示赞赏。[5] 鉴于标准化程序的自愿性，委员会将尽量不通过法律手段干预标准化程序。但委员会同时强调：

如果标准组织不尊重某些原则，共同体将既无法使用、更不会强制推行这些组织制定的标准。标准化机构或知识产权人的某些行为，将与共同体的条约和规则、成员国立法或者国际条约相冲突。[6]

委员会因此通过了一系列原则，并相信这些原则可以为标准

---

[1] 委员会的讨论：1992 年 10 月 27 日，知识产权与标准化（COM (92) 445 (final)），第 2.2.1 项。另见 Maaßen，规则，标准化与知识产权，科隆，2006 年，第 84 项（第 29 页）。

[2] 《欧盟公报》，第 L204 项，1998 年 7 月 21 日。

[3] 见指令附件 1。

[4] DOK. COM (92) 445 (final)，第 1.1.1 项。

[5] 同上注，第 1.1.2 项。

[6] 同上注，第 1.1.2 项。

化机构制定内部规则提供基础。标准化机构保有为其成员和内部组织程序设定规则的自由，但其行动结果必须符合共同体的标准化需求，并符合共同体法律及其国际义务。[1]

二、ETSI 机制

（一）利益格局

要理解和解释 ETSI 1988 年成立时通过的规则，便不能脱离其宗旨：即规则的主要目标之一在于通过保障互通性，以促进不同技术企业之间的效绩竞争（Leistungswettbewerb）并增进消费者福利。该原则对所有 ETSI 规则均适用，尤其是对意图调和产业标准和知识产权冲突的规则。

ETSI 的法律事务部主管迈克尔·弗罗利希（Michael Fröhlich）将潜在冲突及 ETSI 的对策描述如下：

标准化避免了重复劳动，降低了生产成本，促进了竞争，保障了相互孤立的产品能够无缝交流，从而增进了对单个产品的信任。就此而言，标准化至关重要。应当以技术在市场上的应用与普及程度来衡量标准化是否成功。标准越普及，市场运用率越高，消费者越频繁地采用标准，标准就越成功。从这个角度看，标准化和知识产权——尤其是专利权——间存在着紧张关系。公众对标准化的集体利益在于尽可能广泛地扩散标准，这与专利权

---

[1] DOK. COM（92）445（final），第 1.1.4 项。

人就专利享有的排他性权利南辕北辙。其必然结果即一旦标准落入专利保护范围，专利权人就能通过拒绝许可阻碍他人使用技术。如果遵循标准必须使用受保护的技术教导，即不侵犯专利就不能遵循标准，此时的专利就是所谓的必要知识产权或必要专利。必要专利可被用于阻碍互通性，防止他人开发能与既有方案兼容的新方案。

由于与 ETSI 相关的 ICT 部门❶有着非常高的创新率和非常密集的专利分布，所以适当处理上述紧张关系对 ETSI 而言显得额外重要。对于一个为公众接受的标准化机构而言，恰当处理该紧张关系的挑战在于在相左的利益间构建尽可能平衡的格局。具体而言，除了考虑专利权人的利益——他们总是希望能自由处分其权利并将经济利益最大化，还要照顾愿意以公平条件生产和销售标准产品的其他市场参与者的利益。而公共利益自然也扮演了一定的角色，因为未来的标准遵循者不应被不必要地固定和局限于特定的专有技术平台上。毕竟不受阻碍地使用标准也是标准化组织自身利益之所在。如果标准公布后受阻于必要专利结果无法推广，那么为制定标准付出的努力无异于无用功。而这正是标准化组织力图避免的结果。❷

为解决上述冲突，ETSI 成立不久就着手于所谓的 ETSI 政策与承诺工程（ETSI Policy and Undertaking Project），并于 1993 年首次公布了相关原则。经过激烈的辩论，于 1994 年通过了 ETSI 临时知识产权政策。三年后的 1997 年，通过了（当时的）ETSI

❶ 信息和通讯技术部门。

❷ Fröhlich，标准和专利——ETSI 知识产权政策，GRUR 2008 年，第 205 页起（第 206 页）。

最终知识产权政策。[1]

（二）ETSI 的法律基础与法律规则

ETSI 知识产权政策（ETSI IPR Policy）于 1997 年 11 月通过，1997 年 12 月生效，是 ETSI 程序规则（ETSI Rules of Procedure）不可分割的一部分。在对其进行深入分析之前，首先需要讨论 ETSI 章程（ETSI Statutes）的基本原则。ETSI 章程和 ETSI 程序规则均是 ETSI 指令（ETSI Directives）的组成部分。

ETSI 章程第 1 条第 1 款规定，机构是签字国根据 1901 年 6 月 1 日的法国法和 1901 年 8 月 16 日的（法国）法令成立的社团。第 4 条规定，机构的主要住所是法国索菲亚科技园（Sophia-Antipolis）。

作为受认可的欧洲标准化组织，机构的重要任务之一是“制定”（produce）和“维系”（perform maintenance）对于巨大而统一的电信及相关市场而言必要的标准（第 2. 1. 2 条）。章程第 2. 3 条对上述目标的实施规定如下：

机构可以通过各种手段促成目标的实现。机构可以采取直接或间接、全部或部分的措施，无论该措施是直接关乎目标的实现，还是能对达成目标起到辅助作用。

根据 ETSI 章程第 11. 3 条，欧盟委员会代表与欧洲自由贸易区代表在 ETSI 大会中作为顾问（counselors）享有特殊地位，但没有投票权。

ETSI 程序规则内容详尽，包括成员细节、组织架构、分支机

---

[1] Fröhlich，GRUR 2008 年，第 207 页；另见例如 Verbruggen/Lorincz，专利与技术标准，GRUR Int. 2002，815 页起（821 页）。

构（大会、董事会、技术组织、特别委员会、总干事、代理总干事和秘书处）的权利和义务以及财政，更重要的是欧洲标准的制定和实施。第 18 条第 2 款将成员间的争端解决机制规定如下：

除非当事方另有约定，否则一切产生于 ETSI 存续或解散期间的法律纠纷，若调停不成，应依法国法予以处理。

ETSI 知识产权政策第 3.1 条强调，大会制定原则以降低风险为目标，而所谓风险，指在准备、通过和采用标准的过程中的投入，因受阻于某项必要知识产权❶而不能使用，从而给 ETSI、ETSI 成员以及 ETSI 标准的使用者造成损失。为达到这一目标，ETSI 知识产权原则力图寻求在电信领域公开使用标准的需求和知识产权之间维持平衡（第 3.1 条）。ETSI 成员、ETSI 的附属机构及第三方，均应因标准覆盖的知识产权被利用而获得足够的回报（第 3.2 条）。ETSI 应采取合理措施，使标准的准备、采纳和实施尽可能确保潜在用户能依标准化的原则利用标准（第 3.3 条）。

（三）ETSI 知识产权政策第 6.1 条的影响

为达成上述目标，成员最重要的义务就是尽可能及时地向 ETSI 通报其知悉的必要专利。尤其是建议采用新技术标准的成员，应依诚信原则提请 ETSI 注意假如所提标准被采纳，哪些专利将成为必要专利（第 4.1 条）。

---

❶ 第 15.6 条对必要知识产权定义如下："知识产权之'必要'，指从技术（而非商业）角度而言，考虑到一般技术实践以及标准化时通常可供支配的现有技术，在制造、销售及以其他方式处分时，或者在修理、使用或操作采用了标准的设备或方法时，不可能不侵犯该知识产权。为避免歧义，需要说明的是：在特殊情况下，如果标准仅能依特定技术方案实现，而所有的技术方案都会侵犯知识产权，则所有知识产权均应被认定为必要。"

如果ETSI总干事获知某项专利对特定标准而言是必要的，他应立即根据知识产权政策第6.1条要求权利人在三个月内承诺：

准备好以公平、合理及非歧视的条件，[1] 至少授予下述范围内不可撤销的许可：

- 生产，包括依被许可人为生产而开发的自有设计制造和委托制造定制部件与子系统的权利；
- 销售、租赁或以其他方式处分制造的设备；
- 维修、使用或操作设备；以及
- 对方法加以使用。

如果ETSI收到了权利人的上述承诺，根据知识产权政策第7.1条，ETSI有义务确保每个主体都获得ETSI在公开标准前知悉的、所有必要专利的公开标准信息。此外ETSI还有义务提供适当的程序，保证随时可以获得ETSI知悉的、涉及必要专利的信息。[2]

---

[1] FRAND条件。

[2] “7.2　ETSI应当建立适当的程序，保障ETSI所知悉的必要知识产权随时具有可及性。”ESTI为此设立了数据库（“ETSI知识产权在线数据库”），列举了ETSI所知悉的必要专利和潜在必要专利。ETSI在知识产权指南（2008年11月27日）第3.1.2条指出：

- “ETSI没有考察信息的有效性，也没有考察所列专利与ETSI标准的关联性，既不能肯定也不能否定所列专利是否确属必要；
- ETSI没有调查或进行知识产权检索，因此不能确保在所列专利之外是否仍有必要专利或潜在必要专利的存在；
- 潜在被许可人应当根据自己的判断使用数据库中的信息，比如在决定是否签订许可协议之前，与专利权人取得联系，以确认披露专利群的状态。”

依欧盟委员会/欧洲自由贸易区的要求，并由要求方承担费用，ETSI 应进行专业而及时的、包括专利检索在内的调查，以澄清是否存在将变得必要的知识产权，并确定合适的许可条件（第 6.2 条）。

如果某成员通知 ETSI，称其不准备授予标准相关专利的许可，则大会应审查所涉标准的要求，并确定对于标准而言是否存在可行的、不为所涉专利所阻碍并符合 ETSI 要求的替代技术（第 8.1.1 条）。如果大会认为不存在这样的替代技术，应当停止制定标准的工作；ETSI 总干事应当要求专利权人重新考虑其立场。如果专利权人坚持拒绝做出许可声明，应该在三个月内以书面形式将其立场通知总干事。（第 8.1.2 条）

如果拒绝作出许可声明的专利权人不是 ETSI 成员，ETSI 总干事仍需采取和对待成员相似的方式处理。若不成功，则应通知大会。大会需表决是否委托负责所涉标准的委员会修改标准，以使所涉专利不再必要。（第 8.2. Ⅲ条）如果大会没有做出这样的决定，适合的成员可能会被要求协助寻求解决方案。（第 8.2. Ⅳ条）如果成员拒绝，第 8.2. Ⅴ条规定：

如果第（Ⅳ）项未能解决问题，大会将要求欧盟委员会决定进一步的适当措施，包括不承认涉案标准。

上述规定清楚地表明了依第 6.1 条作出的许可声明的法律效力：如果专利权人拒绝做出将 ETSI 标准的必要专利在公平、合理及非歧视条件下授予不可撤销许可的声明，ETSI 法律机制将寻求包括欧盟委员会在内的干预，以达到下述目标之一：（1）标准不成为 ETSI 标准；（2）取消既存标准；（3）改变专利权人拒绝许可的既存标准，从而使所涉专利不成为或者不再是必要专利。

根据 ETSI 知识产权政策第 6.1 条作出的负担声明

（Verpflichtungserklärung）自动造成了被宣布为必要的专利和 ETSI 标准有关联的印象。专利技术对第三人造成的影响，不再局限于其受专利保护的属性，还拓展至其法定标准身份带来的标准垄断地位。而这种影响，对第三人而言有利也有弊。[1] 裨益主要体现在第三人的接触权就此受到了保障；而弊端则体现在通常不再有可行的技术替代方案。如果专利对于 ETSI 标准而言确属必要，那么该技术取得标准垄断的额外属性，需要归功于 ETSI，因为 ETSI 对于一项技术是否成为标准并取得标准垄断地位享有绝对话语权。由于 ETSI 标准作为欧洲标准通常具有法律约束力，[2] ETSI 标准必要专利通常也具有互通性，即按照 ETSI 的理念，应该提供给任何第三方使用。但上述一切都不改变专利权人在纠纷中承担的如下两项举证责任，一是证明专利对于标准而言是必要的，

---

❶ 比较 Ullrich，专利、竞争和技术标准：法律及政策问题，GRUR 2007，第 817 页起。

❷ ETSI 依包括国内电信网络法律规定在内的排他性指引，而取得法律约束力。比较 Vergruggen/Lorencz，GRUR Int. 2002，第 819 页。

二是证明存在对所涉专利的使用。[1]

取得标准垄断地位的技术的垄断将持续到现有标准被新的ETSI标准取代之时，或者技术进步导致该技术过时之时。垄断地位的取得，以专利权人按照ETSI知识产权政策第6.1条作出许可声明为前提。关于依ETSI知识产权政策6.1条做出的许可声明，乌尔里奇（Ullrich）认为，“就与标准化组织的关系而言，这是一项义务，因为无论是缺乏许可声明，还是在简单敦促程序之后拒绝许可的实际行动，均仅仅导致标准的失效或修改”。[2] 这一论断未能正确反映复杂的ETSI机制下声明的法律效果。其实，拒绝许可的实际行动“仅仅”导致标准的撤销或修改这一事实本身，就很好地说明了拒绝作出许可声明的法律影响超出了乌尔里

---

[1] 这一结论是下述事实的必然结果，即知识产权指南第3.1.2条明确声明，ETSI既不保证标准必要专利的存在，也不保证专利对于标准而言的必要性。（见第296页注❷）所以应赞同Schickedanz的批评（通过间接推理而非要件对比涵摄开展标准专利侵权调查，GRUR Int. 2011，480；德国联邦最高法院判决，GRUR 2009，第1142页起，第1146页－MP3播放器进口案）。无论是专利法还是ETSI知识产权指南，都没有为降低原告涉及标准必要专利的举证难度，因为“标准必要性”一方面基于专利权人关于专利技术对于标准而言必要的声明，另一方面基于专利权人作出了依FRAND给予不可撤销许可的声明。发生争议时，既要查明被宣称侵权专利对特定ETSI标准而言是否确属必要，还要查明被诉侵权行为是否落入了专利权保护范围。实证研究显示，很多据称必要的标准专利事后被证明并非必要（参见后引51；另见Maume/Tapia，橙皮书标准案一年后对强制许可抗辩的再审视——困惑多于答案，GRUR Int. 2010，第923页起，第925页及该页脚注19）。

[2] GRUR 2007，第822页。

奇预见的范围。[1]

一方面是根据 ETSI 知识产权政策第 6.1 条做出的声明的法律效果，另一方面是 ETSI 机构依声明做出的标准决定或者原已作出现依声明维持的标准决定，二者之结合必然对许可声明的法律要件造成影响。因为标准必要专利权人如果不作出负担声明，该技术就不可能成为有拘束力的欧洲标准，不可能取得标准垄断地位。而无论从实际还是法律的角度看，至少从某个特定的时间点起，由于其广泛应用的程度，这种标准垄断既不能撤回也不能修改。所以，许可声明绝不像乌尔里奇认为的那样，只是向 ETSI 作出的愿意承担责任的声明（Obligenheiterklärung）。被宣布为对标准而言必要的专利通过许可声明而可能获得额外的法律效果，这一点同样适用于许可声明的法律效果。许可声明必须保障其他 ETSI 成员能长期地、实际地，而非仅仅是理论上依公平、合理及非歧视的条件使用 ETSI 标准即欧洲标准技术。专利权人已经通过向 ETSI 作出许可声明承担了这一合同义务。[2] 只要专利技术对于标准而言仍属必要，专利权人就应履行向所有有意使用技术者

---

[1] 此外，Ullrich 没有分析根据作为准据法的法国法，许可声明有何法律效力（见本文第Ⅲ部分）。Loest/Bartlik 的文章存在同样的问题，见 Loest/Bartlik，标准和欧洲竞争法，ZWeR 1/2008，第 41 页起，认为“这种自我约束的声明”并不设立任何请求权（该文第 49 页）。

[2] Ullrich 观点的不可取之处还在于没有意识到如下事实：授权许可及设定具体的许可条件，原则上属于专利权人和被许可方的自治范围，ETSI 无意“掺和”。ETSI 在谈及该话题时始终强调这一点（GRUR 2007，第 822 页）。一方面，FRAND 条件具有决定性作用；另一方面，专利权人不能拒绝履行其许可义务。如果按照 Ullrich 的观点，这将意味着标准必要专利权人能无视自己承担的约定义务，而通过任意解释 FRAND 条件阻止他人使用标准专利技术，这将使整个 ETSI 体系陷于瘫痪。

根据 ETSI 知识产权政策第 6.1 条确定的最低标准授予许可的义务。[1] 这意味着专利权人在所涉专利方面，原则上受 FRAND 许可条件的约束。

杜塞尔多夫地区法院也持相同观点。在其 2007 年 2 月 13 日的判决中（4a O 124/05）[2]，针对根据 ETSI 知识产权政策第 6.1 条作出了许可声明的专利权人是否有义务授予许可，法院分析如下：

根据 ETSI 知识产权政策第 6.1 条，被告享有合同上的请求权。作为 ETSI 成员的原告必须遵守 ETSI 知识产权政策。如被告所陈述，ETSI 是根据欧盟委员会 1988 年的动议由不同移动通信部门组成的，其目标是设立欧洲统一的移动通信标准。ETSI 拥有来自 56 个国家的约 700 个成员，涵盖了所有具备移动通信领域技术秘密和商业秘密（know-how）的企业。在 ETSI 框架下，一系列标准得以订立并通过，包括移动通信标准 GSM 及其子标准 GPRS。这些标准成功地取得了欧洲统一标准的地位，并必然为移动通信企业所遵循。对于移动通信企业而言，GSM 标准是其开展业务的强制前提，因为其设备必须能够依 GSM 运行。ETSI 成员在移动通信领域拥有各自的技术秘密和众多专利。构成 GSM/GPRS 标准的技术秘密和专利（必要专利）并没有被转移给 ESTI。成员只是承诺根据第 6.1 条，发放必要专利的许可。而根据 ETSI 知识产权指南第 1.4 条（2005 年 11 月 23 日有效的版本），

---

[1] Fröhlich，GRUR 2008，第 211 页，认为："如果专利权人决定发出 FRAND 许可表示，ETSI 首先应确保未来的使用者能在 FRAND 条件下取得标准必要专利。将来对标准的顺利使用就此基本被客观化了。"

[2] 来源 juris。

这一承诺也对非 ETSI 成员的第三方企业生效。而被告正是非 ETSI 成员的第三方企业。❶

地区法院在复述了 ETSI 知识产权政策第 6.1 条之后，继续道：

至于这条规则是否赋予了被告相当于民法典第 328 条第 2 款的、可诉的获得许可请求权，可暂搁置不议，因为第 6.1 条使 GSM/GPRS 标准涵盖的专利权不应通过诉讼得以实现。法院也不考虑原告是否根据该条——与通常的反垄断规范相反——承担了依公平、合理和非歧视的条件向寻求许可者发出要约❷的约定义务。正如本案案情一样，权利人原则上愿意发放许可，并且承诺将履行许可协议，所以当权利人向寻求许可者发出订立许可的邀约时，唯一的问题只是许可费是否合理（所谓的压榨滥用（Ausbeutungsmissbrauch））或者许可是否是歧视性以及/或者不合理的。❸

Dolmans❹ 在分析下述问题时，基本持相同见解：如果寻求许可者一方面称愿意依 FRAND 条件支付许可费用，同时又挑战专利的有效性和必要性，专利权人可以采取哪些措施？Dolmans 认为：

---

❶ 判决理由第 4b）条第 1 段。

❷ 着重号为原判决书所加。

❸ 前引文最后一段。

❹ 标准的标准，该论文提交于美国律师协会反垄断分支 2002 年春季会议，贸易协会分会，华盛顿特区，2002 年 4 月 26 日；也提交于司法部反垄断局/联邦贸易委员会的联合听证会，听证会主要内容为知识经济背景中的竞争和知识产权法律与政策，比较法部分：其他法域的知识产权许可，2002 年 5 月 22 日（http：//www. frc. gov/opp/intellect/02052/dolmans. pdf）。

专利权人不能申请针对挑战专利有效性或许可费金额的被许可人颁发禁令，原因有二：

i）要求针对愿意支付FRAND许可费的被许可人发出禁令，这违背了禁止反言原则，因为专利权人事先已声称愿意依此条件发放专利许可；

ii）在标准化环境中，申请颁发禁令会引发欧共体条约第82条所涉竞争法方面的问题，或者会破坏根据欧共体条约第81（3）条设定的标准协议（或相关专利池）豁免条件。[1]

第12条规定了ETSI知识产权指南的准据法：

政策[2]适用法国法。但是，成员没有义务出于执行政策的目的而违反其本国法律规章或国际法，只要这些规则禁止当事人合谋损害社会利益。

---

[1] 前引文，第22页。就ETSI声明发表看法的还有Amar/Puech，电信行业中的必要专利许可，Managing Intellectual Property，2009年7月/8月，第101页起，第102页（“但是，对FRAND承诺的透彻分析显示其为有法律拘束力的、不可撤销的承诺，排除了专利权人提出必要专利侵权之诉的可能”）。另见Age/Metier/Haft/Hahn/van Gardingen/Laakkonen，标准专利诉讼——FRAND与反垄断考量，2009年7月/8月，第86页起，第87页（“所以这一承诺阻碍专利权人申请禁止进口采用了标准专利的产品的禁令”）。另见Barthelmeβ/Gauβ，欧盟基本条约第101条视角下的行业标准必要专利许可，WuW 2010，第626页起，第634页，认为禁令与欧盟运行条约（Vertrag über die Arbeitsweise der europäischen Union，简称AEUV）第101条相抵触：“至少，在标准采用者有意获得许可并具备支付能力时，即申请禁令的唯一目的在于执行许可时，情况如此。”专利权人在寻求FRAND支付或赔偿时，应当提起损害赔偿之诉而非申请禁令。

[2] 第15条的定义表明，“政策”指ETSI知识产权政策（第15.7条），“知识产权”指一切知识产权，包括除商标申请外其他知识产权申请在内的权利。

非由国内法或超国家法规定，而仅由法国法推导出的成员间的权利义务应被理解为仅具有合同的性质。

根据第14条，任何违反ETSI知识产权政策的行为都构成该成员对ETSI的违约。ETSI大会有权决定针对违反者采取措施。

ETSI知识产权政策逐渐积累了一些清晰的补充规则。[1] 在ETSI于2008年11月26日召开的大会上通过的版本的第6.1条中，加入了如下段落：

成员在转让其向ETSI披露的必要知识产权时，应当采取适当措施通知受让人其向ETSI就必要知识产权根据第6条作出的任何承诺。[2]

ETSI董事会于2008年11月27日通过的ETSI知识产权指南就此进行了说明。指南仅起解释作用，不能替代知识产权政策。《必要知识产权所有权转移》一章提到：

考虑到可靠的标准体系的重要性，实施ETSI标准的企业应该能信任根据ETSI知识产权政策第6.1条作出的许可承诺，即便在相关知识产权发生转移时仍然如此。就此而言，尽可能使每一法域中知识产权的转移自动导致承诺转移的效果，是非常值得肯定的。有的法域已经保障了这一结果的出现。但ETSI也注意到并非所有法域均能做到这一点。

所以，ETSI鼓励：

- 潜在的受让人检查许可声明，可采取的措施包括在ETSI的知识产权数据库中检索相关的许可声明登记。

---

[1] 见“ETSI指令历史”，载ETSI指令2009年1月25日版本第197页起（第198页）。

[2] 前引文，第35页。

- 作出过一般性许可声明的成员应当提醒受让人注意，其声明的承诺可能会对所转让的知识产权有所影响。[1]

（四）ETSI机制和欧洲竞争法

对ETSI机制的进一步分析涉及董事会于2008年11月27日采纳的ETSI反垄断合规指南。该指南首先确认，ETSI由来自超过51个国家的650名成员组成，是在电信及电信相关服务领域制定全球标准的领导机构。ETSI的欧洲标准（EN）是欧洲立法所采用的协调标准的基础。ETSI作为受认可的欧洲标准组织的地位，既不能使ETSI自身或其成员，也不能使ETSI的行动逍遥于反垄断法之外。无论是ETSI还是其成员，行动时均应遵守一切法律。因此制定ETSI反垄断合规指南。该指南适用于ETSI的一切行动。[2]

ETSI指南首先提及共同体条约第81条（现欧盟运行条约第101条）和82条（现欧盟运行条约第102条），简要陈述了其内容，并说明其作为欧洲反垄断法规范基础的决定性地位。继而强调，ETSI一方面是官方标准化组织，另一方面也是欧共体条约第81条第1款（现欧盟运行条约第101条第1款）所指的企业协会。ETSI提供了供竞争者交流的平台，所以无论是ETSI以标准化组织的身份作出的决定，还是成员在ETSI框架中采取的行动，都受竞争法规制。原则上所有成员都必须遵守欧共体条约第81条（现欧盟运行条约第101条），无论采取任何形式，只要是以限制竞争为目的的合同，都落入欧共体条约第81条第1款（现

[1] 第4.2条。

[2] 前引，前言，第65页。

欧盟运行条约第101条第1款）的调控范围。根据反垄断合规指南，知识产权许可协议包含的限制也构成以限制竞争为目的的合意。❶

除欧共体条约第81条（现欧盟运行条约第101条）外，ETSI成员的行动还可能违反欧共体条约第82条（现欧盟运行条约第102条）。该条禁止企业滥用市场支配地位，对成员国间的贸易产生负面影响。根据反垄断合规指南，具备市场支配地位的企业针对任何使用者或与其有合同关系的企业设立歧视性和不公平条件的行为，都落入受禁止的范围。❷

三、准据法

如前所述，在准据法问题上，根据ETSI章程第1条第1款，ETSI是依法国法设立的社团，主要住所为法国索菲亚科技园。并且根据ETSI程序规则第18条，除非成员另有约定，否则在ETSI存续或清算❸期间发生的一切法律纠纷，均适用法国法。最后，ETSI知识产权政策第12条规定，ETSI知识产权政策及所有的

---

❶ 前引，B. 2. 2～2. 5（iii）.

❷ 前引，B. 3. 1～3. 3（e）。

❸ ETSI程序规则第18条："成员间发生纠纷时，所涉成员应尽量借助其他成员的帮助，通过内部调停解决纠纷。如果调停不成功，除非所涉成员间另有约定，否则在ETSI存续或清算期间发生的一切法律纠纷应依法国法处理。"（作者将德语正文对应的英语文本附在了脚注中，故译为中文时正文和脚注内容重复。——译者注）

ETSI 原则，均应依法国法解释。[1]

举例而言，这意味着德国法院在处理 ETSI 成员间的法律纠纷时，根据德国国际私法的指引，应当适用法国法来解释成员向 ETSI 承担的义务，因为 ETSI 的主要住所位于法国。再例如，就 ETSI 的两个德国成员间是否因均具有成员身份而互负忠实义务的问题，法院也必须适用法国法予以回答。[2]

ETSI 成员做出的许可声明及之后签订的许可协议，应当根据欧洲议会和理事会 2008 年 6 月 17 日通过、2009 年 12 月 17 日生效的涉及债权关系准据法的 593/2008 号条例（罗马条例 I）[3] 中的冲突规范进行解释。上述规则适用于 2009 年 12 月 17 日后缔结的合同。当事人可以自由选择准据法。（罗马条例 I 第 3 条第 1 款）[4] ETSI 为根据 ETSI 知识产权政策第 6.1 条作出的许可声明制备了表格，表格明确表示适用法国法。ETSI 程序规则附录 6 的附件 A 提供了“知识产权许可声明表格”，其中有如下字样：

一般性知识产权许可声明的作出、有效性及履行均受法国法管辖。

签署该表格即明确选择了准据法。

此外，无论是否使用表格，根据 ETSI 政策第 6.1 条作出的许

---

[1] 亦见 Amar/Puech，Managing Intellectual Property，2009 年 7 月/8 月，第 102 页。

[2] 见 Maaßen，前引 4，第 622 项（第 268 页）。另见 Amar/Puech，前引文，第 102 页（“这同样适用于外国法院管辖的情况，因为与 ETSI 承诺相关的任何纠纷均应适用法国法处理”）。

[3] 欧盟公报 2008 L.，第 177 页，2008 年 7 月 4 日。

[4] 立法理由第 11 项强调，意思自治是债权领域冲突规范的基石之一。

可声明因为以包括 ETSI 程序规则❶在内的 ETSI 规章为基础，成员间的法律纠纷一律明确适用法国法。由此可以确定，成员在根据 ETSI 政策第 6.1 条作出许可声明时，意图适用法国法解释声明及其效力。如果该法律选择并非如主流观点所称是以明示的方式作出的，❷ 至少也是以默示的方式作出的（根据罗马条例 I 第 3 条第 1 款第 2 句第 2 半句）。❸ 作出声明的成员明确表示将遵循作为 ETSI 政策（包括第 12 条）组成部分的第 6.1 条，而第 6.1 条同时也是 ETSI 程序规则的一部分。正如 Maaßen 正确指出的，存在疑义时，可在声明与住所地——法国——间建立最密切联系。❹ 不仅依《德国民法施行法》第 28 条第 1 款应该如此解释，而且

---

❶ ETSI 成员资格申请表包含下列语句：

“……认识到 ETSI 章程及程序规则的网址为……特此申请……类别的成员资格。

申请者的管理机构/部门兹此同意遵守 ETSI 的章程和程序规则以及 ETSI 大会的一切决定，尽力做出贡献，在可行的限度内尽量利用标准，并支持标准作为全球标准和推荐标准之基础。”

❷ 见 Magnus，Staudinger 民法施行法法律评注，第 27 条，边码 53。Magnus 认为，即使只在默示订立的格式合同中包含法律选择条款，仍属明示的法律选择（援引 BGHZ 108，353）。而且在某合同参照其他合同的条件时，或者某合同明确将其他合同并为自身一部分时，如果其他合同包含法律选择条款，则该合同中的法律选择也属明示选择。见本引文献边码 76 及其所列进一步文献。

❸ 关于是否存在以默示方式作出法律选择，应视具体情况而定。就与本文相关的情况而言，参见 Martiny，民法施行法慕尼黑法律评注，第 27 条，边码 43 起；另见 Magnus，Staudinger 民法施行法法律评注，第 27 条，边码 81 起；另见 Kropholler，国际私法，2006 年，第 6 版，§ 52 II 1（第 460 页）。

❹ Maaßen，第 291 页注❶，第 623 项（第 269 页）。

依据罗马条例 I 第 4 条第 3 款，可能还包括第 4 款，也应如此解释。在德国，Maaßen 的论述基于截至 2009 年 12 月 17 日一直适用德国民法施行法第 28 条第 1 款❶的事实。还应注意到，考虑到 ETSI 的目标，考虑到 ETSI 由来自超过 51 个国家的 650 名成员构成，如果适用不同国家的法律来解释许可声明，而其中一些国家甚至不是欧盟成员国，则根本无法达成 ETSI 的目标，也将违背罗马条例 I 的立法理由第 16 项。该立法理由要求冲突规范具备更高的可预见性，以促进条例提高欧盟境内法律确定性的宗旨。该立法理由第 2 句赋予了法院一定的自由裁量权，以便法院能够适用与纠纷具有最密切联系地的法律。

四、法国法视野中基于 ETSI 知识产权政策作出的许可声明

接下来有必要澄清如何根据法国法解释标准必要专利的权利人根据 ETSI 知识产权政策第 6.1 条作出的许可声明。前文已反复强调，专利权人作出的声明承诺按照 FRAND 条件不可撤销地（着重号为原文所加——译者注）许可他人使用标准必要专利。

声明涉及的当事人如下：作为承诺相对人的 ETSI，标准必要专利的权利人，以及依据许可声明有权按照 FRAND 条件获得标准必要专利许可的第三人。

根据《法国民法典》第 1156 条，解释合同时，应寻求缔约

❶ 德国联邦法律公报 2009 I，第 1574 页。

当事人的共同意思，而不拘泥于文字。[1]

该条并非强制性规则，而是赋予法院解释规则的自由裁量权。但法院仅在合同有歧义、不清晰、自相矛盾或者不完整时，方得行使该自由裁量权。尽管法国翻案法院不检查一审法院采用的解释方法本身，但会审查一审法院对合同性质的认定。如果一审法院错误地确定了合同性质，即错误认定了合同当事方通过合同意图实现的目的，则违反了合同准据法。[2] 因为合同用语可能出现瑕疵或漏洞，所以需要通过解释来寻求有效体现需求和利益的法律手段。在合同用语有瑕疵的情况下，解释可以起到矫正作用；而在合同用语存在漏洞的情况下，解释又可以起到补充作用。[3] 法院在进行解释时既可以考虑合同之外的文件，也可以参照缔结合同的历史，还可以考虑订立合同后双方的表现。[4]

《法国民法典》第 1157 条到 1164 条还提供了其他不具约束力的合同解释工具，这些工具经常被贴上“冗长”的标签。[5] 例如，法国民法典第 1157 条规定，对于有歧义的条款，能使其有效的解释优先于使其无效的解释。而在解释有歧义的概念时，应选取最契合合同标的的解释（第 1158 条）。解释时还应顾及合同成立地的习惯。最后，合同有歧义时，应作出有利于债务人的解

---

[1] 本文中法国民法典的条文翻译，均引自李浩培、吴传颐、孙鸣岗译，《拿破仑民法典（法国民法典）》，商务印书馆，1997 年版。——译者注

[2] 比较 Toulet，民法——债法，2007 年，第 118 页起；Fages，债法，2007 年，第 317 部分（第 239 页）；Ghestin/Jamin/Billiau，民法条约，2001，第 8 部分（第 15 页）；Leveneur/Lucasfilm，民法典，2010，第 746 页。

[3] Ghestin/Jamin/Biliau，本页注❷文献，第 9 部分（第 16 页）。

[4] 比较例如 Fages，本页注❷，第 318 部分（第 239 页，第 240 页）。

[5] Fages，本页注❷。

释（第 1162 条）。

要考察根据 ETSI 知识产权政策第 6.1 条作出的许可声明中当事人的合意时，必须考虑到整个 ETSI 机制及其法律架构。即作为官方的、受认可的欧洲标准组织，ETSI 一方面要保障包括覆盖专利技术在内的所有 ETSI 标准，长期以公平、合理和非歧视的条件许可给任何人；另一方面，ETSI 又要防止他人无法利用的技术取得或维持 ETSI 标准的地位。作出许可声明的成员，一方面应履行成员义务，另一方面也有动力使其技术取得垄断地位或成为垄断标准的一部分，从而获取巨大的经济利益。❶ 成员很清楚拒绝许可的坏处。毕竟尽管动机各异，但无论是 ETSI 还是作出声明的成员都试图通过 ETSI 标准促进电信技术的互通性。而 ETSI 无论是作为合同当事方还是作为组织，就声明均无切身利益可言。

---

❶ 委员会在 2008 年就 ETSI 知识产权政策给 ETSI 和 CBEMA（计算机和商业装备生产联合会）的公开信中写道："一旦经知识产权人许可，一项必要技术被纳入某项标准之中，尤其是根据共同体法律具有强制性的标准之中，那么在这项技术上，知识产权人即使不是在任何情况下，至少在大多数情况下，就取得了针对制造商的垄断地位，因为制造商需要该知识产权的许可才能进入该设备的市场。"（引自 Dolmans，第 302 页注❷［应为第 302 页注❹——译者注］，第 19 页）。关于专利成为标准带来的优势，见 Ullrich，GRUR 2007，第 819 页起，包括丰富的文献列举。正因为有优势，所以专利权人热衷于宣称自己的专利是标准必要专利，而这种宣称又常被证明不正确，就毫不令人奇怪了。Amar/Puech 写道："数项调查表明，被宣称为标准必要专利中有很大一部分名不副实。Goodman and Myers 进行的调查显示，在为实施 WCDMA 而宣称的 1516 项必要专利中，仅 363 项确属必要。" Managing Intellectual Property，2009 年 7 月/8 月，第 101 页。

法国民法典第1121条规定：

一人为自己与他人订立契约时，或对他人赠予财产时，亦得订立为第三人利益的约款，作为该契约或赠予的条件。如第三人声明有意享受该约款的利益时，为第三人利益订立契约之人则不得予以取消。

Fages通过图1说明法国民法典第1121条规定的三方合同关系：❶

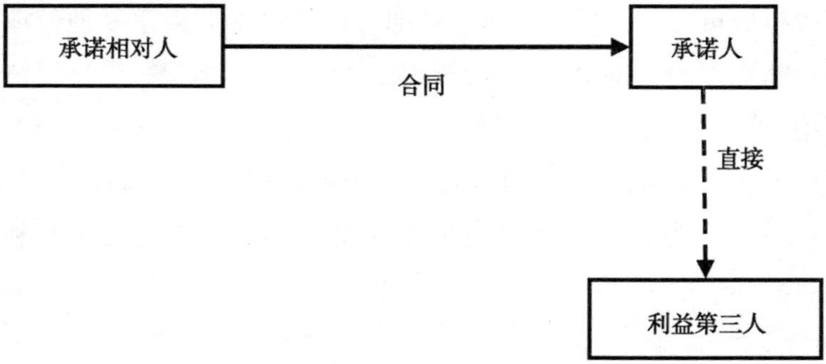

图1　三方合同关系

承诺人和承诺相对人达成的协议，使利益第三人不需要与承诺相对人建立任何法律关系，即可直接享有权利。❷

法国民法典第1121条规定的合同无须任何形式要件。只要承诺人和承诺相对人间达成有利于第三方的合意即可，无须指明第三方的具体身份。在合同产生法律效果时，只要第三方可特定

❶ 第310页注❷，第229页。

❷ 法国翻案法院，2000年12月19日，98－14105号，Bull. Civ I，第333项。

化即可。[1] 除此之外原则上承诺相对人不能获得任何直接利益。达成合意的意思表示也无需满足特定的形式要件，可以通过对合同的解释来确认，甚至可以以默示的方式作出。[2]

可以确定的是，利益第三人合同的成立与存在不以利益第三人接受为前提。对主合同而言，利益第三人是局外人。[3] 即使利益第三人没有表示接受，为其利益设立的权利仍然存在。[4] 不过在需要合同发挥效力时，第三人接受的意愿就显得必要了。向承诺相对人作出的接受表示无需满足特定的形式要件，可以以默示的方式作出。[5] 一经作出承诺表示，合同便告成立，且不可撤销。从这一刻起，只有在全体当事人同意的情况下方可撤销合同。如果出现这种情况，不影响就合同违约而专门设定的权利。[6]

需要补充的是，利益第三人合同的有效性规则和其他合同一样，也需满足下列条件：合意、缔约能力、标的及理由（法国民

---

❶ Ghestin/Jamin/Billiau，第 310 页注❷，第 1006 部分（第 1088 页）；Toulet，第 310 页注❷，第 142 页。文献皆附相关判例信息。

❷ 详见 Ghestin/Jamin/Billiau，第 310 页注❷，编码 999 和编码 1000（第 1078 页），附大量判决信息。Toulet，第 310 页注❷，第 141 页，认为需要考虑合同性质及相关情形。

❸ Ghestin/Jamin/Billiau，第 310 页注❷，编码 1001（第 1181 页）。

❹ Ghestin/Jamin/Billiau，第 310 页注❷。Fages，第 310 页注❷，编码 297（第 231 页），附相关判决信息。

❺ Toulet，第 310 页注❷。Fages，第 310 页注❷，编码 297（第 231 页）；Ghestin/Jamin/Billiau，第 310 页注❷，编码 1015（第 1098 页）。

❻ Toulet，第 310 页注❶，第 142 页；Ghestin/Jamin/Billiau，第 310 页注❷，编码 1015（第 1098 页）。另见 Tapia，工业产权，技术标准和许可实践（FRAND），载 Telecommunications Industry 2010，第 38 页。

法典第 1108 条）。❶

如果根据法国民法典第 1121 条来判断依 ETSI 知识产权政策第 6.1 条发出的声明，则其属于利益第三人合同。合同当事人包括作为承诺相对人的 ETSI，以及宣称拥有标准必要专利的承诺人；后者的行为能力通常也毋庸置疑；合意的内容是为第三方创立依 FRAND 条件获得标准必要专利的许可。这也是合同的标的。至于理由在于权利人致力于使其专利取得或维持标准必要专利或其组成部分的地位。利益第三人在接受合同时，即在该合同生效时，即被特定化。从此刻起，第三人直接享有依 FRAND 条件获得许可的权利，而非仅仅取得就 FRAND 条件获得许可谈判的请求权。❷

如前所述，从利益第三人接受合同时起，合同就只能在全体当事人一致同意的情况下才能被撤销。如果利益第三人表达了希望就特定专利订立许可协议的意思，则从此刻起，承诺人和利益

❶ 《法国民法典》第 1108 条规定："下列四条件为契约有效成立的必要条件：

负担债务当事人的同意；

订立契约的能力；

构成约束客体的确定标的；

债的合法原因。"

❷ Amar/Puech 就此论述道："根据法国法作出的 ETSI 承诺使承诺人（债务人）负有依 FRAND 条件向任何使用标准者（债权人）发放许可的义务。所以，ETSI 声明是发放许可的不可撤销的承诺。"还有，"根据法国法，承诺尚非严格意义上的专利许可合同，而仅仅是发放专利的许诺（或称期权协议（option agreement））。根据法国合同法，如果选择权人行使选择权，无需承诺人的承诺意思表示，合同即告成立"（Managing Intellectual Property，7 月/8 月，2009，第 102 页）。

第三人间就成立了许可协议，即使承诺人在随后的细节磋商过程中拒绝订立协议。Amar 和 Puech 写道：

如果承诺人后悔作出了承诺，可能会试图拒绝前述书面协议。但只要合同标的足够确定，权利的性质和范围足够清晰，则承诺既不能修改，也不能撤销。在我们看来，ETSI 程序规则第 6.1 条列举了所赋予的权利，完全符合前述要求。

许可的时空范围也有清晰的界定。很明显，许可的时间是专利存续期间，因为根据第 6.1 条，许可不可撤销。这意味着一旦许可人授予了许可，就不能从申请使用该专利的被许可人处收回授权（当然，这一规则只在专利对标准而言必要的限度内方得以适用）。❶

即使专利被转让给第三人，也不改变利益第三人依 FRAND 条件取得的标准必要专利许可。如同德国专利法第 15 条第 3 款所规定的，转让权利或者授予许可均不对事先授予第三方的许可造成影响；❷ 同样的，法国知识产权法第 L613 – 8 条规定：

除第 611 – 8 条规定的情形外，第一款规定的权利转让不影响第三方在权利转让日前取得的权利（法国知识产权法均译自其英文版——译者注）。

Sirinelli/Warusfel/Durrande/Bonet/Daleau 对此评论道：

专利转让本身不会导致权利终止，根据 L318 – 8 条的规定，

---

❶ Managing Intellectual Property 2009，7 月/8 月，第 102 ~ 103 页。

❷ 就这一问题发表看法的参见 Benkard 实用新型法评注（Ullmann 所撰章节），第 10 版，2006 年，第 15 条，边码 108；以及 Kühnen/Geschke，专利在实务中的实施，第 4 版，2010，边码 918（第 368 页）。

专利转让不影响第三方在转让日期前享有的权利。❶

专利许可规定于法国知识产权法第 L 613 – 8 条第 2 款。法国的司法实践和学说适用租赁合同的原则来处理专利许可相关问题。❷ 如同利益第三人合同一样，许可也必须满足法国民法典第 1108 条设定的前提，即合意、缔约能力、标的和理由。❸ 从法国翻案法院 1995 年 12 月 1 日的判决以来，❹ 法国法明确了如下问题：除非法律明确规定就价格达成合意是合同有效的前提（例如法国民法典第 1591 条就买卖合同做出的规定❺），否则是否就价格达成合意不影响合同的有效性。根据该判决，法国民法典第 1129 条❻不适用于价格的确定。Fages❼ 在评论法国翻案法院 1995 年的判决时，对此法律关系进行了描述：

如果说对于某些合同，比如买卖合同（法国民法典第 1591

---

❶ 知识产权法——评注，第 6 版，2006 年，第 L613 – 8 条，编码 22，第 402 页。Tapia，第 313 页注❺，第 70 页，在分析时没有注意到应适用法国法的事实。

❷ 比较 Schmidt-Szalewski/Pierre，知识产权法，2007 年，第 4 版，边码 277（第 111 页），边码 281（第 113 页）；Sirinelli/Warusfel/Durrande/Bonet/Daleau，本页注❶，第 L613 条第 8 款，边码 10（第 401 页）；Abello，许可，知识产权的规范工具，2008 年，第 131 页，认为许可属于非典型租赁合同。

❸ 比较 Schmidt-Szalewski/Pierre，本页注❷，边码 275（第 110 页）。

❹ Ass. plén，第 93 – 13688，Bull. ass. Plén.，第 9，第 91 – 15999 及第 91 – 15578，2，Bull. ass. plén. 7，及第 91 – 19653，Bull. ass. plén. 8。

❺ 法国民法典第 1591 条规定："买卖的价金应由双方当事人确定并表示之。"

❻ 法国民法典 1129 条规定："债之标的物至少应为种类上特定的物件。物件数量，如有确定的方法时，可为不特定的数量。"

❼ 第 310 页注❷，边码 186（第 143 页，第 144 页）。

条)，法律特别规定在合同缔结时价格就必须确定或实际上可确定，那么我们在法国民法典关于契约及合同之债的一般规定中(第三编第三章) 则看不到同样的要求。第1129条明确规定只针对物品。即使法国翻案法院在很长的一段时间里没有持这一观点，至少从1995年起，法国翻案法院已经确认这一条款“不再适用于价格的确定”。即除非法律另有规定，否则价格不确定不再构成合同无效的原因。

这样的解决方式使法国法更接近于大部分其他法律体系的规定，具有重要意义。尤其在分配方面，使得框架合同（目的是确定将来各方签署合同的主要条款，称为执行合同）即便没有规定未来合同中的价格也会被认为有效；也利于引用目录价格——即预定日执行的价格——的条款。更广泛地说，应该注意到从第1129条中剔除关于价格的规定有利于所有涉及金额的债务：价格，被认为是实物补贴的对等物，以及合同中规定的赔偿金。

然而，放弃合同缔结时的无效限制并不意味着整个执行过程的控制缺失：应该避免一方利用其优势地位而单方滥用定价权。这也是法国翻案法院从1995年起认定滥用定价权应被处赔偿金或取消合同的原因。”

可见根据法国法，是否在缔约时确定价格不影响合同有效性。[1]

使用专利就意味着被许可人有义务支付许可费。但在许可合同成立时，既无须确定许可费的具体金额，也无需确定计算许可

[1] 此处还应说明的是，根据法国翻案法院的判决（2007年10月7日，第06-14.768号），应根据诚实信用原则履行合同，尽管法院有权惩罚不诚信的违约行为，但没有权利更改当事方合法达成的合同条款。

费的方法。金额和付款方式均由许可双方协商确定。❶

还需补充的是，法国知识产权法第 L613－8 条第 5 款要求许可协议必须具备书面形式：

第 1 款和第 2 款提及的转让和许可行为应采取书面形式，否则无效。

法国知识产权法第 613 条第 9 款还规定：

为了取得对抗他人的效力，转让或修改与专利和专利申请相关之权利的行为，必须在国家工业产权局保管的国家专利登记簿进行登记。

这一条对专利许可合同同样适用。❷ 而且通常❸以在国家知识产权机构登记许可合同作为主张合同权利的前提。

不过在登记前，在此行为日期后取得权利但在取得权利时已知晓的第三方可以就特定行为提出反对意见。

不过法国翻案法院的判例表示：欠缺登记并不影响合同的

---

❶ Schmidt-Szalewski/Pierre，第 316 页注❷，边码 292，第 116 页，援引法国翻案法院的判决（Cass. Com.，1987 年 11 月 9 日：Bull. Civ. IV，第 237 号）就此问题进行了分析。可以看出，作为法国知识产权界尤其是专利界的知名学者，两位作者不仅意识到了许可合同和租赁合同的联系，同时还意识到了其差别。Amar/Puech 也认为："就价格来说，法国翻案法院摒弃了将确定的价格作为专利许可合同有效性前提的做法。而就针对例如 ETSI 做出的承诺而言，确定价格的重要性更低。换言之，承诺一旦被接受，即使尚未确定具体许可费金额，许可协议仍然具有法律上的拘束力。"

❷ 比较 Schmidt-Szalewski/Pierre，第 316 页注❷，边码 253（第 103 页）。

❸ 法国知识产权法第 613－9 条第 2 款规定：尽管尚未登记，但如果第三方知道权利已经转移，则可以向第三方主张权利。

效力。[1]

五、总　结

在欧洲标准化组织中，ETSI 扮演着重要的角色。ETSI 的成立由欧盟推动，目的在于制订欧洲电信标准，通过保障互通性促进不同电信企业间的效绩竞争，以增进消费者福利。

ETSI 的法律框架由 ETSI 章程和 ETSI 指令组成。后者包括 ETSI 程序规则和 ETSI 知识产权政策，其中 ETSI 知识产权政策的准据法是法国法。ETSI 的法律框架力图确保作为欧洲标准的 ETSI 标准，即使在包含一项或者多项知识产权（标准必要专利）时，仍然对所有企业保持开放。

ETSI 机构力图通过欧盟委员会的帮助达到下列目的：包含专利的技术仅在满足下列条件时方能成为或者继续作为 ETSI 标准，即专利权人必须做出不可撤销的声明，愿意以公平、合理和非歧视的条件发放专利许可。如果专利权人不愿意根据 ETSI 知识产权政策第 6.1 条作出此声明，ETSI 可以采取一切必要手段防止相关专利技术取得或者保持标准地位。

和整个 ETSI 机制一样，根据 ETSI 知识产权政策第 6.1 条作出的声明也适用法国法。根据法国民法典第 1121 条，声明属于利益第三人合同。作为承诺人的专利权人和作为承诺相对人的

---

[1] 尤其需要注意的是，合同不因未登记而无效。见 Schmidt-Szalewski/Pierre，第 316 页注[2]，边码 253（第 103 页，脚注 530）。

ETSI 之间订立的合同，直接产生了第三人的利益，无需利益第三人和作为承诺相对人的 ETSI 之间存在任何法律关系。

利益第三人合同的成立不设定形式要件，也不要求第三人的接受。第三人只在需要合同发挥效力时才需要向承诺人表示接受。承诺不要求形式要件，甚至可以通过默示的方式作出。一旦第三人发出承诺，合同就只能经全体当事人同意方得撤销。如果利益第三人就特定的标准必要专利作出了订立许可协议的表示，那么从做出表示时起即在利益第三人和承诺人之间建立起了许可协议关系。甚至在承诺人随后因合同细节不能达成一致拒绝发放许可时，利益第三人和承诺人之间仍然存在许可关系。许可合同的成立不以就许可费具体金额达成合意为前提。发生争议时，应由法院确定适当的许可费标准。此外，根据法国知识产权法第 L613 -8 条，即使被宣称为必要的专利技术被转让给第三人，也不影响利益第三人依 FRAND 条件获得许可的权利。杜塞尔多夫地区法院的一份判决反映了至今为止的主流意见，认为只要利益第三人合同中的利益第三人做出了希望获得专利许可的表示，许可声明的存在就排斥了专利权人针对利益第三人申请禁令。唯有如此才能保障所有企业平时均能以 FRAND 条件、发生纠纷时能以法院认定的条件获得标准必要专利的许可。这对保障不同企业间的竞争、增进消费者福利至关重要。

本文有意不涉及反垄断法相关问题。ETSI 知识产权政策第 6.1 条适用法国法带来的结果公正而完全地符合 ETSI 的基本思想。而这些结果——如同 Bathelmeβ 和 Gauβ 所言——和人们考察 ESTI 标准的潜在市场限制时得到的结论并无区别。至少就要求市场参与者采用其标准这一点而言，符合欧盟运行条约第 101 条第 1 款对竞争限制的描述。德国联邦最高法院在橙皮书标准案中根据德国限制竞争法第33条第1款和欧盟运行条约第102条（德国限制竞争法第19条、第20条），确定了援引“反垄断法强制许可抗辩”的基本原则，这些原则完全是在德国法的框架下发展出的。如果将德国联邦最高法院的橙皮书标准原则适用于专利权人在ETSI规则下承担的义务，不仅忽略了作为准据法的法国法，而且会导致ETSI机制的功能受损，从而会破坏欧盟立法者促进电信技术互通性的意图。

中国实行的 FRAND 原则

［美］丹尼－索克尔（D. Daniel Sokol）　郑文通[1]　撰
郑文通　邱天乙　译

标准（Standards）在日常生活中随处可见。标准可以促进不同产品的兼容，协调经济活动以确保不同的部件共同工作。在很多情况下这种协调创造了社会福利。

标准化组织（Standard-Setting Organizations）在其成员间进行协调，以确保标准的实现和可获得性。一般来说，标准化组织的成员会披露制定和执行标准所必要的专利（以下简称“标准必要专利”），标准化组织也要求披露者许诺以免费的方式或者按公平、合理以及非歧视（Fair，Reasonable，and Non-Discriminatory，或 FRAND）的条件对标准必要专利进行许可（例如，当制造或使用一件符合标准的产品在技术上必定会侵犯某项专利时）。然而，在某些情况下，由于合谋（collusion）或者诸如专利阻碍（patent hold-up）等单方行为（unilateral conduct），标准也可能会

---

[1] 作者分别为美国佛罗里达大学莱文法学院（University of Florida Levin College of Law）副教授、助理教授。本文译自《得克萨斯知识产权法杂志》（Texas Intellectual Property Law Journal）第 22 卷同名英文文章，中文略有改动。

产生反竞争的效果。

FRAND 原则已经引起了世界范围内的关注，包括各国反垄断当局的关注。其中之一的原因就是，就像许多其他的合同以及法条提出了合理性的概念却没有提供进一步的定义一样，FRAND 原则的解释和适用也面临不确定性。关于如何解释和实行 FRAND 原则有很多不同的提议，包括次优标准的增加价值（incremental value of the next best alternative standard）、事先费率（ex ante rate）、事后市场费率（ex post market based terms）及最终要约仲裁（final offer arbitration）等。

FRAND 原则之所以这么具挑战性，是因为目前为止，在该原则的解释和适用方面几乎没有什么案例可供参考。绝大多数的许可协议都是通过双边协商得以达成，没有通过任何纠纷解决程序。另外，在制度层面上，在法院禁止令（injunctions）、专利权的范围、跨法域公正和合理许可费用的决定等问题上的不同的制度选择也使得 FRAND 原则的分析更加复杂化。

就是在这样一个实体法和制度设计都很复杂的背景之下，一个新的反垄断体系——中国的反垄断法——出现了。由于中国经济的规模，中国如何实行 FRAND 原则会潜在地影响全球范围内的 FRAND 费率情况，甚至会影响创新企业的经营模式。由于市场力量的作用，如果一个主要司法管辖区域的法院或行政机构为某专利或者专利组合确定的费率最低，该费率就会成为全球范围内的市场费率。中国就是这样一个司法管辖区域。所以，如果说中国具有更大的影响力的话，那是因为中国与其他司法管辖区域相比更加倾向于制定低的费率。从本质上来说，中国如何实行 FRAND 原则正影响着硅谷公司的决策制定。

本文讨论中国与反垄断有关的 FRAND 问题。在第一部分，文章将概括中国的反垄断体制以及其与知识产权的互相影响。文章将从产业组织和政治经济学的角度解释中国反垄断体制的本质。在第二部分，文章将讨论中国的标准制定情况，以及中国的标准制定法律和法规是如何处理与 FRAND 原则有关的问题的。在第三部分，文章将讨论中国法院实行 FRAND 原则的动向。特别是，文章将讨论华为诉交换数字公司（*Huawei v. InterDigital*）案件及其对于全球范围内 FRAND 许可的影响。在第四部分，文章将针对中国反垄断体制透明度的缺乏、在 FRAND 原则制定过程中产业政策的运用以及这些问题将会怎样消极地影响消费者的福利等问题给出看法。

一、中国反垄断法及其背景

（一）中国反垄断法的目标

中国的反垄断法于 2008 年 8 月生效。与许多其他国家的竞争法体制一样，中国的反垄断法有着多重的目标[1]。这些目标之间，如经济目标（全体福利或者消费者福利）和政治目标（“促进社会主义市场经济的健康发展”）之间，可能存在着矛盾[2]。在实践

[1] 对于美国和欧盟的反信托目标给予了比较；讨论了美国反信托制度的福祉。

[2] 三大反垄断实施机构拥有重叠的权力设置增加了中国问题的复杂性。

中，世界主要其他国家的反垄法的目标是基于经济学理论上的。在这些国家，基于政治目标的产业政策对反垄断法是一大阻碍。

由于中国在处理反垄断中的法和经济学问题以及在创建社会主义市场经济竞争法体制上缺乏经验，使得中国反垄断法的潜在矛盾进一步扩大。这些潜在矛盾的结果是，中国在其竞争法与政策中注入了相当大的产业政策成分，至少与美国和欧洲相比而言。

中国法律体系由于政治上的约束而缺乏程序上的透明度，更加大了中国反垄断体制所面临的挑战。在反垄断领域，尤其是在企业购并的反垄断审查领域，中国在透明度以及适当程序（due process）上的缺乏与国际标准相差较远。在某些案件中，透明度缺乏的原因是行政机构和法院在反垄断经济分析方面的能力不足。在另一些案件中（比如可口可乐兼并汇源一案），透明度缺乏的背后是产业政策因素。这些产业政策因素几乎没有任何反垄断经济学的基础。这样一来，中国当局能够让他们的决策貌似建立在完善的竞争法原则的基础上。而事实上，这些决策的作出是受包括产业政策在内的其他因素的驱动。换句话来说，中国反垄断当局可以假西方竞争法原则之名达到其产业政策上的目的。

由于中国反垄断法不大一致的目标以及透明度的缺乏，在中国反垄断决策中经常会有产业政策参与其中从而导致严谨反垄断分析的缺失。这些在 FRAND 领域可能已经在并购及单方行为类案件中发生。在并购方面的一个例子是谷歌和摩托罗拉移动的并购案。负责并购审查的中国商务部附加条件地批准了该项并购，这些附加条件要求谷歌提供为期五年的安卓系统的免费许可以此保护中国的下游安卓平台用户并兑现摩托罗拉已有的 FRAND 义务。值得注意的是，虽然谷歌受到了美国和欧洲反垄断当局的严格的审查，但仅有中国对该项交易进行了有条件的批准。而美国和欧洲的反垄断执法者仅仅关注该交易对专利权的转移以及能否足够地改变现状等问题。在单方行为方面，本文在以下第四部分将会讨论的华为诉交换数字公司一案已经显现了产业政策影响中国反垄断政策的可能性。

（二）知识产权和中国反垄断法

我们现在简要地归纳一下知识产权和中国反垄断法及其执行细则之间的相互关系，以便更好地理解中国反垄断 FRAND 政策的制定环境。从接下来的讨论可以看出，中国反垄断法及其执行细则在如何处理知识产权及与 FRAND 原则有关的问题上存在相当的不确定性。这一不确定性为政府反垄断执法以及私人反垄断诉讼带来了风险。

与许多其他国家的反垄断法一样，中国反垄断法涵盖了协同行为、滥用市场支配地位以及兼并等领域。位列该法“附则”的第 55 条专门与知识产权有关。在这方面，中国反垄断法是唯一一部有专门涉及知识产权条款的竞争法法规。第 55 条规定：“经营者依照有关知识产权的法律、行政法规规定行使知识产权的行为，不适用本法；但是，经营者滥用知识产权，排除、限制竞争的行为，适用本法。”到目前为止，如何依据反垄断法第 55 条来区分知识产权的合法使用和滥用仍然模糊不清。然而，2012 年由国家工商总局领导的一个起草小组发布了一份与知识产权相关的反垄断执法指南草案，该草案指出知识产权的滥用并不是一项特殊的反垄断法所禁止的行为；相反，知识产权的滥用是囊括在反垄断法所禁止的垄断协议、市场支配地位的滥用以及限制竞争的企业并购等一般行为中。

国家工商总局的知识产权反垄断执法指南是代表三个反垄断执法机构起草的，代表的应该是三个反垄断执法机构的观点。除此之外，国家工商总局还于2013年先后两次发布了一个仅在国家工商总局执法过程中适用的知识产权反垄断执法规章草案。该执法规章草案包含了与执法指南草案基本相同的条款，但是在语言上与后者略有不同。例如，执法规章草案第7条涉及拒绝许可(refusal to license)。该条规定，当具有市场支配地位的经营者的知识产权构成“必需设施”(essential facility)时，如其拒绝许可其他经营者以合理条件使用该知识产权就会违反反垄断法。

在垄断协议方面，国家工商总局起草的执法指南规定，知识产权的实施行为必须符合反垄断法第13条关于横向协议和第14条关于纵向协议的规定。执法指南第13条规定，具有竞争关系的经营者之间禁止达成如下协议：(1)固定或者变更知识产权许可费或者含有知识产权商品的销售价格；(2)限制知识产权许可数量或者含有知识产权商品的生产数量或者销售数量；(3)分割知识产权许可市场或者含有知识产权商品的销售市场或者原材料采购市场；(4)限制购买、开发新技术或者含有知识产权的新设备、新产品；(5)联合拒绝将知识产权许可给特定交易相对人，或者联合拒绝将含有知识产权的商品销售给特定交易相对人；(6)国务院反垄断执法机构认定的滥用知识产权的其他垄断协议。执法指南第14条规定，经营者与交易相对人之间禁止与交易对方达成下列协议：(1)固定向第三人转售含有知识产权商品的价格；(2)限定向第三人转售含有知识产权商品的最低价格；(3)国务院反垄断执法机构认定的滥用知识产权的其他垄断协议。但是，反垄断法第15条规定，如果反竞争协议是为了“统一产品规格、标准”的目的，该协议就不在反垄断法第13条和

14 条所禁止的行为之内。

在滥用市场支配地位方面，国家工商总局起草的执法指南第 16 条规定，拥有市场支配地位的经营者如果通过下列方式滥用其知识产权就会违反反垄断法第 17 条的规定：(1) 以不公平的高价许可知识产权；(2) 没有正当理由，拒绝许可知识产权；(3) 没有正当理由，限定交易相对人只能从其或者其指定的经营者获得相关知识产权；(4) 没有正当理由，进行涉及知识产权的搭售，或者附加涉及知识产权的不合理的交易条件；(5) 没有正当理由，对条件相同的交易相对人在许可费等许可条件上实行差别待遇；(6) 国务院反垄断执法机构认定的其他滥用主要由知识产权形成的市场支配地位的行为。此外，执法指南第 17 条就拒绝许可知识产权作出了另外的规定。根据该条，拒绝许可是行使知识产权行为的一种，反垄断执法机构一般而言不会要求知识产权所有人承担必须与竞争者进行交易的义务。然而，该指南也规定了许多与该原则相反的例外情况：如果具有市场支配地位的权利拥有人基于不平等或者歧视性的条件拒绝许可知识产权，或者处于争议的知识产权属于“必要设施”且拒绝许可该知识产权的行为导致其他经营者无法找到其他许可途径而无法有效地在相关市场中进行竞争，那么权利拥有人就会违反反垄断法关于滥用市场支配地位的规定。

以上这些规定在实践中的真正含义并不是很清楚。例如，在中国法律下什么样的价格会被视为“不公平的高价”是十分不清楚的，因为中国法律并没有就什么是可以接受的价格作出清楚的解释。相比较而言，高价格在美国并不违反反垄断法，在欧洲也很少违反反垄断法。然而，在中国，该条款可能会被用于降低知识产权的 FRAND 许可费用。这些法律的模糊不清给中国的

FRAND 许可制度带来了很大的不确定性。

二、中国的标准化制度

（一）中国标准化制度概况

传统意义上的标准化组织是私人性质的自发组织，但这一模式在中国并不适用。在中国，最为重要的标准是由政府主持制定的。根据全国人大常委会在 1988 年修订的《中华人民共和国标准化法》，标准在中国按照法律效力由高到低的顺序分为四个层级：国家标准、行业标准、地方标准以及企业标准。国家标准适用于全国范围内，并由国务院领导的相关政府部门制定。行业标准仅仅在特定的行业适用，由行业监管部门的标准化机构制定。地方标准则由地方政府管辖下的标准化部门制定并仅在地方政府行政管辖的范围内有效。企业标准由企业制定，仅仅规范企业自己的产品。国家和行业标准中，涉及健康和安全的标准以及法律要求强制执行的标准是强制性标准。地方标准中，与产品安全以及卫生状况有关的标准在制定该标准的地方政府的管辖范围内也是强制性标准。

在中国，最重要的标准是国家标准和行业标准。在国家层面，负责标准制定的主要政府机构是国家质检总局下属的国家标准化管理委员会（以下简称“国家标准委”）。所有的国家标准都必须得到国家标准委的注册和批准。中国标准化研究院和中国标准化协会对国家标准委的工作提供协助。中国标准化研究院负责与标准化相关的研究与起草工作。中国标准化协会则是一个参与标准化发展和制定的行业协会。国家标准委与其他政府部门一起，监管着大约由4万名来自企业界、学术界以及政府部门的专家学者组成的约450个国家级技术委员会以及600个下属委员会。

在行业层面，行业标准的制定工作由负责监管该行业的政府部委内的标准化管理部门负责进行。对于不受政府监管的行业，标准制定工作则由国家工业和信息化部负责。国家各个部委同时也管理着许多标准化研究机构，它们的职责是在标准化的研究和起草工作中对政府标准化管理部门提供支持。

从这一标准制定的制度设计中可以清晰地看到，中国政府想要确保标准化过程中的最后决定权掌握在政府手中。尽管私人利益通过他们在各个技术委员会或者下属委员会的代表在一定程度上能够影响中国的标准化过程，但是除非他们的主张被政府标准化管理机构采纳，否则他们的要求将不会被纳入最终的标准。这一制度设计为中国在其标准化过程中对产业政策的因素加以考虑创造了更多的机会。

（二）中国的知识产权和标准制定制度

长久以来，知识产权一直是中国发展政策中不可缺少的一部分。中国第11个五年计划（从2006年到2010年）中的国家科学和技术规划以及相配套的《国家中长期科学和技术发展规划纲要》提出了到2020年建成“创新型国家”的目标。为了贯彻这一目标，国务院于2008年发布了《国家知识产权战略纲要》，国家知识产权局也于2010年发布了《国家专利事业发展战略》。这些文件要求中国减少对国外技术的依赖，增强自主创新的能力。

中国之所以对自主创新如此强调的一个原因是，中国公司向外国专利权所有人支付的专利许可费用给中国的制造业带来了很重的负担❶。例如，中国DVD播放器制造商向飞利浦公司以及其他国外专利权人支付的许可费用占到了DVD播放器销售价格的20%。另外一个例子，即使在为了替代国外通信技术而研发的TD-SCDMA技术中，国外的专利技术仍然占据了相当高的比例。

遵照中国整体的科技政策，鼓励自主创新已经成为中国标准制定过程中一项首要的目标。第11个五年计划要求在标准化过程中优先考虑自主创新技术。2004年国家标准委公布了一个报告草案，对国外产品对于国内产品的威胁提出了警示，并要求增加中国技术标准中自主创新技术的比重。如本文第二部分所述，这些政治经济目标也同时会对中国的反垄断执法产生影响。

如何处理专利权在标准化过程中的角色，是对中国标准化机构的一大挑战，2004年以来，国家标准委相继三次就该问题发布了管理规章草案。2004年发布的向公众征求意见的第一个草案对国家标准中所涉及的专利权采取了颇有敌意的态度。该草案规定，强制性国家标准“不应该包括”专利技术，非强制性国家标准仅仅当某项技术是“不可替代”时才可以包含专利技术。当国家标准涉及专利技术时，专利持有人被要求出具一项不可撤销的书面声明，表明其愿意以免费许可的方式或者以FRAND许可的方式许可其专利技术。如果专利持有人不作此声明，那么该国家标准将不会被批准。但是，2004年草案并没有明确界定什么样的许可条件符合FRAND原则。由于跨国公司以及美国政府机构的反对，2004年草案没有最后发布。

---

❶ 这是主要的推动因素之一；另一个因素与安全或者控制有关（比如，缺乏对于国外技术的信任）。

2009 年，国家标准委发布了关于标准化过程中专利权问题的第二份规章草案。与 2004 年草案一样，2009 年草案要求纳入国家标准的专利技术必须是“必要”技术。当国家标准包含专利技术时，专利持有人需要作一份不可撤销的书面的声明，表明下列意愿之一：(1) 同意在 FRAND 原则基础上或者以免费的方式许可其专利技术；(2) 同意基于 FRAND 原则以“明显低于”正常许可费用的费用许可其专利权；或者 (3) 不同意以 (1) 或者 (2) 中提到的方式许可其专利权。如果专利持有人在其书面声明中选择第三种方式，其专利权将不会被纳入标准中。

因此，按 2009 年草案的规定，如果专利持有人希望将其专利权纳入标准中，其将不得不免费许可其专利或者以明显低于正常许可费用的费用许可其专利。同时，2009 年草案还包含了某些针对强制性国家标准的特殊条款。该草案规定，强制性国家标准“原则上”不应该包含专利技术。这一规定给在某些特定情况下将专利技术纳入强制性国家标准留出了余地。此外，当一项强制性国家标准必须包含一项专利技术时，2009 年草案要求专利权人或者授予免费的许可，或者与国家标准委协商以达成双方可以接受的解决方案。如果不能达成双方满意的方案，国家标准委要么将不批准该国家标准，要么将对该专利实施强制许可。此项规定被广泛认为贬低了标准化过程中知识产权的价值。和 2004 年草案一样，2009 年草案也没有最终发布。

国家标准委于 2012 年 12 月就标准化中的专利问题发布了第三份规章草案，足见该问题的重要性及复杂性。该草案对国家标准中包含专利技术采取了较为软化的立场——至少在语言上如此，如果实际上不是这样的话。与前两份草案一样，2012 年草案要求纳入国家标准的专利技术属于“不可或缺”的技术。当国家标准包含专利技术时，专利权人要作一份不可撤销的书面声明，表明下列意愿之一：（1）同意基于免费的方式许可其专利技术；（2）同意基于 FRAND 原则许可其专利；或者（3）不同意按照（1）和（2）中规定的方式许可其专利。如果专利权人在书面声明中选择第三种方式，其专利将不会被纳入该标准。与 2009 年草案相比，2012 年草案在第二种选项中删除了“明显低于正常许可费用”的语言表述。当然，国家标准委在实际操作中仍然可以将 FRAND 原则解释成“明显低于正常许可费用”。对于强制性国家标准中的专利权问题，2012 年草案保留了 2009 年草案的要求，即强制性国家标准“原则上”不能包含专利技术。但是，当强制性国家标准必须包含专利时，专利权人仅需要与国家标准委协商，就专利权的处置达成相互可以接受的方案。2012 年草案不再将免费许可明文列入专利权人的选择之一，尽管专利权人仍然可以对其专利进行免费许可，如果他愿意这样做的话。如果专利权人与国家标准委无法达成双方都可以接受的方案，国家标准委将不批准该国家标准。根据 2012 年草案，国家标准委将不再像在 2009 年草案下那样有实施强制许可的权力。该 2012 草案已由国家标准委颁布，于 2014 年 1 月 1 日起正式实施。

到底是什么因素导致了 2012 年版本中语言表述的转变不是很清楚，但该版本的确显示了国家标准委不断增加的灵活性。这些灵活性可能仅仅是对来自西方国家压力的表面上的应付，也可能是由于国家标准委对这个问题的认识发生了更为根本性的改变。随着越来越多的自主创新技术在中国得以获得专利并在中国的标准中取代国外技术——至少中国的目标是朝这个方向发展——国家标准委迟早要战略性地考虑一个对于专利权过分敌意的标准制定体制会造成的不利结果。然而，国家标准委是否认为中国的科技发展已经到了这个阶段还有待观察。换句话说，中国过去在知识产权保护方面习惯采取被动的策略。但将来，中国会越来越有理由采取主动的策略，推动更为严格的知识产权执法措施。

除了国家标准委的规章，国家工商总局于2012年发布的知识产权反垄断执法指南草案也包含了与标准化中知识产权问题相关的几项特别的条款。该指南草案第22条规定，在标准化过程中单方决定专利许可的条件是专利权人合法实施知识产权的方式之一，一般不会产生排除或者限制竞争的效果。然而，第22条也规定专利权人如果有下列行为之一则会触犯反垄断法：(1) 专利权人或者专利申请人知道或者应当知道其专利或者正在申请的专利可能会被纳入有关标准；(2) 专利权人或者专利申请人不按标准制定组织的有关知识产权政策披露其可能会被纳入标准的专利信息或者已经公开的专利申请信息；(3) 专利权人在标准发布后，主张其被纳入标准的专利权；(4) 该行为对相关市场的竞争和创新产生或者可能产生不利影响。第22条进一步规定，当一项专利技术被纳入强制性国家标准中时，许可费用应有一个最高限额，并且该最高限额不应该"明显高于"该专利权纳入标准之前的许可费用。由此可见，执法指南第22条对纳入标准的专利权的许可费用设置了上限。该条规定虽然没有特别使用"FRAND"这一术语，但它为中国的反垄断执法机构如何在标准制定过程中实行FRAND原则提供了一些参考。不幸的是，执法指南第22条提出的指导意见仅仅在非常窄的情况下适用，因为它仅仅适用于存在直接可比的许可交易的情况。而在这种情况下FRAND费率的确定相对来说是比较简单的。

三、中国法院适用的 FRAND 原则

（一）最高人民法院对于 FARND 原则的适用

中国法院时时会被请求处理涉及知识产权许可的纠纷。在 2008 年 7 月辽宁省高级人民法院就如何处理一件涉及建设部发布的行业标准的专利权侵权案件向最高人民法院（以下简称“最高院”）提出了咨询，最高院为此给出了一封司法答复。最高院在司法答复中指出，中国负责标准化的政府机构还没有就标准中专利技术的披露以及使用颁布相应的规则。所以最高院有必要对此做出解释。最高院给出了下级法院处理此类案件时应该遵循的一些原则。最高院指出，如果专利持有人参与了国家、行业或者地方标准的制定活动或者同意将其专利技术纳入国家、行业或者地方标准，该专利持有人将被视为同意允许他人使用其专利权以用来实施该标准，这种使用行为不会构成专利侵权。专利持有人可以让使用者支付一定的许可费用，但该费用应该明显低于正常的许可费用。

最高院 2008 年的这一司法答复被基层法院所遵循。例如，在 2011 年 3 月，河北高级人民法院判决了一件涉及地方标准的专利权侵权案件。案件的原告方拥有一项关于建筑方法方面的专利技术，该技术被纳入了由河北省建设局所颁布的一项建设标准中。被告在未经原告同意以及没有支付任何许可费用的情况下使用了其专利技术。处理该争议的基层法院判决被告侵犯了原告的

专利权，要求其赔偿原告80万元人民币的损失。在上诉中，河北高级人民法院推翻了基层法院关于专利侵权的认定。河北省高级人民法院在判决书中引用了最高院2008年的司法答复，认为，既然原告参与了建设标准的制定过程，就应当视为已经同意他人以明显低于正常许可费用的标准使用其专利技术。因此，河北省高级人民法院把赔偿金的金额从80万元人民币减少到10万元人民币。

显然，最高院适用FRAND原则的方式与国家标准委在2009发布的规章草案对标准中的专利权的处理方式是相一致的。但是鉴于国家标准委最新颁布实施的关于国家标准涉及专利的规章中去除了“明显低于正常许可费用”的语言，所以还不清楚最高院是否如今还对此问题持同样的态度。

（二）华为公司诉美国交互数字公司案

最近几年，美国有许多法院就FRAND问题作出裁决。在最近的微软诉摩托罗拉（*Microsoft v. Motorola*）一案（以下简称“微软案”）中，一家美国法院首次明确了FRAND在标准制制定中的含义。本文作为背景资料先介绍一下微软一案，因为该案与下文将要谈到的华为诉交互数字公司一案在某些方面很类似。

微软一案的判决书有207页之长。在该案中，微软诉称摩托罗拉向其提出的专利许可条款违反了后者的FRAND义务。该案是一个既复杂又长的案件，其分析存在着许多细微之处。从比较分析的角度来说，该案证明了FRAND费率的计算是多么的困难。该案主审罗巴特（Judge Robart）法官分析了源自*Georgia Pacific*一案的用来判断是否存在专利侵权的15项要素的每一个要素，但他对他的分析框架进行了调整，以便于把专利和行业标准相比较并强调 FRAND 义务的重要性。为了支持其分析，罗巴特法官很仔细地研究了案件所涉的每一个专利、标准以及产品。他最终认定摩托罗拉的专利技术对于涉案的相关标准或微软公司的产品的重要性相当小。基于此结论，罗巴特法官对每一项专利的 FRAND 许可费率的范围和幅度做了认定。法院认为摩托罗拉公司索要的许可费率过高了。举例来说，就 802.11 技术专利而言，摩托罗拉公司向微软索要了每件 Xbox 游戏机价格的 2.25%（大概每件 6～8 美元）作为许可费，而法院的最终判决是微软仅需支付 Xbox 每件 0.3471 美元、其他产品每件 0.008 美元的许可费用。

美国法院对这一案件的详细分析与中国法院采取的方式不同。2013 年 2 月，深圳市中级人民法院判决了华为公司诉美国交互数字公司（InterDigital）的两起案件，一起是合同纠纷案件，另外一起是反垄断案件。在合同纠纷案件中法院判决交互数字公司违反了其 FRAND 义务并首次确定了符合 FRAND 原则的专利许可费率。本文下文将着重讨论该合同纠纷案件。需要附加说明的是，因为该案是中国仅有的一项 FRAND 案件判决，因此还无法确定法院在该案中的分析是仅仅针对该案的事实还是会被更加广泛地适用。

在华为诉交互数字公司一案中，中国的华为技术有限公司起诉美国交互数字通信公司违反了其 FRAND 义务。与美国微软一案详细且公开的判决书相比，华为一案的判决书从未公开。对于该判决的唯一一次公开讨论来源于交互数字公司向美国证监会提交的材料以及本案的三位主审法官公开发表的两篇文章。

该判决由于不公开而造成的透明度的缺乏加重了西方企业关于中国反垄断法是否能很好地贯彻实施以及反垄断法基于产业政

策的目标的担忧。我们在此指出透明度缺乏，是因为其不仅在国内也在国际层面上影响着中国反垄断体制的被认可程度。由于缺乏公开的资料可以对深圳法院的判决意见进行解释，人们很难理解法院在本案中是如何解释以及适用 FRAND 原则的。

下面我们先从本案公开的资料开始分析。交互数字公司向美国证监会提交的 2013 年年度报告中对本案做了一个大概的描述。从此描述中可以看出，关于本案的公开信息少之又少，在中国从事商业活动的企业除非能拿到此案的法院判决书，否则很难从这么有限的信息中推断出中国的 FRAND 政策。同时也应该指出，以下对本案的描述来源于交互数字公司，因此我们不能确定此描述是否完全客观。交互数字公司对两起案件的描述全文如下：

2013 年 2 月 4 日，深圳市中级人民法院发布了其在两起案件中的裁定。关于第一起案件（作者注：反垄断纠纷案件），法院认为交互数字公司的下列行为违反了中国反垄断法：（1）向华为公司索要法院认为过高的许可费用；（2）把标准必要专利和非标准必要专利进行捆绑许可；（3）作为许可提议的一部分要求华为公司向其提供相应专利的交叉许可，以及（4）在仍于与华为公司就许可进行谈判时即开始向美国国际贸易委员会起诉华为公司。基于这些结论，法院要求交互数字公司停止过高的要价行为以及对标准必要专利和非标准必要专利的不恰当的捆绑行为。法院并令交互数字公司向华为公司支付将近 320 万美元包含律师费以及其他支出的损害赔偿，但法院没有披露损害赔偿认定的事实依据。法院驳回了华为公司其余的诉求，其中包括华为公司主张交互数字公司不合理地寻求全球范围的许可以及不合理地试图把针对不同技术的标准必要专利捆绑在一起。至于第二起案件（作者注：合同纠纷案件），法院认为华为的许可主张应该依据中国法律来判决，尽管事实上本案中的 FRAND 义务起源于欧洲电信标准协会的知识产权政策，而欧洲电信标准协会的知识产权政策依据的是法国法律。依据中国法律，法院裁定交互数字公司的合同要约违反了其 FRAND 义务。法院进一步裁定，依据中国法律，华为向交互数字公司的 2G、3G、4G 标准所必需的中国专利支付的许可费用不应该超过每件华为产品实际销售价格的百分之 0.019。但是，法院没有解释这个费率是如何计算得来的。交互数字公司打算就这两起案件提起上诉。

上面描述中突出的一点是法院所计算的 FRAND 费率的实际数额。根据以上的描述，深圳中级人民法院未经过解释，判决华为公司应向交互数字公司的标准必要专利支付的许可费用不得超过每件华为产品实际销售价格的百分之 0.019。按照一位评论人士的说法，该费率比电信行业大型组合专利通行的 1% ~10% 的许可费用要低许多个数量级。但是，由于公众所知悉的信息很少，很难知道事实是否真是如此。

从本案的三位主审法官公开发表的两篇文章中，也可以发掘出本案的一些基本情况。三位法官在文章中指出，交互数字通信公司向华为公司提出了远远高于向苹果公司或者三星公司提出的许可条件，从而违反了反垄断法关于过高定价和歧视定价的规定，并违反了交互数字公司的 FRAND 义务。另外，三位法官在文章中写道，交互数字公司还存在捆绑销售行为，因其把标准必要专利和非标准必要专利捆绑在一起进行许可。

三位法官在他们的文章中还对他们在华为一案中适用中国法律而不是法国法律的决定进行了辩护。他们指出华为一案所涉及的标准并不是欧洲电信协会的标准，而是受中国法律管辖的中国技术标准。另外，他们还指出，本案原告的主要业务范围、所涉标准必要专利的实施地以及专利许可的谈判地等都在中国。因此，三位法官认为，按照“最密切联系”原则，该案应适用中国法律。

除了以上所述材料，本文作者手中有一份本案未公开的、经过删节的判决书。现在本文将简要分析这一未公开的判决书。在判决书中，法院分析了一些公开的数据，包括交互数字公司向苹果和三星公司索要的或者准备索要的许可费用的数据，以判断交互数字公司在本案中的行为是否构成歧视。由于交互数字公司担心数据会被案件之外的人员知晓而拒绝向法院提供这些数据，法院不得不从其他公开的数据倒推得到这些数据。然后，法院将这些估算的费用与交互数字公司向华为公司索取的费用进行比较，发现后者过高了。在这方面，未公开的判决书与该案主审法官公开发表的文章的思路是一致的。

本案三位主审法官的文章以及未公开的判决书所分析的一些要素与美国司法程序中所考虑的要素不尽相同。三位法官在其文章中提到了与雇员人数有关的因素。华为公司雇用了约 51 000名研发人员，在全球范围内拥有超过 49 000份专利申请以及 17 765件授予的专利技术。相反，交互数字公司仅仅拥有 260 名研发人员以及 19 500份专利以及专利申请。另外，文章提到交互数字公司没有参与任何的实质性生产活动。文章指出，对这些因素的考量是为了保障被告方获得与其在无线通信技术领域之贡献相适应的回报。显然，三位法官是假设研发人员及专利的数量能很好地衡量专利的价值，而这一假设显然是错误的。

对本案的解读可以有两种。一种解读是，交互数字公司违反了其对华为公司的 FRAND 义务，同时存在其他违反反垄断法的行为，诸如把标准必要专利和非标准必要专利进行搭售。该解读的证据就是交互数字公司向华为公司索取的许可费用与其向苹果和三星公司索取的许可费用之间的区别。依据该解读，因为交互数字公司向华为索取的费率显著地高于其向苹果和三星公司索取的费率，所以该费率是歧视性的，进而属于定价过高。如果本案的事实确实如此，那么此解读似乎可以得到很好的支持。然而，如前面所提到的，本案中法院并没有解释该特定的 FRAND 费率是如何算出来的，这对判决的合理性产生了消极的影响。并且，本案所有的公开资料及未公开的判决都没有提到本案存在的大量的程序性问题（例如，非中国律师被禁止参加听证，信息获取的渠道缺乏；交互数字公司无法获得其涉及商业机密的信息不会被向其中国客户及竞争者泄露的保证）。

对本案的第二种解读是，法院的判决是受了产业政策因素的影响，是为了降低华为需要支付的许可费用，以增强其作为电信设备制造商的竞争地位。在本案的判决中，法院没有明示计算 FRAND 费率的具体方法。考虑到中国政府对于法官的影响力，该判决让人怀疑在中国最终是政府而不是法官来决定 FRAND 费率。从这个角度来看，如果本案提起诉讼是在美国而不是中国，同样的判决将会更有说服力，因为中国反垄断法透明度的缺乏导致人们不能明确地区分以上两种解释哪一种是正确的。

华为诉交互数字公司一案具有重要的意义。该案件对于在世界其他地区已经卷入标准必要专利纷争的全球性企业意味着关于标准的专利战争已经开辟了一个新的战场——中国。这一新的战场不同于在美国以及欧洲的 FRAND 战场，因为中国对知识产权的保护力度较小，且中国对于西方专利持有人索要的“过高价格”存在反对意见，并且中国政府有支持自主创新技术的政策。这些因素对广义上的中国竞争法到底意味着什么还不是很清楚。

这在很大程度上是由于中国反垄断法的选择性执法（这种执法经常针对西方企业）以及适当程序的缺乏。由于这些原因，即使某个案件的判决是正确的，很多人仍会根据他们对中国法律体系先入为主的看法，从产业政策的角度来看问题。

四、结　　论

中国对于 FRAND 原则的态度会对全球的反垄断 FRAND 政策以及反垄断策略的战略性使用产生深远的影响。但是，或多或少地由于中国制度层面上的原因，中国的 FRAND 政策存在着极大的不确定性。当然，中国的 FRAND 政策仍然处于一个较初级的发展阶段。在该阶段，很可能是由于制度的缺陷导致了一些案件的结果不能完全从反垄断的层面解释。但是考虑到中国的制度环境，人们还不能肯定地说产业政策不是一个因素。

在实践中，因为政府的压力，专利使用人在中国比在西方拥有更多的谈判砝码。在某些领域，比如在商务部主导的企业并购审查领域和国家发改委主导的价格执法领域，这些来自政府的压力已经很大，并且这些压力往往不是基于竞争的考量。从这个意义上来说，FRAND 可能会变成政府规制费率的一个工具。

如果中国的 FRAND 政策确实是由产业政策决定的，那将对中国的技术创新产生消极的影响。如果对标准必要专利持有人提供的激励不足，将会导致“反向专利讹诈”（reverse patent hold-ups）的问题，即专利持有人被迫接受低的许可费用，从而影响他们投资技术标准的动力。跨国公司如果觉得中国的知识产权反垄断体系是歧视它们的话，它们就不太会愿意在中国投资。更为重要的是，随着中国企业从专利的使用者（因为它们的生产成本最低）变成创新者，它们索取较高专利许可费用的能力也会逐渐增强。在这种情况下，试图对许可费用施加没有反垄断法基础的不合理限制将会阻碍中国的创新并使中国掉入“中等收入陷阱”。因为这些原因，一个仅仅着眼于短期产业政策的需要的 FRAND 政策将会是目光短浅的。

FRAND 承诺对标准基本专利权利行使的影响

王　斌*

【摘　要】通过对 FRAND 承诺和禁令在许可谈判中作用的分析，结合当前主要法域反垄断实践对于标准基本专利权利行使的限制，论证了 FRAND 承诺对标准基本专利权利行使的影响。一方面禁令是法律赋予的专利保护的核心内容，标准基本专利的 FRAND 承诺并不意味着权利人放弃禁令的权利，对于不愿意获得 FRAND 许可的潜在被许可人，禁令不可或缺。另一方面标准基本专利的禁令应该受到合理的限制，如果潜在被许可人表明愿意以 FRAND 条件获得标准基本专利的许可，则不应该在许可谈判中受到禁令威胁。最后对于显示潜在被许可人愿意获得 FRAND 许可的中立第三方程序提出思考和建议。

【关键词】标准基本专利；FRAND；禁令；反垄断法；中立第三方程序

---

* 华为公司标准与知识产权策略总监，高级竞争法律师。本文仅代表作者个人观点，不代表作者所在公司及其他任何组织的观点。

智能终端的崛起引发了市场格局的激烈变化。在这新一轮的市场竞争中，中国手机厂商表现不俗，华为、联想、酷派和中兴占据了全球市场份额排名前十的位置。[1] 伴随着激烈的市场竞争，业界进入新的一轮世界范围的知识产权纠纷诉讼高发期，标准基本专利成为本轮知识产权诉讼的焦点，也是全球知识产权司法的热点。

一、标准基本专利与 FRAND 承诺

技术标准化在 ICT（信息通信技术）产业具有重要意义，标准能够保证产品和服务的互联互通，从而降低生产成本，促进技术进步，满足消费者的利益。随着现代产业的复杂性，标准中不可避免的需要结合专利技术，从而导致标准基本专利的产生。标准基本专利是遵循特定标准化组织制定的技术标准所必须使用的专利。

由于专利的排他性，将专利技术纳入标准有可能带来风险。最常见的是专利权人滥用专利标准化带来的强势地位，拒绝向竞争对手许可专利，或者向潜在被许可人索取高额许可费，形成所谓的“专利劫持”（Hold-up）。

---

[1] “中国厂商掀智能手机飓风　华为取代 LG 成全球第三”，载环球网科技，http：//tech. huanqiu. com/comm/2013 - 11/4581691. html，2013 年 11 月 20 日访问。

为避免上述风险，标准化组织提出公平、合理、无歧视（Fair，Reasonable and Non-discriminatory，FRAND）的概念，要求会员在加入标准组织或制定标准的过程中承诺愿意以 FRAND 的条件许可标准基本专利给所有的标准实施人。

笔者也注意到，标准基本专利的 FRAND 问题并不是一个新问题，近些年如此火热的原因在于计算机和通信产业的融合。本质上 FRAND 是一个通信产业的关于标准和专利问题的规则，新进厂商（很多之前是计算机厂商）在进入通信领域需要使用通信技术标准时发现面对标准基本专利的壁垒，从而自然而然地想到通过 FRAND 的解释降低甚至抹杀标准基本专利的价值，从而达到排除进入障碍的目的。这个过程中，特别需要防范所谓的“专利反向劫持”（Reverse Hold-up），即潜在被许可人以 FRAND 作为借口，实质上拒绝获得 FRAND 许可，从而使权利人在标准制定过程中的研发投入无法获得合理补偿，进而伤害到标准的长远发展。

在许可谈判过程中，如果标准基本专利的权利人和潜在被许可人都善意进行谈判，相信双方将顺利达成 FRAND 许可。事实上，以 FRAND 为基础的标准基本专利许可在行业实践中总体上运行良好，绝大多数许可协议都能通过谈判达成。

但在少数情况下，标准基本专利的权利人和潜在被许可人无法达成 FRAND 许可。因为 FRAND 的概念本身是模糊的，由于种种原因，标准组织并没有对什么是 FRAND 给出明确的定义，从而使这个概念在判断权利人要求的许可费是否 FRAND 时显得无能为力。

在谈判无法达成许可协议的情况下，权利人往往会到法院或行政执法机构寻求禁令救济，要求排除潜在被许可人对于标准基本专利的使用，使潜在被许可人面临接受权利人的许可条件或不再使用标准的两难境地。禁令本是法律赋予的专利保护的核心权利，但由于标准基本专利附加有 FRAND 许可承诺的特殊性，使标准基本专利的禁令问题成为近年的一个司法热点，也是业界讨论的焦点问题。

二、禁令是专利保护的核心内容

标准基本专利首先是专利，应受专利法及其他相关法律法规对专利普遍和相同水平的保护。禁令救济是专利保护的核心权利，对于保证权利人补偿研发投资，鼓励创新具有重要意义。世界各主要国家对于禁令都有明确规定，我国专利法虽没有关于禁令的明确规定，但第 60 条关于停止侵权行为的规定，第 66 条关于起诉前向人民法院申请采取责令停止有关行为的规定都可以理解为是中国专利法下类似于禁令制度的设计。在专利法上并没有对于标准基本专利在禁令问题上给予不同的规定。

标准基本专利的 FRAND 承诺并不意味着权利人放弃禁令的权利。权利人做出的 FRAND 承诺表明权利人愿意以 FRAND 条件许可专利，但也表明这个承诺是以 FRAND 补偿作为交换条件，而不是免费允许他人使用标准基本专利。如果潜在被许可人不愿意获得 FRAND 许可，专利权人别无他法，只能寻求禁令。

潜在被许可人不愿意获得 FRAND 许可的表现可能包括：拒绝获得许可；表明不会支付许可费；拒绝由中立第三方确定 FRAND 许可条件；不适当的拖延中立第三方确定 FRAND 许可条

件的程序；或不遵守中立第三方的裁决结果等等。关于中立第三方程序确定 FRAND 许可条件的问题将在下文详细阐述。

对标准基本专利潜在被许可人而言，其应当履行善意获得许可的义务。首先强调这一点对于我国当前大力提倡尊重和保护知识产权、鼓励和保护研发创新具有分外重要的意义。

三、标准基本专利的禁令应该受到合理的限制

标准基本专利是任何一个行业参与者为了执行标准都必须使用的专利，标准基本专利的许可难以通过其他技术许可所替代，因此，每一标准基本专利许可可以构成独立的相关商品市场。标准基本专利权利人则在相关技术标准许可市场上成为唯一的提供者，具有市场支配地位。若权利人滥用这种市场支配地位，则可能受到反垄断法的规制。上述理论为中国及欧美反垄断实践所认可。

2012 年 2 月 13 日，欧盟委员会在谷歌/摩托罗拉移动并购案的决定中认定，每一个标准基本专利自己都构成一个单独的相关技术市场，标准基本专利会给权利人带来市场支配力。欧盟委员会在决定中指出：标准基本专利的特殊性在于，要符合某一标准就必须实施这一标准下的基本专利，无法进行设计规避。也就是说，标准基本专利的定义就决定了每一个标准基本专利都没有替

代物❶。

目前中国的司法实践已有生效判决支持标准基本专利权利人在标准基本专利许可市场上具有市场支配地位的观点。在华为公司诉美国 IDC 公司一案中，法官对标准基本专利权利人 IDC 滥用市场支配地位构成垄断做出的评析中指出，“基于 3G 标准中每一个必要专利的唯一性和不可替代性，被告方在 3G 标准中的每一个必要专利许可市场均拥有完全的份额，具有阻碍或影响其他经营者进入相关市场的能力。因此，应依法认定被告方在原告界定的相关市场中具有市场支配地位。”❷

权利人有可能滥用标准基本专利带来的市场支配地位，比如，在专利许可过程中要求过高的许可费，进一步可以表现为在潜在被许可人不接受权利人提出的许可费的情况下，以禁令作为胁迫手段要求潜在被许可人接受。这时权利人的行为就可能与其就标准基本专利做出的 FRAND 承诺产生冲突。

FRAND 承诺表明权利人愿意以 FRAND 的条件许可标准基本专利给任何潜在被许可人，如果潜在被许可人通过积极的谈判，提出有约束力的许可条件或确立许可条件的方法来表明愿意以 FRAND 条件获得标准基本专利的许可，则满足了权利人的要求。此时，权利人仍然寻求禁令，则很可能是一种滥用市场支配地位的行为。其试图通过禁令的威胁要求潜在被许可人接受自己提出

---

❶ 详见 Case No COMP/M. 6381 - GOOGLE/MOTOROLA MOBILITY, Commission decision of 13/02/2012, http：//ec. europa. eu/competition/mergers/cases/decisions/m6381_ 20120213_ 20310_ 2277480_ EN. pdf.

❷ 叶若思、祝建军、陈文全：“标准必要专利权人滥用市场支配地位构成垄断的认定——评华为公司诉美国 IDC 公司垄断纠纷案”，载《电子知识产权》2013 年第 3 期。

的许可条件，可能受到反垄断法的规制。

2013 年 7 月 24 日，美国联邦贸易委员会与谷歌/摩托罗拉移动就后者涉嫌滥用标准基本专利的反垄断调查达成和解协议，对谷歌/摩托罗拉移动就基本专利寻求禁令进行限制。美国联邦贸易委员会认为就标准基本专利向有意愿的潜在被许可人寻求禁令的行为是滥用市场支配地位的行为。如果一个潜在被许可人愿意接受 FRAND 许可，则其是有意愿的潜在被许可人，FRAND 的许可条件可以通过自愿谈判确定，也可以通过法院或其他中立第三方确定。[1]

2012 年 12 月 21 日，欧盟委员会就三星涉嫌滥用标准基本专利的反垄断调查发布初步裁决，认为三星以具有 FRAND 承诺的标准基本专利向苹果公司寻求禁令的行为可能构成滥用市场支配地位。目前三星正与欧盟进行和解，并向欧盟提交了承诺书。[2] 2013 年 5 月 6 日，欧盟委员会就摩托罗拉移动涉嫌滥用标准基本专利的反垄断调查发布初步裁决，认为后者以具有 FRAND 承诺的标准基本专利向有意愿获得许可的潜在被许可人苹果公司寻求禁令的行为可能构成滥用市场支配地位。[3]

---

[1] 详见 FTC Matter/File Number 1210120，In the Matter of Motorola Mobility LLC，and Google Inc.，http：//www. ftc. gov/enforcement/cases-and-proceedings/cases/2013/07/motorola-mobility-llc-and-google-inc-matter.

[2] 详见 Case No COMP/C – 3/39. 939-Samsung-Enforcement of UMTS standards essential patents，http：//ec. europa. eu/competition/elojade/isef/case_ details. cfm? proc_ code = 1_ 39939.

[3] 详见 Case No COMP/C – 3/39. 985-Motorola-Enforcement of GPRS standard essential patents，http：//ec. europa. eu/competition/elojade/isef/case_ details. cfm? proc_ code = 1_ 39985.

在上述案例中，难点在于如何认定潜在被许可人愿意以FRAND条件获得标准基本专利的许可。目前的实践和业界讨论倾向于认为如果潜在被许可人愿意通过中立第三方程序确定包括费率在内的FRAND许可条件，则可以认为其愿意获得FRAND许可。前述案例提到的美国联邦贸易委员会与谷歌/摩托罗拉移动的和解协议，欧盟委员会与三星正在谈判的和解协议都采用了这个思路。

由上述分析可见，标准基本专利的禁令应该受到合理的限制。实践中欧美反垄断机构为了规制标准基本专利的滥用风险，以标准基本专利的FRAND承诺作为依据，从潜在被许可人的角度出发，为潜在被许可人提出了一个关于禁令的“避风港原则”。即如果潜在被许可人愿意获得许可，则权利人不应该再以禁令威胁作为达成许可协议的手段。如果双方不能就FRAND条件达成一致，则可以通过中立第三方程序确定FRAND许可条件。这个中立第三方可以是法院或仲裁机构。在这个解决框架下，中立第三方程序的设计显然是核心所在。

四、中立第三方程序确定FRAND许可条件的思考

目前反垄断机构通过案例虽然倾向于中立第三方程序确定FRAND许可条件，但在案例中确定的第三方程序的细节只适用于个案，并不具有普适性。在业界的讨论以及实际许可谈判中，如何适用这个中立第三方程序确定FRAND许可条件仍然存在诸

多争议。笔者认为，关于中立第三方程序确定 FRAND 许可条件，应该满足如下原则：

1. 裁决的对象是包括费率在内的 FRAND 许可条件，而不是权利人的许可要约（Offer）是否满足 FRAND 承诺

有些权利人为了避免中立第三方程序裁决可能产生不利于自己的结果，提出中立第三方程序只负责判断自己提供给潜在被许可人的 Offer 是否 FRAND，如果该 Offer 被认定满足 FRAND 承诺，则可以要求禁令，否则不可以要求禁令。

但 Offer 是否 FRAND 本身就是现在法院在许多关于标准基本专利争议中正在审查的问题，正是因为这个问题的模糊性，导致诉讼频发。而且这个方法对权利人过于有利，权利人在被裁定为 Offer 没有满足 FRAND 承诺之后不会承担任何不利后果，完全可以再提出一个新的不满足 FRAND 的 Offer 给潜在被许可人并以禁令相要挟，从而将潜在被许可人置于持续的风险之下，并没有解决双方关于许可协议的实质争议。

中立第三方程序裁决包括费率在内的 FRAND 许可条件的好处是能够一次性解决问题，避免双方的争议久拖不决。

2. 不能限制潜在被许可人发起中立第三方程序的权利

可以提出中立第三方程序确定 FRAND 许可条件主体不仅包括权利人，也应该包括潜在被许可人。权利人可能提出一个对于潜在被许可人不利的裁决场所，然后因为潜在被许可人无法接受而使潜在被许可人无法利用避风港规则，出于公平考虑，潜在被许可人应该有权利按自己的意愿发起中立第三方程序。

另一方面，某些法域下，比如，美国联邦贸易委员会的 337 程序中，可能不接受关于第三方裁决 FRAND 条件的申请，此时如果权利人拒绝在其他地方提出中立第三方程序，又不允许潜在

被许可人在其他地方提出 FRAND 裁决要求，则潜在被许可人无法获得救济。

3. 不能限定由一个法院或仲裁机构裁定全球许可费

专利具有地域性，专利的价值只有在本国才能得到公正的裁决，比如对于中国专利，美国法院没有权力，也没有能力裁决。再比如某些专利通过同族申请进入另一个国家后，很可能由于翻译等原因导致专利质量的下降，该因素也只有在专利获得授权的国家才能得到充分的考虑。所以一个法院裁决全球专利许可费的想法是不现实的，也必将造成不公平的结果。另外，不是所有的国家的法院都愿意适用长臂管辖去裁决其他国家的专利价值。当然，如果权利人和潜在被许可人都同意在一个法院或仲裁机构进行全球许可费的裁决，则没有问题。

4. 允许就专利包级别进行裁决，但不能限定为全球专利包

考虑到效率因素，以及专利包许可的现实需求，应该允许就专利包级别进行裁决，而不是仅仅限定在涉诉专利，否则对于权利人过于不公平。但这个专利包不应该要求一定是全球范围级别的专利包，理由可见上述关于全球许可费裁决的论述。对于专利包的专利价值的判断，可以选取专利布局国家的几个典型样本作为代表。当然，如果权利人和潜在被许可人都同意就全球专利包进行裁决，则没有问题。

5. 在合理长的时间内解决问题，不能久拖不决

中立第三方程序不应该久拖不决，否则相当于变相的帮助潜在被许可人拖延谈判，对权利人不公平。应该设定有效率的程序，选取适当的争议点，在合理长的时间内解决问题。使潜在被许可人可以享受避风港的保护，但也不至于利用避风港作为手段逃避获得许可的义务。

6. 给潜在被许可人挑战专利的机会，但不能因为这种挑战使程序时间不适当的拖延

为了合理判断专利的价值，应该给潜在被许可人挑战专利的机会，比如是否侵权、专利是否有效等等，因为要求潜在被许可人就没有侵权或无效的专利获得许可也是不公平的。但在这个过程中，同样要注意程序的时间问题，避免潜在被许可人拖延程序。在怎样的范围内给潜在被许可人挑战专利的机会，在双方无法达成一致的情况下，应由主持中立第三方程序的法官或仲裁员决定。

第四篇

创新保护与专利流氓

金融创新与专利法

[德] 西蒙·克洛普辛思基（Simon Klopschinski）* 撰
付登科 译 张韬略 校

过量的宝藏，埋没在你的国土的地下，
一直没有加以利用。最广阔的思想
也无从估计这笔财富，
最丰富的想象，
怎样努力也达不到。
只有无愧于洞察深奥的灵魂，
才能对无限事物拥有无限的信心。

——约翰·沃尔夫冈·冯·歌德，《浮士德 II》

一、引　言

在歌德的悲剧作品《浮士德 II》里，浮士德和梅菲斯特在王

* 法学博士，律师，杜塞尔多夫。感谢我的父亲 Klaus Klopschinski 对本文在文学上的提升和对初稿撰写的建议。

国即将破产时，来到了国王的宫廷。为了整顿国家财政，梅菲斯特提议采用纸币，并仅以埋藏在王国地下的尚未被采掘的宝藏作为担保。❶ 文首的引文便是浮士德在国王面前对这个所谓的改革的赞美。❷ 假如经由国王签名发行的这种纸币不被别的货币兑换人接受，那么纸币持有人就有权利把国王领地上的这个抵押的宝藏占为己有。❸ 然而，埋藏在王国地底的宝藏所保障的纸币的抵押物，本身并不具备货币稳定性，这一事实暗示了这部悲剧描述的、貌似充满魔力的在一夜间像炼金术一样的纸币增值，只会被“炼成”没有价值的资产。❹ 另一个证明浮士德和梅菲斯特推荐的这种纸币不会带来任何拯救的证据，就是这种新的纸币是以地下的——即地狱里的——宝藏抵押的。❺ 大多数从国王那里分到这种新纸币的臣民们，到最后只会一无所有，因为他们很快就会大肆挥霍刚刚得到的财产。❻ 因此，本文开头所引用的《浮士德》

---

❶ 歌德，《浮士德》，原文，出版人 . v. *Albrecht Schöne* 第一版。（1994 年版第 5 次再版）法兰克福和莱比锡，2003，v. 6057 ff. （以下简化引用为：歌德，《浮士德》，原文）；歌德，《浮士德》. 注解，出版人 . v. *Albrecht Schöne*，第一版（1994 年版第 5 次再版），法兰克福和莱比锡，2003 年，461 页（以下简化引用为：歌德，《浮士德》，注解）。

❷ 歌德，《浮士德》. 原文，v. 6111 ff.

❸ 歌德，《浮士德》. 原文，v. 6124 ff. ；歌德，《浮士德》. 注解，第 463 页。

❹ 歌德，《浮士德 . 原文，v. 6071 ff. ；歌德，《浮士德》. 注解，第 456 页和 461 页。

❺ 歌德，《浮士德》. 原文，v. 6139 f. ；歌德，《浮士德》. 注解，第 463 页。

❻ 歌德，《浮士德》. 原文，v. 6145 ff. ；歌德，《浮士德》. 注解，第 457 页。

的格言，到最后只是印证了歌德这部戏剧第一部分“天堂序幕”里所提到的上帝对人类的论断：“人要奋斗，就难离错误”❶，以及人类的傲慢无知。

显而易见，被视为2007年和2008年金融危机催化剂的美国式书面担保（Verbriefungen），即所谓的“住房抵押贷款证券”（简称MBS）和它的增值方式“抵押担保债券”（简称CMO）和“担保债务凭证”（简称CDO）以及各种人为的“担保债务凭证”❷，可视为浮士德和梅菲斯特提出的“不可思议的纸币”的现代变化形态。一种始于金融市场、然后又蔓延到实体经济的危机，已在此期间发展成一种国债危机，或确切地说，成为一种大规模的国家次贷危机，其结果到目前为止还不可预见。它不仅仅威胁到某个

---

❶ 歌德，《浮士德》. 原文，v. 317.；歌德，《浮士德》. 注解，第463页。

❷ *Dam*，《国际视野下的次贷危机和金融调控》：Straus（出版人），《法律和道德在全球化经济中的角色》，柏林，2009年，95页；*Ferguson*，《金钱的崛起——货币历史》，2009年第2版，第226页以下；*Krugman*，《2008年经济萧条和危机的回归》，纽约，2009年，第153页以下；*Straus/Klopschinski*，《当前金融危机市场下商业方法及其他专利法的问题》，FS Mes，慕尼黑，2009年，第327页；*Pol*，《不加辩解地规制金融创新》，Wollongong大学，经济论文系列，2008年，WP 09－01，2009年3月，http：//ro. uow. edu. au/cgi/viewcontent. cgi？article = 1202&context = commwkpapers >（16. 6. 2013）；Litan，《为大多数而非所有金融创新进行辩护》，2010年，第34页以下.

<http://www. brookings. edu/ ~/media/research/files/papers/2010/2/17% 20financial% 20innovation% 20litan/0217_ financial_ innovation_ litan >（16. 6. 2013）；*Anonymous*，“鲁莽的创新碎片”，《哈佛法律评论》第125卷（2012），第1799页。

国家，如希腊，还威胁到了整个世界经济，使其可能陷入深渊。[1]数年以来，欧盟各个国家及政府首脑已经在努力避免欧元区的中断，以及防止因此对欧洲和世界经济的破坏，但直至目前，这些努力仍未能完全平稳整个局面。[2]

前几年还被评级机构评为 AAA 最高资质的这些字母杂锦式的名称（Buchstabensuppe）即 MBS、CMO、CDO 以及各种人为的 CDO，其价值在 2007 年和 2008 年的金融危机中却降到了最低点。这个最近的例子说明了一种现象。据冯·华尔兹的说法，这种现

---

[1] 国际货币经济组织（IMF），《世界经济浏览——2012 年 4 月》，华盛顿，2012 年，第 XV 页及以下。< http：//www. imf. org/external/pubs/ft/weo/2012/01/pdf/text. pdf >（16. 6. 2013）；德国经济“五贤人”委员会，“欧盟峰会之后：使用长期解决方案的时刻，根据《设立德国经济‘五贤人’委员会以审查经济整体发展法》第 6 条第 2 款第 1 句所做的特别审查”，2012 年 7 月 5 日，< http：//www. sachverstaendigenrat-wirtschaft. de/fileadmin/dateiablage/download/sondergutachten/sg2012. pdf >（16. 6. 2013）.

[2] *Bofinger/Habermas/Nida-Rümelin*，《对表面政治的申诉》，FAZ，2012 年 8 月 4 日，第 22 页。参阅：《走向真正的经济和货币联盟的道路 —欧洲议会主席 Herman Van Rompuy 的报告》，2012 年 6 月 26 日，EUCO 120/12，PRESSE 第 296 页，PR PCE 第 102 页 < http://www. consilium. europa. eu/uedocs/cms_ data/docs/pressdata/de/ec/131294. pdf >（16. 6. 2013）；国际货币经济组织，《国际货币经纪组织呼吁欧元区采取措施应对危机》，IMF Survey online，2012 年 7 月 18 日 < http://www. imf. org/external/pubs/ft/survey/so/2012/INT071812A. htm >（16. 6. 2013）；*Häde*，《全球金融危机中的欧洲货币联盟——欧洲团结的界限?》，EuR 2010，854；*Sonder*，《货币联盟的团结：希腊，爱尔兰，毫无止境?》，ZRP 2011 年，33；*Weber*，《金融危机中经济及货币联盟改革》，EuZW 2011 年，第 935 页；*Mayer/Heidfeld*，《欧元公债基金，清偿债务基金及项目基金——一个黑暗的威胁?》，ZRP 2012 年，第 129 页。

象有规律地出现在金融市场历史上，其特色是一个事物突然增值，其价值到最后人们根本无法预测。这种现象的另一个例子是17世纪时荷兰的郁金香事件，那时郁金香的球茎以天价交易，直到市场突然崩溃，之前价值甚至堪比阿姆斯特丹一幢民宅的郁金香球茎，变得不值一文。❶

书面担保属于金融工具的一种，直到19世纪60年代末、70年代初才进入金融世界的舞台。这种金融工具常被称为金融创新。与此相似的还有另外一些金融创新，如自动取款机、对冲基金和信用违约互换。❷

根据勒纳和图芬诺所提出了的概念，金融创新是指创造并推广新的金融工具以及新的金融技术、金融机构、金融市场。金融创新又细分为产品创新和方法创新，产品创新如新的金融衍生品和有价证券，方法创新则比如有价证券的销售、大宗金融交易、清算以及价格估算新的可能性。❸

根据阿纳波尔迪和罗西尼奥尔利的观点，金融创新是一种产品和组织的形式，这种形式有助于银行成本和风险的降低或者有

---

❶ *von Wallwitz*，《奥德修斯和黄鼠狼——金融市场导引》，柏林，2011年，120页；*Straus/Klopschinski*，FS Mes，第327页（第345页以下）。

❷ *Litan*，《奥德修斯和黄鼠狼——金融市场导引》，柏林，2011年，第3页以下。

❸ *Lerner/Tufano*，《金融创新的重要性：研究日程》，2009年，第4页，<http：//www. aeaweb. org/aea/conference/program/retrieve. php？pdfid = 351>（16. 6. 2013）；Fusco，《专利法的使用是否促进了新证券的创新?》，Santa Clara Computer & High Tech L. J. 25（2009年）第243页起，第254页。

利于整个金融系统的改进。[1]

人们很难确定一个金融工具的创新具体体现在哪里。此外，到底如何使创新在资本经济中得以运用，还有很大争议。加尔布雷斯所持的一派观点认为，金融经济“在太阳底下没有什么新的东西”：

然而，新的金融工具到底是什么，经验告诉我们一条铁的规律。[……] 这条规律表明，创新并不适合于金融活动。一直以来，被人们新发现并庆祝的东西，毫无例外只是历史上长期被驳斥的观念的一个小小变型。他们之所以一直翻陈出新，要归因于之前提到的金融界的短期记忆。[2]

与此相反，利坦认为，金融历史正是以创新为特色的：

[……] 金融从一开始就不是静止的：新的工具、机构和最终的贸易以及投资策略一直在持续发展，以满足不同人的不同需求，以及最后满足非金融机构的需求，即生产和贸易，或者为其他的个人和企业提供服务。此外，随着经济活动变得复杂化，金融也相应地紧随其后。[3]

最后，富斯科提出了一个非常“技术性”的命题，即新的有价证券必须要和构成其基础的数学函数一致。富斯科认为，有价证券的金融函数（比如 CDO）直接影响到对其相关的风险的评估和计算。如果一个有价证券的金融函数和另外一个不同，那么另

---

[1] *Arnaboldi/Rossignoli*，《金融创新：欧洲理论分析和实证》，2009 年 7 月，第 2 页，< http://host.uniroma3.it/eventi/wolpertinger2009/37.pdf >（16.6.2013）.

[2] Galbraith，《投资简史》第一版，莱茵河边的法兰克福，2010 年，第 34 页。

[3] *Litan*，出处如上，第 6 页。

一个有价证券就是一种新的证券。❶ 比如 CDO 的风险评估和计算与资产抵押债券（ABS）不同，因为这两个金融工具的金融函数不同。虽然 ABS 也对信贷风险的转移起作用，但 CDO 相比 ABS 而言，还描述了信用风险转移的后续发展，因为 CDO 的内部构成中还有一个信贷支持机制。❷

二、金融创新和专利法的关系

在专利法中，“商业方法”的可专利性问题一直是存在争议的。当金融创新涉及这个所谓的“商业方法”时❸，金融创新和专利法就互相交织在一起了。

依据德国《专利法》第 1 条第 3 款第 3 项、第 4 款以及《欧洲专利公约》第 52 条第 2 款 C 项和第 3 款，“商业行为”被排除在可专利保护范围之外，因此当申请的专利保护指向这些商业活动本身的话，是被排除可专利性的。相反，如果一个产品或者一种方法具有“技术特性”，那么它就不属于之前提到的排除专利保护的对象，即使它指向的对象是德国《专利法》第 1 条第 3 款

❶ *Fusco*, Santa Clara Computer & High Tech L. J. 25 (2009) 243 (261).

❷ *Fusco*, Santa Clara Computer & High Tech L. J. 25 (2009) 243 (262).

❸ 参阅 *Straus/Klopschinski*, FS Mes, 第 327 页（328）。

第3项和《欧洲专利公约》第52条第2款C项所称的“商业行为”❶。与此同时，德国与欧洲直到今天也还没有根本解释清楚，在什么样的情况下商业行为显示了技术特性从而享有专利保护，以及什么时候一项商业行为“自身”落入德国《专利法》第1条第3款第3项和《欧洲专利公约》第52条第2款C项的规定，从而被排除了专利保护的资格。❷人们通常理解的商业行为是指会计、组织、金融、银行业务、保险、市场、电子商务、仓储管理、算账、公司管理运营及广告等的商业或经济领域。❸根据德国以及欧洲的法律状况，即便商业方法再怎么具有创新性，当其不可在技术上予以执行时，依据德国《专利法》第1条第3款第3项和《欧洲专利公约》第52条第2款C项的排除性规定，是不能享受专利保护的。同样的，如果一个商业方法的技术可执行性在本质就是（比如）标准软件，那么根据德国《专利法》第4条以及《欧洲专利公约》第56条，这项发明活动就不具备可专利

---

❶ *Busse/Keukenschrijver*, PatG, 第六版，柏林，2003年，§ 1 Rn. 39 ff.；*Beier/Haertel/Schricker/Straus/Nack*，欧洲支付联盟，科隆，1984年 ff.，Art. 52 Rn. 176 ff.（28. Lieferung, 2005）；*Benkard/Bacher/Melullis*, PatG，第10版，慕尼黑，2006年，§ 1 PatG Rn. 95 ff.；*Schulte/Moufang*, PatG，第八版，科隆，2008年，§ 1 Rn. 115 ff.；*Mes*, PatG，第三版，慕尼黑，2011年，§ 1 PatG Rn. 101 ff.；*Benkard/Melullis*，欧洲支付联盟，第二版，慕尼黑，2012年，Art. 52 欧洲支付联盟 Rn. 180 ff.；*Fitzner/Lutz/Bodewig/Hössle*, PatRKomm，第一版，慕尼黑，2012年，§ 1 PatG Rn. 180 ff.

❷ *von Hellfeld*，只有科技标准才是科技？论欧盟专利局新概念及其在基于计算机技术的发明上的应用，GRUR Int. 2008, 1007.

❸ *Beier/Haertel/Schricker/Straus/Nack*，出处如上，Art. 52 Rn. 286（28. Lieferung, 2005）；*Schulte/Moufang*，出处如上，§ 1 Rn. 155；*Moglia*，《商业方法的专利化》，慕尼黑，2011年，第33页以下。

性的前提。[1] 更确切地说，根据德国和欧盟的专利法，创新活动必须是其技术上的创新。[2] 因此对于商业方法，欧盟的模式隐藏着一个危险，即认识不到那些真正的创新，并且一个纯商业方法的发明者无法就其发明享受到专利法上的排他权，即使其整个发明或者总体研发从服务行业整体经济的角度来看有可能是非常有用的。[3]

相反，美国专利法对技术上的发明没有设置限制，即使那些很明确没有技术特征的产品和程序，原则上在美国都是可以被专利的对象。[4] 此外，美国最高法院还在 2010 年在 *Bilski* 和 *Kappos*

---

[1] *Singer/Stauder*，《欧盟支付联盟》，第五版，科隆，2010 年，Art. 52 Rn. 35；*Benkard/Melullis*，出处如上，Art. 52 EPü Rn. 181；欧盟经济合作协定，T 258/03，AB1. 欧盟经济合作协定 2004 年，575575（Rn. 5. 1 ff. 判决原因）——拍卖程序/日立；欧盟经济合作协定，T 154/04，ABl. 欧盟经济协定 2008 年，46（Rn. 27 判决原因）– 销量估计/DUNS LICENSING ASSOCIATES.

[2] *Beier/Haertel/Schricker/Straus/Nack*，出处如上，Art. 52 Rn. 187（28. Lieferung，2005）；*Singer/Stauder*，出处如上，Art. 52 Rn. 35.

[3] *Nack*，《计算机执行化的商业方法适用专利法吗？—— 对德国联邦最高法院“语言分析机制”判决的分析》，GRUR Int. 2000，第 853 页（第 858 页）；*Straus/Klopschinski*，FS Mes，第 327 页（第 349 页）。

[4] 美国最高法院，GRUR Int. 1980，第 627 页（第 629 页）– *Diamond v. Chakrabarty*。参阅《美国法律下避税机制的专利保护：非常好，专利法的税收战略—— 一个税收律师的观点》，FS Straus，柏林，2009 年，第 49 页；*Janicke*，《评美国新专利法》，GRUR Int. 2011，第 887 页（第 893 页）。

案中确认，根据美国专利法，商业方法在原则上也可享受专利保护。❶ 自从美国联邦巡回上诉法院（CAFC）在 1998 和 1999 年对美国道富银行案❷和美国电话电报公司案❸作出判决后，商业方法享有可专利性在美国就已经成了事实。这促进了美国在过去几年包括金融创新在内的商业方法专利保护的多样化。

比如，下面是专利申请号为 2008/0154789 A 1 的美国专利申请，该发明名为“单一 ABS 衍生工具交易方法”，主张的保护对象是 CDO 的一种特殊方式。该专利申请的权利要求 1 表述如下：

一个方法包括：

提供一种单一部分衍生交易，这种衍生交易和参考投资组合有关，而且在含有多个参考交易部分的资本结构中，该单一部分衍生交易与单一交易部分有关；

以逆向顺序在参考投资组合中分配可获得的基金的风险，该逆向顺序始于最底层的参考投资部分；

确定每一参考投资部分相关款项的利益差额；

接连分配一个或者多个利息差额补偿，次序始于已经遭受利

---

❶ *Bilski et al. v. Kappos*, No. 08 – 964，争论 2009 年 11 月 9 日，判决 2010 年 6 月 28 日，第 10 页以下 <http：//www. supremecourt. gov/opinions/09pdf/08 – 964. pdf>（16. 6. 2013）；*Schauwecker*，Bilski 案法律诉讼及其对美国基于计算机执行的创新的专利法的影响，GRUR Int. 2010，第 1 页（第一部分），GRUR Int. 2010，第 115 页（第二部分）；*Klopschinski*，美国最高法院判决 *In Re Bilski*，GRUR Int. 2010，第 781 页；*Lejeune/Siekmann*，《美国法律软件专利法及其在德国及欧盟的最新发展—— 对美国最高法院 Bilski v. Kappos 案中的判决的分析》，MMR，2010 年，第 741 页（第 742 页以下）。

❷ CAFC，GRUR Int. 1999，第 63 页 3 ——金融服务规范（m. Anm. *Nack*）.

❸ CAFC，GRUR Int. 2000，第 174 页 – *AT&T v. Excel.*

益差额的最高级的参考投资部分，并止于最底层的参考投资部分；

为每一参考投资部分确定遭受到的利益差额的偿还数额。

这项专利申请 US2008/0154789 A1 的申请人是美国雷曼投资银行，申请日为2007年9月5日，也即是雷曼公司在2008年9月破产前一年，在美国专利商标局（USPTO）申请的。❶

2011年生效的美国专利法改革对包括金融创新在内的商业方法的可专利性仍然适用。金融创新仅受限于一个特别的异议程序。❷

商业方法与金融创新的可专利性问题在今天的美国仍旧备受争议，虽然近期联邦巡回上诉法院（CAFC）在 *CLS Bank International v. Alice Corporation Pty. Ltd.* 案中判决一项商业方法无效，但该判决并没能得出一个整体性的理由。❸

三、专利法与金融创新的关联性

（一）专利法的作用

专利法对金融创新可能具有什么意义，该问题的答案必须回

---

❶ 参阅 *Straus/Klopschinski*，FS Mes，第327页（第341页以下）。

❷ *Janicke*，GRUR Int. 2011，第887页（第893页）。

❸ CLS Bank International v. Alice Corporation Pty. Ltd.，No. 2011－1301，decided May 10，2013 <http：//www. cafc. uscourts. gov/images/stories/opinions-orders/11－1301. pdf>（16. 6. 2013）.

到专利法的作用上去寻找。如果专利法的功能也与金融创新相关，那么专利法与金融创新以及金融经济就具有莫大的关系。

专利法是由构成其基础的不同利益所铸就的。专利权人的利益在于，如果竞争对手在没有支付许可费的情况下模仿他的发明，那么专利权人可以通过专利排他权，要求要求竞争对手对其创新成果支付更高的价格。据此他能够回收其创新的投入，获得盈利，以便在未来制造出更多的创新。相反，竞争者要求尽可能快地无偿使用他人的创新成果。如果竞争者自身也从事创新活动的话，这种事实上违反专利保护的利益将得以相互抵消和平衡。而且，发明者为了获得专利保护，必须将他的发明公布于众。这样新知识才会尽可能快地为公众所知，新的发明才可以在专利保护结束之后被所有人所利用。如果新的发明仅能以商业秘密的形式进行保护，那么就存在公众无法获得某些创新知识的隐患。大众终究对先进的、满足需求的技术进步是享有相应的利益的。短期来看，可以通过无偿使用这些创新成果来获得这些利益，然而长期来看，却会因为缺少对发明者的激励而减少、甚至终结创新活动。这点再次说明了，专利保护在改善普通大众需求的满足方面做出了贡献，是符合大众利益的。❶ 即使专利法在细节方面仍有一些不清晰的地方，但专利法推动技术进步并有利于国民经济发展，这点在今天已经被大多数人所接受。❷

---

❶ *Busse/Keukenschrijver*，出处同上注，Einl Rn. 53 ff.；*Benkard/Rogge*，出处如上，引言 Rn. 1 ff.；*Kraßer*，《专利法》（第六版），慕尼黑，2009 年，第 35 页以下。

❷ 参阅 *Kraßer*，出处同上注，第 42 页以下。

（二）金融创新的原因

市场的低效率经常被人们认为是需要借助金融创新来进行纠正的原因。另一方面，金融创新也可能被某些人借助信息不充分的投资人的复杂性而加以非法使用。[1] 通常情况下，人们习惯认为以下这些情况是导致金融创新的原因：

（1）增加的利息、通货膨胀、股票价格、货币不稳定；

（2）电信和计算机技术的发展；

（3）专业市场参与者经验之增长与教育程度的提高；

（4）金融服务中间商的竞争；

（5）回避现存规制和税收制度的激励；

（6）金融财富的全球转移。

大部分的金融创新的出现，是因为出现了各种外部情况（比如增加的利息或者新技术的发展），导致为了保持与之前相同的效益而必须不断增加成本。[2]

有关金融公司创新动力的具体例子，可以参见 Kitchin 大法官所引用的 2006 年英国高等法院在 *LIFFE Administration and Management v. Pinkava* 案中伦敦国际金融期货交易所（LIFFE）一位员工的证词：

“福伊尔先生是伦敦国际金融期货交易所的董事并代表该交

---

[1] *Awery*，《复杂性：现代金融市场的创新及调控》，牛津大学系列法律研究论文，Paper No 49/2011，2011 年 9 月，第 31 页 <http: //www. ssrn. com/ abstract = 1916649>（16. 6. 2013）；*Allen*，《金融创新趋势及福利救济影响—— 概览》，2011 年 11 月 14 日，第 4 页 <http: //fic. wharton. upenn. edu/ fic/papers/11/11 - 66. pdf>（16. 6. 2013）.

[2] Fusco，Santa Clara Computer & High Tech L. J. 25（2009）243（255）.

易所出示了证据。自从伦敦国际金融期货交易所（LIFFE）成立以来，他一直密切参与该所经营的交易的发展。他解释到，LIFFE 商业上的持续成功主要依靠两方面，即维持交易技术在业内的领导地位和新产品的开发。他还解释到，而且我也认可其观点，在过去的六到七年间，一系列改变了衍生品交易行业的事件，导致这两个因素的重要性得到了显著提高。网络市场是可行的并且比实体市场更有优势这一观点也逐渐被人们所接受。因此 LIFFE 从 1998 年将它的市场转移到 LIFFE CONNECT 的电子贸易系统，并且在 2000 年关闭了其实体交易市场。现在，无需之前由实体市场所提供的保护，交易就可以在每个人之间展开更有效率的竞争。市场参与者要求交易提供给他们的服务更具竞争力，特别是在成本、产品和市场品质上。行业内这一系列转变的结果，使得已有产品所确立的利润被榨取空了，因此开发新产品并尽可能获得专利保护就变得越来越重要。正如福伊尔先生所解释的，衍生品交易（线上或者线下交易）是世界上发展最快的商业之一。”❶

这个案例有关发明人资格争议的案件涉及的是电子交易的金融工具，诸如信用违约互换（Credit Default Swaps），这种金融工具虽然在欧洲还没申请专利保护，但是在美国已经提起了专利申请。❷ 尽管这项发明在欧洲是不具有可专利性的，但是根据英国法律，该法律争议可以由高等法院判定，因为前述 LIFFE 公司的

---

❶ LIFFE Administration and Management v. Pinkava [2006] EWHC 595 (Pat), Rn. 50.

❷ *LIFFE Administration and Management v. Pinkava*，出处同上注，Rn. 1 ff.

发明者曾经受雇于大不列颠合众国。[1]

（三）金融创新在国民经济中的利用

紧接着2007年和2008年的金融危机，人们针对一些被广泛认为具有重要意义的金融创新（诸如CDOs）作了许多经济学的研究，这些研究都涉及这样一个问题：从国民经济的角度看，金融创新会产生哪些作用和缺陷。一个令人吃惊的调查结果是，从宏观经济的角度看，金融创新和别的领域的创新一样，既有积极作用，也有消极作用。[2]

我们来区分一下"真实"的金融创新和仅仅是"名义上"的金融创新。"真实"的金融创新对国民经济发挥作用，而"名义上"的金融创新虽然有望提高回报，但长期来看对经济发展却没有好处。所谓"有毒"的金融创新是指那些单独或者和别的金融创新一起可能引发金融危机的名义上的金融创新。有毒的金融创新在根本上是由宽松的货币政策和不完善的国家监管引起的。[3]

利坦（Litan）根据金融的功能把金融创新分为"好的"创新和"坏的"创新。利坦认为金融的首要功能是金融支付手段，就好比货币、有价证券、信用卡或结算公司。此外，金融还可以通过比如提供特价利息、投资红利、资本收益等手段，激励金钱之节约。节约是有价值的，因为它允许在实物和人力资本上的投资

---

[1] *LIFFE Administration and Management v. Pinkava*，出处同上注，Rn. 9.

[2] *Lerner/Tufano*，出处如上，第12页以下；*Litan*，出处同上注，第2页；*Allen*，出处如上，第1页。

[3] *Pol*，出处同上注，第9页。

在未来产生更多的收益。金融还关心这些节约流向有效率的投资。最后金融还把大宗交易的金融风险归入到金融市场上那些已准备好或者适应承担风险的参与者。[1] 根据利坦所总结的这些金融的功能，在过去的十年里，自动取款机、信用卡/借记卡、投资基金、书面契据、风险资本、期权、利息和货币转换、信用违约互换是好的金融创新，因为他们原则上改善了贷款的可用性，引导经济增强发展。相反，从国民经济的角度来看，坏的金融创新是具有灵活投资回报的抵押资金、CDOs 和所谓的结构性投资工具（SIV）。这些金融创新要么设计不当，要么被滥用，从而导致金融危机以及经济衰退和危机的加剧。[2]

贝克、陈、林和宋（Beck、Chen、Lin 和 Song）研究了银行部门金融创新和实体经济发展、价格波动以及银行业务脆弱性之间的关系。该研究为此使用到了 1996 年到 2006 年间银行业、工业及国家层次的相关数据。这项研究的结论之一是：金融创新与一个国家的发展可能性（诸如资本及国内生产总值的增长）有着很大关系。此外，金融创新和那些更多依赖于外部融资（诸如从事研发活动）的行业发展有着很大的关系。与此同时，该调查还确认了，那些更多依赖外部融资和研发的行业领域的高水平金融创新，是以更高的增长波动（Wachstumsschwankungen）为标志的。此外，银行业有着更高的脆弱性。在这样的背景下，贝克、陈、林和宋（Beck、Chen、Lin 和 Song）得出结论，金融创新既有“光明”的一面，也有“黑暗”的一面。金融创新似乎鼓励银行去冒更大的风险，在风险分散化产品领域向企业提供更多的贷

[1] *Litan*，出处同上注，第 6 页 ff。

[2] *Litan*，出处同上注，第 3 页 ff。

款和服务。这一点再次对资本配置的效率和经济发展起到促进作用。另一方面，风险的增加导致银行必须在经济危机中承担显著增加的利润波动以及损失，同时，经济部门易变性的提高也导致增加的经济从金融创新中获得利润。❶

这些研究表明，评价金融创新在国民经济中的作用绝非复杂一词所能表达。我们也不能对金融创新给予一刀切的评价。即使金融创新在加剧金融危机这点上受到激烈的批判，但是非常清楚，在过去的十年里受到银行业肯认的相当一部分金融创新还是对国民经济起到了正面作用的。❷

（四）金融业的研发

一般来说，研发是一个企业或者经济机构创新水平的指示标。在工业企业里，研发活动的形式和范围可以根据专门研发部门对研发成本和专利申请花费的年度报告非常清楚地观察到。相比之下，金融业企业的研发很难这样清晰地加以“隔离”，因为其研发活动在原则上很难证实。比如，新的金融产品的开发可以归到企业市场部门下，而方法的改善和新发展则可以归于公司电

---

❶ *Beck/Chen/Lin/Song*，《金融创新：光明和黑暗的两面》，2012 年 1 月 < http：//www. tcd. ie/Economics/Seminars/Bank% 20Financial% 20Innovation_Jan30_ 12. pdf >（16. 6. 2013）。

❷ 参阅 Wagner：“欧洲金融业专利法—— 地球上的隐姓埋名者”，载《经济研究季刊》78（2009）1，156（157）.

子数据处理部之门下。[1]

阿纳波尔迪和罗西尼奥尔利根据欧洲一系列银行的年度报告确定，金融业的创新活动首先集中在产品创新上。他们认为原因在于，金融公司组织上的创新不易被别的竞争者模仿，而且拥有较长的生命周期，而比较来看，金融产品的寿命比较短，金融产品很容易被模仿。而且似乎大的银行比小的银行更有创新力。[2]

根据一份较老的研究报告，新金融产品的开发成本估计在5万美元到500万美元之间，这个成本不仅仅包括产品开发本身，还包括在法律、会请、规范、税收及技能方面的咨询费用。[3] 别的研究表明，金融机构的大部分研发开销都花费在软件开发上。[4]

鉴于金融机构在估算研发成本上的困难，亨特（Hunt）提出，可以根据金融企业内部研发领域的员工数量来测量研发成本。他据此得出结论，金融机构的创新强度比官方数据所显示的更高。但是整体上，他们的创新程度比私企的水平要低。[5]

我们再以英国高等法院审理的 *LIFFE Administration and Management v. Pinkava* 案为具体例子。基钦（Kitchin）法官描述了LIFFE的研发组织：

---

[1] *Arnaboldi/Rossignoli*，出处如上，第10页；*Hunt*，商业方法专利法和美国金融服务，Federal Reserve Bank of Philadelphia，研究部门，工作论文编号08－10/R，2009年2月，第10页 < http：//www.philadelphiafed.org/research-and-data/publications/working-papers/2008/wp08－10.pdf >（16.6.2013）；*Fusco*，Santa Clara 计算机与高科技 L.J.25（2009）243（259）.

[2] Arnaboldi/Rossignoli，出处如上，第17页。

[3] 参阅 Moglia，出处如上，第76页 f。

[4] *Hunt*，出处如上，第11页。

[5] *Hunt*，出处如上，第13页 ff。

在过去约八年的时间里，产品被分为三类，分别是商品（包括非金融产品，如基于温度和降水量的气象合同），股本衍生工具（以个人或企业股票股价指数为基础的合同）和利率（以利率和外币兑换为基础的合同）。三个分类里的每一类产品都委派了一个市场和产品管理团队。这个市场和产品管理团队的任务是开发新产品或者提升已有产品，以及提供技能培训来支持LIFFE的客户和别的员工。此外，LIFFE还设立了独立于市场和产品管理小组的销售团队。他们的重点在支持客户对已有产品的使用或者测试他们的客户是否对新产品感兴趣。他们还从客户那里获取市场发展的反馈，这些反馈可能暗示了某种新产品值得相关市场和产品管理团队去继续研究。❶

金融领域的研发活动都是这样开展的。这对于从事金融行业的企业而言，其花费并不菲。

（五）金融创新的其他保护

因为通过专利法保护金融创新是新现象，特别是在欧洲（与美国不同），专利保护尚不覆盖到金融创新产品，所以我们就要提出这样的问题，有没有别的保护方式提供给金融业的企业，使他们能够对抗模仿者，以保护他们的创新成果。首先要提到的是通过商业秘密来保护金融创新。发明者为了获得专利保护必须将发明公之于众，并且在没有获得专利授权的情况下，面临着别的竞争对手免费模仿其发明的危险，商业秘密的拥有者则不存在这

❶ *LIFFE Administration and Management v. Pinkava*，出处如上，Rn. 53.

样的危险。[1] 在竞争中以商业秘密加以确保的竞争优势地位是以商业秘密的保密为前提条件的，只要还是商业秘密，那么该地位就可以一直被保持，也就是说，在理论上是没有时间限制的。[2] 相反，根据德国《专利法》第 16 条第 1 款第 1 句以及《欧洲专利共约》第63 条第1 款，专利保护在专利申请后的20 年后结束。另一方面，商业秘密拥有者并没有享有类似专利法赋予发明人的、用以交换其金融创新方案的排他权，他只能通过协议（比如保密协议）以及法律规定（例如根据《德国反不正当竞争法》（UWG）第 17 条有关泄露商业和经营秘密的刑事惩罚），在一定的情况下对泄密行为寻求保护。一旦商业秘密被披露，因为没有对保密创意的排他权，发明人在原则上不能禁止第三方利用其创新。他在竞争中的优势地位就结束了。[3]即使当发明人成功地在长时间里保住了他的商业秘密，迫使其竞争者自己去获取相应的信息，也只不过迫使竞争者去模仿的创新，是那些已经获得市场成功的创新而已。由于发明人不能对其商业秘密的使用者采取法律措施，在别人通过正当方式已经获得了他的商业秘密的情况下，这就意味着发明人得独自承担市场开发时的成本和风险，这种成

---

[1] *Moglia*, a. a. O. , S. 179 ff.

Moglia，出处如上，第 179 页 ff.

[2] *Harte-Bavendamm/Henning-Bodewig*, UWG，第 2 版，慕尼黑，2009 年，§ 17 Rn. 4.

[3] *Kraßer*,《德国法律下技术诀窍的保护》，GRUR 1970，587；*Kraßer*，出处如上，第 22 页；*Duffy/Squires*，《披露与金融专利：解读那只看不见的手》，2008 年，第 16 页 <http：//www. suomenpankki. fi/en/tutkimus/konferenssit/aiemmat_ konferenssit/Documents/CEPR2008/CEPR2008_ DuffySquires_ paper. pdf>（16. 6. 2013）.

本和风险会阻碍其后续的创新。[1] 相反，专利权人在这样的情况下可以对其创新的使用者采取法律措施，特别是向他们要求损害赔偿。[2]

另一个把创新价值占为己有的可能性是所谓的开拓战略或者叫做“先发优势”，即在进入市场的时候，不存在任何技术上可比拟的竞争产品。[3] 一个成功的开拓战略可以带来很高的市场份额以及销售量。而且先驱者可以把制造新产品所紧缺的、必需的生产资源保护起来，对行业标准施加影响。此外，开拓战略原则上还会在客户中赢得声誉。最后，开拓战略使先驱者得以在客户中获得垄断地位，以此来提高产品价格。[4] 开拓战略的不足之处是，当竞争者在市场上提供了可比的产品后，先发优势就不在了。因此开拓战略成功的关键在于竞争者的模仿速度以及产品的

---

[1] *Duffy/Squires*, a. a. O., S. 17.; *Kraßer*,《德国法律下技术诀窍的保护》, GRUR 1970, 587; *Kraßer*, 出处如上, 第 22 页; *Duffy/Squires*,《披露与金融专利: 解读那只看不见的手》, 2008 年, 第 16 页 < http: //www. suomenpankki. fi/en/tutkimus/konferenssit/aiemmat _ konferenssit/Documents/CEPR2008/CEPR2008_ DuffySquires_ paper. pdf > (16. 6. 2013).

Duffy/Squires, 出处如上, 第 17 页。

[2] *Westermann*,《技术诀窍保护手册》, 第一版, 慕尼黑, 2007 年, 第二章 2 Rn. 6.

[3] 维基百科, 关键词: “时间导向的竞争策略” < http: //de. wikipedia. org/wiki/Zeitorientierte_ Wettbewerbsstrategien > (16. 6. 2013).

[4] *Lieberman/Montgomery*,《先发优势》, 1987 年 10 月, Research Paper No. 969 < https: //gsbapps. stanford. edu/researchpapers/library/rp969. pdf > (16. 6. 2013); *Delimatsis*, Financial Innovation and Transparency in Turbulent Times, NCCR Trade Regulation, Working Paper No. 2011/65, June 2011, S. 7 f. < http: //www. nccr-trade. org/fileadmin/user _ upload/nccr-trade. ch/wp3/publications/wp_ 2011_ 65. pdf > (16. 6. 2013).

复杂程度。[1]

复杂产品一个很好的例子是 CDOs。即使 CDO 的条款被公布了，第三方都不可能看得出来 CDO 的金融数学机制。因此，在短期内 CDO 很难被竞争对手模仿，其开发者可以在一定时期内在 CDO 市场上保持领先优势，以此要求高价格，直到模仿者也进军到该市场中。[2]

鉴于金融创新一贯的保护机制——即商业秘密和开拓战略——我们就要提出一个问题，这若干年来是什么原因导致金融业企业（至少在美国）为金融创新寻求专利保护呢。

对这点而言，达菲（Duffy）和斯基雷斯（Squires）指出，美国直到 CAFC 在 1998 年和 1999 年在美国道富银行案[3]和 AT&T 案[4]的判决之后，才确立了对金融创新的专利保护。在此之前，大部分的金融创新在美国并不享有专利保护。埃雷拉（Herrera）和施罗特（Schroth）在他们 2001 年的报告中还举例说 CDOs 不具有可专利性。[5] 相反，上文提到的在 2007 年申请、2008 年公开的美国专利申请 US 2008/0154789 A1 就是 CDO 的一种特殊形式。

---

[1] *Duffy/Squires*，出处如上，第 19 页。

[2] Herrera/Schroth, The Welfare Implications of Non-Patentable Financial Innovations, March 2001 < http://www.swissfinanceinstitute.ch/rp82.pdf > (16.6.2013); *Duffy/Squires*, a.a.O., S.21.

Herrera/Schroth，《不享有专利法的金融创新的福利》，2011 年 3 月 <http://www.swissfinanceinstitute.ch/rp82.pdf>（16.6.2013）；*Duffy/Squires*，出处如上，第 21 页。

[3] CAFC, GRUR Int. 1999, 633-*Finanzdienstleistungs-Anordnung (m. Anm. Nack)*.

[4] CAFC，GRUR Int. 2000，174-*AT&T v. Excel.*

[5] *Herrera/Schroth*，出处如上，第 1 页.

此外，达菲（Duffy）和斯基雷斯（Squires）认为，企业在互联网时代越来越难在第三方面前保密信息，这一现象值得思考。最后，受到2007年和2008年金融危机的影响，在被不断发展的规范所制约下，企业总是更多地公开产品的信息，这一现象再次限制了商业秘密的保护。鉴于金融业传统占优势的商业秘密保护模式面临与日俱增的困境以及专利保护相对商业秘密和先发战略所显示的无可争辩的优势，达菲（Duffy）和斯基雷斯（Squires）总结，未来金融创新的专利保护至少在美国还会得到加强。[1]

（六）金融创新专利保护的实践

亨特在其针对美国金融创新专利保护意义的研究中提出了下述问题：在金融创新领域，专利法是否能像在医药产品领域一样运作，或者是否可以对照信息和电信技术领域。亨特根据以下几点总结，认为金融创新领域和信息和电信技术领域更具有可比性：首先，金融经济在很大程度上依赖于信息和电信技术。大部分的研发成本和软件开发有关，大部分的员工都从事于软件开发工作。第二，和信息和电信技术行业一样，金融业，如支付系统、金融交易所等，被行业标准所决定。第三，金融业的很大部分具有网络效应，也即服务的使用者在有尽可能多的其他人需要该服务时，反过来提高了该服务的价值。如果有专利覆盖了这样一个网络所使用的技术，那该专利就涉及一个风险：如果专利权

[1] Duffy/Squires，出处如上，第3页以下。参阅 *LIFFE Administration and Management v. Pinkava*，出处如上，Rn. 50.

人要对这个网络的使用者采取法律措施，那么就会扼杀掉这个网络。[1]

标准和专利法两者间的这种紧张关系，在过去几年，恰恰成为信息和电信技术领域专利侵权纠纷的对象。[2] 通过卡特尔法式的强制许可，可以平衡专利权人和标准使用者之间的利益，该强制许可限制专利权人阻止技术标准的用户使用该标准包含的专利。[3]

亨特认为，CAFC 1998 年的美国道富银行判决直接影响了商业方法专利保护的申请和授权数量。在道富银行案后的头五年，就有大约 1000 个专利在美国专利商标局获得授权，都属于美国专利商标局第 705 类专利（数据处理：金融、商业做法、管理或者成本/价格决定）。在 2009 年，有超过 4 万个与商业方法有关的专利申请被公布。大部分商业方法专利都直接关乎金融服务技术。但是亨特认为，相比信息和电信技术领域的公司，金融机构在商业方法专利拥有量上还很弱。[4] 美国商标专利局在商业方法领域的专利授权数量在 2000 年到 2004 年间有轻微下滑。原因是

---

❶ *Hunt*，出处如上，第 1 页；Wagner，《经济研究季刊》78（2009）1，156（165）.

❷ 参阅 BGH，GRUR 2004，966——标准木塞大桶案；BGH，GRUR Int. 2009，747——标准黄皮书标准案；OLG 卡尔斯厄鲁，MMR 2011，469；LG 杜塞尔多夫，BeckRS 2012，02783；LG 杜塞尔多夫，BeckRS 2012，09682；*Ullrich*，《专利法、竞争和技术标准化：法律和监管政策问题》，GRUR 2007，817；*Straus*，《欧洲电信标准机构政策-ETSI：基本及可运用的法律及 ETSI 针对已发表的申明影响》，GRUR Int. 2011，469.

❸ Kühnen，《专利侵权手册》，第五版，科隆，2011 年，Rn. 1236 ff.

❹ *Hunt*，出处如上，第 4 页。

美国商标专利局授权程序出现了一些变化。自2001年起在美国商标专利局有两位专门负责商业方法专利申请的审查员。相比2006年31个月的商业方法专利申请时间，2007年平均申请时间提高到了54个月。相比2001年第705类专利申请的45%的授权比例，2005年和2006年分别是11%和19%。美国商标专利局总的专利授权比例在2006年大概是54%。[1] 鉴于金融创新业专利申请量的增加，美国商标专利局在此期间招募了有MBA背景的专利审查员，以确保此类专利申请的审查符合最起码的质量要求。[2]

据Lerner的统计，美国金融产品和金融服务专利卷入法庭诉讼的次数，是一般专利的27倍。这个数字超过了传统上最容易引发纠纷的医药领域专利。勒纳（Lerner）进一步指出，在这些诉讼中，起诉者大部分是个人或小企业，而被告多为大的金融机构。勒纳（Lerner）由此得出结论，个人滥用了专利制度。[3]

达菲（Duffy）和斯基雷斯在2008年的研究中搜集了由美国商标专利局授权的以“金融”以及“银行、投资和信贷”命名的100多项专利。他们的结论是，尽管大量的专利被归在“金融”下，但其实名不符实。在这100多个专利中，32%根本没有或者只有一点涉及“金融”，8%涉及自动取款机，33%涉及所谓的“贸易技术”，即针对欺诈、交易结构和市场微观结构的保护技术。另外26%涉及评估技术和别的金融战略。最后只有10%和金融产品如信用违约互换有关。达菲和斯基雷斯接着指出，很多明

---

[1] *Hunt*，出处如上，第5页。

[2] *Hunt*，出处如上，第5页以下。

[3] *Lerner*，《道富银行之专利流氓?：金融专利诉讼》，1976—2005，2007 <http：//www. idei. fr/tnit/papers/lerner2. pdf>（16. 6. 2013）.

显涉及金融经济的专利，一次都还没有被最新的金融科学所提及。两位作者根据相关情况确定，仅有9%的专利被最重要的7本与金融主题相关的科学杂志中的一本所引用。只有16项专利被一份科学杂志引用。仅仅5项专利声称，其在现有金融科学文献的基础上取得了进步。作为对这种现象的解释，达菲和斯基雷斯指出，一直以来专利法保护了很多实际的发明，如改进的捕鼠器，这些发明从来没有被赋予较高的学术价值。他们所研究的许多“金融”领域的专利都是这种具有实践价值的创新。这些简单的发明，恰恰被传统的机制如商业秘密糟糕地保护着。就此而言，专利法相比商业秘密和先发优势具有自身的优势。达菲和斯基雷斯认为，这就是为什么在他们调查所挑选到的专利中，更多的是这些简单的发明。达菲和斯基雷斯认为，复杂金融产品专利量少的另一个原因是，这些发明在欧洲由于缺少技术上的可执行性而不具有可专利性，这使得公司根本不会为这样的创新申请专利保护。❶

即使欧洲的专利法在原则上排除了那些对“商业行为”以及主张商业行为“自身”的金融创新的可专利性，但是，在有关金融创新的欧洲专利保护调查中，霍尔（Hall）、汤姆（Thoma）和托里西（Torrisi）还是在欧洲专利局（EPA）发现了一系列针对此类发明的悬而未决的专利申请。❷ 此外，欧洲专利局的专利申请及授权数量紧随美国商标专利局之后。作者将这种现象归因于

❶ *Duffy/Squires*，出处如上，第24页ff。

❷ *Hall/Thoma/Torrisi*，《在欧洲获取金融专利》，NBER系列工作论文，系列工作论文，工作论文14714 < http：//www.nber.org/papers/w14714 >（16.6.2013）.

美国联邦巡回上诉法院的美国道富银行案的判决，尽管欧洲限制了对商业方法的专利保护，此案还是促进了专利申请量的上升，因为美国联邦巡回上诉法院的判决刺激了金融服务企业对金融产品采取专利保护的意识。[1] 大部分金融专利的申请人来自下述部门：计算机、电信、设备、保险以及软件。这些金融专利申请人的49%来自美国，34%来自欧洲，13%来自日本。大部分的专利申请者来自美国的原因可以追溯到其专利保护的现状。另外也有可能是因为大部分的金融创新都来自美国。目前庞大且成熟的公司持有最大份额的专利，然而该份额的下降是有利于小企业的。但是，这里指的是那些商业模式基于技术许可的特殊的科技型企业。然而大部分专利还是被同时在欧洲专利局持有大量软件专利的诸如IBM、Siemens和Hitachi这样的公司所占据。[2] 霍尔、汤姆和托里西认为，和别的领域的专利不一样，金融专利引用的文献（专利说明书或别的文献）较少或者这些被引用的文献较新，就此作者回到了金融专利的新颖性问题。[3] 较之于其他专利，欧洲专利局审查金融专利的时间也要久些。欧洲专利局在决断这些专利申请的授权时，授权的可能性也要比别的专利申请要低。针对已经授权的金融专利的异议程序，也要比别的专利来得更加频繁。[4] 在笔者看来，这一方面提高了金融专利的经济价值，但另一方面，针对金融专利的高异议率也成为金融专利在可专利性上

---

[1] *Hall/Thoma/Torrisi*，出处如上，第19页。

[2] *Hall/Thoma/Torrisi*，出处如上，第20页ff。

[3] *Hall/Thoma/Torrisi*，出处如上，第32页。

[4] *Hall/Thoma/Torrisi*，出处如上，第25页f.；参阅*Wagner*，《经济研究季刊》78（2009）1，156（161）.

的法律不确定性的证据。和美国的情况不同，欧洲专利局异议程序的参与者基本上是那些为金融创新做出了重要贡献的或者是提供了电子基础设施的企业。❶ 最后，这项研究表明，正是那些有着更大的专利组合的企业，比那些专利拥有量少的企业，有能力获得专利授权。比如软件行业的企业就比那些银行和保险企业更有机会获得专利保护，作者将这归因于软件企业在专利法方面更具有经验。其结果是，银行和保险企业的发明可能更多地落入《欧洲专利共约》第 52 条第 2 款 C 项和第 3 款的排除可专利性的规定之中。❷

最后，科穆莱宁（Komulainen）和塔卡洛（Takalo）在其 2010 年的研究中，根据金融股市创新的特例，调查了金融创新在欧洲的可专利性问题。❸ 他们的结论是，在美国联邦巡回上诉法院作出美国道富银行案后，欧洲专利局涉及股市的专利申请数量也在上升，但之后这类申请数量又下降了。这些专利申请大部分（65% 到 75%）来自美国，其中投资银行和股市是最积极的创新者。仅有 3% 到 11% 的专利申请最后获得了专利授权。而且异议程序率高达 41%，在异议程序中欧洲专利的被撤销率高达 55%。该高异议率表明，企业在市场上对竞争对手的专利活动保持着精确的监视。科穆莱宁和塔卡洛的结论是，和美国道富银行案一样，金融方法可专利性的诉求在欧洲并没有被忽略，创造性活动

---

❶ *Hall/Thoma/Torrisi*，出处如上，32 页；*Lerner*，出处如上，第 23 页。

❷ Hall/Thoma/Torrisi，出处如上，第 29 页。

❸ Komulainen/Takalo，《美国道富银行领导欧洲了吗?》，《金融交易创新案例研究》，2010 年 8 月 27 日 <http：//www. takalo. net/research/papers/State% 20Street% 202ndrevision_ 20100827. pdf>（16. 6. 2013）.

的可专利性的前提，以及发明的技术特征构成了金融专利在欧洲享有可专利性的主要障碍。[1]

（七）金融创新专利法到目前为止的影响

专利法对金融创新到底有哪些影响，到目前为止还无法确定。亨特在2009年得出的结论是，目前还没有明显证据说明金融方法专利对金融业投资研发有怎样的影响[2]。同一年，富斯科（Fusco）的调查结果到最后同样没能对专利法是否对有价证券的发展做出了贡献给出一个确切的答案。[3]

科穆莱宁和塔卡洛认为，美国联邦巡回法院以其美国道富银行判决开启了一次绝无仅有的实验，它导致了欧洲和美国的重要金融市场实施了各自不同的专利保护条件。科穆莱宁和塔卡洛因此认为，未来的研究应尝试探究专利法对金融市场的影响。[4]

（八）通过专利法规范金融创新

鉴于2007年和2008年的金融危机，人们加强了对金融工具和金融创新的管控。在这种情况下，人们通常要求设立一个机构对金融创新进行检测。这里以药品法为例，如在美国有食品和药物管理局（FDA）[5]，在欧盟有欧洲药品管理局（EMA）[6] 以及成

---

[1] Komulainen/Takalo，出处如上，第32页f。

[2] *Hunt*，出处如上，第28页。

[3] Fusco，《Santa Clara 计算机与高科技》L. J. 25（2009）243（268）.

[4] *Komulainen/Takalo*，出处如上，第33页。

[5] 参阅 FDA 主页，<http://www.fda.gov/>（16.6.2013）.

[6] 参阅 EMA 主页<http://www.ema.europa.eu/ema/>(16.6.2013).

员国的药监部门[1]，它们在药品被允许投放市场前负责药品的安全检测。相应地，金融创新在被允许投入交易之前，也应该由已经建立的部门对其社会有用性进行检测。[2]

规制金融创新的最起码的补充功能是专利法。和国家机构对金融市场的规范不同，专利法扮演了自由控制机制的角色，发明人可以通过自己申请专利的方式把握主动权。如果一项金融创新专利申请因为缺乏新颖性，或者独创性不够，或者违背公序良俗，而不被专利局授予专利权，那么这就会引起广告效应，从而避免加尔布雷思（Galbraith）所抱怨的“金融界的短期记忆”。加尔布雷思认为，金融世界的重复发明总是一再地受到欢呼喝彩。[3] 如果专利局确定，一项金融创新没有新颖性或者不具备创造性活动的特点，那么也许会在一定程度上降低市场对金融创新的信心。随着金融创新专利申请的增加，一个公开诸多金融工具的细节且数量不断增加的数据库就会被创立。创立一个具有较高透明度的机制，不仅对金融创新的发展，而且对检测其社会有用性都有帮助。[4]

达菲和斯基雷斯由此认为，随着未来金融产品不断增加的透

---

[1] 参阅 BfArM 主页的德国案例，<http：//www. bfarm. de/>（16. 6. 2013）.

[2] *Posner/Weyl*,《FDA 金融创新研究：21 世纪金融市场保险利益原则的应用》, Chicago John M. Olin Law & Economics Working Paper No. 589（2d Series), 2012 年 2 月 <http：//ssrn. com/abstract = 2010606>（16. 6. 2013).

[3] Galbraith，出处如上，第 34 页。

[4] *Duffy/Squires*，出处如上，第 4 页；*Straus/Klopschinski*，FS Mes，327 页（350f.）

明规则，金融创新寻求专利保护的需求也会不断增加。[1] 如果要求规制金融创新的可专利性，那么至少也要考虑金融创新的可专利性在何种程度上可以促进其规控。

四、结　　论

我们已经证明，不是所有的金融创新都来自地狱。更确切地说，过去十年间发展的一系列的金融工具中，有许多是有利于国民经济的，如风险资金（风投）。此外我们也证明了，金融企业从事着新的金融产品的研发。而且到目前为止，占有主导地位的商业秘密和先发战略这样的金融创新保护机制，由于增加的调控和透明度越来越不适用于保护金融创新，甚至有可能在未来会减少对国民经济有积极贡献的金融创新。

鉴于这些趋势我们不能不得出结论，金融创新也应该享有专利法。鉴于商业及金融方法直到1998年才在美国可享受到专利保护这一背景，我们也不用惊讶，因为到目前为止的实践研究尚没能够证实，专利制度对金融创新具有显著贡献。

但是，反过来我们不能说，金融创新在原则上不具有可专利性。第一，就金融创新在国民经济上的重要性而言，这是不公平的。第二，可专利性的例外只会造成权利不确定性，正如有关《专利法》第1条第3款第3项和第4项以及《欧洲专利公约》第52条第2款第C项和第3款的辩论所显示的。此外，欧洲模式

---

[1] *Duffy/Squires*，出处如上，第3页f。

只是专注于“技术创新”[1]，而并没有专门在原则上回答金融创新“自身”是否应具有可专利性。有关通过专利法保护金融创新的辩论，更多地是指向这些创新对整体经济的使用价值。当然，只有那些确实具有新颖性、具有创造性并具有实用性的金融创新，才应该具有可专利性。然而，随着日益增加的金融创新专利化的实践，人们可以预测，专利局们总会把它们的工作做得越来越好，也即只向那些确确实实有合法根据获得排他权的金融创新授予专利权。

---

[1] *Beier/Haertel/Schricker/Straus/Nack*，出处如上，Art. 52 Rn. 187(28. Lieferung, 2005)；*Singer/Stauder*，出处如上，Art. 52 Rn. 35.

欧洲专利流氓

——专利法是否需要设立新壁垒？

[英] 罗宾·雅各布爵士（Rt. Hon Sir Robin Jacob）* 撰

汤盼盼 译 张韬略 吴桂德 校

一、定义与语言：什么是“专利流氓”？

“专利流氓”这一说法十分新颖。这一说法是何人首次使用的尚不明确。根据所有知识的源泉“维基百科”所提供的信息，这一说法大约是在 2000 年由 Intel 公司芯片制作委员会助理，一名叫做彼得·迪特金（Peter Detkin）的美国人推广的。根据维基百科，1993 年之前其实就有人使用这个表述了。

有关这一术语的真正含义，仍有着很大的争议。以下是维基

---

* 本文首次发表于 2008 年 5 月在斯图加特举办的 GRUR 会议，为会议的发言稿。作者雅各布法院当时为英格兰和威尔士上诉法院法官；负责审理该院的知识产权案件。感谢作者授权翻译该文章。当然，翻译错误皆由译校者承担。

百科的说法：

“专利流氓”是一个容易受多种定义影响的颇具争议的新词。其含义之一是指这样一类人：

- 他们购买专利，通常是向一家破产公司购买，然后起诉另一家公司产品侵犯了他们购买的专利；
- 本身并不打算制造专利产品或者供应专利设备，但却被指控的侵权人行使专利权；
- 行使专利权，但没有任何制造或研究的基础；或者
- 仅仅致力于行使专利权。

如果去查英文字典，你会发现这个术语有各种各样的含义，其中大部分我们都没听说过。但是其中有两个含义是大家都知道的。第一个是来自北欧神话：“一种以前被认为是巨人，或者现在在丹麦和瑞典被想象为是侏儒或小魔鬼的，通常居住在洞穴或地下的超自然种族”。很多人应该听说过关于三只公山羊的故事，就是那个桥下面的妖怪威胁要吃掉他们的挪威童话。这妖怪最后被第三只最强壮的山羊踢入河中。该术语另一个众所周知的含义是一种钓鱼的方法，是指从船后面拖曳钓鱼线。

根据新词追踪（word-spy）的说法：

正式地说，“专利流氓”是指，一个四处寻找从未使用过的专利的人，非正式地说，它是一个只为了诉讼目的而使用那些专利的低等非人类生物。

所有这些描述都是感性的东西。它们表明，专利流氓——一个不亲自使用专利的专利权人不是一个好东西，对待专利流氓时，我们应该像第三只强壮的公山羊对待桥下面的妖怪一样毫不客气。

但是，你只要问问，如果大学以许可的方式来使用其拥有的

专利，是否是专利流氓，或者独立发明人试图以许可他的发明来赚钱的，是否是专利流氓，那么你就可以看出，这样的概念整个是多么情绪化。角度的转换，完全取决于专利人的商业本质。

二、为什么关于专利流氓的讨论变得如此炙手可热？

原因很清楚。这一现象来自美国。并且这是多种因素结合的直接产物：

（1）美国陪审团亲专利权人的态度[1]；

（2）经常判出荒谬的赔偿数额，原非故意侵权三倍赔偿那么简单；

（3）由于胜诉酬金而导致律师驱动诉讼的可能性——律师们将案子作为一种投机行为，最高可以获得损害赔偿数额的 50%。对于律师们或者说赚取胜诉酬金的律师们而言，拥有一项这样的制度是有利的，因为即使诉讼行为失败，也无须支付被告的诉讼费。可以完全撇开其有固有的不争议，这种事实至少在谈判中是一件利器："胜诉需要花费你 500 万美元，还给你带来许多烦恼和麻烦，而我的和解费只要 300 万美元。"

（4）可专利性的范围越来越广（尤其是软件和商业方法的专利）。这些保护范围通常都是不确定的。而且由于风险因素的存

---

[1] 目前美国大约 1/5 的专利侵权案件都发生在马歇尔、得克萨斯等小城镇，在那里至少陪审团会为原告寻找这一态度。

在，这些劣质专利成为强大的诉讼武器的可能性是存在的。

专利流氓在欧洲没有那么显著。因为欧洲并不具备以上这些因素，或者说欧洲虽然具备这些因素，但没有达到同样的程度。

三、法律应该对于专利流氓做些什么？

第一，对专利流氓不要过于激动。就立法目的而言，应该同样地对待任何一个专利持有者，不问他们制造或者使用专利发明与否。这样的专利权人并没有什么新鲜之处——专利权人不实施专利的问题向来存在。

第二，需要明确的是，有关专利侵权和效力的基本问题，与专利权人是不是流氓投机者并无关系。

第三，要注意到，不实施专利的专利权人从本质上看获得临时措施尤其禁令救济的可能性要小很多。为什么？因为这种当事人持有专利仅仅是为了从他人处谋取钱财——钱财是他唯一渴望的补偿。他不存在需要用专利加以保护的生意。因此，他完全可以等到法院最终确定他的权利时再获得钱财。在适当的情况下❶，法院可以决定颁发临时法令，令被指控的侵权人在专利是否有效且被侵权的最终决定出来之前，必须确保将来“许可费”的支付（如存入一个联合的银行账户），但是，需要在极其不寻常的情况下，法院才可向专利流氓授予禁止侵权的完整临时禁令。

第四，要注意到，尽管“专利流氓问题”——在某种程度上

❶ 例如被指控的侵权人可能无力支付随后的经济赔偿。

的确算是个问题——可能因为专利局无力拒绝劣质专利而加重，但这个问题从根本上将与劣质专利无关。一位专利流氓可能持有一个既有效又被侵权的专利。❶ 专利局通过提高可专利性的标准，可以阻止专利流氓和“普通的”专利权人向他人主张劣质专利。如果能做到的话（对此我并不确定），这将会是一件好事，但仍然无法对根本的“专利流氓问题”提供一个答案。

现在来说说“难处所在”这样一种情况，一项专利被判定有效并且被侵权，也即法官无法通过判定不侵犯专利或者专利无效来摆脱困境。笔者从一位叫做乔治·萧伯纳的剧作家的故事讲起。有一次他在晚宴上坐在一位女士的身边。他问这位女士，若给她 10 万英镑，她是否愿意与他发生关系。女士说愿意。他接着又问，支付 1 先令是否愿意。她回答说：“当然不行，你把我当成什么了！”乔治·萧伯纳说：“我们已经确定这件事了。现在我们只是在价格上做商量。”

你会问，这个故事与专利流氓有什么关系？好吧，你可以看看下面我和一位有名的德国律师之间的讨论。他对我说：“对于我们而言，不存在什么问题。”“为什么？”我问。“因为如果一项有效的专利被侵权，就会有一项禁令。”“假设”，我问，“一项专利是用于救人性命的药品，而专利权人没有足够的产品供应于市场。德国法院会真的禁止一个侵权人去供应产品吗？”“这个嘛”，他说，承认这一点：“也许不会。但是这是非常极端的情况。”你看，他与同乔治·萧伯纳交谈的女士实际是一样的。

举另外一个例子。你们当中很多人应该知道一个用在欧元纸币中的反影印安全系统的诉讼。有一个美国非制造型企业在大约

---

❶ *Brupat v Sandford* [1993] PRC 61 案就是这种情况。

9 个欧洲国家主张，欧元纸币侵犯了该公司就该系统所持有的专利。至今为止，这项专利在法国和英国是被认定无效的。在德国和荷兰，判定专利有效的一审判决正处于上诉过程中。无论如何，侵权是备受争论的。但是，假设最终在某一个国家，该项专利被认定有效和被侵权，专利权人能否在该国家坚持要求一项禁令以抑制侵权行为呢？该国法院是否必须不顾巨大后果而授予禁令？该国的市民是否必须上交他们钱包里的纸币呢？

现在有些人会认为“财产是财产就是财产”（Property is property is property）。我称他们为绝对主义者。我的德国朋友曾是绝对主义者，直到被极端的后果所挑战。但是仍有绝对主义者说一项专利权对于所有人而言就像是路面上为勒索而拉的带子：这样的所有人可以简单地说：“给我钱，否则你就不能制造。”绝对主义者说，不授予禁令仅判定金钱救济，相当于强制购买或者强制许可。

的确如此。但是这种说法，或者抽象地求助于“财产”一词，并不能提供一个理性的答案。为了判定怎么对待不从事实施行为的专利权人，你真的需要知道那些不可知的事物：在这种案件中授予或不予禁令，在经济上的区别是什么？是否鼓励或阻碍创新？对竞争的损害是否值得？对公共利益有何影响？

目前在欧洲，我们不一定非要面对这个问题。但是美国人必须面对。曾经有段时间，绝对主义者的观点有获胜的前景。在 2005 年 *NTP v RIM* 案件中，联邦巡回上诉法院判决支持陪审团认定侵权的裁定。美国政府本身也在问，这个可能针对 RIM 颁布的禁令，可能导致黑莓在全美国境内停止运作，是否可以针对政府使用的黑莓，开出一个例外。NTP 是一个不实施专利的专利权人——也即专利流氓。最后这一案件以 RIM 支付一笔

612 000 000美元的巨大费用而告终。RIM 无法承受这一风险，尽管当时美国专利商标局已经做出了第一轮复查的决定，认定涉案三个被诉专利均是无效的。

黑莓案后不久，在 *eBay v MercExchange*[1] 一案中，美国联邦最高法院拒绝了绝对主义者的方法。但是该案并没有确立一个明确的规则，确定什么情况下可以授予和不能授予禁令。

法院认为：

原告必须证明：(1) 遭受不可挽回的损失；(2) 法定的救济，如金钱赔偿，不足以弥补该损失；(3) 鉴于原被告之间难处的平衡，应确保衡平法上的救济；(4) 永久禁令不会损害公共利益。

这是个非常模糊的标准。也许无法设计出一个更加明确的标准。联邦最高法院把考虑具体如何做的事情发回给了地方法院。地方法院拒绝授予永久禁令。这一案件是以了结。

当然“判定赔偿而不颁发禁令”这一说法本身可能引发问题。赔偿的多少以及以什么形式赔偿，将会是主要问题？毕竟多年被容许侵权的被告并不知道他将来的活动范围有多大，或者可能付不起先期的费用。所以法院发现自己陷入某些准强制许可的诉讼中。诸如，法院可以判决，除非被告遵守特定的条款，如结账、预付款等，才可以授予禁令。这里还遗留许多需要克服的问题，如果各方没法达成和解，那么就非克服不可了。

接下来我将说说欧洲应该做些什么。目前应由各个国家法院来裁定是否拒绝授予禁令以及根据什么条件拒绝授予。显然，普通法院越快具有一个通用的方法就越好。这样的方法应该是怎样

---

[1] U. S. No. 05 – 131 (2006).

的呢？

一个好的起点是《执法指令》❶。该指令第3条规定，执法措施应当“有效、适当以及抑制力，并且应当以这样的方式适用，即避免形成合法贸易的障碍，并为防止其滥用而提供保障。”这不是绝对主义者所持的救济方式。无论一项措施可能多么不恰当，或者专利持有人的滥用行为有多严重，法院都不会被强迫授予禁令。

所以我想答案相当清楚了。我们必须把这交给法官。任何试图制定详细规则的努力都将是个错误。为什么呢？因为你无法预先满足各种类型案件的需要。不实施专利的专利权人也许有个不实施专利的好理由，比如他有另外一项专利产品足够他谋生。或者他有个正在运作中的完全合理的许可项目。或者被告可能无合理理由地故意无视专利。

普通法国家对于将救济交给法官定夺不会有实质性困难。由于我们的法律历史，我们传统地将禁令的救济方式作为我们所说的“自由裁量权”。对于禁令而言，我们从来都不是绝对主义者。❷ 当然，如果存在侵权的威胁，我们也会授予禁令。但是，当损害赔偿足以救济当事人时，法院向来有权拒绝颁发禁令。在知识产权领域，我们已经在违反保密义务的案件中应用以下规则：如果一位发明人想要出售他的点子以获得钱财的，那么他将获得钱财。❸ 类似地，在1995年有个案件，词作者在录音制品已经在市场上销售了11年之后，才主张著作权侵权，我拒绝其授

---

❶ 2004/48/EC.

❷ 授予禁令以抑制被告实施在合同中约定不行为的情形除外。

❸ *Seager v Copydex* [1967] 1 WLR 923.

予禁令的请求而判决赔偿。这位词作者想要的是钱，那钱就是他所得到的。❶

诚然，我知道“法官自由裁量权”的概念对某些大陆法官而言是个很令人厌恶的东西。但是，除非你采纳绝对主义者的观点——我相信我已经展示了它的荒谬，那么就没有选择的余地。普通法国家的经验显示了法官的自由裁量权是可行的。我们应当接受法官的自由裁量权。这意味着在某些案件中，法庭必须判定赔偿金是多少才是合理的，以及许可的条件是什么，但这么做不会是世界末日。

在结束之前，我需要提到另一个可能用于解决“专利流氓问题”的答案。有的人可能会说，专利流氓以放弃禁令为条件向侵权人要价“过高”，是属于违反《欧共体条约》第 82 条的滥用垄断地位的行为。所以，按照这种办法，人们会审查是否存在垄断地位的滥用，而只要存在滥用，就拒绝授予禁令，而不是依照一定的条件，通过行使法官自由裁量权来拒绝颁发禁令。我想这不是解决问题的好方法。这么做可能过于复杂和迂回，并且涉及专利权人是否要求“过多”这一不可能回答的问题。竞争法不是答案或者说至少不是唯一的答案。

因此，最后笔者对于本次讨论主题所提出的问题的回答是（1）任何专利权人都没有绝对的权利要求授予禁令；（2）一般情况下他们会获得禁令；（3）法院应该始终保留拒绝授予禁令以及根据案件和公共利益的情况合理适用金钱或者其他救济方式的权力；（4）这个问题应该保留给法院——试图为这一问题制定法律，势必会带来麻烦。

---

❶ *Banks v EMI Songs* [1996] E. M. L. R. 452.

“专利流氓”威胁论：先见之明，抑或杞人忧天？

张韬略*

【摘　要】近期国内出现一些声音，认为我国将爆发“专利流氓”诉讼，国内科技企业的生存会受到威胁。这些观点没认识到，专利流氓诉讼集中在美国有其法律制度上的诱因，一是过于宽松的软件专利授权环境催生了大量保护范围宽泛而且模糊的专利，二是在专利侵权诉讼中原告专利权人相对于被告有极为明显的诉讼成本优势，而这些制度诱因并不存在于我国。可以预见的是，在我国专利审查和诉讼制度没有根本性改变的情况下，美国式的专利流氓不会在我国盛行起来。

【关键词】专利流氓　专利诉讼

* 张韬略，男，博士，同济大学法学院讲师，同济知识产权与竞争法研究中心副主任。

一、国内"专利流氓"威胁论的出现

专利权人以诉讼方式要起"流氓"，甚至乐此不疲、以之为业，无疑是目前最困扰美国专利制度的问题之一。其程度之严重，在近年频频引起美国政府高层的重视，例如，2011 年美国联邦贸易委员会（FTC）在有关协调专利救济与竞争关系的报告——《知识产权市场的演变》中，专门分析了"专利流氓"的商业模式及对创新与竞争的负面影响。[1] 2013 年 6 月 4 日，美国白宫发布了《专利主张与美国创新》报告，深入分析专利流氓如何遏制美国经济和创新。根据该报告的统计，专利流氓诉讼近年在美国的数量剧增，2010 年有 731 个，占全美专利诉讼的 29%；2012 年已经超过 2 500个，占全美专利诉讼的 62%。[2] 有分析指出，因这类诉讼而流向专利流氓的金额，在 2011 年高达 290 亿美金，比 2005 年增长了 400%，而且这些费用最终回流到研发领域

---

❶ FTC, *The Evolving IP Marketplace*, *Aliging Patent Notice and Remedies with Competition*, p. 62, available at http://www. ftc. gov/os/2011/03/110307patentreport. pdf, 最后访问日期 2013 年 11 月 20 日（本文其他网络引证的最后访问日期与此相同）。

❷ Executive Office of the President, *Patent Assertion and U. S. Innovation*, June 2013, available at http://www. whitehouse. gov/sites/default/files/docs/patent_ report. pdf.

的不到25%。[1]

中国企业近年同样在美国频频遭遇专利流氓诉讼，例如，华为在2011年碰到21起此类诉讼，2013年仅上半年就高达19起。[2] 面对这种态势，国内学界和业界出现了一些声音，认为专利流氓诉讼将蔓延到中国，威胁国内科技企业。例如，有学者在《法制日报》的采访中认为“专利流氓在中国还处于收购专利的布局阶段，诉讼行为尚不多见，但如果不及时做好防范与应对，一旦其开始大规模、频繁的诉讼，必然会给我国企业带来巨大损失”，“我国目前存在的大量问题专利，很可能会在专利流氓手中变废为宝，成为诱饵。”[3] 又如《知识产权报》在评价苹果公司操纵Rockstar公司在美国进行大规模专利诉讼时，不无担心地指出，由于苹果公司用于起诉安卓阵营的专利大部分都没有进入中国，因此国内手机厂商们还有大约几年左右的备战时间，但随着国内近年专利流氓的兴起，不排除苹果公司通过它们开展专利战，打击国内竞争对手。[4]

上述观点对我国企业的关怀之情溢于言表，也及时善意地提

---

[1] Bessen, James E., and Michael J. Meurer, *The Direct Costs from NPE Disputes*, Boston University School of Law, Law and Economics Research Paper No. 12~34, June 28, 2012, pp 18~19.

[2] Huawei Corporation, NPE Risks in the US: Who are they & How to Defend, Shenzhen PPAC Conference, July 24, 2013.

[3] “专利流氓布局中国问题专利或成诱饵，反击‘专利流氓’亟待出台国家战略”，载《法制日报》2013年4月26日。

[4] “警惕‘苹果派’NPE”，载《中国知识产权报》2013年11月13日。

醒了迈出国门的中国企业。但是，认为专利流氓即将“入侵中国”[1]，甚至呼吁出台“国家战略”以应对专利流氓现象，[2] 则缺乏充分的论证，说明相关专业人士对滋生专利流氓的美国法律土壤尚缺乏深刻的认识。笔者认为，虽然伴随着我国专利授权量的暴涨，国内专利权人的（包括恶性的）诉讼会有所增加，但在我国目前的法律框架下，美国式专利流氓并不具备良好的成长环境，因此认为专利流氓即将“入侵中国”的观点，纯属杞人忧天。为了从中美两个视角获得对这个问题较为全面的理解，下文首先从美国专利流氓的特征入手，再重点剖析其产生的法律制度环境，最后检讨这些制度因素是否同样存在于中国。

二、“专利流氓”的词源及特征

（一）词源及汉译

“专利流氓”是英文“Patent troll”的汉译。Troll 最初是指斯堪的纳维亚传说和童谣中穴居的巨人、怪物或者侏儒等令人厌恶的超自然生物。[3] Patent Troll 一词流行于 2000 年之后，与美国高

---

[1] 《警惕“专利流氓”入侵中国》，载 http：//news. cecb2b. com/info/20120917/151131. shtml，2012 年 9 月 17 日。

[2] 《“专利流氓布局中国问题专利或成诱饵，反击‘专利流氓’亟待出台国家战略”》，载《法制日报》2013 年 4 月 26 日。

[3] 英文维基百科对 Troll 词条的解释，载 http：//en. wikipedia. org/wiki/Troll_ （Internet）JHJOrigin_ and_ Etymology。

智公司副主席 Peter Detkin 的大力推广使用不无关系。[1] 该词的常见中文译法还有“专利蟑螂”“专利地痞”“专利怪物”“专利投机者”等[2]，这些字眼毫无疑问都带有浓烈的道德贬损味道。

不过，国内许多媒体在提到专利流氓时，往往会联想到我国入世后众多出口企业遭遇到的专利壁垒，并将其等同于国内从事“恶意诉讼”专利权人。这种走样的解读，与久经“专利沙场”历练的跨国公司们口中的专利流氓并不一致。另外，恐怕很少有国人知悉，在该词的发源地——美国，法院早已禁止被告在法庭上使用“Patent troll”一词，因为这是贬损专利权人的术语。[3] 目前美国官方文件[4]或者国际会议[5]使用的也是中性的表述，即“非实施单位”（NPE）或者“专利主张单位”（PAE）。这种称呼上的微妙变化，恰好表明了西方在这个问题上的理性回归：因为

---

[1] Joff Wild, *The real inventors of the term “patent troll” revealed*, IMA Magazine, 22 August 2008.

[2] 参见百度百科对“专利流氓”词条的解释，载 http://baike.baidu.com/view/6550008.htm.

[3] 2008 年加利福尼亚州地方法院首先禁止在庭审中针对专利权人 Rambus 使用“Patent Troll”的表述。参见 COE, *No Name-Calling In Rambus Patent Case: Judge-Law*360, available at http://www.law360.com/articles/45282/no-name-calling-in-rambus-patent-case-judge.

[4] 参见 Executive Office of the President, *Patent Assertion and U.S. Innovation*, available at http://www.whitehouse.gov/sites/default/files/docs/patent_ report.pdf；或者 FTC, *The Evolving IP Marketplace, Aliging Patent Notice and Remedies with Competition*, available at http://www.ftc.gov/os/2011/03/110307patentreport.pdf.

[5] ETSI/GSMA Intellectual Property Rights Summit 2013（Date: 27th ~ 28th June 2013）采用了 NPEs 的表述，载 http://www.mobileasiaexpo.com/ipr-forum/.

专利流氓的法律身份就是专利权人，而专利权人有权在认为自己权利受到损害时提起诉讼，寻求法律救济。

（二）美国式专利流氓的特征

尽管美国学界没有统一专利流氓的定义[1]，但一般认为其特点有：第一，它们不“实际执行”专利，也即不研发或者提供任何与专利相关的技术或者产品，它们通常不是市场竞争者，也不提供技术许可后的服务和支持；第二，它们并不促进真正有意义的“技术转让”，也即不促进专利转化为具体有用的产品或者方法；第三，它们通常在行业参与者做了不可逆转的投资后才主张专利权；第四，它们获取专利的目的仅是为了从被控侵权人那里榨取专利许可费；第五，它们在诉讼策略上，利用到了自身不实施的地位，从而使自己免疫于专利侵权的反诉；第六，它们获取保护范围不清晰的专利，并在没有明确侵权证据的情况下，同时向众多公司索取适度的专利许可费，并预测其中某些被诉者会因为高昂和不确定的诉讼威胁而同意缴纳许可费；第七，它们可能设立诸多空壳公司掩藏真正身份，要求和解人订立不披露协议，

---

[1] Michael J. Mazzeo, Jonathan Hillel, Samantha Zyontz, Do NPEs Matter?: Non-Practicing Entities and Patent Litigation Outcomes, available at http://www.law.northwestern.edu/faculty/programs/searlecenter/workingpapers/documents/Mazzeo_NPE_study_mhz_012112.pdf; Christoph Ann, Patent Trolls-Menace or Myth?, available at http://link.springer.com/chapter/10.1007/978-3-540-88743-0_25JHJpage-1.

瓦解被告之间坚持诉讼、分担诉讼费等共同抗辩的策略。[1]

（三）美国式专利流氓并不等同于国内的恶意诉讼专利权人

我国法律并没有明确给出恶意诉讼的定义，但学理和司法政策上一般认为，“故意以他人受到损害为目的，无事实根据和正当理由而提起民事诉讼，致使相对人在诉讼中遭受损失的行为”，属于恶意诉讼，是滥用诉权的一种表现，应对相应的损害承担法律责任。[2] 那么专利流氓可否被等同为进行恶意诉讼的专利权人呢？从道德层面上看，答案似乎是肯定的；但从法律角度来看，答案却是否定的。理由很清楚：美国专利流氓惯常提起的专利侵权诉讼，并不一定是我国法律意义上的“恶意诉讼”。

目前，我国司法判例对专利恶意诉讼的解释较为狭窄，通常得有当事人明知或显然应知发明不符合实体授权要件而仍然违反诚信原则申请获得专利的事实，法院才认定专利权人进行“恶意”诉讼。例如，在被称之为国内“知识产权恶意诉讼第一案”的袁利中诉扬中市通发公司侵犯专利权案中，南京市中级人民法院在涉案专利被无效宣告之后，支持了被告反诉袁利中恶意诉讼的诉请，判令袁利中赔偿对方经济损失 5 万元。理由是袁氏起诉所依据的实用新型专利“消防用球阀”是国家标准记载的技术方案，而且其应该熟知相关国家标准，所以“获取专利权的行为本

---

[1] Executive Office of the President, *Patent Assertion and U. S. Innovation*, p. 4, available at http://www.whitehouse.gov/sites/default/files/docs/patent_report.pdf.

[2] 最高人民法院民三庭《关于恶意诉讼问题的研究报告》，载《知识产权审判指导与参考》，法律出版社 2004 年版，第 37 页。

身应当认定为恶意申请”，并且“将无辜的被告拖入专利侵权诉讼、专利行政诉讼等诉讼”，因此构成恶意诉讼[1]。相反，如果不存在违反诚信原则申请获得专利的事实，一般不会认定恶意诉讼。例如，在北京明日公司诉维纳尔公司案中，原告认为被告构成恶意诉讼，要求赔偿20万元，因为被告将早已进入公知领域的“熔断器式隔离开关”系列产品申请并获得四项外观设计专利，然后起诉其侵犯外观设计专利权。在该案中，虽然四项外观设计专利随后被宣告无效，但北京市第二中级人民法院仍然驳回了原告恶意诉讼的诉请，理由是根据案件事实，无法“得出被告维纳尔公司恶意申请涉案外观设计专利的结论”，也无法证明“被告明知涉案专利不符合授权条件而提起诉讼以恶意侵害原告的相关权利”。[2]

相比之下，美国媒体口中的“专利流氓”虽有形形色色的“出生”以及诉讼习惯，却鲜有此类“恶意”行径。例如，个人发明家可能会与采取胜诉酬金模式的律师合作进行专利诉讼；研发企业、大学和科研也可能为获取长期授权而经常性起诉未经授权的公司。又如，有的专利流氓经常性、大规模地购买专利组合，组建空壳公司，然后与律师合作起诉他人专利侵权；有的专利流氓则从倒闭或者分拆的实际运营公司蜕变而来，或者持有与经营无关的专利，它们会为了寻找长期专利授权的目标而起诉其他市场主体。[3] 不管如何，这些专利流氓与恶意获取不符合授权

[1] （2003）宁民三初字第188号民事判决书。

[2] （2007）二中民初字第15445号民事判决书。

[3] Mallun Yen, Paul Saraceni, *Understanding the Patent Landscape*, Shenzhen PPAC Conference, July 24, 2013.

条件的专利并没有必然的关联。由此可见，美国绝大多数专利流氓都是正常的专利权人，并非是我国法律中的恶意诉讼人。

三、专利流氓盛行于美国的制度原因

近年美国专利流氓数量的暴增与元件产业（component industry）的创新模式和研发制造格局的变动不无关系。以前专利主要由制造者持有，制造者在可能相互侵权的情况下，通常寻求交叉许可以避免诉讼，但元件产业累积式创新的特征使大量不从事制造的研发者和中介组织持有了专利❶，从而打破原先的制约和平衡。不过，专利流氓诉讼唯独在美国大行其道，还有更深层的法律制度诱因。

（一）美国专利制度自身的欠缺

首先，美国专利法在软件和商业方法的可专利性问题上态度过于宽松。自美国联邦巡回上诉法院的 *State street Banks* 案之后，美国对软件专利和商业方法专利就采用了相当宽松的标准，允许就任何有用的、具体的和有形的发明获取专利。这一标准盛行了

❶ Dan L. Burk, Mark Lemley, Dan L. Burk, Mark A. Lemley, Patent Crisis and How the Courts Can Solve It, The University and Chicago Press, Chapter 3, 2 009.

10 余年，直至 Bilski 的专利申请进入了法院的视野。[1] 与此同时，由于缺乏完备的在先技术数据库以及有经验的审查员，此类专利申请的授权率高达 90%，而普通专利申请的授权率则少于 50%。[2] 这导致软件和通信产业出现“专利丛林”以及许多问题专利。

其次，软件类专利大量充斥着采用功能性表述的权利要求（functional claim），保护边界模糊而且宽泛[3]。由于一项软件或者一个网站往往就可以有数以千计的功能，所以可以主张众多的专利。[4] 这类专利的创造性以及保护范围，无论在申请审查阶段，还是在侵权判断阶段，都是不容易确定的专业问题。

再次，相关公众和竞争者也难以从目前专利分类体系中较好地锁定与之相关的专利，进而避免专利侵权。即便有着丰富专利预警经验的跨国大公司，也往往到了被起诉的时候，才了解到相关专利的存在。[5] 这在一定程度上削弱了专利制度公开公示的价值，使有利害关系的公众处于不可预期的状态。

---

[1] Mark Lemley, et al., *Software and Internet Law*, 4th edition, Aspen Publishers, 2011, pp. 139 ~ 140.

[2] Christoph Ann, Patent Trolls-Menace or Myth?, available at http://link.springer.com/chapter/10.1007/978-3-540-88743-0_25JHJpage-1.

[3] 欧洲文献称这类权利要求为“宽权利要求”（broad claim），参见 Michael Wendler, et al, *Key Aspects of German Business Law, A Practical Manual*, Springer, 2008, p. 461.

[4] Executive Office of the President, *Patent Assertion and U. S. Innovation*, p. 8, available at http://www.whitehouse.gov/sites/default/files/docs/patent_report.pdf.

[5] Christoph Ann, Patent Trolls-Menace or Myth?, available at http://link.springer.com/chapter/10.1007/978-3-540-88743-0_25JHJpage-1.

上述因素混合在一起，为“专利流氓”获取保护范围宽泛且模糊的专利提供了极大的便利。例如，根据学者的分析，软件专利卷入诉讼的可能性要5倍于化学专利，商业方法专利则高达11倍，且专利流氓案件82%的被告都是被诉侵犯了软件专利。❶“专利流氓”案件大多集中在信息产业（IT）领域❷也是这种关联性的明证之一。正是在这种背景下，2013年美国白宫出台了新的行政措施，要求美国专利商标局在近期为审查员提供新培训，帮助其更好地审查功能性权利要求，并推出诸如使用新的专利分类标准在内的一系列举措，以提升权利要求的清晰、明确度。❸

（二）美国亲专利权人的民事诉讼程序

如果说专利流氓借助美国宽松的专利授权环境获取到了精良的武器，那么美国专利民事诉讼程序则为它们提供了绝佳的战场，使它们可以肆无忌惮地提起专利诉讼。这些有利的“作战环境”虽然在近期受到了一些约束，但仍然没能完全遏制专利流氓进行诉讼的热情。

---

❶ Executive Office of the President, *Patent Assertion and U. S. Innovation*, p. 5, available at http://www.whitehouse.gov/sites/default/files/docs/patent_report.pdf.

❷ Executive Office of the President, *Patent Assertion and U. S. Innovation*, p. 8, available at http://www.whitehouse.gov/sites/default/files/docs/patent_report.pdf.

❸ Executive Office of the President, *Patent Assertion and U. S. Innovation*, p. 8, available at http://www.whitehouse.gov/sites/default/files/docs/patent_report.pdf.

1. 美国某些司法管辖区的法官以及陪审团持亲专利权人的态度

典型的如得克萨斯州马歇尔小镇。据统计，大约五分之一的美国专利侵权诉讼都在此地发起，原因是行内公认，那里的法官和陪审团更支持专利权人。❶ 也因为这样，近期得克萨斯州东区法院三名亲专利法官的退休，引起了业界高度关注。❷ 另一个受专利流氓青睐的管辖区是德拉华州，因为许多公司组建于该州，在该地起诉很容易满足属人管辖而不容易被转移管辖，而且该区通常要完成证据开示之后，才允许进行权利要求解释和简易判决，这导致在诉讼初期难以评判案件的最终结果。这种无法预测的局面恰恰是"专利流氓"浑水摸鱼所需要的。可见，专利诉讼中的诉讼管辖地的争夺往往成为关键所在。

2. 高昂的诉讼成本与专利流氓在节省成本上的绝对优势

美国专利诉讼以其诉讼成本的高昂而出名。根据美国知识产权法协会 2011 年的调研，在诉讼标的少于 100 万美元的专利侵权诉讼案件中，一方当事人在证据开示结束时的平均开销是 35 万美元，案件结束时的费用是 65 万美元；诉讼标的在 100 万 ~250 万美元之间，相应的开销是 150 万美元和 250 万美元；如果诉讼

---

❶ Rt. Hon Sir Robin Jacob, *Patent Trolls in Europe-Does Patent Law Require New Barriers?*, May 2008 GRUR Meeting, Stuttgart.

❷ Thomas J. Fisher, Tomoyoshi Furukawa, *Recent Trends in NPE Litigation*, The Lawyers, July 2012, available at http://www.oblon.com/publications/recent-trends-npe-litigation.

标的超过 250 万美元，相应开销为 300 万和 450 万美元。[1] 但实践中，原告专利权人可以借助各种策略节省诉讼开支，而被诉专利侵权的企业却做不到，因此事情到最后往往不是专利侵权与否，而是诉讼成本的考量。

首先，不少原告可以利用胜诉酬金的方式，节约最初的诉讼开支。不少美国律师在此类案件所收取的胜诉酬金，达到损害赔偿数额或者和解费用的一半。相比之下，被告在胜诉时，原则上是无法获得律师费补偿的，除非被告能够证明存在《美国专利法》第 285 条规定的“例外情况”，也即原告方恶意进行诉讼或者以不正当行为获得专利并诉讼。[2] 从美国新近判例来看，这类不正当的恶意诉讼行为主要是专利流氓纯粹为获取和解费用而起诉大量被告，也即诉讼行为带有“勒索性质”，典型的如 2011 年的 *Eon-Net LP* 案[3]和 2013 年的 *Homeland Housewares* 案[4]。

其次，专利权人可以在一个诉讼中同时起诉众多没有密切关联的被告，从而大大节省诉讼开支。在《美国发明人法》于 2013 年生效之前，这种情况非常普遍。不过，新法增加的《专利法》

---

[1] AIPLA，2011 Report of the Economic Survey，“8. Typical Cost of Litigation ”， http：//www. aipla. org/learningcenter/library/books/econsurvey/2011/Pages/Table-of-Contents. aspx.

[2] Brasseler，U. S. A. I，L. P. ，v. Stryker Sales Corp. ，267 F. 3d 1370 (Fed. Cir. 2001).

[3] Eon-Net LP v. Flagstar Bancorp. ，653 F. 3d 1314（Fed. Cir. 2011).

[4] Homeland Housewares，LLC v. Sorensen Research and Development Trust，See JUDGMENT by Hon. George H. Wu，CASE NO. CV 11 – 3720 – GW (JEMx)，available at http：//docs. justia. com/cases/federal/district-courts/california/cacdce/2：2011cv03720/500811/233/0. pdf? 1369896468.

第299条对此作了一些限制，也即从2011年9月16日起，原告专利权人仅可以在下述条件下同时起诉多名被告并合并审理：(1) 被告承担连带和分别责任，或者多个被告的侵权活动源于的相同交易行为，即在美国境内的制造、使用、销售或者进口行为；(2) 所有被告都有共同的事实问题。❶

再次，在证据开示程序中，被告负有广泛的开示责任，必须承担昂贵的开销。相比之下，原告专利权人因为没有具体实施行为，证据开示的负担大为减少，只需要提供专利权属相关的文件。证据开示程序对诉讼结果至关重要，其用意是在开庭前，为庭审而获取相对方和第三方的文档和信息。熟谙美国专利诉讼的人都知道，这个程序通常是非常“昂贵、繁重、冗长单调以及复杂的”，单单其中的“文档生成” (document production) 环节，就需要律师投入许多时间仔细审查。❷ 互联网出现后的电子证据开示 (E-discovery) 进一步加重了被告的开示义务，被告需要收集和生成的文档动辄以百万计。以美国软件公司SAS近期遭遇的一个专利流氓诉讼为例，SAS虽然在该诉讼中赢得宣告式判决，但在证据开示阶段花了150万美金收集1 000万份电子文档，律师审查费超过300万美金，整个诉讼的开销大致800万美金。❸

3. 强有力的侵权救济手段

首先是禁令。在认定构成专利侵权的情况下，美国法官通常

---

❶ 35 U. S. C. §299.

❷ Gregory J. Battersby, Charles W. Grimes, *Patent Disputes, Litigation Form and Analysis*, Wolters Kluwe, second edition, 2013, at 5–3.

❸ *Statement of John Boswell before the House Judiciary Subcommittee on Courts*, March 2013, available at http://judiciary.house.gov/hearings/113th/03142013_2/Boswell%2003142013.pdf.

会颁发禁令。[1] 这对从事制造业的被告而言，具有极大的威慑力，也是专利流氓迫使被告进行和解谈判的利器。2006 年加拿大黑莓手机制造商 RIM 公司最终向 NTP 支付 6 125亿美元和解费[2]，很大原因就是迫于永久禁令的压力。虽然 2006 年美国联邦最高法院在 *eBay* 案中提高了专利权人获取永久禁令的标准，但在具体案件中，那些没有实施专利的实体仍有获得永久禁令救济的机会，例如 2007 年的 *CSIRO* 案[3]和 2011 年的 *Harris* 案[4]。

其次是惩罚性赔偿。与大陆法系的损害填平原则不同，美国专利法对故意侵犯专利权的行为设置了惩罚性赔偿规则（三倍罚则）。在陪审团亲专利的情况下，一旦专利权人胜诉，就有可能获得很高的损害赔偿，这也使从事制造业或者服务业的被告处于不利的谈判地位。

再次是 337 调查程序提供的特殊救济。根据美国 RPX 公司的统计，2010 年之后越来越多的专利流氓转向美国国际贸易委员会（ITC）发动 337 调查。[5] 虽然在该调查程序中，专利权人不能主张损害赔偿，但优点也非常明显。第一是审限较短，通常在 1 年

[1] Donald S. Chisum, et al., *Principles of Patent Law: Cases and Materials*, 3d ed. 2004, p. 1342.

[2] Rob Kelley, *Blackberry maker, NTP settle patent dispute for MYM612.5M*, http://money.cnn.com/2006/03/03/technology/rimm_ntp/.

[3] CSIRO v. Buffalo Tech., Inc., 492 F. Supp. 2d 600 (E. D. Tex 2007).

[4] Harris Corp. v. Federal Express Corp., No. 6: 07 - cv - 1819 (M. D. Fla. Feb. 28, 2011).

[5] 2010 年之前它们发起的 337 调查平均每年 4 个左右，2011 年高达 16 个。参见 RPX, *NPEs Increasingly Opt for ITC Action*, available at http://www.rpxcorp.com/index.cfm? pageid = 14&itemid = 20.

之内，所以即便被告提出专利无效及中止审理的请求，也鲜有获得支持。第二，在该程序中专利流氓可以同时指控多名被告而不受到新专利法第299条有关合并审理规定的约束。再次，该程序不受到*eBay*案判例的限制❶，ITC一旦认定侵权成立，除非有违公共利益，否则都颁发排除令。❷

四、中国不存在类似的法律制度环境

美国宽松的软件专利授权审查环境以及亲专利权人的民事诉讼制度，使专利诉讼的天平极大倾斜到专利权人一方，给专利流氓诉讼创造了绝佳的生态环境。但是，中国并不存在类似的法律制度环境。

首先，我国在软件可专利性的问题上，采取了较为严格的“技术方案”授权标准，即要求申请专利的涉及计算机程序的发明目的必须是为了解决技术问题，采用了遵循自然规律的技术手段，并且因此获得了符合自然规律的技术效果。❸ 在这样的标准之下，虽然我国与欧美一样经历了软件专利和商业方法申请的高

❶ Spansion v. ITC，629 F. 3d 1331 (Fed. Cir. 2010).

❷ 19 U. S. C. § 1337 (d) (1).

❸ 国家知识产权局：《专利审查指南》(2010)，知识产权出版社2010年版，第260页。

潮期，但授权率远低于美国[1]，这大大减少了我国软件领域中保护范围不确定专利的数量。

欧洲的情况与我们类似，例如一项针对英格兰和威尔士专利法院（PHC）的实证研究表明，在2000年至2008年期间255个专利诉讼案件中，仅有15个案件与专利流氓有关，比例远低于美国。[2] 此外有研究指出，欧洲国家专利制度的某些特征，尤其比较严格的软件或商业方法可专利性标准，使其不为专利流氓所青睐。[3] 鉴于美国专利流氓诉讼案件的80%都与软件专利有关，而我国的软件专利授权环境较美国严格，我们至少可以认为，我

---

[1] 前文提到美国商业方法授权率高达90%，我国显然远低于该数额。根据国家知识产权局的统计，至2008年我国商业方法申请数量突破1万件，但是授权率仅有15%，其中申请被“视为撤回”、“驳回”及“在先撤回和主动撤回”的情况占到了85%，其中“视为撤回”比率高达总量的54%。分析指出，这说明了“专利审查员通常在审查初期便持谨慎态度，并向专利申请人传达出其不具备授权前景的讯号，而专利申请人亦对此不做答复或不再申辩，这也从侧面说明社会公众对很多商业方法专利申请的不可专利性有一定的认识和了解”。参见国家知识产权局：《我国商业方法专利申请状况及分析》，载 http://www.sipo.gov.cn/ztzl/ywzt/zlsd/201310/t20131028_872334.html.

[2] Christian Helmers and Luke McDonagh, Trolls at the High Court, LSE Law, Society and Economy Working Papers 13/2012, available at http://papers.ssrn.com/sol3/papers.cfm?abstract_id=2154958.

[3] A. Mayergoyz, *Lessons from Europe on How to Tame U.S. Patent Trolls*, Cornell International Law Review 42 (2009), 241～270, at 257; S. J. Marsnik and R. E. Thomas, *Drawing a Line in the Patent-Subject Matter Sands: Does Europe Provide a Solution to the Software and Business Method Patent Problem*, Boston College International and Comparative Law Review 34 (2011), 227～328, at 230～233.

国专利授权环节并不利于美国式专利流氓的滋长。

其次，在专利诉讼角度看，我国专利侵权民事诉讼的制度设计以及实际运作，总体对被告更加有力，这更加抑制了美国式专利流氓的涌现。第一，我国没有设置陪审团，目前专利法也没有针对故意侵权的三倍惩罚赔偿的规定，所以在民事赔偿上不会出现类似美国的过高惩罚性赔偿数额，这减弱了专利权人为损害赔偿而进行诉讼的动力。第二，我国民事诉讼程序中没有单独的证据开示程序，专利诉讼中也没有针对权利要求解释的单独前置的马克曼听证程序。这些在美国开销颇巨的程序，在我国都是直接包含在法庭正式听审程序中的。这意味着发起诉讼的一方即专利权人必须事先负担起收集证据以及侵权比对的成本，而被告的举证责任要低得多，通常只需出庭进行抗辩即可。而且我国法律服务收费远低于美国，因此即便被告雇佣中国律师，所需费用较少，不怕“长期抗战”。第三，专利权人无法轻易合并多个侵权案件以节省费用。即便原告根据类似事实以同一专利起诉多个被告，只要被告不是共同侵权人，法院就不会将它们合并在同一个案件中进行审理。甚至在被告同一产品涉嫌侵犯原告多个专利的情况下，我国法院也要求分别立案，不会合案审理。这增加了原告方的诉讼成本。最后，中国也没有类似美国的 337 调查程序，允许专利权人同时起诉多个涉嫌侵权的当事人。以上种种，说明美国专利流氓以诉讼成本要挟被诉企业的策略，在中国法律框架下基本是行不通的。

五、结　　论

综上所述，美国专利流氓诉讼的泛滥，有其专利授权制度和民事诉讼制度上的特殊诱因。该问题之所以受到各国的普遍关注，与全球化背景下产业链的分配、跨国公司的影响力有关，也是美国市场举足轻重的表现，但并不意味着欧亚国家的专利制度正受到专利流氓的巨大冲击。至少在目前，我国并不具备滋长美国式专利流氓的制度因素。在这种情况下，与其人云亦云地叫“狼来了”，还不如认真检讨美国专利制度，一方面可以知己知彼，避免重蹈覆辙，另一方面也可以为当下我国企业进军美国市场贡献微薄之力。

第五篇

知识产权与竞争政策

加拿大竞争局关于知识产权执法的指南

2000 年 9 月

吴桂德　译

张伟君　汤盼盼　校

注意：本出版物所包含的下列信息不涉及 2009 年 3 月 12 日实施的《竞争法修正案》。

前　　言

智慧财产（IP）和知识产权（IPR）在当今知识经济时代显得越来越重要。在这样的环境下，竞争局怎样处理与知识产权有关的竞争问题也将更受关注。

因此，本局亦把对这个问题事先提供更高的透明度作为一个优先事项来处理。在这些公布的指南中，竞争局阐明了如何处理竞争政策和知识产权之间的关系。该指南阐述了竞争局如何确定一个涉及知识产权的行为是否导致了竞争法中的问题。同时，该指南还解释了竞争局如何区分那些根据《竞争法》第 32 条应报送司法部长决定的情形以及那些受一般条款制约的情形。

这些指南是广泛磋商的结果，其中包括两个征求意见书以及两个系列的由利益攸关者参与的全国性圆桌讨论。

竞争局局长 Konrad von Finckenstein

第一部分　引　　言

现代经济越来越多地依靠知识和创新，并由快速进步的信息和通信技术所推动。新技术创造了经济、文化、社会和教育机会，它以一种创新的方式使得人们把想法付诸实践，这提高了社会生产力，也创造了就业机会和财富。充分的知识产权保护在激励新技术发展、艺术表达和知识传播上起着重要的作用，而这三方面对于知识经济至关重要。❶ 在这样的背景下，知识产权成为一种企业可以战略性地用来减少或限制竞争的具有价值的资产。

---

❶ 本指南的原文参见加拿大竞争局官网：http://www.competitionbureau.gc.ca/eic/site/cb-bc.nsf/eng%20/01286.html.

加拿大知识产权办公室（CIPO）对知识产权作出了定义，并总结了知识产权的作用，即“思想、设计、创造性……（那些）帮助我们（加拿大人）更好地工作、做出更好的产品，在世界贸易中更高效地竞争。快速、有序的思想交换对我们的经济就像资金、货物或服务流动一样重要。为了在保护所有者的权利的同时促进这种交换的发生，加拿大政府考虑‘知识产权’创造性尝试的某些方法。你可以为这些努力获得法律认可，就像你得到一块土地的权力一样。”

想要获得更多的信息，可以参见加拿大知识产权办公室网站 http://strategis.ic.gc.ca/sc_mrksv/cipo/help/faq_ip-e.html.

财产法是界定和保护财产所有者的权利，以排除他人使用他们私有财产的一项法律。知识产权的拥有者就像其他任何形式的私有财产拥有者一样，也受益于财产法。与其他类型的私有财产相比，知识产权的特性在很多时候要求政府在其制订的授予智慧财产以权利的法律中加以体现。

知识产权法和竞争法是两项相互补充的提高经济效益的政府政策。知识产权法通过为新的有用的产品、技术和原创表达作品的创造者建立可实施的财产权，从而为创新和科技传播提供激励。竞争法可能被援引用来保护这些同样的激励免受限制竞争行为的影响，而这些限制竞争行为产生、增强或维持市场支配力，或者损坏企业间有力的竞争。考虑到竞争法会对知识产权所有者可能转让或者许可给他人使用其权利的合同的条款和条件加以限制，也可能对知识产权被转让或被许可者的身份进行限制，本指南试图阐明在《竞争法》下，本局可以考虑适当介入和不需要介入的各种情况。

竞争局收到越来越多的关于获取在《竞争法》调整下处理知识产权的方法的信息请求。《知识产权执法指南》这一文件陈述了竞争局关于知识产权法和竞争法两者关系的观点，它也解释了本局用来评估包括知识产权在内的法案的分析框架。

该指南讨论了在《竞争法》下本局将会试图遏制限制竞争行为的情况，而这些行为是与为了维持市场竞争力而运用知识产权联系在一起。本文件详细阐述的方法是基于《竞争法》逐渐运用于涉及知识产权的行为这一前提，就像它运用于涉及其他形式的财产的行为。

竞争局对《竞争法》的应用的整体方法如下：

· 本局运用《竞争法》和涉及知识产权行为或者知识产权的

情况主要分成两大类：一种涉及的不仅仅是知识产权的行使，一种仅仅涉及知识产权的行使而不包括其他方面。本局将运用《竞争法》的一般规定来处理前一种情况，运用第32条规定（特殊的救济）来处理后一种情况。

· 在这两种情况的任何一种中，本局不假定行为是限制竞争的，违反《竞争法》的一般规定或者应在第32条规定的指导下得到纠正的。

· 本局所使用的确定是否存在限制竞争的效果的分析框架起源于其他形式的财产的使用权，该框架有足够的弹性适用于涉及知识产权的行为，即使知识产权有着重要的区别于其他形式的财产的特性。

· 当涉及知识产权的行为证明第32条规定中的特殊规制是正当的时候，本局将只在本文件描述的很少的情况下以及当其行为不能被相关知识产权法规所规制的情况下才采取行动。

案件具体事实将决定本局如何运用其执法裁量权来对任何被称作违反《竞争法》的行为作出回应。因此，那些计划一项涉及知识产权交易安排的个人，在评估该安排是否存在违反《竞争法》的风险时，应该与具有资格的法律顾问进行咨询，或者应该与本局进行联系。该法律的最终解释权归竞争裁判庭和法院所有。

本局在制订这些指南时考虑了目前国际经济形势和技术环境，尤其是出现在很多产业中快速的技术革新。本局也考虑了过去执法过程中的经验和加拿大案例法以及美国司法部门和联邦贸易委员会在1955年出版的《知识产权许可的反垄断指南》中与包括欧盟在内的其他一些司法部门所采用的方法。

本文件的以下部分由六个章节组成：

· 第 2 部分讨论知识产权法的目的，列举了各种处理知识产权的成文法，也回顾了竞争法的目的并列举了《竞争法》中与知识产权相关的核心条款；

· 第 3 部分讨论知识产权法和竞争法之间的关系；

· 第 4 部分概述《竞争法》中涉及知识产权的商业安排的一般规定和第 32 条规定的适用中的原则；

· 第 5 部分描述本局的分析框架，这是特别适用于知识产权特性的框架；

· 第 6 部分讨论本局促进竞争的职权，包括对知识产权被不适当地界定、强化或扩充的过程的介入；

· 第 7 部分呈现一系列假设的例子，说明本局将如何把《竞争法》运用到各种涉及知识产权的商业行为中。

第二部分　知识产权法和竞争法概要

（一）知识产权法

知识产权法创造了在法律上可实施的私有权利来保护不同程度的信息、表达和思想的形式和（或）内容。这些法律的最初目的是规定这些权利的范围并确定在某种情况下它们受到了侵犯或者违反。通过保护排他性的权利，知识产权法激励了从事科学的、艺术的和商业的创新，否则它们或许不会得到继续。

在本指南中，知识产权包括由《版权法》《专利法》《商标法》[1]《工业设计法》《集成电路布图设计法》和《植物育种者权利法》授予的权利。

- 《版权法》赋予一部作品的创作者在一定的期限内对作品拥有复制或传播的排他性权利。
- 《专利法》通过授予发明者在有限的期限内，防止他人制作、销售或者使用其发明的排他性权利，以此保护发明者的权利。
- 《商标法》允许注册有显著性的商标，并授予其所有者排他性的使用该商标的权利。
- 一项设计注册后，《工业设计法案》授予所有者限制生产、销售含有该设计的商品的权利。
- 《集成电路布图设计法》授予一个拓扑图类似的权利，拓扑图是一个关于集成电路产品布图设计的设计。

“知识产权”这一术语还包括由习惯法和《魁北克市民公约》所提供的关于知识产权的保护，包括商业秘密和未注册的商标。

（二）竞争法

竞争法的根本原则是使公共利益通过具有竞争力的市场得到最大的满足，这对于社会来说也是希望的，因为具有竞争力的市场可以有效分配资源。竞争法试图保护企业免受那些不当产生、

[1] 尽管竞争法的一般规定适用于商业贸易一样地适用于知识产权的其他形式，但是本指南普遍地关注与技术转移和创新相关的问题。因此，当把它的实施方法运用于商业贸易，本局还需要考虑在商业贸易方面出现的原因分析和质量差别问题。

加强或维持的市场支配力的影响，这种市场支配力会破坏竞争，却不提供经济利益的补偿。市场支配力指的是企业为了自己利益而促使一个或更多方面的竞争（例如价格、产量、质量、品种、服务、广告或者新方法）在一段持续时间里显著地偏离竞争水平的能力。[1] 然而，一个企业如果只是通过占有一项高级产品或者工序、引进一项创新的商业模式或者其他原因而获得的突出表现，而形成市场支配力，那它并不违反《竞争法》。[2]

在介入一项商业安排，包括一项涉及知识产权的商业安排时，竞争局所需要的《竞争法》中的规定可以分成两大类：一是那些涉及刑事行为的条款，二是那些涉及可改正的（民事）事项的条款。很多条款指出：本局必须在介入之前陈述该行为本质上或过度地减少了或限制了竞争。

刑事行为包括合谋（第45条）、串通投标（第47条）、固定价格（第61条）、价格歧视和掠夺性定价（第50条）以及一些误导性广告和相关的欺骗性销售行为（第52~55条）。[3]

可改正的（民事）事项的条款是用来处理那种通常是有利于竞争的但在某种经济情况下会显著地限制竞争的行为。可改正的事项包括滥用支配地位（第79条），独家销售、绑定销售和销售

---

[1] R. v. 新斯科舍省药学会［1992］2S. C. R.（606），把“市场支配力”定义为“在市场上相对地表现独立性的能力”。DIR v. The Nutra Sweet Co.，（1990）32 C. P. R.（3d）1（Comp. Trib.）把它定义为在一段相当长的时间内把价格维持在竞争性水平以上的能力。

[2] 在该法案的“滥用优势地位”条款中，第79（4）项规定：优越的竞争性表现是确定一项实践对市场是否存在反竞争性影响的一个考虑。

[3] 除了阴谋和掠夺性定价之外，这些条款不需要市场支配力或者反竞争影响的证据。

限制（第77条），拒绝交易（第75条），合并（第92条）以及一些误导性广告和相关的欺骗性销售行为（第74条）。通常，如果该行为有可能在实质上或过度地减少了或限制了竞争，竞争裁判庭会根据这些条款规定采取救济措施。❶

当法庭判定一个企业违反了《竞争法》中的刑事条款时，法庭可以对该企业处以罚款、拘禁和禁制令。❷ 另外，当事人可能会采取一些私人诉讼来获取损害赔偿金。就可改正的（民事）事项而言，竞争裁判庭可能会颁发种种救济的令状，有些会限制私人的财产权。例如，过去，竞争裁判庭认为正在计划合并的企业在合并后有可能在本质上减少或阻碍竞争时，曾经要求其放弃包括知识产权在内的资产，从而废除了这些财产所有者获取或处理他们私有财产的权利。❸ 相似地，滥用支配地位条款下的救济也包括那些会对知识产权产生影响的令状。❹

《竞争法》中关于特殊救济部分的第32条规定，在发现某企业使用由一项专利、商标、版权或者注册的集成电路布图设计图所享有的排他性权利和特权来不当地限制贸易或减少竞争时，在

---

❶ 拒绝交易（第75条）不需要在本质上削落或阻碍竞争的证据。但是，它需要证明此人不能获取充足的供应是由供应商之间不充分的竞争引起的。

❷ 国防工业研究计划，执行方案，《信息公报》第3期（修订），1993.3，以获取关于案例解析替代更详细的讨论。

❸ 国防工业研究计划 v. Southam Inc.（1997），71 C. P. R.（3d）417（S. C. C.），and（1995），63 C. P. R.（3d）67（F. C. A.），*aff'd*（1992），47 C. P. R.（3 d）240（Comp. Trib.）.

❹ 国防工业研究计划 v. D&B Companies of Canada Ltd.（1995），64 C. P. R.（3d）216（Comp. Trib.）（hereafter referred to as Nielsen）.

司法部长的请求下，联邦法院有颁布救济令状的权力（参见本文件4.2部分中本局请求司法部长根据第32条提出申请的各种情况）。

根据第32条，当联邦法院确定一项特殊的救济是正当时，它将颁布救济令状，宣布与限制竞争的使用有关的任何协议或许可无效，命令许可某项知识产权（除商标之外）、废除权利，或者指示去做其他事情以防止那些限制竞争的使用。这一规定赋予司法部长以法律权威来介入纠正包括法定知识产权使用在内的不适当减少或限制竞争的较广泛的情形。在实践中，司法部长只在本局建议的情况下才有可能运用《竞争法》规定下的救济。

第三部分　知识产权和竞争法之间的关系

（一）财产权

私有财产权是市场经济的基础。必须允许财产所有者从他们的创造中获利以及通过从财产流转中主张报酬的方式来利用其财产。在市场体系中，这是通过授予所有者排除他人使用其财产的权利，迫使那些想要使用它的人在市场中进行协商或议价来实现它的使用，从而让财产所有者得到报酬来实现的。这可以激励人们在私有财产的开发、交换上进行投资，从而有助于市场的有效运转。

（二）知识产权法

知识产权的特性使得其所有者难以从物理上限制他人接触它，因此，也难以行使他们所拥有的权利。对于有形财产的所有者来说，他们可以通过采取适当的安全措施，例如，把它们锁起来的方式，来保护它们在未经许可的情况下被使用。然而，对于一部艺术作品的创作者来说，一旦作品展示或发行出来，保护他或她的财产不被抄袭，即使不说是不可能的，也是困难的。这种情况越来越严重，因为尽管创造知识产权的成本很高，却常常很容易或以很低廉的代价就可以被抄袭。知识产权也是典型的非对抗性的，因为两个或更多的人可以同时使用它。事实上，一个企业使用一项新的制作工序并不妨碍另一家企业同时使用相同的工序。然而，一家企业使用一个有形财产时，另一家企业同时则无法使用。[1]

因此，知识产权法赋予一项知识产权所有者单方面地排除他人使用这一财产的权利。尽管每一项知识产权的法规不同程度地授予这项权利，并且这项权利可能在各规定中存在不同的有效期，但它允许知识产权所有者通过在市场中交易和交换使它的价

---

[1] 为了行使普通法中的财产权利，我们必须可以确定财产的所有者以及清楚地描绘出该财产区别于其他财产的边界。这两项任务都可以证明知识产权是存在问题的。对于其他类型的私有财产来说，财产本身的占有可以普遍地被看成是所有权的标志。但是，由于很多个人可以同时拥有知识产权，确定知识产权的原创者以及真正所有者的身份则可能是困难的。另外，由于知识产权一般是无形的，清楚地描绘出该财产区别于其他财产的边界通常也是有难度的。如果没有一项对这些边界的法律规定，那么，知识产权的所有者指控他们的财产已被侵犯就存在困难。

值最大化。从知识产权流转中获取的报酬加强了对知识产权方面的投资的刺激和未来的创新，这就像对其他形式的私有财产一样。除了提供给未注册的商标和其他普通法权利保护之外，知识产权的法律保护功能是知识产权的制定法提供的，在此之外并不存在任何保护。

（三）竞争法

作为私有财产权的基础，排他权对有效的、充满竞争的市场来说是必须的，所以，《竞争法》的执法很少干涉这一基本权利的行使。只有当限制竞争行为产生、加强或者维持了市场支配力时，《竞争法》指导下的执法行动才可能是正当的。

（四）关系

知识产权法和竞争法对于市场的有效运作都是必要的。知识产权法规定了与那些其他私有财产一样的财产权，因此为所有者投资创造和发展知识产权提供了刺激，也促进了财产在市场中的有效使用和传播。把《竞争法》运用于与知识产权相联系的行为中可能会预防限制竞争行为，限制竞争行为会阻碍商品、技术的有效生产和传播以及新产品的创造，通过《竞争法》的运用来促进竞争性的市场与知识产权法所包含的目标是一致的。

第四部分 《竞争法》在涉及知识产权行为中的适用

（一）概述

一般来说，竞争局对确定一项特定的交易或商业行为模式是否导致了对竞争的危害❶的分析包括五个步骤：

- 界定这一交易或行为；❷
- 明确相关市场；
- 在详细调查的情况下，通过检查企业以及工厂在相关市场中的集中程度和份额占有情况，来确定其是否拥有市场支配力；
- 确定这一交易或行为是否会不正当地、实质性地削落或妨碍在相关市场中的竞争；
- 在适当的情况下，考虑任何相关的有效的理由。

这一分析适用于所有行业、所有类型的商业交易和行为，它有充分的弹性来适应多种知识产权保护形式之间的差异，也能适

---

❶ 为便于讨论，除非另有特别说明，竞争性危害是可能的。然而，很多案例中的记录显示，竞争性危害可能在本局进行调查的时候出现或者有时可能出现在过去。

❷ 一些涉及知识产权的交易和行为包括合并、共同使用许可证、为产品设置标准、捆绑销售和独自处理。

应知识产权和其他财产形式间的差异。例如，本局在确定相关市场以及决定一家企业是否拥有市场支配力时，会考虑各种知识产权保护形式间的差异。另外，尽管对一个特定的产品或方法的知识产权通常是由制定法来产生和保护的，因此与其他形式的财产权不同，但排除他人使用这一产品或方法的权利并不会必然就使所有者拥有市场支配力。只有在界定了相关市场，并调查了一些例如集中、进入壁垒和技术变化等因素之后，本局才可以推断出拥有一个有效的知识产权是否具有市场支配力。如果该知识产权有许多有效的替代品以及（或是）存在其他竞争对手进入市场的很高的可能性（通过“周边创新”或“超越”那些牢不可破的地位），就可能会让本局得出该知识产权并没有使它的所有者具有市场支配力的结论。

竞争局的分析可能发现一项知识产权的所有者确实拥有市场支配力。通常，一个企业必须卷入到会产生、加强或维持市场竞争力的限制竞争行为中，它才会违反《竞争法》。同样，与对待所有财产形式的方法一样，如果仅仅是因为拥有优质的产品或方法，运用创新的商业实践或其他具有突出表现的原因而使一项知识产权的所有者具有市场支配力，那么，本局将不会认为他违反《竞争法》。

许可是知识产权所有者准许其他人使用它的常用方式。在绝大多数的案例中，许可是有利于竞争的，因为这通过其他人的使用，可以促进一项有价值的知识产权更广泛的使用。[1] 本局在评估一项特定的许可计划是否会造成竞争问题时，将调查对许可者或被许可者来说，这一许可行为的目的是否会产生、加强或维持市场竞争力。本局将不会认为涉及知识产权的许可协议是违限制竞争的，除非他们实质性地或不适宜地减少了在没有该许可的情况下可能存在的竞争。

（二）执法原则

在《竞争法》的很多条文中都特别提到知识产权。[2] 竞争局将会把《竞争法》适用于涉及智慧财产或知识产权的限制竞争行为的情况分为两大类：一类是所涉及的限制竞争行为不仅仅是知识产权的行使，另一类是仅涉及知识产权的行使。《竞争法》的一般规定强调前者，而第 32 条（特别救济）强调后者。本局的方法与 79 条第（5）项一致，即承认仅仅是知识产权的行使并不是限制竞争的行为，[3] 但也承认 32 条中列举出来的少数情况下，纯粹行使知识产权也可能会产生竞争问题。[4]

---

[1] 许可是知识产权所有者经营知识产权的一种手段，也是知识产权所有者参与市场的意愿的标志。所有者对知识产权进行交换和交易的能力会增加知识产权的价值，也会增强对其创作和使用的激励。通过便利与产品的其他组成部分的整合，例如制造和分配，许可安排也促进了知识产权的有效使用。

[2] 参见第 32 条、第 61 条、第 77 条、第 79 条和第 86 条。

[3] 第 79 条第 5 项写道：“这一条款的目的是，有《版权法》《工业设计法案》《集成电路布局法》《专利法》《交易市场法案》或者国会任何其他与知识或工业产权有关的法案依据的参与追求任何权利运用或利益享受的行为，不是反竞争性行为。”

[4] 第 32 条中的救济比一般规定下的救济更广泛。

1. 一般规定

纯粹行使知识产权并不是引起《竞争法》一般规定下所关注情况的原因。本局把“纯粹行使知识产权”定义为行使权人所享有的单方面排除其他人使用智慧财产的权利。本局把所有者对智慧财产的使用或不用，也看作是纯粹行使知识产权。

不管竞争受到何种程度的影响，单方面行使知识产权来排除他人使用该智慧财产并不违反《竞争法》的一般规定。如果不这样的话，就可能会马上导致知识产权无效，损害或者消除知识产权所产生的经济、文化、社会和教育利益，也与本局所主张的知识产权法和竞争法大体上是互补的观点不相一致。

当知识产权构成独立主体间的协议（无论是以转让、许可安排或者使用或执行知识产权的协议）的基础以及当被指控的对竞争的危害起源于这样的协议，而不是仅仅来自纯粹行使知识产权时，本局就会适用《竞争法》的一般规定。

这样适用《竞争法》可能会使知识产权所有者向谁以及如何许可、转让或出售智慧财产受到限制，但是这并没有对知识产权所有者的基本权利构成威胁。如果一项知识产权所有者把其智慧财产许可、转让或者出售给一个企业或一批企业，而没有这一安排的话，他们会成为实际的或潜在的竞争对手，如果这一安排产生、加强或者维持了市场支配力，竞争局就可能试图根据《竞争法》的适当条款对该安排提出挑战。[1] 本文件的第 7 部分提供了一些假设的案例来说明本局将如何在《竞争法》规定下考察智慧财产的许可、转让或出售。

---

[1] 这一分析将采用 5.1 部分讨论的“相关市场”这一概念。

这一方法与竞争裁判庭在 *Tele-Direct* 案[1]和华纳（*Warner*）案[2]的裁决中所主张的是一致的。在裁决中，裁判庭认为：纯粹行使知识产权来拒绝许可给原告不是限制竞争的行为。竞争裁判庭在 *Tele-Direct* 案的裁决中，它指出对竞争的危害必须不是仅仅来自拒绝许可。[3]

在这一执法思路中蕴含的观点是：智慧财产所带来的市场条件和利益差别应该在很大程度上决定商业回报，这种商业回报来自其在相关市场中的知识产权的开发。但如果一家企业运用知识产权保护来从事《竞争法》中描述的产生、加强或者维持市场支配力的行为，那么本局将会介入。

当两家或者更多企业的联合行为减少或者限制了竞争，对竞争的危害显然不是来自纯粹行使知识产权的拒绝行为。如合谋[4]、串通投标、共同滥用支配地位、划分市场和合并这些行为，在事实上或潜在地限制了企业间生产替代性产品或服务的竞争，到了这种程度，知识产权的存在不应该成为一个减轻因素。这种行为应该在《竞争法》一般规定的适当条款下进行审查。

对竞争的危害不是由纯粹行使知识产权的拒绝使用引起的另

---

[1] DIR v. Tele-Direct（Publications）Inc. and Tele-Direct（Services）Inc.（1997），73 C. P. R.（3d）.

[2] 国防工业研究计划 v. 华纳音乐加拿大有限企业．（1997），78 C. P. R.（3d）321。

[3] 在 Tele-Direct 案中，竞争法庭申明："本法庭同意庭长关于存在商标可能会被误用的情况的观点。然而，在本庭看来，即使在实际上产生了排他，在裁决误用商标之前，必须呈现不仅仅是法定权利的使用的证据。"

[4] 《版权法》规定：《竞争法》第 45 条不适用于任何版税或相关情况以及由于版权委员会所提出的集体决议引起的情况。

外一种情形是知识产权的转让减少或限制了竞争。其中的两个例子是：当许可者把一项非专利产品与一项受知识产权保护的产品联系在一起搭售以及当一家企业通过一项排他性合同将其市场支配力有效地扩展到其专利范围之外。在任何一个情形中，如果其行为导致市场支配力的产生、加强或维持，以致使本质上减少或限制了竞争，本局将可能会介入。

在调查中有时发现一个似乎是拒绝许可或拒绝准许他人获得一家企业的知识产权的行为，结果却是包含了超出该拒绝许可之外的行为。这种超出单方面拒绝许可获得知识产权之外的行为，是根据《竞争法》一般规定采取执法行动的正当理由。例如，如果一家企业通过系统地购买，控制性地收集知识产权，然后拒绝把权利许可给他人，因而实质性地减少或限制了市场中与知识产权相关的竞争，那么本局将会把这种权利的获得视作具有限制竞争的，在《竞争法》第 79 条（滥用支配地位）或第 72 条（合并）下调查该问题。但如果没有这种获得，所有者仅仅是拒绝把知识产权授予他人，那么将不会引起本局的关注（参见例 7）。

2. 一般规定之外的问题——第 32 条*

只有《竞争法》第 32 条关于特殊救济部分的规定，才使得竞争局有可能对纯粹行使知识产权的行为进行关注，并请求司法部长向联邦法院申请获得特殊救济。

只有满足第 32 条规定的情况以及被指控的对竞争的危害是

---

* 第 32 条规定下的特殊纠正包括任何与受质疑权利的取消、调整权利的许可（商标除外）、撤销专利、删除或者修改商标有关的协议或许可，或者指导这些为了预防受质疑的使用而被认为是必要的法规得到实施或者忽略。

直接源于拒绝而不是其他的情况下，竞争局才会寻求对单方面行使知识产权排他权的行为进行救济。这种情况需要联邦法庭考虑平衡知识产权保护制度（以及由它产生的激励）的利益与特定市场中更大竞争的公共利益之间的关系。一般来说，当在本局看来在相关知识产权法律中没有合适的救济时，本局会在第32条的规定下建议司法部长向联邦法庭提出申请。

第32条规定下的执法需要证明存在不适当的贸易限制或者对竞争的削落。本局期望这种执法行为只有在某些严格限定的情况下才是需要的。本局通过两个步骤来分析该情形以确定该知识产权的行使是否符合这一门槛。

在第一步中，竞争局认为，仅仅拒绝（典型的是拒绝许可知识产权）对竞争造成的不利影响已经达到这样的程度：这种对相关市场的不利影响被认为是重大的，而该相关市场与该知识产权客体或者与行使该知识产权所直接产生的产品或服务不同，或者更大。只有以下两个因素结合起来，这一步才算完整：

（1）该知识产权的所有者在相关市场中占据支配地位；

（2）该知识产权对企业参与相关市场是必要的投入或资源，也就是说，拒绝允许其他人使用该知识产权会阻止其他企业有效地在相关市场中参与竞争。

在第二步中，本局认为，针对知识产权所有者所进行的特殊救济，不会对研究投入和经济发展的激励造成不利的改变。如果拒绝许可知识产权扼杀了进一步的创新，那么就满足这一步要求了。

如果因素（1）和因素（2）都出现了，那么该知识产权是在相关市场中具有支配力的来源，其他竞争者只有通过获得知识产权才能参与相关市场。如果拒绝许可知识产权正在扼杀进一步的创新，那么本局将认为这种拒绝许可对研发投入的激励带来了损害，那么将采取一项特殊救济，以重新恢复激励，在更大竞争中实现公共利益。

竞争局承认只有在很少的情况下以上三个因素都能得到满足。它们可以出现的一个案例是在网络产业中，❶ 当知识产权保护及其积极影响与网络规模结合在一起，可以产生或巩固市场支配力。在这种情况下，知识产权和网络的外部性（externalities）可以交互在一起产生实际上的产业标准。标准化意味着受保护的技术对于竞争者生产一种可行的替代产品来说是必要的。而知识产权保护可以有效地在市场中排除他人进入或者生产。❷ 然而，本局在试图建议司法部长向联邦法院提交一份申请寻求特殊救济之前，仍然需要认定这样的事实：一项拒绝正在扼杀进一步的创新，而不仅仅是妨碍了已有产品的复制（参见案例8）。

3.《竞争法》之外的问题

一项知识产权的非法延伸会涉及限制竞争的行为。这可能牵涉一项专利的所有者声称其专利覆盖到不在其专利范围内的产品。或者，本局可能会收到这样的投诉：基于竞争上的理由，对一项合法的知识产权的侵权行为应该被视为是正当的。这些争议

❶ 网络产业是展示网络作用的一个产业。当来自使用一件产品产生的价值或利益在很多其他使用者中得到增加时，这些作用就存在了。例如，传真机具有网络效应，因为拥有传真机的价值明显取决于可兼容使用的传真机的数量。

❷ 这并不暗示着附属于网络作用的市场将不可避免地被垄断。通常，企业形成联盟以及发明一项新技术从获取认同和建立一个客户群开始。如果参与标准制定过程的企业在市场中自由地相互竞争，那么这些行动倾向于促进竞争。

最好是由适当的知识产权部门根据适当的知识产权法进行处理（参见案例1）。

正如在上面第（一）节强调的一样，本局的分析方法有着充分的弹性，以适应知识产权的特性以及对不同知识产权的保护范围和程度的区别。接下来的，将说明本局在分析一项涉及知识产权的交易或商业行为时，将如何把这些因素考虑进去。

第五部分　知识产权背景下的分析框架

（一）相关市场

相关市场是评估市场支配力的一个实用工具。[1] 当限制竞争的顾虑是可预期的（也就是说，该行为很可能会将来造成限制竞争的效果）[2] 时候，相关市场通常使用假想垄断者的测试方法来界定。[3]

当限制竞争的顾虑是可改正的[4]（也就是说，该行为已经造成限制竞争影响）时候，使用假想垄断者的测试方法可能会对替代品的可用性和市场支配力的存在得出错误结论。因此，竞争局

---

[1] 市场定义的运用首先集中在要求替代因素上（如可能的顾客反映）。本局在定义了相关市场之后，通过供给反映（如可能的产品反映）考虑企业可以参与市场潜在的抑制影响。

[2] 这通常是关于合并的案例。

[3] 竞争署的合并实施指南第3.2和3.3部分。

[4] 这通常是关于被称作滥用优势地位或合意阴谋的案例。

在确定相关市场时，将考虑任何在调查之前被指控为限制竞争的行为的影响。在这样的背景下，本局对市场定义和竞争效果同时进行分析（参见案例2）。

对于涉及知识产权的交易或行为，本局可能会以下面列出的一个定义来界定相关市场：构成智慧财产的无形知识或技术诀窍、基于知识产权的工序、来自或含有知识产权的最终或中间产品。

当知识产权与运用了知识或诀窍的任何技术或产品相分离时，围绕该无形的知识或技术诀窍来界定市场可能是重要的。例如，设想有两家企业各自许可相似的专利给多个独立的企业，该两家企业进行了合并，但这些独立企业又利用它们来开发他们自己的工序技术。在满足下列条件下，这样的合并就会减少受专利保护的技术诀窍的相关市场的竞争：(1) 如果该技术诀窍的两个版本对彼此来说是各自的近似替代品，或者 (2) 如果该技术诀窍没有（或很少有）近似替代品的选择余地，以及 (3) 如果存在足够的障碍来阻碍开发可以代替合并企业的技术诀窍的创新方法。在下列情形下，最后一个条件就可能得到满足：(1) 如果用来保护合并企业的技术诀窍的专利的范围足够宽，可以用来防止其他人利用该受专利保护的技术进行“周边创新”（innovating a-round），或者 (2) 如果这种技术诀窍的开发需要专门的知识或资产，这些知识或资产只有那两家合并企业具有而且潜在的竞争者在两年时间之内不可能获得或开发出来。

在涉及知识产权许可的案例中，竞争局通常把许可看作是授予被许可人使用智慧财产的一种交易条件。本局没有围绕许可来定义相关市场，而是更加关注所授予被许可者的该法定权利实际上可以得到什么样的保护。

竞争局并不单单基于研发活动或创新努力来定义市场。本局通常关注对价格或产量的影响。那些直接减少被审查的企业的创新努力或者限制或妨碍其他企业的创新努力的行为，则可能是限制竞争的。适当的相关市场的定义将尤其取决于创新努力所要获取的知识、技术诀窍、工序或者最终的或中间的产品。

（二）市场支配力

一项涉及知识产权的交易或行为是否造成在相关市场中市场支配力的增加取决于许多因素，包括集中的程度、准入条件、技术变革的速度、企业“超越”似乎牢不可破的地位的能力和在市场中的横向效果（如果有的话）。[1] 本局评估这些因素的顺序可能会不同，这取决于本局检查交易或行为所依据的是《竞争法》的哪个条款以及相关市场中的实际情况。

1. 市场集中程度

竞争局通过调查市场集中的程度来获取相关市场竞争性的初步指标。通常，在相关市场中的企业越多，那么，单独行动的一家企业或者合作行动的一组企业通过被调查的交易、行为来增强或维持市场支配力的可能性就越小。然而，高度的集中并不充分地证明该交易或行为会产生、增强或维持市场支配力这一结论的正当性。这在准入障碍少的产业、技术快速变革的产业以及从事“周边创新”类型企业或“跨越”那些控制市场中的主要份额的

[1] 《合并实施指南》的第4部分提供了本局在其评估市场支配力时考虑的其他因素的目录。这些因素包括外国企业、生意失败和退出、可接受的替代品的可得到性、有效的剩余物竞争、精力充沛的和有战斗力的竞争者的去除以及变革和创新。

技术中，尤其如此。

为了测算中间或最终产品市场的集中程度，竞争局一般是计算被认为是实际参与相关市场的企业的市场份额。这包括被认为是提供所需要的替代产品的企业，也包括那些代表潜在供应替代品的企业（例如，那些很可能对相关市场中的涨价在一年之内以最小投资作出回应的企业）。❶ 在界定相关市场和测算市场集中程度时，那些不能在一年内回应的企业或者需要很大投资才能进入的企业并不被考虑为是相关市场的一部分。这些企业对竞争的潜在影响可能被认为是评估正在谈论的该行为是否有可能在本质上减少或限制了竞争的一部分。

竞争局通常对于拥有少于 35% 市场份额的一家企业（或合作行动的一组企业）的行为不提出质疑。（超过 35% 的市场份额并不被认为是具有市场支配力或限制竞争效果的证据，仅仅是可能需要进行进一步调查的情形。）市场份额的计算可能基于企业的全部实际产量、总销售量（美元或其他货币单位）或总生产力（被使用的或未被使用的）。❷❸ 然而，这里的有些因素在涉及知

---

❶ 确定一家企业应对涨价而在一年之内何时对销售进行转向的相关因素如下：用相关市场中的产品代替现有产品的代价（例如转换代价）、企业致力于生产其他产品或服务的范围和转换现有产品的盈利能力。

❷ 如果实际参与市场包括在一年内代表为市场供应资源的潜在企业，那么对市场份额，即使就生产能力而言，准确的估计可能是困难的。因此，必须认识到，在这些情况下，市场份额有助于产品是在相关市场中实际销售的企业将夸大相关市场的地位。

❸ 竞争法庭在 DIR. v. Laidlaw Waste Systems Ltd. （1992），40 C. P. R. (3d) 289（Comp. Trib.）（hereafter Laidlaw）中申明：当市场以超额市场能力为特征时，基于销售额的市场份额的计算可能夸大了市场支配力。

识产权的案例中可能会比较难评估。因此，本局的对市场支配力的评估有可能集中在实质性的因素方面，例如，进入相关市场的条件、知识产权的开发是否导致技术变革加速、消费者、市场参与者以及工业、技术专家的观点。

2. 准入容易程度

竞争局也调查企业可以进入相关市场的容易程度来确定新的进入者是否有能力来抑制产生、增强或维持可能来自于一项涉及知识产权的交易或行为的市场支配力。当评估在涉及知识产权的市场中所产生的影响时，准入条件通常比市场集中程度更加重要。例如，技术快速变革的证据和企业有能力进行“周边创新”或“跨越”一个明显牢不可破的地位的证据，都是重要的考量因素，这些因素在很多案例中可能会充分体现潜在的竞争法的关注。

竞争局也在某种程度上考虑该交易或该行为本身所设定的或已经设定的准入门槛，或者，反过来，引起或已经引起竞争者退出市场（参见案例3.2和4）。❶ 由于要开发那些包含特殊知识的资产就要付出沉淀成本，所以，要进入那些知识产权占据重要地位的市场，就可能是困难的。另外，知识产权也可以用来提高任何独立行为的准入门槛。❷

3. 横向效果

在评估涉及知识产权的行为对竞争的影响时，不管这是一项

---

❶ 反竞争性行为可以产生准入障碍这一事实得到竞争法庭在 Laidlaw 中的认可。

❷ 当然，为发明者提供知识产权的目的是促进新产品的发展。在这一意义上，知识产权可能鼓励企业参与技术变革十分快速的环境中。

合并交易、还是许可安排，或者是其他形式的合同安排，本局关注的是该行为是否会造成横向的限制竞争的效果——对企业生产替代品或企业潜在地生产替代品的影响（参见案例3.1、3.2和3.3）。

即使一项协议可能是纵向的，例如，通过鞋子制造商获得零售鞋市场或者许可一家食品制造者使用特定的食品添加剂，它仍然具有在相关市场中的横向效果（参见案例4）。如果一项协议是纵向的，本局会考虑它是否可能对销售者或购买者造成横向效果。

（三）限制竞争的效果

一项交易或行为必须产生了横向效果，本局才认为它是限制竞争的。因此，本局将分析该交易或行为企业是否促进了企业在诸如价格、产量等领域行使其市场支配力的能力，无论是以单边的方式还是以合作的方式。

如果该交易或行为增加了竞争者的成本，就可能会出现横向限制竞争的效果。例如，一项交易会防止竞争者获取重要物品或提高竞争者获取重要物品的成本。如果一家企业把使用智慧财产的权利出售给其他企业，这样的知识产权许可安排在本质上是纵向的，但是可以具有横向效果，尤其是如果在没有许可协议时许可者或被许可者会是实际竞争者的时候。另外，一项减少创新活力的交易或行为，如果它妨碍了一个将来的产品或方法市场的未来竞争，就可能是限制竞争的。

（四）效率的考虑

竞争法的基本目标是通过有活力的竞争，保障资源的有效利用。然而，也可能有限制竞争会导致资源更有效利用的例子。在本质上是纵向的但同时具有互补因素的涉及知识产权的交易和安排中，这可能尤其如此。而且，也可能有创造或增强了市场支配力是正当的例子，因为这产生了效率。确实，效率原则与知识产权法保护的目标是一致的。知识产权法有助于创造有价值的作品或方法，这可以使产品选择、质量、产能和数量得到长期增加，从而促进效率和有活力的竞争。在为投资提供激励方面，知识产权法授予被保护的作品排他性权利，这可能会导致暂时的市场支配力。因此，本局在分析涉及知识产权案例中的效率时，会同时考虑涉及某一项行为或交易的短期效率和长期效率。在《竞争法》第96条关于合并的规定中，效率也是得到明确承认的。[1] 另外，在滥用优势地位（第79条）和独家销售、捆绑销售、市场限制（第77条）的规定中，[2] 在判定该行为是否是限制竞争时，

---

[1] 因为在第95条的合并法规之下，为满足某些在法规中所强调的指南的研究和开放的合资企业提供了一个特免。

[2] 虽然《竞争法》的阴谋条款下（第45条）并没有对效率进行详细说明，但有12条在竞争者之间的协议的特殊辩护，这些可能包括涉及知识产权效率增强的协议。其中，下列几项也许更有可能运用到涉及知识产权的协议中：统计资料的交换、生产标准的明确、产品包装的大小和形状、研究和开发的合作、广告或促销的限制、保护环境的手段以及在第85条中限定的出口联合或特殊协议。

效率因素和交易公平也是加以考虑的。❶

如果竞争局认为一项合并可能在本质上减少或限制相关市场中的竞争，那下一步就是考虑合并是否产生了弥补限制竞争效果的效率。然后，本局根据《合并执法指南》中所规定的更为全面的方式，通过评估效率的好处是否足以弥补限制竞争效果来判定在相关市场中的净效果。

在评估涉及知识产权的行为在滥用支配地位或独家交易、捆绑销售和市场限制规定的情形下，是否实质上减少或限制了竞争时，本局会考虑任何由该行为或与该行为一起产生的促进竞争的效果（效率或交易公平）。例如，知识产权所有者和销售者之间的许可安排可能限制品牌间（intra-brand）竞争，但同时可以深化品牌内（inter-brand）竞争。两个潜在竞争者之间的许可安排可能会导致那些本来无法开发的新产品的开发。在这两个案例中，市场中的竞争水平将会增强。❷

竞争局也考虑企业本来是否可以使用对竞争损害更小的商业上合理的手段来实现效率目的。如果这样的选择余地是存在的，本局将会把该交易或行为的限制竞争的效果与其他这样的选择进

---

❶ 在 *Tele-Direct* 案中，竞争法庭申明："一旦所有相关的因素都已经考虑到以及权衡过后，本法庭必须决定的是有争论的行为，总的来说是否具有排他性的、掠夺性的或者惩戒性的。相关的因素包括该行为、任何商业理由或主观目的的影响的证据，虽然它们并不是必要的，但它们可能对评估证据的总数是有益的。一个'公平交易'必须是一个争论中的行为的'可靠的效率或促进竞争的'公平交易。另外，该商业理由必须是为有质疑的行为，'根据任何反竞争性的影响来确定最主要的用途'来衡量的……"

❷ 在尼尔森案中，竞争法庭认为，即使是反竞争性的行为被说成有一些正当性，但是它必须与反竞争性的影响进行权衡。

行比较。在进行这样比较时，本局不会试图查明能达到该效率的其他全部可选择的理论上的可能性。本局将只考虑那些在商业上是合理的以及与企业的知识产权一致的手段。本局也考虑运用其他选择对企业行使其知识产权的能力所产生的影响。

第六部分　竞争政策的倡导

在介入有关知识产权的合适范围、定义、广度和深度的政策的讨论和争议方面，竞争局可以行使其职权来促进竞争和资源的有效分配。在联邦法庭和高级法院的案件中，如果本局认为在诉讼程序中引入竞争视角是重要的，而当事人又没有引入竞争视角时，本局也可能介入。

在其他的诉讼程序中，如果本局认为知识产权可能被不适当地界定、强化或扩展的话，本局可能会介入并陈述知识产权所应该保护的范围。

本文件的第 7 部分举出了假设的情形来详细说明本局的执法方法。

第七部分　知识产权的竞争法适用：假设的例子

【例1】指控侵犯知识产权

TAX是一家软件公司，其依靠生产和销售一个复杂的税务管理程序来帮助普通家庭应对他们的税收规划。按照软件行业的惯例，TAX分配给它的每一个副本以一个序列号。一位顾客可以注册由TAX公司在包装上所列出和提供的序列号，并填写某些个人信息。TAX公司提供软件的升级，以此来应对税法的变化和技术的进步，而且用户只需要以低廉的价格来注册接收这些升级。如果TAX发现一个序列号已被使用一次以上时，它便能知道自己的软件已经被非法复制。TAX知道序列号不能防止复制，但确实起到了检测作用，从而降低了盗版的可能性。TAX已销售其产品多年，现在被广泛认可为税务管理软件的领先生产商。

两年前，TAX的软件工程团队中的一个重要成员离开公司，并创办了自己的软件业务，称为UPSTART。最近，UPSTART公司开始向市场推出自己的税收管理程序，直接和TAX的产品竞争。UPSTART将其程序设计成为能进入TAX的软件操作的用户图形界面。此外，UPSTART的产品也包含了税收代码中相对较小的变化。因此，已经购买了TAX产品的用户，则不再需要再从TAX得到升级。相反，他们可以以更低的价格购买UPSTART的产品，并可以继续从UPSTART购买产品升级。TAX已经公开宣称，UPSTART 已经侵犯了 TAX 的版权，因为就 UPSTART 已经创建的程序而言，其不可能不复制使用 TAX 公司的源代码。尽管其如此声称，但 TAX 并没有对 UPSTART 提起诉讼。相反，TAX 已正式向竞争局提出 UPSTART 的行为是违法的，因为其破坏了 TAX 公司的序列号政策，并使其已经注册用户的使用价值减少。TAX 声称，自 UPSTART 的产品进入市场以来，其一直是盗版 TAX 公司的软件程序，因此，导致其产品市场已经消失。

【评析】

竞争局可能会得出结论，在这种情况下，根本问题是 UPSTART 侵犯了 TAX 公司版权的可能性。因此，本局将通知 TAX 公司，其并不认为该案产生的问题受竞争法的管辖，而且本局会向 TAX 公司提出寻求其他救济措施（如果有这样的救济措施的话）的法律意见。

【例 2】固定价格

有三家企业，每一个都已开发并拥有专利技术，并以提供某种特定外科整容手术的治疗技术而参与竞争。这些都要经历三个过程，包括花 6 个月以上的时间到几个私人诊所就诊，并无副作用，且具有大致相等的成功率。唯一能替代这三个过程的是一种昂贵的药物，但其会导致对一些患者的不良影响。这三家企业已协商达成执行每个程序的最低价格以及每个程序向第三方许可的最低费用。在订立协议之前，程序的执行成本约为 5 000美元。协议达成后，其价格上升到平均约为 8 000美元。

【评析】

竞争局可能会根据《竞争法》第 45 条关于合谋的规定来审查这一协议。为了确定相关市场，本局会考虑利用市场力量的直接证据以及其他因素，例如，在协议达成之后价格增加了 3 000 美元这样的事实。本局可以将这种价格的变化视为直接证据来证明这三个医疗过程属于同一相关市场，且是各方市场力量联合的结果。

竞争局还将寻找证据，以表明三家企业在拟签订协议时知道该条款，或者是知道或应当知道它会不适当地减少竞争。本局还将寻求对协议影响的评估，特别是确定三家企业共同行使的行为在何种程度上增加了其市场支配力。如果竞争局能确定这三家企业占相关市场 100% 的份额，并以他们的专利为有效屏障，防止他人进入这一市场，便可能会得出这样的结论：即达成最低价格协议的客观意图和可能造成的影响是增加或产生市场支配力。如果有了各方经协商而达成协议以及因该协定而影响市场支配力的证据，本局很可能根据《竞争法》第 45 条的规定，将该案交由司法部长提起诉讼。

【例 3.1】独占许可

SHIFT 公司最近为山地自行车开发出了一种新的齿轮系统。而其他两家企业生产的系统直接与 SHIFT 竞争。也就是说这三家企业都从事生产、研究和开发不同品种的自行车齿轮系统，并提高齿轮系统技术。SHIFT 公司将其享有专利的齿轮系统技术授予许可给某山地自行车制造商，因为它自己没有制造山地自行车的能力。而且，山地自行车的市场需求主要由三家大型企业提供，它们占约 80% 的销售额，再加上另外 6 个规模较小的企业。SHIFT 公司刚刚授予 ADVENTURE 公司——最大的山地自行车制造商（占 30% 市场销售额）一个独占许可，许可其在生产的山地自行车上使用该企业新的齿轮系统专利技术。ADVENTURE 公司没有独立开发齿轮系统技术的能力。虽然SHIFT的新齿轮系统拥有许多其他同类产品所不具备的功能，但这些拥有新功能的山地自行车的需求则是不确定的。此外，ADVENTURE公司预期会在山地自行车上开发、推广和使用SHIFT公司新的齿轮系统技术方面投入大量资金。SHIFT公司也拒绝了其他山地自行车制造商对这项技术许可的请求。作为一个正在进行的研发，其他替代的齿轮系统技术在未来很可能会出现。

【评析】

竞争局很可能会根据《竞争法》（第79条）滥用市场支配地位的规定，对这两家企业的行为进行审查。而SHIFT和ADVENTURE之间是供应商和客户的关系，二者在齿轮系统或山地自行车市场上，既不是实际，也不是潜在的竞争对手。由于企业之间不存在竞争关系，设置独占许可权很少有可能会影响到两家企业之间的竞争。但本局仍然会通过检查齿轮系统和山地自行车的市场，来判断在这些市场中的一方或双方是否通过独占许可而实质性地减少或限制竞争。

尽管SHIFT的技术没有提供给ADVENTURE的两个主要竞争对手，但是齿轮系统和山地自行车市场是比较集中的，在齿轮系统市场中，SHIFT的对手也可能会向ADVENTURE出售产品。此外，其他山地自行车制造商可以从SHIFT获得其他齿轮系统，也可以从其他供应商获得该齿轮系统。独占许可可能也会导致已获得许可的ADVENTURE公司在山地自行车上开发、推广和使用SHIFT的技术方面，产生重大开支。在评估过程中，本局考虑了许可前后山地自行车市场的市场支配力的变化。既然SHIFT公司不是一个山地自行车制造商，并且也没有义务许可山地自行车制造商使用其齿轮系统，那么任何许可协议都将会提高获得许可方的竞争力。在本案中，许可在山地自行车上开发、推广和使用该技术的独占许可的设立，在提高该企业的竞争力的同时，并没有限制其他山地自行车制造商以任何方式获得或使用该技术的能力。因此，本局得出结论：鉴于本案事实，独占许可的设立并没有涉及任何影响竞争问题。

【例 3.2】买方的排斥（Foreclosure by Purchaser）

如上述例 3.1 所描述的情况，其中 ADVENTURE 的业务已发展到约占山地自行车市场 70% 的销售额。ADVENTURE 已利用其不断增加的销售份额优势，独自与三个相互竞争的山地自行车齿轮系统的供应商洽谈长期独占许可和供应产品的合作安排。导致与其竞争的厂商因无法获得合适的齿轮系统技术而退出该市场，其余企业的销售也大幅下降。ADVENTURE 公司也已经将山地自行车的价格提高 25% 。虽然另外的齿轮系统的技术正在开发，但也无济于事，因为一种可行的技术从接受测试到投入生产至少要花 36 个月的时间。

【评析】

竞争局很可能会根据《竞争法》（第 79 条）滥用市场支配地位的规定，对 ADVENTURE 公司的行为进行审查。本局将初步鉴定山地自行车是否构成相关市场，并评估 ADVENTURE 公司是否基本或完全控制相关市场内产品的供应。本局很可能将产品可替代性的明显缺乏和 ADVENTURE 的高销售份额以及成功增加 25% 的价格，视为 ADVENTURE 公司实质上已控制了山地自行车市场的证据，而且包括证明山地自行车本身拥有相关市场。然后，本局将考虑 ADVENTURE 是否是通过独占许可协议来获得充足的齿轮系统产品的供应，进而阻止其竞争对手，并构成限制竞争的行为。显然，一项独占协议的签订可以明显提高参与方的市场支配力，就像例 3.1 中的情形一样，利用一项独占协议，有效地控制必不可少且具有竞争力的产品供应的输入，有可能是限制竞争行为。竞争局将 ADVENTURE 通过与每个供应商签订长期独占许可协议来阻止其他参与竞争的对手与供应商取得必要联系的行为，视为限制竞争行为。

然后，竞争局将独占许可对竞争的影响进行评估。可能会得出这样的结论：因为 ADVENTURE 公司通过防止他们获得成熟的齿轮系统技术，进而削弱了其他山地自行车制造商的竞争力，并基于此情形而实施了涨价行为，以此构成 ADVENTURE 实质性地减少和限制竞争的证据。因此，本局缺乏令人信服的效率利益或交易公平，二者在该案中都不明显，本局有可能会采取让其自愿终止独占许可的措施。否则，本局有可能会向竞争裁判庭提交申请，终止这类许可。

【例 3.3】供方的排斥

正如例 3.2 中所描述的齿轮系统供应商的一个变化，考虑到 ADVENTURE 公司不断增长的购买力，他们之间就山地自行车系统市场达成一项协议，以划分市场。为了使其更容易监测遵守情况，企业同意以高价与 ADVENTURE 公司签订独占许可协议。实施这种安排的结果便与例 3.2 中所描述的一样。

【评析】

竞争局可能会根据第 45 条的情形下对齿轮系统供应商的合谋行为进行审查，或者在第 79 条的情形下，对齿轮系统供应商联合滥用支配地位进行审查。

有许多因素会影响竞争局作出审查和可能挑战这些协议的初

步决定，包括存在任何合法的商业正当性或具有效率的理由，不管ADVENTURE公司是否已经被告知该协议安排和有关的商业理由，也不管当事方是否作了隐瞒。如果协议是以一种隐蔽的方式公然实施分配市场的方案，本局很可能会根据合谋的规定进行调查。一个特定化的安排，即每个供应商公开同意重点支持一个特定齿轮系统技术，而且各方向ADVENTURE进行披露并与其讨论，这很可能会被作为共同滥用市场支配地位而受到调查。

本局将初步确定齿轮系统是否构成相关市场，并且评估在相关市场内齿轮系统供应商是否有相应的市场力，或者能完全控制产品的供应。该局将以齿轮系统良好替代品的明显不足，以及市场内供应商和ADVENTURE公司一起利用其高销售份额和市场支配力来成功推动价格上涨作为证据，以证明在相关市场内齿轮系统供应商具有相应的市场支配力或者能完全控制产品的供应。

如果本局根据有关合谋的规定在对此事进行调查，然后它会评估在这个环节中，讨论如例2的条件是否已得到满足。如果本局根据滥用市场支配地位的规定对此事展开调查，然后将评估是否符合例3.2中讨论的条件，即在该环节已达成的协议安排已对齿轮系统技术市场和（或者）山地自行车市场产生影响。根据例3.2中讨论的原因，并鉴于案件的事实，它似乎表明本局将断定该协议安排已经明显或者实质性地减少或限制了竞争。然后本局会将此事（根据关于合谋的规定展开调查）交由司法部长处理，或者（根据滥用市场支配地位的规定展开调查）寻求终止划分市场和独占许可。

【例4】排他性合同

SPICE公司凭借其国际专利，是Mega盐的唯一提供商。

Mega 盐是一种独特的食品添加剂，在大多数国家它已经有效地取代了盐在提供特定食物中的地位。SPISE 公司的加拿大专利最近到期了；然而，SPISE 仍握有许多其他国家的有效专利。在 SPISE 的加拿大专利到期不久之前，它与两个主要的加拿大买家签订了一份为期 5 年的合同，涉及排他性提供权利。这些合同阻止两个用 Mega 盐主要为医院和其他医疗机构提供食物的买家把 Mega 盐和其他盐的替代物结合在同一条生产线上。SPISE 公司没有与加拿大的其他买家及其他各地的 Mega 盐买家签订长期的排他性提供条款。近期，一个名叫 NUsalt 的公司已经研发出 Mega 盐的潜在替代品，它向竞争局申诉，指控 SPICE 的合同试图阻止 NUsalt 的产品在加拿大的生产和销售。NUsalt 声称，SPICE 的合同“锁定”了相当一部分的市场份额，从而排除 NUsalt 进入加拿大市场盈利。

【评析】

UNsalt 的指控认为，两个最大购买者所签合同产生的效果是 SPICE 目前在食盐替代品市场中运用市场支配力。竞争局可能会根据关于排他交易的规定（第 77 条）或者关于滥用支配地位的规定（第 79 条）调查这些指控。

本局会在开始时判定该盐的替代品是否已构成相关市场。这包括判断该盐的替代品是否与其他物质（如盐）形成有效竞争，或者是否该盐的替代品有特定的属性和功能特点使得盐本身不能有效地作为替代品。然后本局将会判定 SPICE 是否实质控制了盐的替代品市场，然后评估 SPICE 的销售份额以及进入该市场的障碍。其他方面，本局将会考虑当前所有的阻止潜在替代提供商在加拿大向顾客提供产品的因素，包括排他性供应合同对替代提供商从大量客户中取得销售的能力的影响。假设本局决定该盐的替代品构成了相关市场，可能会得出SPICE实质性地控制了该市场的结论。

然后竞争局将会考虑如果SPICE通过排他性提供合同阻止主要的顾客从替代提供商那里获取盐的替代品，这些合同是否构成排他性交易或者滥用支配力。本局将可能判定排他性提供合同构成排他性交易。为了评估这些合同的达成是否是限制竞争的行为，本局将会研究协商和达成协议的情况以及在何种程度上形成排他性和试图在相关市场的有效竞争中试图建立壁垒。如果本局发现，这种情况下的合同是为了阻止对潜在进入者的充足的市场需求，以至于剩下的市场需求不足以提供涵盖进入加拿大市场的花费和未来运行成本的销售量，那么，本局将会视这种长时间的排他性许可的实施是一种限制竞争的行为。

竞争局然后会评估排他性合同对竞争的影响。在这方面，将评估对于其他在加拿大的盐的替代品提供商的竞争能力的负面影响，以决定该合同是否实质上减少或限制了竞争。如果相关市场被狭义地定义为盐的替代品，SPICE的合同阻止潜在的盐替代品生产商的进入，本局也许会得出排他性合同已经实质上减少了竞争。通过阻止企业在加拿大提供可选择的盐的替代品的努力，这个排他性合同会引起加拿大其他并未与SPICE订立合同的购买者支付更高的价格，而如果SPICE面临竞争的话就不需要支付这么高的价格。竞争的减少幅度取决于合同在何种程度上阻止进入者，以及在Mega盐和可选择盐的替代物之间的替代物（如NU盐）的可预期程度，如果排他性合同不存在的话。总之，如果合同被认定为新进入者主要的障碍以及新进入者的产品很可能是Mega盐的近似替代品，本局将很可能认为合同已经实质性地减少了竞争。然而，如果本局认为，尽管有合同的存在，在加拿大或者世界其他地方仍有足够的需求来支持在加拿大的有效竞争者，那么SPICE的排他性条款将不被认为实质性地减少或者限制了竞争。

竞争局在解释SPICE的排他性合同时也会考虑是否有效率的因素或者是否有一个令人信服的商业理由。比如，SPICE公司签这些合同也许是为了确保有足够的销量来证明足够的投资生产能力以实现规模经济。另外，防止购买者将Mega盐和其他盐的替代品的结合可能有安全或者质量上的理由。如果本局认为，SPICE的合同实质性地减少了竞争，但是对于这些合同能给出强大的效率上或者商业上的正当理由以证明如果没有排他性这些合同的目的将不可能达成，本局将不会根据《竞争法》第77条和第79条来挑战这些实践。然而，如果对于这些排他性条款没有令人信服的效率上的理由或者商业上的公平性，本局将会要求SPICE自愿中止排他性许可。如果做不到这一点，本局将会向竞争裁判庭提出申请寻求中止这些许可证。

【例5】根据销量收取许可使用费（output royalty）

MEMEX公司目前持有一种能在个人电脑中使用包含内存组件的设计专利。它自己不生产个人电脑，而是依靠出售内存组件和许可计算机制造商使用其技术而盈利。一直以来，MEMEX在许可合同中要求被许可人在一台计算机内安装每个MEMEX的内存组件时，都应支付使用费。由于持有专利，目前MEMEX也没有面临其他内存组件生产商希望使用类似设计而参与竞争的威胁；然而其专利在一年内将到期，并有猜测，一旦它过期，其他企业将开始生产和销售基于其设计的内存组件。最近MEMEX公司推出了一个新的许可协议。根据新协议，MEMEX授予所有个人电脑制造商非独占许可，许可他们在装运每一台计算机上利用其技术和内存组件时进行提成，且无论计算机内是否包含一个MEMEX的内存组件，制造商还需为每个MEMEX内存组件的安装另外付费。MEMEX声称，以往许可政策意想不到的消极效果是导致计算机制造商安装太少MEMEX的内存组件，这有损于计算机的性能；并认为新的许可政策使制造商在计算机中安装一个更合适数量的内存组件，而费用开支更少。为了弥补收入的损失，MEMEX对每台出售的计算机收取专利费用。

【评析】

竞争局将根据滥用支配地位的规定（第79条），对这种情况进行调查。

竞争局将首先确定使用MEMEX技术的内存组件是否构成相关市场，然后评估MEMEX是否有相应的市场力或者能完全控制该市场内产品的供应。考虑到技术的快速发展速度以及集成电路器件市场内激烈的竞争，本局可能会得出结论：MEMEX技术与其他技术存在的竞争，使得进入门槛足够低，以致相关市场的范围超出MEMEX的技术，或者说MEMEX还无法实际控制在特定相关市场内的产品供应。如果本局确定MEMEX面临着来自其他内存组件供应商实质有效的竞争，那么它可能会得出结论，进一步的调查是没有必要的。另一方面，如果本局得出结论：其他替代供应商提供的内存组件都不被认为是很好的替代品，且不允许电脑制造商生产和使用与MEMEX内存组件相竞争的计算机，那么本局可能会决定进一步的调查是有必要的。

假设竞争局确定MEMEX的技术构成了相关市场，并实质性地控制了该市场，然后本局可能会考虑MEMEX实施的新许可协议，是否构成限制竞争行为。该决定将取决于合同的具体条款和他们在相关市场内对竞争可能造成的影响。虽然MEMEX的许可合同并不明确禁止计算机制造商使用非MEMEX内存技术的其他组件，但却有效地向使用不管来自MEMEX还是来自其他供应商内存组件的电脑制造商征税。❶ 一个具有支配地位的供应商的长期使用许可合同中包含征税的规定，可能妨碍竞争并维持供应商的市场支配力。因此，本局将确定这些合同是否都在广泛使用和它们的持续时间，以及每台计算机的使用费用是否足以阻止电脑制造商从其他供应商处购买该内存组件的替代产品。

如果竞争局确定相关市场是基于MEMEX技术内存组件的，并发现MEMEX具有市场力，那么，该局将评估MEMEX实施新的许可协议对竞争和内存组件的价格可能造成的影响。如果本局认定这种做法会使得MEMEX在其专利到期之后实施一个更大的措施来显示其市场力时，本局会考虑MEME的效率理由以及向每一台计算机收费的商业合理性。如果没有足够的效率好处和商业合理性，本局可能会寻求自愿终止许可协议的做法。否则，本局将向竞争裁判庭提出申请，以终止这种做法。

【例6】专利池协议

ABC公司和ZENIX公司共同开发出一种具有革命性的新的X射线成像设备，用来帮助癌症诊断。每家企业在他们各自机器的某些组件上，已经获得了一系列专利，并且机器本身的功能可互换。ABC的机器设备并不侵犯ZENIX的任何专利，然而，ZENIX

---

❶ 那些愿意使用除了MEMEX内存组件的替代内存产品的生产商，必须支付两次费用，一次是为每个可替代产品，另一次则是每一台使用MEMEX组件的电脑。

设计的机器组件之一，可能会涉及侵犯ABC公司专利的情形。如果ZENIX开始推销其机器中使用没有获得从ABC许可的组件，其将会受到ABC提出专利侵权诉讼的威胁。因而ZENIX被ABC的专利侵权索赔所困扰。然而，为了避免繁乱的法庭斗争，这两家企业已经将他们的各种专利放到一个专利池中。该专利池已经规定了500美元的许可费，即任何一家企业每次生产用于医疗诊断的X射线成像机时，都要支付给专利池该笔费用。许可费则根据预定的公式计算，由上述两家企业分摊。因此，任何一家企业很可能对每个医疗诊断仪该环节的收费都不低于500美元。

【评析】

竞争局将会根据《竞争法》关于合谋的规定（第45条）对该案中进行审查。

竞争局意识到专利池协议的安排通过清除专利阻碍，避免代价高昂的侵权诉讼，整合互补技术，降低交易成本等，可以起到促进竞争的作用。如果一家企业因为要侵犯另一家企业的专利而无法使用自己的技术，而且也不可能以“周边发明”的方式来避开该专利时，那么这些企业不能被认为是横向竞争者。本案中，ABC宣称ZENIX机器的一个组成部分侵犯其专利；而ZENIX并没有声称ABC的机器的任何部分存在侵犯其专利的情形。因此，ABC无论与ZENIX达成或没有达成任何协议，包括一个专利池协议的安排，都能够使用其设备。基于这个理由，没有必要为方便新的X射线成像设备在市场上的使用而作出专利池的安排。一个从竞争的角度来看更好的选择是ABC简单地将会被侵权的专利许可给ZENIX使用。如果该专利真正具有封锁性，那么该许可协议也将激励ZENIX围绕该专利封锁而进行创新（为了降低成本）。另一方面，ABC很可能希望许可该封锁性专利，以便实现其研发工作的更大收益，并消除该专利被法院发现是无效的（因此没有价值）的可能性。然而，如果该专利不具有封锁性，那么ZENIX就可能不会产生达成许可协议的积极性，许可费对其而言也将只是一个净成本，这与专利池协议的安排不同，并没有提供收益的抵消。

基于上述分析，本局将会视专利池为一种不必要的限制竞争的商业安排，这种商业安排对于让新技术进入市场来说是并不需要的。本局会评估ABC所声称的ZENIX机器上的一个组件侵犯其专利的说法的可靠性。如果ABC的说法属实，而且ZENIX难以用“周边发明”的方式绕开ABC的专利发明，那么本局将不太可能干涉专利池协议的安排，因为这不会减少竞争。如果ABC的说法毫无根据，或者说ZENIX可以轻松地以“周边发明”的方式绕开ABC的专利发明，那么本局将会根据《竞争法》（第45条）有关合谋行为的规定，对该专利池协议的安排进行干涉，因为该项协议已经实质性地限制了ZENIX和ABC之间的价格竞争。

【例7】协议排斥互补产品

现有5个主要的唱片企业。其中，ROCKCO和POPCO是最大的两个，二者占到总销售额的65%以上以及占有70%的主要签约艺人；它们组建了一个合资企业（DISCO）来开发、生产和销售新一代数字播放设备。DISCO技术所提供的声音质量和其他功能水平远远优于现有技术。DATCO也开发了一种类似的高保真数字声音技术，但它是可携带的并允许用户录音。两种技术的成本相似，但技术本身不兼容：以DISCO格式编码的数字音乐，在DATCO的播放器上播放时，必须重新编码。根据合资协议条款的规定，ROCKCO和POPCO一致同意不推出或不许可任何其他人推出他们享有版权的录音制品，如果该录音制品的数字格式不是DISCO格式的。为了和该协议规定相符合，ROCKCO和POPCO拒绝了DATCO许可其转换并推出DATCO格式的ROCKCO和POPCO录音制品的请求。其他三大唱片企业预测——这其实是正确的——如果消费者无法获得来自ROCKCO或POPCO的以该格式录制的音乐，那么他们将不愿意购买DATCO技术。其他唱片企业虽然愿意以DATCO格式推出他们的录音制品，但发现这并没有市场，并不得不为了满足大众需求而寻求DISCO技术的许可，以DISCO格式推出录音制品。基于前述原因，尽管在很多评论看来DATCO的数字音效技术已普遍优于DISCO技术，但其面临排斥，而且DISCO正在大幅增加其销售的播放设备的价格，也在提高它向其他唱片企业收取的许可使用DISCO技术以推出DISCO格式的录音制品的使用费。

【评析】

竞争局将会根据《竞争法》有关合并（第92条）和滥用市场支配地位（第79条）的条文规定，对该案进行审查。

作为第一步，竞争局将会考虑该被指控的限制竞争行为，即ROCKCO和POPCO拒绝许可其享有版权的录音以DATCO格式进行复制，是否是一个单纯行使自己知识产权的行为，或者还涉及其他更多东西。本案中，本局将可能会认定DISCO的合资协议和拒绝许可会减少了竞争，并将根据《竞争法》有关合并和滥用市场支配地位的条文规定对该协议安排进行审查。

如果竞争局基于该合资协议对于数字音乐产业来说是对ROCKCO和POPCO音乐录音资产的实质性合并而选择根据合并条款的有关规定对该合资协议进行审查，那么，该审查应按照《关于合并的执法指南》展开。另一方面，如果本局基于该合资协议的订立是为了联合滥用市场支配地位而选择根据滥用支配地位的有关规定对该合资协议进行审查，那么，就应按照在前面例子中所述的滥用市场支配地位的框架和标准进行审查。在任何一种情形下，本局都不得不界定受影响的一个或多个相关市场，考虑市场进入的障碍以及具有市场力或支配地位的证据，证明实质性地限制或减少了竞争，并评估所有的商业合理性和具有效率的理由。

如果竞争局将根据第79条进行处理，那就要证明该合资企业（DISCO）无论是在数字音乐技术市场还是在数字播放设备市场中都具有强大的市场力。此外，它还要证明该合资企业（DISCO）实施了限制竞争的行为，该行为已实质性地减少或限制了竞争。本案中的限制竞争行为与企业合并有关，也与该合资企业（DISCO）排斥其竞争对手从ROCKCO和POPCO音乐库中获取音乐有关。排斥获取这些东西显然是为了防止那些替代性的录音技术获得它们所需要的大量的音乐内容以便它们存活下去。这表明，这种行为可能会实质性地限制或减少竞争，并导致在数字音乐技术和（或者）数字播放设备市场上的垄断或支配地位的产生。排斥其他技术使得DISCO在这些市场形成了市场力，而且是没有效率的，因为它减少了消费者的选择，并导致唱片企业所支付的使用这类技术的许可费用增加，并增加了播放设备的价格。本局将可能发布一个命令，要求ROCKCO和POPCO退出DISCO，或者要求ROCKCO和POPCO许可他人使用其作品以便推出其他格式的录音制品。

【例8】拒绝许可一个标准

ABACUS公司和另外两家企业率先向市场推出了适用于个人

电脑的电子制表软件。电子制表软件是使个人电脑成为一个基本商业工具的应用软件之一。在第一个五年，ABACUS 销量是其最接近的竞争对手的 2 倍，而且其安装基数（累计销量）增长了 50% 。在接下来的两年内，其每年的市场份额增长 75% 以上，另一个最初的企业离开了市场。与此同时，经过三年的规划，CALCULATOR 公司推出了新的电子制表软件，其中有一些创新功能是 ABACUS 里面没有的。然而，尽管拥有创新的功能和较低的价格，但 CALCULATOR 很快就陷入了财务困难。CALCULATOR 接触了 ABACUS，并请求其许可复制其菜单命令结构的文字和布局(举这个例子的前提是假设许可是必需的，因为在这些作品中，ABACUS 都具有有效的知识产权)。如果有了该许可，CALCULATOR 就可以重新开发其带有仿真模式和关键读取器的产品，这将有助于提高 CALCULATOR 读取 ABACUS 文件的能力，并确保这两种产品之间的兼容性。ABACUS 拒绝授予许可，并公开宣布如果 CALCULATOR 复制 ABACUS 的结构体系，其将采取知识产权执法措施。鉴于这种情况，其他一些知名的软件制造商对外宣称，他们将中止其电子制表软件的发展计划。

电子制表软件的一个重要特征是，对于购买者而言，其决定性的好处是存在网络效应。如果产品的价值随着购买可兼容电子制表软件的其他人的数量而增加，那么就存在网络效应。电子制表软件网络效应是随着网络规模（兼容的电子制表软件的安装基数）的扩大而提升的，与人共享文件的个人数量越多，就会有变化更多的相互补充的产品（实用程序、软件增强功能和宏指令），也会有更为普遍的咨询和培训服务以及数量更多的可兼容数据文件。

【评析】

鉴于这个案件的情况，ABACUS 拒绝许可其知识产权将构成纯粹行使知识产权，因此，这仅根据《竞争法》第32条接受竞争局的审查。

要判定ABACUS的拒绝是否产生不当的贸易限制或减少竞争，本局将要判断该拒绝许可是否在一个相关市场对竞争有不利影响，该相关市场是不同于或明显大于ABACUS的知识产权客体或因行使该知识产权而直接产生的产品或服务。在本案中，对竞争的损害的指控发生在与ABACUS兼容的电子表格市场中。

相关市场是否被认为是与ABACUS兼容的电子制表软件，将取决于网络效应和转换成本的范围和重要性。如果网络效应是重要的，从未购买电子制表软件的消费者可能仍然会购买更昂贵的ABACUS产品。已经在ABACUS网络中的消费者可能会因为加入新的电子制表软件网络而产生的转换成本（例如，在培训、文件和配套产品中沉淀的投资）以及因为会失去该网络的好处而被锁定在该网络中。如果网络效应和转换成本是实质性的，那么现有的消费者很可能会留下来，而新的消费者也会选择ABACUS的产品，即使它的价格高于竞争水平。

如果相关市场被确定为是与ABACUS兼容的电子制表软件，那么，ABACUS是唯一的生产商，因而对这个市场是100%控制的。此外，如果发现进入壁垒过高，这在存在网络效应的行业中很可能是这样的，本局将认定ABACUS公司在市场中是具有支配地位的。在判断ABACUS产品的安装基数是否实质性地导致进入壁垒时，本局会考虑创新的步伐和一项新技术“超越”ABACUS（尽管它也有有利之处——它的安装基数和转换成本）的潜力。本局还将努力确定是否还存在其他有效率的途径来建立兼容性，这样就不会侵犯ABACUS的知识产权。

如果相关市场被确定是与ABACUS兼容的电子制表软件，而且竞争局认定该相关市场明显大于ABACUS的知识产权客体以及因行使该知识产权而直接生产的产品，那么，本局将有可能认定ABACUS在相关市场上具有支配地位且该知识产权是企业进入该相关市场的一个关键端口。在此基础上，ABACUS的拒绝许可符合确定本局是否会根据第32条提出一项申请的两个步骤分析中的第一步。

在第二步中，竞争局将确定ABACUS的拒绝许可其知识产权是否会不利地改变企业在经济上对研发投入的积极性。本案中，事实表明，很有可能，ABACUS对客户施加不兼容压力的能力可能会对开发更先进的电子制表软件有消极影响。此外，ABACUS对菜单系统中语言和布局的选择可能是任意性的，其包含的创新努力也可能是微不足道的，相对于其他替代产品而言价值都不大。在没有安装基数和转换成本的情况下，ABACUS的合同条件和其菜单系统不比CALCULATOR（或任何其他企业）的更好或更坏。这只是在消费者做出投资沉淀和产生了一个安装基数之后，ABACUS的电子制表软件才形成市场或成为标准，并且其对文字和菜单界面的选择——和ABACUS网络的兼容所需要的——产生了没有目的性的和意想不到的市场支配力，这是可以通过根据第32条的执法行动予以纠正的一种情形。据此，本局很可能认为根据第32条启动一个特殊的救济就可以恢复对其他竞争企业从事研发可兼容的电子制表软件程序的激励。

如果本案事实表明要根据第32条的规定进行执法，本局将会采取一个特殊的救济，即允许其他电子制表软件企业可以获取ABACUS菜单系统的文字和布局。

韩国公平交易委员会《对于不当行使知识产权的审查指南》

2010 年 3 月 31 日

邱天乙 译*

韩国公平交易委员会制定规则第 12 号，2000 年 4 月 30 日制定

韩国公平交易委员会制定规则第 61 号，2009 年 4 月 12 日制定

韩国公平交易委员会制定规则第 80 号，2010 年 3 月 31 日修正

一、一般条款

（一）目的

指南的目的是通过在适用《垄断规制与公平交易法》（以下

---

* 张伟君根据本指南英文版对译文进行了审校。感谢韩国汉阳大学法学院金炳一教授提供本指南英文版。

简称《公平交易法》）以规制行使知识产权行为的过程中，提出一般性的审查原则以及特殊的审查标准，以提高法律实施的一致性和可预知程度并促进公平贸易实践。

（二）适用范围

本指南适用于诸如专利权、实用新型权、设计权、商标权以及著作权等知识产权的行使行为。虽然为了便利的需要，该指南主要围绕专利权的行使而制定，因为专利权作为主要的知识产权类型。这些规则会在考虑到不同事项中不同知识产权的独特特征基础上，参照专利权的做法，适用于其他知识产权的行使行为中。

该指南同样适用于在韩国国内或者外部制定合同或者交易却对于韩国的市场产生影响的外国经营者。且无论该外国企业是否在韩国拥有经营场所或者是否其交易的相对方是韩国企业或者韩国的消费者，都会适用该指南的规定。

有些知识产权的行使不受该指南规定的规制的现实并不是意味着，《公平交易法》第 3 条第 2 款（市场支配地位滥用的禁止）、第 7 条（企业合并的限制）、第 23 条（不公平交易行为的禁止）、第 26 条（禁止的企业组织内部行为）、第 29 条（零售价格固定行为的限制）等条款不适用。

（三）定义

在该指南中，以下术语应该拥有下列意思。

（1）专利权的“行使”是指专利权人所有任何的旨在实现专利权法律效果的行为，诸如，许可一项专利发明、授予一项许可、提起一项申诉以阻止专利侵权。

（2）“专利权人”是指经过有效的专利登记注册成为专利所

有人或者享有同等地位的个人（指独占性的许可权利人或者享有独占性的实施专利的权利的自然人）。

（3）“利用”是指属于下列情况的任何行为：

①就产品的发明而言，“利用”意味着诸如制造、使用、分配、出借、进口或者许诺分配或者出借的行为（包括出于分配或者出借地目的展示；以下同样适用）；

②就一项方法发明而言，“利用”意味着使用该工序的行为；

③就一项产品制造方法的发明而言，“利用”意味着使用、分配、出借、进口或者许诺转让或者出借由该工序制造的产品的一切行为，再加上上述第（2）项提及的行为。

（4）“许可的授予”是指就专利发明，专利所有人向对方授予的独占性许可以及非独占性许可，并且应当包含任何产生实践效果的行为，例如，带有回购条件的转让。

（5）“技术标准”是指被政府、标准化团体、企业组织、拥有同种类型技术的企业团体指定为特定技术领域标准技术的技术，或者事实上广泛用作相关技术领域标准的技术。

该指南中没有定义的术语应该按照与知识产权有关的法律和法规（诸如专利法）中赋予的意思予以理解。

二、一般审查原则

（一）知识产权与公平贸易法案

知识产权制度，诸如专利权制度，旨在通过公平地奖励创造性技术以促进技术创新，鼓励企业创造性的活动，促进相关产业的完善发展以及国民经济发展。在这一层面上，该法案与知识产权制度最终追求共同的目标。在大多数情况下，作为发明创新技术的报酬，使用一项特定技术并就其牟取利益的垄断权利，当享有知识产权的人在相关市场中获得收益时得以实现。然而，如果创新技术的发展由于受到扭曲市场结构的阻碍而不能够得到恰当的回报，或者出现难以发展和利用的情况，就会产生与知识产权制度的设立初衷相悖的后果。也就是说，《公平交易法》旨在保护的自由竞争以及公正贸易秩序是实现知识产权制度目标的前提条件。因此，知识产权制度应该为技术创新提供一定的激励并且只能在不至于损害相关市场秩序的限度范围内予以实施。滥用知识产权阻碍创新技术发展和利用的行为不仅仅违背了《公平交易法》的根本宗旨，也与知识产权制度的宗旨相抵触。那么，通过主张知识产权的恰当行使同时对那些与知识产权制度设立初衷相违背的行为予以规制，《公平交易法》有助于实现其本身以及知识产权制度共同追求的目标。

（二）基本原则

根据《公平交易法》第59条规定，知识产权的正当行使排除了《公平交易法》的适用。但是，任何不正当行使知识产权的行为应该受到《公平交易法》的拘束。

知识产权行使行为的正义性取决于：第一，是否满足知识产权的原始目的，即通过保护和鼓励发明和促进相关技术的利用帮助产业发展；第二，该知识产权利用行为在相关市场中对于竞争和公平贸易秩序的影响程度。然而，行使知识产权的行为是否违背《公平交易法》的规定，应该经过单独审查，是否符合相关条款中规定的非法性要件后予以决定。

如果该知识产权利用行为在产生阻碍公平贸易效果的同时改善了效率，原则上应该通过比较其积极和消极的效果的方法予以审查，来认定是否违反《公平交易法》。如果促进效率的效果超过阻碍公平贸易的效果，就会得出该利用行为没有违背《公平交易法》的结论。然而，任何依据《公平交易法》第 29 条的规定，属于零售价格固定类型行为之一的最低销售价格固定行为，无须对于其效率促进效果和限制公平贸易效果进行分析，就可以直接认定触犯了《公平交易法》。同样，当该行为属于依靠欺诈手段引诱消费者的情形时，就如《公平交易法》第 23 条第 1 款第 3 段规定的那样，在认定违法性时，行为促进效率的效果不需要予以考虑。

（三）认定行为非法时需要考虑的事实

1. 相关市场的确定

在认定相关市场的过程中，“滥用市场支配地位审查标准”以及“商业合并行为审查标准”中的“特定贸易区域选择标准”应当比照准用。当认定与知识产权的行使相关的交易标的相关市场时，除了以普通货物或者服务为交易对象的“产品市场”外，通过许可协议等方式交易相关技术的“技术市场”也应该纳入考虑范围。

（1）商品市场。在认定与知识产权的行使有关的商品市场时，采用与相关知识产权有关的技术制造的商品进行交易所属的市场，交易对于相关商品的制造而言是必需的原材料、部件、设备等所属的市场，把相关商品作为输入元件的产品进行交易的市场，以及会受到相关知识产权利用行为影响的商品市场应当全部予以考虑。

（2）技术市场。以许可的方式交易与知识产权有关的技术的技术市场，同样会被视为相关市场。在认定相关技术市场的过程中，当一般市场已经确定时，处于竞争中贸易区域也要考虑。同样，技术市场的下列独有特征也应当完全予以考虑。与商品或者服务贸易相比，技术贸易由于在运输的条件上一般限制较少，因而可能扩张其地理范围。另外，当未来技术有可能在其他地域得以使用时，虽然目前没有交易的迹象，但是日后存在交易相关技术可能的地域，可以纳入相关市场的范畴。另一方面，当由于标准化导致的技术兼容性问题等难以用其他技术替代特定技术时，相关市场会被视为一个更加狭小的贸易区域。当因为技术市场的独特性而难以计算相关市场中相关技术的市场占有率的情况下，利用该技术制造的商品的市场占有份额可以视为重要的参照材料。

2. 妨碍公平贸易效果的分析

（1）需要考虑的基本事实。根据触犯《公平交易法》的行为类型，行使知识产权的行为对于相关市场施加的公平贸易限制效果可以被分为限制竞争以及不公正等类型。竞争限制意味着限制竞争效果的创设，比如价格增长，产量、竞争对手数量、产品种类的减少以及创新的阻碍，或者该类效果有产生的可能性。不公正意味着竞争的方式或者交易的本质是不公平的。竞争方式的不公正意味着，因为在竞争中使用了产品或者服务价格和质量之外的不受欢迎的方法使得公平竞争受到阻碍或者有阻碍的威胁。

交易条件的不公平性意味着使得交易相对方难以自主做出交易选择或者迫使他们接受不利的条件，因而有削弱公平贸易基础的威胁。

（2）实质性限制公平贸易效果的情况。

①竞争的限制。在下列情况中，相关市场中的竞争可能受到限制，从而阻碍公平交易：当行使知识产权的企业拥有强大的市场支配力时；当该知识财产被认定为一项强大的技术例如对于生产是必不可少的要素时；当行使知识产权的经营者处于竞争的状态；当知识产权的行使增加了不公平联合行为的可能性或者其他经营者进入市场的可能性减少了。

②不公正性。非公正性限制公平贸易结果的形成，主要源于交易中不公正的竞争方式和竞争实质，主要表现为行使知识产权的企业在市场上占有支配地位、当许可合同的条款和条件是由单方决定或者修改的、当对于交易行为的预见变得不清晰、当相比于一般交易实践对于相对方的形势明显不利，或者当在获得或者行使知识产权的过程中存在欺诈的行为，等等。

认定不同类型行为阻碍公平贸易的效果的具体标准应该比较适用“滥用市场支配地位审查标准”“经营者集中审查标准”“联合行为审查标准”“不公平交易行为审查标准”“经营者组织行为的审查指南”以及“零售价格固定行为的审查指南”。

效率促进效果的考虑。如果行使知识产权的行为通过促进技术的使用率以及创新增加了相关市场中的效率，在认定该行使行为合法性的时候，该效率促进效果应该予以考虑。如果该行使知识产权行为的效率促进效果大于其阻碍公平交易的消极效果，则不会被认定为违法。然而，在认定违法性的过程中，考虑的效率促进因素应该是以最低限度的阻碍公平交易的效果而实施的知识产权行为，并且不仅仅有助于经营者内部成本的降低，而且有助于消费者福利以及国民经济效率的整体提高。这种效率促进效果不应该局限于行使知识产权时，应该包含通过技术创新所带来的产品成本的降低、产品质量的增加、消费者选择的广泛化等因素造成的可以预期的未来相关市场效率的增长。然而，必须清晰地表明该类效果的产生具有很高的可能性，而不是模糊的预期。

三、认定的特殊标准

（一）一般许可

1. 许可成本

一般而言，通过创新技术的研发获得专利权的过程常常伴随着投入研究和发展的实质性的时间和金钱成本以及投资风险。正因为这样，尽管另外授予许可的成本并不高，专利所有人依然主张高昂的许可费以补偿获得专利过程中所付出的成本。考虑到对于专利权人的技术突破有必要适当的补偿专利所有人以及鼓励技术创新的需要，高昂的许可费用是正当行使专利权的行为。然而，就像下文所表述的，任何不公正地主张许可报酬的行为，因为有可能限制市场的公平贸易，而视为超越了合理实施专利权的范围。然而，特定行为是否触犯《公平交易法》第3条第2款（滥用市场支配地位的限制）、第19条（不公平联合行为的限制）、第23条（不公平交易行为的限制），应该从整体上分析上文提及的所有规制非法性情况的可以适用的条文款项之后，予以认定。

（1）协同其他企业不公正地决定、固定或者修正专利许可费。

（2）相比于一般交易习惯强加明显不合理的专利许可费。

（3）依据交易对方的情况强加歧视性的许可费用。

（4）对于不被使用的许可技术要求许可费。

【注释】加收使用竞争对手的技术许可费的行为可能被视为不公平的，因为该行为可能造成竞争对手技术使用成本的增加故而降低该技术的使用需求。然而，当由于许可的总量难以计算使得该种计算许可费用的方法是难以避免的时候，该行为不认为违法。

（5）在专利权期满后继续要求收取许可费。

（6）专利许可人单方面的决定或者改正计算许可费方式，但事先未在合同中说明计算许可费方法。

【案例一】收取歧视性许可费❶

A企业拥有一项与数字移动通信技术有关的专利，并通过收取该技术的使用许可费用以及制造和销售利用该技术制造调制解调器芯片获利。之后，该专利技术被通信产业有关的行业协会认定为相关技术标准，同时A企业允诺基于合理和非歧视的情况下授予许可。之后，利用A企业专利技术的移动电话被广泛使用，该企业也获得了该数字移动通信技术市场的市场垄断地位。然而，当有新的企业试图进入现代芯片市场时，A企业开始就其取得标准地位的专利技术，根据被许可人是否使用其制造的芯片产品施加不平等的许可费。包括B企业在内的其他主体，为了获得

❶ 本指南中的例子源于已经裁决的案例，但是为了更好地理解本指南，这些案例已经作了实质性的修改。

A企业的与标准有关的技术，不得不放弃研发自己的芯片产品，或者放弃从其他企业中购买芯片的意图，为了获取A企业提供的专利许可费的优惠而从其处购买该芯片的产品。因而，依靠其在移动通信市场中的市场支配地位，A企业可以巩固并加强其在调制解调器芯片市场上的优势。但是，该不平等专利实施许可费用的行为会阻碍相关市场的公平贸易，因而被视为超出了合理实施专利权的界限，构成专利权滥用。特别是，考虑到A企业的专利技术被确定为一项技术标准并在相关市场中具有重大影响力；A企业在授予标准资格时，明确允诺不会强加歧视性的许可费用；还考虑到施加歧视性许可费用的目的在于限制相关市场中的自由竞争，并且，实际产生了诸如竞争企业数量减少、相关市场进入的壁垒增大这类的限制竞争的效果，所以，该A企业被认定为不合理地行使了专利权，要求适用《垄断规制与公平交易法》予以规制。

2. 拒绝许可

专利权制度授予了专利权人独占的利用相关发明的权利，目的是给予创新技术发明公正的奖励并促进新技术发展。因此，在一定范围内，专利权人有权拒绝向一定的相对人提供许可以保护其权益，该行为是合理的。但是，不公正地拒绝许可的行为，因为会限制相关市场的公平贸易，会被认为超出了合理行使专利权的范围。另外，拒绝实施许可的内容不仅包括单纯地专利权人拒绝许可那么简单，还包括导致第三方拒绝实施许可的一切行为；以及由于施加实践中或者经济上不可能满足的过分要求和条件而变相地拒绝许可的情况；与拒绝实施许可具有同等效力的行为；拒绝提供的行为；拒绝购买或者拒绝商业往来或者拒绝继续交易的行为等。然而，一项特定的行为是否触犯了《公平交易法》第

3 条第 2 款（市场支配地位滥用的限制）、第 19 条（不公平协同行为的禁止）、第 23 条（不公平交易实践的禁止）等应该经过审查上述提及的所有可以适用的规定违法性情形的条款之后才能予以认定。

（1）通过与其他竞争企业的协同行为，在没有正当理由的情况下，拒绝向特定的企业授予专利许可。

（2）针对特定的企业不公正地拒绝授予许可的行为。该拒绝许可的行为具备以下情节时，会被认定为不合理：当该拒绝许可的目的在于限制相关市场中的自由竞争时、当拒绝许可涉及的技术在商业活动中是必不可少的技术时、当无法通过其他供应渠道获取该专利技术时、当该技术如同技术标准一样，对于相关市场存在巨大的影响、当专利权人没有意图使用该技术而许可的拒绝过分地阻碍了该技术的利用时。

（3）基于不公正的目的而拒绝许可，比如，因为专利权人的不公正的条款没有被接受而拒绝实施许可。

【注释】该指南中“第三章第 1 部分第 C 项许可范围的限制”以及“第三章第 1 部分第 D 项强加不公正许可条件”中给出的例子可以视为以上不公平条件的实例。

3. 许可范围的限制

专利权人不仅有权在合理的范围内拒绝实施专利许可，并且，有权通过限制专利发明的使用范围的方式向其他企业授予许可。这样的部分许可行为可以促进专利所有人拒绝许可技术的贸易，创造促进竞争的效果。因此，专利权人通过限制总量、地域范围、期限的方式，在合理的界限的范围内授予许可，以期保障其知识产权的行为被视为对于专利权的正当的实施。然而，不公正地限制许可范围的行为，因为会阻碍相关市场中的自由竞争，被视为超出合理使用专利权的界限，受到《垄断规制与公平交易法》的规制。然而，一项特定的行为是否触犯《公平交易法》第3条第2款（市场支配地位滥用的限制）、第19条（不公平协同行为的禁止）、第23条（不公平交易实践的禁止）等应该经过审查上述提及的所有可以适用的规定违法性情形的条款之后才能予以认定。

（1）专利权人与被许可人之间达成一项协议，该协议中由于限制与许可有关产品（在下文中称为“合同产品”）或者技术（在下文中称为“合同技术”）的数量、地域范围以及期限，使得交易条件变得不公正的情况；

（2）通过限制与合同产品或者合同技术许可有关的数量、范围以及期限等要素不公正地控制了在相关市场中的供应的情况；

（3）根据交易对方的情况，就与合同产品或者合同技术相关的许可的数量、范围、期限等要素不公正地给予歧视性地限制的情况。

4. 强加不公正许可条件

专利权人可以通过有限使用专利发明的方式授予部分许可，以有效地保护其专利权，专利权人也可以通过施加与许可范围的确立没有直接关系的其他限制条件以实现专利权。一般而言，在合理范围内的许可条件的添加，由于是为了有效地使得专利发明物质化，提升合同产品的安全性以及阻止技术的滥用，因而并不会限制竞争是一种对于专利权的正当行使。然而，施加不公正的许可条件，如果影响相关市场的公平贸易，则会被视为超出合理行使专利权的范围。在确定专利权人针对许可的授予施加条件的非公正性时，需要考虑的事实是专利发明与强加的条件之间的关系是什么，即是否强加的条件是许可利用专利发明的前提条件，是否该强加的条件有助于促进相关技术的使用，是否依据该添加条件专利权会被用尽。一般而言，专利权人或者从权利人处获得专利许可的人销售合同产品时，专利权人享有的与销售合同产品有关的权利就视为用尽了。因而，如果专利权人在相关的专利权已经用尽的范围内强加限制自由商业活动的不合理的条件时，诸如，与专利产品的零售有关的条件的话，该类行为则会被视为超出了合理使用的范围。同样，就专利的许可添加一项条件，该条件于相关专利权有效期届满之后生效，或者就与相关专利权没有关系的领域施加许可条件都会被视为对于专利权的不合理使用。然而，一项特定的行为是否触犯了《公平交易法》第 3 条第 2 款（市场支配地位滥用的限制）、第 19 条（不公平协同行为的禁止）、第 23 条（不公平交易实践的禁止）、第 26 条（经营者组织禁止的行为）、第 29 条（零售价格固定行为的限制）等应该经过审查上述各条款提及的所有可以适用的规定违法性情形之后才能予以认定。

（1）对于合同产品价格的限制，即不公正地限制了许可合同涉及专利产品的销售价格或者零售价格。

【注释】限制许可合同涉及专利产品的最低零售价格的行为应当被视为当然的违法。

（2）对于产品原材料供应商选择的限制，即强迫被许可人从专利权人或者其委托的个人处购买对于合同产品的生产所必需的原材料、部件或者设施等。

【注释】当供应商选择必须予以限制为了确保合同产品的品质或者质量，则该限制不算滥用知识产权的范围。

（3）限定被许可人出售合同产品的对象，不合理地指定了被许可人可以或者不可以销售或者再销售合同产品的对象。

【注释】但以下情况除外：当在许可专利的过程中，专利权人在合理的范围内限制了供实施许可的合同产品的类型、允许实施许可的地域范围以及许可期限的限制，目的是保护其作为专利权人的权利，因此，不可避免地限定了被许可人将会销售或者再销售合同产品的对象。

（4）对于竞争产品或者竞争技术贸易的限制，即不公平地限制了可以替代合同产品和合同技术的竞争产品和竞争技术的自由贸易的滥用专利权的行为。

【注释】当对于竞争产品技术贸易的限制是为了阻止专利权人的商业秘密向第三方的竞争企业泄露时，同时，当该限制是为了保障专利权人的权益这一目的时，这一限制必须是在最低程度限度内，这时该行为就是合理的没有超出合理使用专利权的范围。

（5）搭售行为，即强迫要求被许可人购买与被许可的专利没有必然联系的产品或者技术的行为。

（6）非争议义务的强加，即不合理地禁止被许可人就无效专利的继续存续的认定而对专利的有效性提出异议的权利。

【注释】当被许可人就相关专利的任何侵权情况有通知义务时、当被许可人有义务代表专利权人提起专利权诉讼时、或者被许可人有义务协助专利权人进行诉讼程序时。

（7）对于专利技术研发与完善的禁止条件的强加。

- 不公平地限制了许可合同产品或者许可合同技术的改进以及与该改进有关联的研发活动。
- 专利权人不合理地要求被许可人向其提供通过被许可人自身的努力而获得的与许可合同产品或者技术相关的知识、经验或者技术成果。

【注释】如果专利权人基于互相平等的基础上分享被许可人获得的与许可合同涉及的技术有关的成果时，或者权利人为获得技术成果付出了足够的代价，或者该对于技术改进的限制对于保证合同产品和合同技术的实现和履行是必不可少的，或者为了保护权利人的交易秘密不被泄露时，则存在例外的情况。

（8）权利消灭后的使用的限制，在相关专利权穷尽之后，限制被许可人继续利用该专利发明。

（9）适用于合同终止或者争议解决的规则。

• 预先设定了适用于合同终止或者争议解决的仲裁条款、仲裁主体、主管法律等，该规则对于交易特定一方当事人极为不利的情况。

• 允许专利权人在被许人有能力支付许可费用的情况下单方面终止许可合同，而无须给予对方恰当的、宽裕的期限。

【案例二】强制缔结与专利权无关的合同

A 经营者拥有一项与构造喷泉的方法相关的专利权。在向一项由公共机构组织的喷泉建造工程投标的过程中，该技术被指定为一项“必须技术”，A 经营者的技术在相关产业内被视为一项具有影响力的技术。利用其专利技术作为参与地方自治团体组织的温泉建造工程项目投标资格的前提条件的事实，在该投标过程中，作为授予许可的条件，A 企业强迫 B 企业以及其他参与者，如果其签订了最终的建设工程合同，必须与 A 经营者签订一份相当于建设合同总标的价格 74% 价值的子合同（不仅仅包括使用专利技术的建设工程项目，同时也包含与专利技术无关的附属设施的建设项目）。为了达到投标的要求，投标活动参与者没有选择只能基于 A 经营者提出的条件与其签订许可协议，同时赢得投标合同的B企业事实上也依照A企业的条件签订了建设工程子合同。A企业作为授予许可的对价，强迫对方签署与其专利权无关的附属设施建设工程子合同的行为被视为超越了合理行使专利权的范围，因而违法。

（二）专利池和交叉许可

1. 专利池

专利池，是指专利权人之间就各个专利之间的集成化、捆绑化订立的，并规定专利池的成员以及第三方主体如何使用专利池覆盖的专利技术的条件的协议。集中管理专利技术的专利池模式降低了相关技术领域的检索成本以及与多方专利主体协商购买专利的成本和时间、减少了由于利用专利技术而产生的专利侵权诉讼的风险，从而提升了相关市场的效率、促进了该专利技术的使用率，促进其他有助于自由竞争的效果的产生。然而，如果借助于专利池这种新型的专利集成化的结构特点，造成相关贸易市场中自由竞争的阻碍的消极效果，那么，该专利联合化的行为会被视为超出了合理使用专利权的范围。

在判定与专利池这一特殊专利利用行为类型的公正性的过程中，需要重点考虑的因素有专利池中包含的技术、权利利用的类型以及管理专利池的方式和方法。

【专利池中包含的技术】

首先，针对专利池中包含的技术，如果相同专利池中包含的技术互相之间可以进行替代，那么与这样一个专利池有关的权利行使行为可能会被认定为不合理。因为，如果该专利组合相互之间是一种互为补充辅助关系的话，这种共同许可行为可以大大降低贸易成本进而提高效率；相反地，如果该联合许可行为涉及的专利组合之间是相互替代关系的话，该联合许可行为就会提高被许可人的成本，并且，增加互为竞争关系的企业之间的不公正协同行为的可能性。此外，如果在联合许可行为中涉及了不必要的或者已经无效的专利的情况中，实施与专利池相关权利的行为很有可能被视为不公正。因为实施该专利池的行为会增加被许可人成本，并且会导致无效专利的不公正存续。

【专利池中的许可类型】

如果专利池中涉及的技术仅仅可以通过捆绑许可的方式被许可，对于任何一项单独技术的个别许可都是被禁止的话，该捆绑许可的行为很可能是一种不公正行使知识产权的行为。原因是该种捆绑许可的行为不仅限制被许可人的自主选择权利，提高了许可成本，也降低了那些不包含在专利池中，在市场中单独许可的创新性技术的市场价值，从而增加了竞争技术被排除在相关市场之外的可能性。同样地，对于同一专利池中的参与者授予独占许可的行为也会被视为不合理的专利池相关权利的利用行为。该行为过度地限制了相关专利技术的利用率，从而排除了不参与专利池的竞争企业对于该技术的运用。

【管理专利池的方法】

当该专利池的运营是由独立于专利权人的专家集体实施的，那么与专利池有关的权利行使行为不可能被认定为违法；因为这种管理专利联合体的方式可以大大减少对于竞争企业之间协同行为的担心，由于他们不存在信息交流的便利了，并且可以通过对于有关专利的客观的价值评估，提高专利池结构的合理的利用率，进而最终有助于专利池促进竞争效果的最大化。

然而，一项特定的行为是否触犯《公平交易法》第 19 条（不公平协同行为的禁止）、第 26 条（经营者组织禁止的行为）等，应该经过审查上述各条款提及的所有可以适用的违法性情形之后才能予以认定。

（1）在管理专利池的过程中，就与专利池有关的贸易的价格、数量、地域、交易对方、技术改进等要素的限制条件达成不公平的一致的协议的行为。

（2）不公正地拒绝给予非专利池成员专利许可，或者基于歧视性的条件与非专利池成员签订专利许可协议的行为。

（3）在管理专利池的过程中，不公正地要求其他企业分享由他们独立地努力获取而来的知识、经验、技术成果等。

【注释】特别是当分享的技术可以替代包含在专利池中的有关技术的时候，或者该技术与专利池没有直接的联系的情况下，或者由于该种技术的共享使得该被许可企业排除在专利池之外时，这类要求会被视为违法。

（4）强制要求把与联合许可没有必然关系的专利技术或者无效的专利技术引入专利池中，并以捆绑的方式一揽子许可专利池中所有的技术。

（5）以强加相比于专利池中各个专利许可费的总和价格高出许多的捆绑式的许可费用使得被许可人遭受过分的不利的行为。

2. 交叉许可

交叉许可是指两个或者更多专利权人之间订立的协议，根据协议每一个权利人享有权利使用其他对象拥有的专利技术，该手段也经常被用于解决专利争议。与专利池联合的行为相比，专利人之间的交叉许可包含较少的企业主体，在管理方面也不是很组织化。然而，尽管拥有诸如促进技术的创新和发展以及贸易成本的降低等有利于竞争的正面效果，交叉许可行为与专利池行为之间存在许多重要的相似之处，比如，极有可能导致企业之间不正当的协同行为，排除第三方竞争者的可能，从而阻碍自由贸易。所以，在判定使用交叉许可的行为是否会对于相关市场的自由贸易造成阻碍的过程中，该指南第二节（专利池）中第一部分中第一款、第二款、第三款的规定可以予以准用。该阻碍公平贸易的行为可以视为超出了正当行使专利权的范围。

然而，对于该行为是否触犯《垄断规制与公平交易法》第19条“企业非公正的协同行为禁止”的规定，必须要结合《审查指南》总则中关于非法性条件的审查综合认定。

（三）与技术标准有关的专利权的行使行为

在产业政策方面，技术标准是至关重要的，因为他们改善了技术的兼容性，从而增加了经济效率、促进了技术的发展和使用率。一方面，技术标准的特性所决定的，一项技术标准往往会在相关市场中产生深远的影响，一旦一项专利技术被认定为标准后，其影响力会持续很长一段时间，因为寻找替代技术的转换成本是很高的。尤其是当一项技术标准受到某专利权的保护，而该专利权又具有独占性的和垄断性的特征时，相关市场的公平贸易会被实质性地阻碍。为了解决这一问题，各种标准组织要求有关企业在授予技术标准的资格前揭露与专利相关的信息，并在将会选择为技术标准的技术受到专利权的法律保护时要求就基于公平、合理以及非歧视条件的基础上，专利许可的授予进行事前的协商。该专利信息的揭露以及就许可条件的事前协商有效地避免作为技术标准的有关专利技术的滥用，而是否这些程序被遵循了是判断实施与技术标准有关的专利权的行为的公正性的重要的考虑因素。一般而言，对于标准制定的协商以及与技术标准有关的专利权的行使会产生促进竞争的正面效果，因为其增加了有关技术的利用率并提升了效率，从而增进了消费者整体的福利。另一方面，一旦该类行为有可能在被确定为相关技术标准后，通过不恰当的利用标准化的程序或者要求不合理的条件阻碍相关市场中的自由贸易，那么这时该行为也就超出了合理利用专利权的范围。

然而，一项特定的行为是否触犯《公平交易法》第 3 条第 2 款（市场支配地位滥用的限制）、第 19 条（不公平协同行为的禁止）、第 23 条（不公平交易实践的禁止）、第 26 条（经营者组织禁止的行为）等，应该经过审查上述各条款提及的所有可以适用的违法性情形之后才能予以认定。

（1）在就技术标准的指定进行讨论的过程中，不公平地就与交易有关的价格、数量、地域、交易对方以及技术改良的限制条件达成协议的行为。

（2）为了增加专利被指定为技术标准的可能性或者为了避免就许可授予的条件进行事前的协商而不公平地隐瞒了注册或者申请专利的重要信息的行为。

（3）针对已经广泛被用于技术标准的专利发明，拒绝向特定交易方授予许可的情形。

【注释】该规定不仅适用于由标准化组织制定技术标准，同样适用于在相关领域广泛被用于事实技术标准的专利技术，诸如，在投标公共部门的项目时，被选择为必用技术的专利技术等。该原则在下一部分中同样适用。

（4）当就被广泛用作技术标准的专利发明授予许可时，不公平地强加了歧视性的条件或者强加了不合理许可费用的情况。

【案例三】涉及在技术标准制定过程中隐瞒与专利权的存在有关的信息的行为

A 经营者拥有一项专利技术，该技术涉及电脑中央处理单元和外围设备（视频设备等）的信息传输。一个视频电子的标准组织，在考虑是否将 A 经营者享有专利权的技术指定为技术标准的过程中，向包括 A 经营者在内的成员企业询问，其是否就相关技术享有专利权。A 经营者提供了虚假的信息，表明其就相关技术并不享有专利权，同时该组织在推定 A 经营者信息真实的前提下，把该技术指定为技术标准。经过认定程序之后，包含标准组织成员在内的各种企业大大增加了对于 A 经营者专利技术的使用率，结果 A 经营者在相关的技术市场中获得了统治性的地位。在实施该被指定为技术标准的专利权的过程中，A 经营者收取过高的许可费用，并且因为 B 经营者和其他企业拒绝支付该许可费用而提起专利侵权诉讼。B 企业和其他企业由于不能承受用其他技术替代 A 企业技术的转换成本，只能支付 A 经营者要求的许可费用，来避免诉讼带来的附加损失。

正如上述案例中的情况一样，在标准制定过程中，隐瞒与技术上存在专利的信息或者提供虚假的信息的行为，会通过欺诈的方式使得特定技术获得优势地位，因而在标准制定过程中达到排斥竞争技术的效果。这也会剥夺被许可人就相关技术的许可费用进行优先协商的机会，使得专利权人可以要求高于相关企业合理预期的过高的许可费用。通过利用标准制定程序获得相关市场中的支配性地位，并基于该市场支配力强加过高的许可费用的行为与旨在通过促进技术的利用率以增加效率的技术标准制度的基本目标是相违背的。该行为可能因阻碍了相关市场中的公平交易而被视为超出了正当行使专利权的范围。

（四）专利诉讼的滥用

诸如专利侵权诉讼等法律程序是保护专利人权利的重要手段。然而，诉讼当事人承受因大量消耗时间和昂贵的侵权诉讼导致的直接成本的同时，相关市场中相关经营者的声誉也会遭受很大影响，同时会阻碍商业活动的进程。因此，诸如专利侵权诉讼的提起等滥用法律和行政程序的行为，因为会造成阻碍相关市场中公平贸易的担忧，会被视为超出合理行使专利权的范围。

特别是，专利权人提起专利侵权诉讼的同时，认识到该侵权是不成立的（因为相关专利权是无效的等），或者明知基于公共社会观念该侵权是不成立的情况下，依然提起一项侵权诉求的行为，可能会被认定为专利诉讼的滥用。然而，如果专利权人就诉讼的预期被认为合理且正义的，那么之后仅仅依据专利权人诉讼失败的事实，不能就此认定专利权人提起专利权侵权诉讼的行为属于滥用侵权诉讼的情况。

然而，一项特定的行为是否触犯《公平交易法》第 3 条第 2 款（市场支配地位滥用的限制）、第 23 条（不公平交易实践的禁止）等，应该经过审查上述各条款提及的所有可以适用的违法性情形之后才能予以认定。

（五）专利纠纷中订立的不公正协议

专利权人和利益当事人之间不仅可以通过诸如诉讼等的法律程序解决有关于专利有效性或者侵权的纠纷，而且可以通过双方协议的方式。一般而言，该类协议被视为有效解决纠纷以保护专利人权利的好的途径，因为其可以减少诉讼的成本并降低技术使用的风险。然而，在专利纠纷过程中签订的不公平协议会使得无效的专利继续保持其垄断力量，并阻碍其他竞争者的市场准入，从而损害消费者的整体福利。因此，在专利纠纷过程中不公平地同意拖延市场准入的时间，比如，通过专利无效审判以及专利侵权诉讼等手段，因为会阻碍相关市场中的公平贸易所以会被视为超出合理行使专利权的范围。

特别是下列情况下，在专利纠纷过程中订立的协议可能会被视为违法：如果签订协议的双方当事人存在竞争关系；如果签订协议的目的是为了限制相关市场中的竞争；如果有关经营者的进入市场的时间被拖延至专利权期满之后；如果相关经营者进入与专利技术无关的市场的时间被拖延了；如果协议双方明知作为争议客体的专利权是无效的；或者作为争议客体的专利权是无效的事实在客观上十分的明显。

然而，一项特定的行为是否触犯《公平交易法》第 19 条（不公平协同行为的禁止）等，应该经过审查上述各条款提及的所有可以适用的违法性情形之后才能予以认定。

【案例四】关于撤回专利无效审判请求以及市场进入延迟的协议

经营者 A 拥有与药物 A 的制造相关的专利权，经营者 B 认为市场中出售的通用药物在成分上与药物 A 相似。经营者 B 认为经营者 A 的专利是无效的，因为该专利技术与先前出现的技术并没有什么不同，仅仅只是用不同的方式予以表述罢了。经营者 B 就向韩国知识产权仲裁所提起了一项诉讼旨在认定专利权的无效。相对的，经营者 A 要求与经营者 B 达成一项协议，表明其会向经营者 B 提供一定的报酬只要其放弃该诉讼请求，并保证在其有关专利有效期届满之后的一年内不会出售可以替代该药物 A 的通用药物。因为经营者 A 提出的条件相比于经营者可以预期地通过销售比药物 A 廉价的通用药物可以获取的利益而言要优厚得多，经营者 B 接受了经营者 A 提出的条件并同意延迟其通用药物的流通时间。

这样一种协议，由于把通用药物的流通时间拖延至专利权期满之后，因而不可能被视为在合理限度范围内的用以保护专利权人权利的正当行为。特别是当考虑到经营者 A 提供给经营者 B 的报酬远远高于其在专利纠纷诉讼过程中可以预期的将要承担的成本的时候，该协议可能目的在于限制相关市场中的竞争，而不是避免诉讼成本的产生。该协议剥夺了消费者购买更加廉价的通用药物的机会，而经营者 A 支付给经营者 B 的巨大的经济补偿会增加药物 A 的市场价格。由于该协议可能通过减少竞争者的数量以及增加价格的方式阻碍相关市场中的公平交易，所以会被视为超出了合理行使专利权的范围。

（六）转让作为业务主要组成部分的专利权

当签订的销售或者购买合同中所涉及的专利权作为业务的主要组成部分时，或者通过签订授予独占性许可的合同产生了与销售和购买协议相同的专利转让效果时，《公平交易法》第 7 条（经营者集中行为的禁止）的规定应该予以适用。

四、再审查期限

依照《指令的发布和管理规定》（总统令第248号），经过考虑这些指南发行之后制定的法律内容或者实际条件的变化，采取诸如撤销和修正这些规则等必要措施的再审查期限，为2013年4月6日。

附则（2009年4月12日）

第一条（生效日期）本指南自2009年4月21起生效。

第二条（先前规则的废除）之前的审查知识产权不公正利用行为的指南应当予以废止。

附则（2010年3月31日）

本指南自2010年4月7日起生效。

德国《反限制竞争法》第八次修订

［德］西蒙·赫斯布鲁纳（Simon Hirsbrunner）*

经过长期立法讨论和多次延迟决议，德国《反限制竞争法》（Gesetz gegen Wettbewerbsbeschränkungen，GWB）第 8 次修订终于通过，并于 2013 年 6 月 30 日生效。此次修订的显著特点在于将德国反垄断法同欧盟反垄断立法进行协调，从而进一步实现德国反垄断法的欧盟化进程。

以上述目标为任务，此次《德国反限制竞争法》第 8 次修订包含诸多修改内容，尤其体现在合并控制的审查以及市场支配力滥用的规制两个方面。关于合并控制方面，此次修订着眼于将德国现行的并购审查判断标准同欧盟的标准进行协调和一致，即正式接受欧盟的“严重妨碍有效竞争标准”（Significant Impediment of Effective Competition，SIEC）。未来德国反垄断机构将直接使用欧盟自 2004 年引入的 SIEC 标准来判断一项合并是否会显著地妨碍有效的竞争。然而，由于保留了现行的德国市场支配地位作为审核标准，上述 SIEC 标准的引入与原有审核标准的结合并不会给德国合并控制执法实践中带来十分显著的

---

* LL. M.，德国豪金律师事务所律师/合伙人。办公室：布鲁塞尔/Brüssel，电邮：s. hirsbrunner@ heuking. de感谢作者授权翻译该简评。

变化。

此外，对于通过多项并购交易来试图规避企业合并控制的行为，德国今后将按照欧盟合并控制条例中相关规定加以审查和处理，从而会更有效地规制类似的规避行为。

除此以外，在合并控制方面，德国的若干特色规定，例如，容忍规定、部长特许令以及小股权可审核性等仍然得以保留。针对媒体企业，此次修订也降低了对印刷媒体企业并购的监管力度。例如，营业额的计算将不再按照过去的20倍营业额进行累计，新法仅规定了8倍的营业额来进行计算。由此，对印刷媒体行业的合并监管的门槛被提高，监管力度被弱化，这有利于促进该行业的并购重组。

关于市场支配地位的滥用，新法并没有进行实体法上的明显修改，但是在结构上以及在适用程序方面进行了调整和优化。例如，作为判断市场支配地位的市场份额标准由原来的1/3提高到40%。尽管这一调整在数量上并非十分显著，但是对于可能被涉及审查的企业而言则是一个非常显著的解脱。多数观点认为，原有的1/3的标准与实际的市场状况和法律适用已不完全相符。此外，对于此前一直适用的不当获得竞争优势这一判断标准，在未来将被弱化，且仅适用于具有市场支配地位的企业，或者具有相对市场力的企业。

总之，此次修订使德国反限制竞争法，尤其是在合并控制方面，与欧盟法实现了协调与统一，从而提高了德国反垄断执法与欧盟法以及在国际的竞争法执法方面的可对话性和可比较性。这有利于德国反垄断当局更便利地实现与欧盟竞争委员会以及其他欧盟成员国反垄断执法当局的合作与协调，并在国际竞争执法层面上也有利于改善德国的国际对话性。德国《反限制竞争法》第

8 次修订突出地显示了欧盟法与德国法之间的从德国化到欧盟化的发展演变过程，体现了欧盟范围内法律一体化的进一步深化和发展。

欧盟竞争法适用于技术转让协议的集体豁免条例及其修订

张伟君

【摘　要】本文分析了第 772/2004 号欧共体委员会就《欧共体条约》第 81（3）条适用于技术转让协议的委员会条例（技术转让集体豁免条例，TTBER）以及同日颁布的《欧共体条约》第 81 条适用于技术转让协议的指南（委员会公告 2004/C 101/02）的制定背景以及主要内容，并对该协议和指南在 2014 年 4 月到期后的修改情况作了介绍。

【关键词】《欧盟运行条约》第 101 条　技术转让协议 集体豁免条例

欧盟竞争政策主要体现在《欧盟运行条约（TFEU）》[1] 第101条、第102条［原《建立欧洲经济共同体条约（EEC）》第85条和第86条，1997年《阿姆斯特丹条约》即《欧共体条约（EC）》第81条和82条）］以及有关企业合并的规定。其中，第85条是禁止企业通过协议来限制竞争的行为、第86条禁止企业

---

[1] 1991年12月11日欧共体首脑会议通过了以建立欧洲经济货币联盟和欧洲政治联盟为目标的《欧洲联盟条约（TEU）》（通称《马斯特里赫特条约》，并于1993年11月1日正式成立欧盟（EU），这时，欧共体（EC，European Communities）中三个共同体之一的欧洲经济共同体（EEC）也正式更名为欧洲共同体（European Communities，EC），《建立欧洲经济共同体条约》也改称《建立欧洲共同体条约》［简称《欧共体条约（EC Treaty）》，1997年《阿姆斯特丹条约》对此进行了重大修改］。根据"马约"规定，作为欧盟"三翼"（Three Pillars）之一的欧共体负责制定经济、社会、环境政策，是欧盟的主要支柱，但在欧共体内部和国际上越来越广泛地使用"欧盟"，故在1993年后"欧共体"和"欧盟"两种称谓并存使用，但法律文件仍用"殴共体"，一般称"共同体法律"（Community Law）或"欧共体法律"（EC Law）。不过，随着《里斯本条约》于2009年生效，欧共体彻底被欧盟所整合，《欧共体条约（EC Treaty）》更名为《欧盟运行条约（TFEU）》，此后，欧盟所颁发指令的编号的后缀就从"EC"改为"EU"了。1993年随着欧盟的建立，欧共体委员会同时也成为欧盟委员会。因为从1993～2009年，欧共体和欧盟是共存的，把"European Commission"翻译为"欧共体委员会"还是翻译成"欧盟委员会"都是没有问题的。因为本文所涉及的是2004年4月27日欧共体委员会就《欧共体条约》第81（3）条适用于技术转让协议的委员会条例（EC）No. 772/2004，所以正文中多数仍使用"欧共体委员会"的表述。

单方面的（unilateral）或其他的滥用市场支配地位的行为。❶

❶ 除此以外，由于第85条的措施［根据第85（2）条，限制性条款无效］无法满足对企业合并的控制，1989年欧共体理事会制定了第4064/89号协议，授权欧共体委员会审查、限制企业合并的权力。参见 Valentine Korah, *An Introductory Guide to EC Competition Law and Practice* (7th edition), Hart Publishing, 2000, at 5。

另外，竞争法意义上的“协议”与合同法意义上的“协议”有所区别：后者强调的是“意思自治”，即平等自愿地确定双方的权利义务。而前者强调的是“共谋（collusion）限制竞争”，协议只是通过“共谋”来限制竞争的一种形式，“共谋”的方式还有联合行为、协会决定等。在欧洲法院1968年对 Brasserie de Haecht v. Wilkin-Janssens (No. 1)［Case 23/67］案的判决中指出，这三个概念不需要分开辨别，如果三者难以区分的话可以整体考虑。但是，“共谋”并不意味着协议各方达成一致必然是完全出于自愿，相反，有时是被动的甚至是被迫的，比如，知识产权许可协议中，被许可方为了获得许可不得不接受许可方的种种限制。参见 D. G. Goyder, *EC Competition Law* (4th edition), Oxford University Press, 2003, at 66 – 7.

竞争法重点关注的是那些相互具有竞争关系（各自的产品、服务在市场上是相互竞争的）的企业通过共谋来限制各自的竞争、共同操纵市场的行为。由于这种限制竞争的协议当事人是处于同一层面的，所以被称为“横向限制竞争”的协议。而那些在市场上处于不同层面的企业，在市场中是相互补充的而不是相互竞争的关系，比如制造商和销售商、批发商和零售商、专利权人和被许可人之间的协议，就是一种纵向的协议，这种纵向协议中的限制是一方当事人对另一方当事人的单方面的限制。参见 D. G. Goyder, EC Competition Law (4th edition), Oxford University Press, 2003, at 68.

在欧共体有人曾经一度认为：第85条第（1）款不适用于纵向协议中的限制。但在1966年欧洲法院对 Consten and Grundig 案的判决中，法院作出结论：第85条适用于纵向协议。参见 Richard Whish, Competition Law, 3th edition, Butterworths, 1993, at 201, 以及 Alison Jones & Brenda Sufrin, EC Competition Law, Oxford 2001, at 107. 1966年意大利在欧洲法院起诉欧共体理事会和委员会时，认为第85条只适用于竞争者之间的横向协议，而不适用于销售、许可等纵向的协议，后者只有第86条才能适用。欧洲法院认为第85条没有区分纵向与横向协议，因此，第85条适用于任何协议中的限制。(Case 32/65 ［1966］ ECR389：［1969］) 参见 D. G. Goyder, EC Competition Law, (4th edition), Oxford University Press, 2003, at 49 ~ 50.

而且，即便是具有单边性质的行为（unilateral conduct），如果是以协议或联合行为的形式出现的，第85条仍然适用。也就是说，即使不具备市场支配地位，单方面的限制行为有可能是属于第85条所禁止的行为。当然，在一方具备市场支配地位的情况下，可以适用第86条来禁止。参见 D. G. Goyder, *EC Competition Law* (4th edition), Oxford University Press, 2003, at 68 ~ 70. 另参见 Richard Whish, Competition Law, (3th edition), Butterworths, 1993, at 199 ~ 201. 以及 Alison Jones & Brenda Sufrin, *EC Competition Law*, Oxford 2001, at 114.

协会的决定（decision by association）从表面上看可能是一个法律主体单边做出的决定，但是实质上代表了协会成员共同的意志，因此仍然属于共谋的范畴，属于第85条而不是第86条管辖的范围。参见 D. G. Goyder, *EC Competition Law* (4th edition), Oxford University Press, 2003, at 68.

第85（1）条是对通过协议（agreement）、或协会决定（decision by association）、或联合行为（concerted practice）来限制竞争的禁止性规定，而第85（3）条规定了上述协议或联合行为可以得到欧共体委员会“豁免”的条件，即能使消费者适当地分享因此产生的利润；能改善商品的生产或销售，促进技术或经济进步；并且为实现上述目的的限制竞争是绝对必要的或者限制竞争不得大到排除市场竞争的程度。

由于根据第85（3）条申报个别豁免（individual exemption）的限制性协议很多，为了减轻欧共体委员会的工作负担，欧共体理事会1965年通过第19号条例❶，授权欧共体委员会对某些普遍能够满足条约第85（3）条规定的协议或联合行为（仅限于两个当事人之间的）给予“集体豁免”（block/group exemption）❷，即宣布它们不适用条约第85（1）条的禁止性规定。“集体豁免”的作用就是进一步明确权利人行使权利是否违反竞争法的界限，就知识产权而言，也就是确定知识产权是否构成竞争法上的滥用的界限。

---

❶ REGULATION No 19/65/EEC OF THE COUNCIL. of 2 March 1965. on application of Article 85（3）of the Treaty to certain categories of agreements and concerted. practices. OJ P 36，6. 3. 1965，p. 533. amended by the Council Regulation（EC）N° 1215/1999 of 10 June 1999 http：//europa. eu. int/eur-lex/lex/LexUriServ/LexUriServ. do? uri = CELEX：31999R1215：EN：HTML.

❷ REGULATION No 19/65/EEC OF THE COUNCIL. of 2 March 1965. 参见该条例第1（1）、（3）条。至于为什么集体豁免仅限于两个当事人之间的协议，主要是考虑多个当事人共同达成的协议具有更大的限制竞争的危险，不适合采用集体豁免的方式。——笔者注。

欧共体委员会制定了许多与知识产权有关的纵向或横向协议[1]的豁免条例及其适用指南。目前有效的、最重要的是：2004年4月27日欧共体委员会就《欧共体条约》第81（3）条适用于**技术转让协议**的委员会条例（EC）No.772/2004（以下简称“772/2004条例”或TTBER）[2]以及同日颁布的《欧共体条约》第81条适用于技术转让协议的指南（委员会公告2004/C 101/02，以下简称“指南”）。本文试介绍该条例的内容及其正在修订的情况。

一、技术转让集体豁免条例与其他豁免条例的相互关系

欧共体委员会制定的与知识产权有关的纵向或横向协议的豁免条例其他相关的豁免条例还有：欧共体委员会就《欧共体条约》第81（3）条适用于**纵向协议和联合行为**的委员会条例（EC）No.2790/1999（以下简称“2790/1999条例”）；欧共体委

---

[1] 就知识产权许可协议而言，在通常情形下是属于相互没有竞争关系的企业之间订立的一方向另一方许可知识产权的纵向协议；但是也有可能是相互具有竞争关系的企业之间订立的横向协议，比如交叉许可相互竞争的技术或相互许可用于制造相互竞争的产品的技术；设立专利联合（专利池）的协议；共同参与研发的协议等。参见欧共体委员会第772/2004号条例。

[2] http：//europa. eu. int/eur-lex/pri/en/oj/dat/2004/l_ 123/l_ 12320-040427en00110017. pdf.

员会就《欧共体条约》第81（3）条适用于**专业化协议**的委员会条例（EC）No. 2658/2000（以下简称“2658/2000条例”）；欧共体委员会就《欧共体条约》第81（3）条适用于**研发协议**的委员会条例（EC）No. 2659/2000（以下简称“2659/2000条例”）。这些条例之间的是怎样的关系呢？

772/2004条例适用于两个企业间关于技术许可❶的协议，即为了生产产品（或提供服务）的目的，许可方许可被许可方使用被许可的技术。❷ 但对于在技术许可协议中包含有产品购买和销售的条款，只要这些条款不是该协议的主要标的，而且是与许可技术的应用直接有关的（常常是搭售设备或零部件），772/2004条例仍然适用。❸

2658/2000条例可适用于两个或两个以上企业同意联合生产某些产品的联合生产协议，并扩展到知识产权的转移或使用，但知识产权不是该协议的主要标的，只是对履行该协议是直接相关和必要的。如果协议当事人成立了一家生产型的合资企业，并许可该合资企业使用技术来生产产品，这种技术许可协议不适用772/2004条例，而适用2658/2000条例。但是，如果成立该合资企业并向其许可技术，是为了将该技术许可给第三方，与合资企业的生产无关，这种许可安排就是把各方的技术聚合起来成立技术池（technology pool），所以不适用2658/2000条例，而适用

❶ 包括“分许可”协议。参见指南第Ⅱ部分第48条。如果技术转让（assignment）协议中，转让方仍然需要承担技术实施的风险的，这种转让协议被视为许可协议。772/2004条例第1.1（b）条。

❷ 772/2004条例“鉴于”条款第7条，指南第Ⅲ部分第56条。

❸ 772/2004条例第1.1（b）条以及指南第Ⅱ部分第49条。

“指南”第Ⅳ.4 部分的规定。❶

2659/2000 条例适用于两个或两个以上企业同意联合进行研发并联合利用研发成果的研发协议。这种协议中也可能包含技术许可。如果这种许可是研发协议的当事人之间的许可，或者是由研发协议的当事人许可给一个联合实体的（包括联合团队、联合组织或联合企业），不适用 772/2004 条例，而适用 2659/2000 条例。但是，如果是将研发成果许可给研发协议外的第三方的，这种许可不适用 2659/2000 条例，而适用 772/2004 条例。❷

2790/1999 条例适用于两个或两个以上的企业之间订立的供应或销售的纵向协议，即各方为了实现合同目的在生产或销售链的不同层面进行运作，而且与购买、销售、再销售某种商品或服务的条件有关。当技术转让协议中的被许可人，又是上述纵向供货协议（销售根据许可的技术生产的商品）的供应商时，技术转让协议适用 772/2004 条例，而供货协议适仍用 2790/1999 条例。当技术转让协议中规定了被许可人必须销售根据许可技术生产的商品的义务，特别是被许可人有义务建立某种诸如独占性销售或选择性销售的销售系统时，这种技术转让协议仍可以根据 772/2004 条例享受集体豁免；不过被许可人（销售商）为了履行上述义务而订立的销售协议，则必须符合 2790/1999 条例才能获得集体豁免，而根据 2790/1999 条例第 4（b）条的规定，销售商必须享有在其他独占性销售商的地域进行消极销售的自由。❸ 但是，当各被许可人使用属于许可人的共同品牌来销售根据许可技术生

❶ 指南第Ⅲ部分第 57 – 8 条。

❷ 指南第Ⅲ部分第 59 ~ 60 条。

❸ 指南第Ⅲ部分第 61 ~ 63 条。

产的产品时，2790/1999 条例规定的集体豁免的理由可以适用。[1]另外，在供应或销售合同中还常常会发生商标许可，这种商标许可与使用、销售、再销售货物或服务直接有关，如果不属于销售协议的主要标的，该商标许可适用 2790/1999 条例，而不适用 772/2004 条例。[2]

二、技术转让集体豁免条例的内容

欧共体委员会在颁布 772/2004 条例的同时，还颁布了指南。这两份文件是在废除了欧共体委员会 1996 年制定的第 240/96 号条例之后制定的新的关于技术转让协议集体豁免的条例和指南。该条例自 2004 年 5 月 1 日起生效，有效期 10 年，但是在 2004 年 5 月 1 日至 2006 年 3 月 31 日期间，对于在 2004 年 3 月 30 日已经生效的协议，如果其不符合该条例的豁免条件却符合第 240/96 号

---

[1] 根据 2790/1999 条例，每个被许可人都是一个独立的供应商，因此，销售商必须原则上享有在被根据许可技术来制造他们自己产品的其他被许可人的销售系统所覆盖的地域进行积极或消极销售的自由。但是，当各被许可人使用共同品牌标识来销售根据许可技术生产的产品时，在各被许可人的销售系统之间的限制与在一个单一的纵向销售系统中的限制是同一类型的，所以，2790/1999 条例规定的集体豁免的理由同样适用。在这样的情形中，只要符合 2790/1999 条例的要求，欧共体委员会一般不会对这种限制进行干预。参见指南第Ⅲ部分第 64 条。

[2] 指南第Ⅲ部分第 53 条。

条例的豁免条件的，该条例不予适用。[1]

第772/2004号条例与第240/96号条例相比发生了许多重大的改变。

第一，对适用的技术转让协议中的“技术”的范围进行了扩大。原条例中的“技术许可”仅仅限于纯专利[2]、纯技术秘密及专利和技术秘密混合的许可，而其他知识产权（商标、外观设计、版权，尤其是软件）的许可只能为了专利或技术秘密许可的目的而存在于许可协议中的时候，才得以适用。[3] 而新条例明确将“技术”的范围扩大到“受版权保护的软件”[4]，而且将“专利”的范围扩大到包括“外观设计”[5]。“技术秘密”（know-how）的定义也扩大界定为不受专利保护的“实用信息”（practical information），而不仅仅限于“技术信息”的范畴。[6] 这样，该条例对各种知识产权的适用范围明显扩大。

第二，对适用的技术转让协议中的“协议”的范围进行了扩大。原条例没有明确集体豁免是否适用于相互具有竞争关系的企业间订立的许可协议（从理论上讲是适用的）；但是明确地排除了的相互具有竞争关系的当事人间的“交叉许可”（reciprocal li-

---

[1] 772/2004条例第10~11条。

[2] 这里的专利包括专利申请、实用新型、实用新型注册申请、半导体产品图、药品或其他产品的补充保护证书、植物育种者证书等。参见240/96条例第8（1）条。

[3] 240/96条例“鉴于”条款第4条和第6条。

[4] 772/2004条例第1.1（b）条。

[5] 772/2004条例第1.1（h）条。

[6] 772/2004条例第1.1（i）条。另外参见240/96条例第10（1）条。

cences）协议的适用[1]。而新条例则明确“协议”包括“联合行为”（concerted practice）[2]，而且明确适用于两个企业间的“交叉协议”（reciprocal agreement）[3]。特别是新条例在确定是否豁免的标准时，强调相互具有竞争关系的企业（competing undertakings）订立的许可协议更具有危险性，并以是否具有竞争关系作为衡量的一个重要标准[4]，这也反过来说明新条例明确适用于相互具有竞争关系的企业间订立的许可协议。不过，新条例仍然不适用于为了设立技术池（technology pools）而订立的许可协议。[5] 值得一提的是，为了对技术池（technology pools）协议有所规范，在欧

---

[1] 240/96 条例第 5.1（3）条。除非这种交叉许可的当事人在共同市场内制造、使用或销售许可的产品或使用许可的技术不受任何地域限制。参见 240/96 条例第 5.2（2）条。

[2] 772/2004 条例第 1.1（a）条。“联合行为”的概念是很不确定的，比较宽泛和模糊。它涵盖企业之间任何形式的合作行为，但不是一个真实的协议。参见 D. G. Goyder，*EC Competition Law*（4th edition），Oxford University Press，2003，at 67. 联合行为在实践中一般都表现为具有竞争关系的企业间的横向限制。——笔者注。

[3] “交叉协议”（reciprocal agreement）是指两个企业在一个或几个合同中相互授予专利、技术秘密和软件版权的许可（或混合许可），并且这些许可涉及的是相互竞争的技术或可以被用来制造相互竞争的产品。“非交叉协议”（non-reciprocal agreement）是指一个企业单向授予另一个企业技术许可，或者交叉许可非相互竞争的技术或用于生产非竞争产品的技术。参见 772/2004 条例第 1.1（c）、（d）条。

[4] 指南第Ⅱ部分之 4。

[5] 772/2004 条例“鉴于”条款第 7 条。

共体委员会的“指南”中，专门对技术池问题进行了规定。❶

第三，针对原条例中规定的“三色清单”，即可以得到豁免的限制竞争条款（白色条款）、不能得到豁免的限制竞争条款（黑色条款）以及可能得到豁免的限制竞争条款（灰色条款）过于形式化、过于僵化、过于复杂，而使企业如同穿上了“紧身衣”的抱怨，欧共体委员会采纳了2001年12月20日“委员会评估报告”的建议，不再采用上述详尽的“三色清单”的模式来规定有关限制条款是否能够适用集体豁免，而采用制定一个“宽泛的、伞状的”集体豁免条例再加上一系列详尽的“指南”的形式。❷ 新条例首先确定了一个“市场份额门槛”（market-share thresholds），对许可协议的参与方不到一定市场份额的，规定了可以享受豁免的“安全港”（safe harbour）。❸ 然后，确定了不可以享受豁免的严重的限制竞争条款，即“赤裸裸的限制”（hard-core restrict）。❹ 接着又规定了“被排除的限制”（excluded restric-

---

❶ 该指南第Ⅳ部分之4。关于Pool为什么不在技术转让集体豁免条例的范围，一方面是因为它涉及多方的协议，而集体豁免只涉及双方的协议；另一方面是因为技术转让的主要目的是生产产品（当然也允许分许可），而Pool的主要目的是向第三方许可聚合的技术。——笔者注。参见该指南第41－2条。

❷ Commission Evaluation Report. on the Transfer of Technology Block Exemption Regulation. N° 240/96 Technology Transfer Agreements Under Article 81. Commission of the European Communities. Brussels, 20.12.2001. COM (2001) 786 final. 第76、175、178段。http://europa.eu.int/eur-lex/lex/LexUriServ/site/en/com/2001/com2001_ 0786en01.pdf。

❸ 772/2004条例第3条以及指南第Ⅲ部分之3。

❹ 772/2004条例第4条。

tions)。[1] 最后，还规定了委员会以及各成员国竞争执法机构在个别案件中拥有收回集体豁免以及委员会宣告不适用集体豁免的情形。[2]

从上述规定的框架来看，新条例不再列举可以豁免的“白色清单”以及可能豁免的“灰色清单”等繁杂而又模糊的条文，只是规定了可以豁免的“安全港”和不可以豁免的情形（简化了的“黑色清单”)，使得该豁免条例比原先的条例简练而明确。[3] 这样，企业只需要注意避免那些不可以豁免的严重的限制竞争条款，而无需过多担心那些可能违法的条款，这样可增加企业对技术转让的积极性，促进技术的转让。[4]

第四，也是最重要的是，新条例在上述形式上的改变，还反映了欧共体委员会对于技术转让协议中的各种限制的看法有了重大的改变。欧共体委员会认为，“因为技术转让能够减少研发上的重复、增强基础研发的动力、刺激创新的增加、促使技术的扩散和加大产品的市场竞争，因此技术转让协议通常可以提高经济效益和促进竞争的。”[5] “要使出现这种提高效益和促进竞争效果的可能性，大于因在技术转让协议中的限制条款而产生限制竞争后果的可能性，取决于订立协议的企业拥有的市场力量的程度，

---

[1] 772/2004 条例第 5 条。

[2] 772/2004 条例第 6 ~7 条。

[3] 772/2004 条例“鉴于”条款第 4 条。

[4] 不过，对于该条例没有涉及的许可协议中的众多限制（如许可费义务、独占和独家协议、销售限制、产量限制、使用领域限制、控制使用［captive use］限制、搭售和捆绑、不竞争的义务等)，在“指南”中仍然进行了详细分析。参见该指南第Ⅳ部分之 2。

[5] 772/2004 条例“鉴于”条款第 5 条。

以及这些企业所面临的来自拥有替代技术或制造替代产品的企业的竞争的程度。”[1] 因此，欧共体委员会在新条例中对于限制性协议是否能够豁免，不是像过去那样简单地规定这些限制是否属于欧共体条约第 81（1）条所禁止的范围，而是考虑多种因素，特别是相关技术市场和产品市场的结构（市场份额）和活力（竞争程度）。[2] 也就是说更关注的是限制的实际后果，而不仅仅是限制的法律形式。因此，新条例有了下面两个重要的特点。

首先，新条例强调了企业拥有的市场份额对竞争的影响。新条例规定了一定市场份额范围内可以豁免的“安全港”。根据协议当事人在其有影响的相关技术市场和产品市场是否具有竞争关系，对于相互竞争的企业订立许可协议的，如果其**合并**的市场份额没有超过 20% 的；对于相互没有竞争的企业订立许可协议的，如果其**各自的**市场份额没有超过 30% 的，均可以豁免。[3] 但是，如果在平行网络中的同类限制性协议在相关市场中的份额已经大于 50% 时，欧共体委员会将宣告这些协议不适用集体豁免。[4]

其次，新条例强调了相互竞争的企业订立限制性协议和相互没有竞争的企业订立限制性协议对竞争的不同影响。由于相互竞争的企业订立的许可协议更具有限制竞争的危险，因此，无论是在“市场份额门槛”的确定，还是在可能构成“赤裸裸的限制”的条件方面，新条例区别相互竞争的企业订立限制性协议和相互

---

[1] 772/2004 条例“鉴于”条款第 6 条。

[2] 772/2004 条例“鉴于”条款第 8 条。

[3] 772/2004 条例第 3 条。简单地说，如果订立协议的企业拥有的市场力量不够，即使规定了限制性条款，也不足以限制竞争。——笔者注。

[4] 772/2004 条例第 7 条。

没有竞争的企业订立限制性协议可以豁免或不能豁免的不同条件。总体上说，对于相互没有竞争的企业订立的限制性协议，其能够豁免的条件更为宽松，其可能构成"黑色清单"条款的情形大大减少。[1] 另外，相互竞争的企业之间许可的是竞争技术，还是非竞争技术，其对竞争的限制程度也是有区别的，因为非竞争技术的许可能够促进相互竞争的企业间的"技术外的竞争"。[2] 所以，如果相互竞争的企业许可或者交叉许可的是非竞争技术（属于"非交叉协议"[non-reciprocal agreement]），那么在这些协议中的限制更不容易成为"赤裸裸的限制"；如果相互竞争的企业交叉许可了竞争技术（属于"交叉协议" [reciprocal agree-

---

❶ 772/2004 条例第 3～5 条。相互竞争的企业订立的限制性协议比相互没有竞争的企业订立的限制性协议，更有可能对竞争产生限制作用。参见指南第 26 条。相互竞争的企业包括在相关技术市场上的相互竞争企业和在相关产品市场上的相互竞争企业。前者是指企业都在许可相互竞争的技术而没有侵害各自的知识产权的情形（技术市场上的实际竞争者）；后者包括两种情形，一是在没有技术转让协议的时候，企业都在市场上出售竞争产品而没有侵害各自的知识产权的情形（产品市场上的实际竞争者），二是在理想状态下，企业将进行必要的投资以便及时进入相关产品的市场，却不会侵害各自的知识产权的情形（产品市场上的潜在竞争者）。参见条例第 1.1（j）条。技术市场上的潜在竞争者不在 772/2004 条例的考虑范围之内。参见指南第 30 条。如果没有技术转让协议，企业就不会成为实际的或潜在的竞争对手，这样的企业就被视为不具有竞争关系的企业。参见指南第 27 条。

❷ 利用相互竞争技术（competing technology）的竞争属于"技术间的竞争"（inter-technology competition）；利用非竞争技术（同种技术 same technology）的竞争属于"技术外的竞争"（intra-technology competition）。技术外的竞争可以促使含有该技术的产品降低价格，这不仅有利于消费者，更可以起到刺激使用竞争技术的企业间进一步竞争的作用。因此，技术外竞争对技术间竞争具有补充作用。参见指南第 26 条。

ment]），那么在这些协议中的限制更容易成为“赤裸裸的限制”。[1]

第五，与欧共体竞争法执法的“现代化”有关，从2004年5月1日起，欧共体委员会不再对限制竞争协议进行“个别豁免”，而是把欧共体竞争法的适用集中到各成员国的法院和国内的竞争执法机关，从此，各成员国法院可以直接适用第81（3）的规定来认定有关协议是否违反了第81（1）条。[2] 但是，欧共体委员会保留了公共执法者的角色，对那些同类的限制性协议平行网络（parallel network）[3] 累积的效果如果已经达到不符合第81（3）条的条件的，有权收回（withdraw）集体豁免[4]；对相关市场进行限制的同类技术转让协议的平行网络已经覆盖相关市场的50%以上时，有权制定条例宣告（declare）那些协议不适用该豁免

---

[1] 772/2004条例第4.1（b）、（c）条。

[2] Duncan Curley，Intellectual Property Licences and Technology Transfer，Chandos Publishing，2004，at 16－7。

[3] “平行网络”是根据2002年12月16日关于实施欧共体条约第81条和第82条竞争规则的欧共体理事会条例（EC）No. 1/2003建立的平行资源系统（system of parallel competences），欧共体委员会和各成员国竞争执法机构（NCAs）通过该系统来适用第81条和第82条，他们一起形成了一个公共执法的网络：他们为公共利益而工作，并为保护竞争而紧密合作。该网络是在适用和执行欧共体竞争政策方面进行讨论与合作的一个论坛。它给欧洲各竞争执法机构在适用第81条和第82条方面提供了一个合作的框架，也是在欧洲建立和保持一个共同的竞争文化的基础。该网络被称为“欧洲竞争网络（ECN）”。参见欧共体委员会2004年4月27日关于在竞争执法机构网络内合作的通告（2004/C 101/03）第1条。

[4] 772/2004条例第6条。

条例。[1]

总之，欧共体委员会第772/2004号条例废除了列举豁免条款清单的模式、强调了根据市场力量的程度来确定协议能否豁免，明确了不能在协议中设置的限制和条款，从而简化了法律的结构和适用，以期待最终满足保障企业有效竞争、给企业提供充分法律安全的要求。[2]

三、技术池（technology pools）协议

由于新技术趋于复杂化，技术协作和技术联合显得越来越重要，技术的多边许可也越来越常见。多边许可经常以多边“技术池”的形式出现。所谓“技术池”，在欧共体关于技术转让协议的指南中是指两方或多方将技术集合成一个技术包（package），目的在于既向组成该技术池的成员许可该技术包，也向第三方许可该技术包。技术池可以是少数几个成员之间的简单协议，也可以建立起一个组织，委托由该组织颁发上述技术包的许可。[3]

如前所述，欧共体技术转让协议集体豁免条例仅适用于双边的许可协议（包括双边的交叉许可），不适用于多边许可（multi-party licences）。因此，有关技术池的协议适用欧共体竞争法的问

---

[1] 772/2004条例第7条。

[2] 772/2004条例“鉴于”条款第4条。

[3] 该指南第Ⅳ部分之4，第210条。技术池中的技术应该是享有知识产权（专利、技术秘密、版权等）保护的技术。——笔者注。

题，是在欧共体关于技术转让协议的指南中加以规定的。不管是两方还是多方设立技术池，有关设立技术池的协议以及规定该技术池运作惯例和条件的协议，都不适用集体豁免条例，而适用指南的规定。但是，由技术池向第三方授予单个许可的协议，还是可以根据技术转让协议集体豁免条例的规定予以豁免。[1]

（一）设立技术池协议中的限制竞争问题

技术池的设立既可能提高效率、促进竞争，也可能限制竞争，这很大程度上取决于技术池内所集合的技术之间的关系，以及所集合的技术与技术池外的技术之间的关系。[2] 欧共体委员会针对三种不同情形分别予以处置。

第一，如果技术池是由相互替代的技术（substitute technologies）[3] 构成的，违反条约第81（1）条；而且，如果技术池在很大程度上是由相互替代的技术组成的，也不太可能满足第81（3）条规定的豁免条件。因为：第一，把相互替代的技术集合在技术池内，使得技术池的参与方可以联合起来运用市场力量，各方就很可能不再有积极性去单独许可各自的技术（否则就破坏了该技术池），这样，相互的技术竞争就受到了限制；第二，把相互替代的技术集合起来，并不会产生交易成本的节约，即使没有这样的技术池，被许可人也不会产生对两个相互替代的技术同时的需

---

[1] 该指南第Ⅳ部分之4，第212条。

[2] 该指南第Ⅳ部分之4，第213－5条。

[3] 相互替代的技术，与相互补充的技术（complement technologies）相反，是指两个技术中的任何一个都可以使持有人生产与该技术相关的某个产品或使用与该技术相关的某个工艺。参见该指南第Ⅳ部分之4，第216条。

求。于是，这种技术包的许可实质上变成了捆绑许可，变相提高了许可使用费，更为严重的是导致了相互竞争的各方固定了技术的价格。[1]

第二，如果技术池完全是由关键技术（essential technology）[2]组成的，因此也是必要的而且补充的技术，那么，这种技术池的设立一般不会违反第81（1）条（不考虑当事人的市场地位）。[3]

第三，如果技术池是由非关键技术（比如，在技术池外存在可替代技术，或者该技术对于制造与技术池有关的产品不是必要的技术）组成的，但又是相互补充的专利技术，这种技术池存在着排斥第三方技术的危险性。因为一旦这样的技术进入技术池，并作为技术包的一部分许可给第三方，被许可人就很可能没有积极性去获取与该技术相竞争技术的许可，因为他所支付的技术包的使用费中已经包含一个可替代技术的费用。而且，技术池中所包括的非必要技术，也使得被许可人不得不为他们可能不需要的技术支付使用费，这样，相互补充的专利技术就变成集体捆绑了。因此，如果一个技术池中含有非关键技术，而该技术池又在相关市场拥有显著地位的话，这种技术池协议很可能违反第81（1）条。[4] 对于由非关键技术构成的技术池是否会限制竞争，欧

---

[1] 该指南第Ⅳ部分之4，第219条。

[2] 关键技术，与非关键技术相反，是指在技术池内或技术池外都没有可替代的技术，而且该技术是用于制造与技术池有关的产品或使用与技术池有关的工艺所不可或缺的技术，或者该技术中至少含有一个有效的知识产权。关键技术总是必要而且是补充的。参见该指南第Ⅳ部分之4，第216条。

[3] 该指南第Ⅳ部分之4，第220条。

[4] 该指南第Ⅳ部分之4，第221条。

共体委员会将考虑多种因素进行综合评估。[1]

应该注意的是，技术池中的技术是否是关键技术，不是一成不变的。在技术池设立时属于关键技术，但是，在技术池设立后由于出现了第三方的新技术（替代技术），那么关键技术就变成非关键技术了。所以，对于技术的关键性的评估也应该是一个动态的过程。[2]

（二）技术池许可协议中的限制竞争问题

上面已经提到，技术池成员间的双边交叉许可协议以及技术池与第三方之间的技术转让协议都可以适用集体豁免条例（TT-BER）。但是，欧共体委员会也在关于技术转让协议的指南中，针对技术池许可协议中的限制的特点，确立了几个原则来评估其对竞争的影响：

（1）技术池的市场地位越强，其限制竞争的危险越大；

（2）拥有强市场地位的技术池应该是开放的、非歧视性的；

（3）技术池不应不当地排斥第三方的技术或限制替代技术池的设立。[3]

根据上述原则，欧共体委员会又作了进一步的规定：

（1）如果一个技术池具有市场支配地位，那么，许可费和其他许可条件就应该公正（fair）和无歧视（non-discrimination）；[4]在技术池的基础上产生技术标准的情形下，欧共体委员会还鼓励

---

[1] 该指南第Ⅳ部分之4，第222（a）、（b）、（c）、（d）条。

[2] 该指南第Ⅳ部分之4，第222条。

[3] 该指南第Ⅳ部分之4，第224条。

[4] 该指南第Ⅳ部分之4，第226条。

在技术标准确立之前而不是在标准确定后就确定许可使用费，这样可以避免在标准的选择过程中把那些具有明显市场力量的关键技术放入标准中，有助于促进竞争。❶

（2）如果一个技术池具有市场支配地位，那么，许可应该是非独占（non-exclusive）的。❷

（3）许可方和被许可方必须能自由开发相竞争的产品和技术标准。❸

（4）许可方和被许可方必须能自由地从技术池外获得许可，并自由地向技术池外进行许可。❹

（5）回授（grant back）的义务应该是非独占的，并且回授仅限于用来对使用技术池中的技术是关键或重要的开发。❺

（6）为了限制在技术池中掩藏无效的专利，在被许可方对专利的有效性提出异议时，宣布终止许可的权利必须仅限于对其提出异议的被许可方拥有的技术，而不能扩大到技术池中由其他许可方拥有的技术。❻

（三）技术池的组织运作与限制竞争问题

一个技术池是否具有限制竞争的目的、是否会产生限制竞争的后果，与该技术池的产生、组织和运作方式有着直接的关系。一个良好的机构框架有助于该技术池减少限制竞争的危险、保障

❶ 该指南第Ⅳ部分之4，第225条。

❷ 该指南第Ⅳ部分之4，第226条。

❸ 该指南第Ⅳ部分之4，第227条。

❹ 该指南第Ⅳ部分之4，第227条。

❺ 该指南第Ⅳ部分之4，第228条。

❻ 该指南第Ⅳ部分之4，第229条。

该技术池产生促进竞争的效果。在以该技术池为基础设立技术标准的时候，尤其需要一个良好的组织框架来保证其不违反竞争政策。❶ 因为一旦一个享有知识产权保护的技术成为某个技术标准中的关键技术，那么该技术的权利人就会具有强大的市场地位，就完全有可能滥用其市场地位。为此，欧共体委员会关于技术转让协议的指南中对于管理技术池的机构框架进行了特别的规定。

第一，关于参与者的开放度。如果一个技术池或标准的产生过程是允许所有代表不同利益的各方公开参与的，而不仅仅是由有限的技术所有人组成的，那么，在选择什么样的技术进入技术池时，会更多地以技术的性价比（价格和质量）考虑为基础，选择质优价廉的技术。同样，如果该技术池的有关机构是由代表不同利益的人组成的，而不是由技术许可方的代表所掌控的话，在技术许可的条件（包括许可使用费）上就可能更会公开和非歧视，并反映所许可技术的真实价值。❷

第二，关于独立专家的作用。评估某个技术对以技术池为依托的技术标准是否具有关键作用，常常是一项很复杂的事情，需要特殊的专家。独立专家在技术池产生和运作中的参与程度，关系到实践中是否能做到在技术选择过程中只有那些关键技术被包括进去。因此，在专家的选择和发挥他们的实际作用方面，必须强调他们与组成技术池的企业之间的独立性。如果他们受制于那些企业，即使他们参与了上述过程，也起不到重要作用。另外，

---

❶ 设立技术池的目的和运作方式有多种，比如进行相互的交叉许可、建立合资企业等。其中，以技术池为基础形成一个事实上的或法律上的产业标准，是一种常见的现象。参见该指南第Ⅳ部分之4，第211条。

❷ 该指南第Ⅳ部分之4，第231条。

独立专家必须具备必要的专业技能来进行那些受托的工作，包括评估那些进入技术池的技术是否有效（是否享有知识产权）以及他们是否是关键技术。❶

第三，关于敏感信息的控制。在由寡头垄断（求大于供）的市场中，诸如价格、产量等敏感信息的交换可能会导致相互串通和共谋。技术池的设立实质上形成了一个由少数许可方垄断的技术市场，因此，要采取一定的保障措施来避免许可方之间交换那些敏感信息。欧共体委员会认为，独立专家或许可组织在这方面可以起到重要作用，他们应保证不向那些市场上相互竞争的企业公开那些对计算或确定技术许可使用费所必需的产量和销售数据。❷

第四，关于争议的解决机制。越是把争议的解决交给独立于技术池及其成员的机构或人员，该争议就越可以用一种中立的方式来解决。

欧共体委员会的上述规定将有助于保证在技术池以及技术标准形成中程序的公开与透明，并有助于技术池以及技术标准形成后有关知识产权许可条件的公平与合理，可望最大限度地降低技术池可能产生的限制竞争的后果。

---

❶ 该指南第Ⅳ部分之4，第232－3条。

❷ 该指南第Ⅳ部分之4，第234条。

四、技术转让集体豁免条例的修订

技术转让有助于创新成果的扩散，可以促使企业相互合作使用互为补充的技术，因此，技术转让对于经济发展和消费者的福祉是至关重要的。但是，技术转让协议也可能对市场竞争产生阻碍作用。比如，两个相互竞争的企业可以通过技术协议来划分市场，或者一个具有重要地位的技术许可方可能会通过在技术转让合同中设置限制性的条件来排斥另一方使用相互竞争的技术。

为了在促进技术创新和维护市场公平竞争之间达成平衡，如何规范知识产权权利人许可其权利给市场中的其他参与者，是一个关键。对此，欧盟的技术转让集体豁免条例（TTBER）确立了如何把欧盟禁止卡特尔和限制性商业做法的竞争法规则（《欧盟运行条约（TFEU)》第101条）适用于技术转让协议的规则，那些被认为对竞争没有损害的协议将得到豁免。当然，要符合豁免条件的话，首先，该协议所产生的积极效果超过了协议中固有的对竞争的限制；其次，该协议是在占市场份额不到20%的竞争者之间订立的，或者是在占市场份额不到30%的非竞争者之间订立的。而且，那些诸如固定价格等赤裸裸的限制，是无论如何都难以获得豁免的。

技术转让集体豁免条例（TTBER）自2004年5月生效，于2014年4月失效。为了修订完善该条例，确保该条例能既反映目前的市场现实，又能促进相互没有竞争关系或者有竞争关系的竞争者订立有利于经济发展的不会对竞争造成危害的技术转让协议，欧盟委员会征询利益相关方对该集体豁免条例以及相关指南在实际应用中存在的问题提出意见和建议，有 10 多个组织和 20 多个个人提出了意见。❶ 比如，美国律协的反托拉斯法、国际法和知识产权法等三个分部联合提出的建议❷认为：目前的集体豁免条例以及指南总体上运行良好，也促了有助于市场竞争的许可交易。尤其赞赏欧盟认可以下观点：（1）许可协议可以集合相互补充的资产，促进创新技术的扩散，因此总体上是促进竞争的；（2）许可协议通过降低成本、推出新产品，推动在研发领域的更大投资（因有不断增加的收入预期），从而对消费者带来利益；（3）专利并不必然产生那种很可能具有限制竞争效果的市场支配力。因此，没有理由彻底修改或者偏离该集体豁免条例以及指南中所确立的基本原则。

所以，美国律协认为在一些特定领域提供更多的指南或区分，并加以有重点地修改，可以更好地实现该集体豁免条例以及指南的目标。美国律协建议的主要内容包括：

（1）进一步加强对竞争者的界定，明确区分竞争者和非竞争者（Competitors and Non-Competitors）。尤其是，当协议双方相互

---

❶ 这些建议可以在欧盟官网上获取：http：//ec. europa. eu/competition/consultations/2012_ technology_ transfer/index_ en. html。

❷ Joint Comments of the American Bar Association's Section of Antitrust Law, Section of International Law and Section of Intellectual Property Law on Commission Regulation on the Application of Article 81(3) of the EC Treaty to Categories of Technology Transfer Agreements and Commission Notice on Guidelines on the Application of Article 81 to Technology Transfer Agreements, February 13, 2012, http: //ec. europa. eu/competition/consultations/2012_ technology_ transfer/americanbarassociation_ en. pdf.

之间存在制约关系（blocking positions），比如，各自拥有相互制约的专利的时候，是否属于相互竞争者。

（2）由于市场是难以界定的，而且技术市场份额是动态变化的，对于该集体豁免条例以及指南只是以市场份额为标准来判断是否可以进入安全港，要加以重新评。也可以考虑用可替代的研发成果（alternative R&D efforts）❶ 的数量来替代市场份额标准。

（3）对于技术改进的回授（grant-backs）应该要有更为宽容的态度，特别是那些可以与被许可技术可以分离的技术改进（severable improvements）。

（4）关于"诉讼和解和放弃主张协议"（settlements and non-assertion agreements）的指南条文，需要进一步明确。

（5）对于在技术池中包含替代技术的情形，建议要进行竞争效果的分析；对于技术池成员能对第三方提出的专利权主张进行回应的情形，要提供指南意见。

（6）建议对不受该集体豁免条例管辖的协议如何处理提供指南意见，尤其是如何区分赤裸裸限制与非赤裸裸限制以及对使用领域限制的问题。

欧盟委员会应该马上会公布新的集体豁免条例，上述机构和公众的建议是否会体现在新的条例中，让我们拭目以待。

---

❶ 这是指非技术许可协议的当事方所控制的一些技术。对于使用者来说成本相当的情况下，这些技术可能作为被许可技术的替代技术。

第六篇

书　　评

书评：《知识产权与竞争政策的交互影响》

（［英］Steven D. Anderman 编，
梁思思、何侃译，电子工业出版社 2012 年版）

梁思思*

---

* 德国慕尼黑大学法学博士（知识产权方向），上海万慧达律师事务所律师。

2012年年初，电子工业出版社的一位主编通过国家知识产权局的项目联系我，请我翻译这本书时，我还是一名在马克斯普朗克知识产权法与竞争法研究所学习的博士生。我博士课题的研究内容是专利池对解决专利灌木丛、专利反公共问题的作用及其在现行欧美反垄断法制度下的可行性问题，这涉及知识产权法与反垄断法两个领域的交叉研究。所以，当我见到这本书的书名以及目录时，立刻来了兴趣——能有机会驱使自己去细细嚼读一本与自己博士论文相关的专业书籍，当然是求之不得的幸事。

一、关于书名及本书的背景

本书的原名为“The Interface Between Intellectual Property Rights and Competition Policy”。望文生义，本书的内容必然是既涉及知识产权，也涉及竞争政策。然而，“Interface”该为何解？这着实让我们费了一番脑筋。英文字典上对“Interface”的解释为“界面；接口；接触面”。直接生搬硬套显然不当。直到对本书的内容有了一个较深入的理解之后，我们才最终将本书的译名确定为“知识产权与竞争政策的交互影响”。❶ 这是因为，这本书不仅仅局限于介绍几个主要国家或区域内的知识产权法律制度与

❶ 本书正式出版时，编辑没有采用我们提供的译名，而是将书名译为《知识产权与竞争策略》。译者认为这大大背离了本书的内容及原书作者的创作目的。或许出版社编辑有其他考虑，未可得知。不过，出于忠实原著的目的，本文仍采用“知识产权与竞争政策的交互影响”这一译名。

竞争法制度，还包括进一步讨论各国如何处理这两个法律制度之间的交互关系，甚至是二者之间的冲突。

既然是探讨知识产权法律制度与竞争法制度及政策之间所发生的相互影响，那么随之而来的问题就是，这种影响具体表现为何种形态与方式，产生影响的法律基础何在以及这种影响延伸至何种程度，等等。在美国、欧盟以及日本等经济发达且较早建立知识产权保护与竞争法制度的国家与地区，这些问题早就摆在了立法者与司法机关面前，并已经在一定程度上得到了解决。如今，一些后发的经济活跃的国家与地区也不可避免地面临着这些问题。2003 年，新加坡政府宣布要为新加坡引入竞争法制度的立法计划。鉴于竞争法与知识产权法之间的紧密联系，新加坡知识产权协会邀请英国埃塞克斯大学法学院专门从事知识产权法与竞争法制度相互影响的史蒂文 · D. 安德曼（Steven D. Anderman）教授来带领一个由来自各国学者所组成的研究团队，对知识产权保护制度与竞争政策在不同国家法律体系下的交叉影响问题进行研究。其主要目的一方面是为了收获学术研究成果，另一方面则是为负责新加坡竞争法立法和执行的人士提供可参考的政策选项。本书原著就是将各国学者的研究成果整合而成的一本学术论文集。

二、本书所关注的主要问题

知识产权法与竞争法的根本宗旨是一致的，即同为促进创新，促进市场经济的发展，并最终造福于社会上的个体消费者。

这一点已经为大家广泛认可。然而，为了实现该宗旨，这两个部门法所采取的具体手段却是迥异的：知识产权法是授予发明创作者对其发明创作的成果享有排他的使用权，来对其进行补偿，同时对其他的发明创作者产生事前的激励效果；反之，竞争法则是要对妨碍市场竞争的行为进行抑制，保持新市场主体的进入以及维护市场内各主体之间的有效竞争。

当知识产权的权利所有人在实施其排他权的过程中，有可能会给市场上的有效竞争带来妨碍。这种情形的产生给知识产权法、竞争法的学术界以及实务界人士带来一系列亟待解决的问题，包括“竞争法是否能够或者应当对这种行为进行规制，尤其是当这种行为完全符合知识产权法律的规定时”？如果答案是肯定的，在运用竞争法进行规制的过程中是否应该考虑知识产权是有期限的权利以及知识产权客体作为无形资产的特殊性质？如果答案是肯定的，即如果应该给予知识产权以特殊考虑，那么这种考虑应该被控制在什么程度，才能实现促进发明创新与维护市场竞争之间的平衡？从立法模式的角度来看，为了实现上面所讲的“平衡”，是应该在知识产权法律制度内部着手改革来限制权利的实施，还是应该通过竞争法来进行外部的调整？

在通过竞争法规制知识产权权利行使的正当性问题上，不少国家的竞争执法机构都持这种观点，即竞争法对知识产权权利所行使的限制是一种公权力对私权利的限制。确实，美国和欧盟的竞争法政策文件多次提到，在适用竞争法的意义上，知识产权与其他类型的私权利是被一视同仁的。任何私权利都包含积极的内容，也包含消极的被限制的方面。因此，作为私权利之一种的知识产权，其权利人在行使权利时，并非享有绝对的自由，而必须要受到一定的限制，这些限制既可能来自于知识产权法律制度体系内部，例如合理使用例外、强制许可制度、权利用尽或平行进口制度，甚至是司法实践中所衍生出来的一些法律原则，如 eBay 规则等；也有可能是来自于知识产权法律制度以外，最典型的就是竞争法制度。

然而，肯定竞争法制度具有规制知识产权权利行使行为的正当性，仅仅是确立了一项最基本的原则。真正难解决的问题在于，各个国家应该如何根据自己的经济、社会发展水平以及立法现状来确定竞争法制度对知识产权权利施加影响的方式、程度，包括在某些特定情况中的必要性。这背后隐藏着一个最根本的政策性难题，就一个特定发展阶段的产业经济实体而言，什么样的关系对于竞争政策与知识产权来说是最合理的呢？

尽管美国与欧盟的竞争执法机构声称其将知识产权与其他私权利“等同视之”，在对知识产权的行使适用竞争法规则的过程中，无论是明示还是暗示，都几乎无一例外地认可了在两个法律制度之间存在着一种“礼让”的关系。具体来讲，在适用竞争法处理具体的知识产权实施行为的案件中，常常会考虑知识产权法律制度所具有的特殊性，即知识产权所具有的法律，乃至（美国）宪法上的渊源，以及知识产权对于创新活动的促进作用。当然，各个国家的竞争法制度对知识产权的“礼让”形式会随着不同法律体系的具体特征而不同。

与此同时，知识产权法律制度也在考虑对竞争法的“礼让”，即知识产权法可以在哪些方面主动进行内部调整，从而减少来自竞争法的外部规制。知识产权学术界已经提出了一些可能的调整方向，例如：（1）重新探寻专利权与著作权保护的最佳范围与期限；（2）在著作权人不合理地阻碍他人的创新活动时，效仿专利法，在著作权法中规定强制许可制度的必要性及可行性；（3）在软件及数据库著作权领域，考虑在特定的情况下要求软件及数据库的著作权人负有一定程度的兼容性义务；（4）在知识产权法制度内或同意规定，在特定的情况下认定某知识产权已经取得了市场垄断地位，应该对该知识产权的保护范围进行一定的限制。

在调和知识产权法制度与竞争政策关系的问题上，欧盟、美国以及日本无疑是拥有更为丰富经验的法律体系。因此本书的前三章分别就欧盟、美国以及日本在处理知识产权法制度与竞争政策的交互影响进行了深入论述。这种进入到制度、政策的表面之下而进行的深度研究是非常有意义的，只有这样才能理解为何在欧、美、日三大法律体系内部对知识产权法制度与竞争政策的调节方式会出现差异。

通过阅读这前三章，我们会发现，尽管这三大法律体系分享一个普遍的共识，即当知识产权给其权利人带来了相当的市场势力时，其权利人对该知识产权的实施行为也应该遵守竞争法维护自由市场竞争的措施，然而各个法律体系在协调知识产权法制度与竞争政策的关系方面则是各显神通。例如，日本的《反垄断法》首先原则性地规定了该法不适用于实施知识产权权利的行为，但在具体适用时，将行使知识产权涉嫌私人垄断或是不合理限制贸易等情形视为背离了知识产权法律保护的宗旨，因而不属于“实施知识产权权利的行为”，应当受到《反垄断法》的规制。反观欧盟与美国的情况，则与此正相反。在《欧盟运行条约》（*The Treaty on the Functioning of European Union*）第 101 ~ 102 条即原《欧盟条约》（*European Treaty*）第 81 ~ 82 条中以及在美国《谢尔曼法》第 1 ~ 2 条中，都没有明确规定对知识产权的豁免。事实上，欧盟和美国的竞争法条款都具有高度概括性，就算不加修改也可以被用于规制知识产权的实施行为。但是，通过进一步研读会发现，欧盟与美国的司法和行政机构从竞争法的一般适用中发展出了一套特殊的、与其通常做法相矛盾的特殊原则，如美国的“合理原则分析”（Rule of Reason Analysis）及欧盟的“集体豁免”避风港规则（Block Exemption）。这些特殊原则在很大程度上考虑了知识产权的特殊性质，且仅适用于知识产权的实施行为。总结起来，日本的调整模式似乎表现为“原则上豁免，例外中规制”，而欧美的调整模式则恰恰相反，表现为“原则上规制，例外中豁免”。

原著作者们在其文中所进行的深度阐述为理解这种区别提供了很有价值的参考。就日本而言，知识产权法被视为对日本工业、经济的迅速发展发挥了极为重要的作用，几乎所有的日本知识产权法律都可追溯到19世纪。在日本，知识产权制度一直被视为推动工业发展的引擎，在实现其民富国强的目标的过程中有着极为重要的战略意义。这或许正是日本采用“原则上豁免，例外中规制”的立法模式来调整知识产权法与竞争政策的重要原因之一。然而，在欧盟和美国，保护市场上的自由竞争长久以来一直占据着崇高的政策地位。这一点在欧盟体现得尤为突出：促进单一市场的建立以及内部市场的自由流通是建立欧盟的最根本目标之一，这也就赋予竞争政策在欧盟的宪法性文件《欧盟条约》中的一席之地，而对知识产权法的保护则是通过较低一级的欧盟条例或指令来进行。在欧盟与美国都曾经有一个时期，由于对知识产权经济影响的错误理解，导致其竞争政策对知识产权的行使采取了过于严格的限制。

三、本书的基本内容

如上文所言，本书的创作目的是对典型国家在处理知识产权法与竞争政策二者之间交互影响的不同方式与原则进行研究。在进入到对各个国家具体情况的探讨之前，本书在其开篇第一章引入了由史蒂文·D. 安德曼教授所撰写的，关于知识产权法与竞争政策交互影响的总体论述。该章首先从知识产权法与竞争政策在目的上的一致性出发，进而重点阐述了在美国、欧盟及日本所发生的这两个法律制度之间相互影响的几次重要变迁，最后从理论上，并结合实际案例，论述了专利法及著作权法制度在平衡权利人利益以及市场竞争等社会公共利益方面的内在局限性。

有了第一章的理论铺垫，本书的第二章至第七章则是对各个被选作研究对象的国家如何处理知识产权法制度与竞争政策之间的相互关系进行阐述。这些被选作研究对象的国家既包括欧盟（第二章）、美国（第三章）、日本（第四章），它们是三大主要的贸易实体，拥有历史最悠久的相关判例；还包括澳大利亚（第五章）、爱尔兰（第六章）和新加坡（第七章）这三个后发展起来的拥有开放经济制度的国家。然而值得注意的是，本书各章节对各个具有代表意义的法律体系进行深入研究的目的，并非为了最终确立一个调和知识产权法与竞争政策的特定模式，或甚至是推荐一个“最佳模式”；其目的毋宁是向读者展示，在处理知识产权与竞争政策的相互影响这个问题上存在着多种可能性；每一个国家都必须建立起适应自己经济、社会发展阶段的立法模式。

与前面几章不同，本书的第八章与第九章分别论述了平行进口与技术转让的问题。从表面上看，这两个问题并不是直接涉及知识产权法与竞争法之间相互关系的解决。然而究其实质，各个国家或地区在平行进口与技术转让的问题上持何种态度，取决于其在特定的经济社会背景下如何协调保护知识产权与保护市场竞争这两大目标之间的关系。

就平行进口而言，一个国家或地区在这两大立法目标之间所选取的立场将在很大程度上决定其就特定的知识产权类型（著作权、商标权或专利权），甚至是同一知识产权类型下的特定产品，适用何种权利用尽的法律原则。在本章作者对被选作本书研究对象的各个法域，包括新加坡、美国、欧洲经济区、马来西亚、日本、中国香港、韩国、澳大利亚以及新西兰，在处理涉及著作权、商标权和专利权等不同知识产权类型的平行进口问题时所持的不同态度进行了探讨以及横向的比较。由于目前各个主要的国家或地区在这个问题上的做法尚有较大差异，这种比较研究对于掌握不同经济发展水平的国家在平行进口这个问题上的立法现状之全貌来说是非常有帮助的。

相较平行进口而言，第九章所讨论的技术转让问题则更多是在国家政策层面上的讨论。对于研究知识产权与竞争法的具体适用问题，该章的内容似乎显得过于宏观；但是对于研究如何为中国这样亟须通过发展科技来振兴产业的国家制定知识产权及竞争政策而言，本章的内容是颇值得一读的。本章主要关注的是如何促进技术向发展中或者最不发达国家的转让。要实现这一最终目标需要在两个方面的努力之间达到一个最优的平衡状态，一方面是改革东道国的立法，改善技术引进的环境，使其能够更有效地吸引外国投资以及技术转让，另一方面是要解决潜在的跨国公司滥用市场势力的问题，增强技术引进企业的地位。要实现这一最优的平衡，并不是简单的复制美国或者欧盟的经验就可以，包括中国在内的每一个发展中国家都必须找到适合自己的最优的发展路径。值得一提的是，该章作者对东道国竞争法对于跨国企业——尤其是拥有较强实力的跨国企业——的有效约束力持怀疑态度。他提出，为了使国内竞争法能够更有效地适用于跨国公司，而不至于遭到跨国公司母国的报复或者经济制裁，发展中国家以及最不发达国家应该通过在区域贸易协定等国际条约的框架内实现各国竞争法的一体化。

最后，作为与本书第一章的呼应，第十章主要从理论的角度来论述知识产权制度与竞争法制度之间的关系——只不过是从经济学的角度。一见到“经济学”三个字，不少法律学者或许会选择直接跳过，而径直翻到书的最后一页。不过，这一章中并没有通常经济学论文中常见的令人瞠目的计算公式，而是尽可能用简单化的语句来解释知识产权法与竞争法的经济学的理论基础。的确，要把知识产权法与竞争法的经济学理论来一次彻底的讨论所需要的篇幅远远多于这一章的内容。不过，这并不是作者的目的。在对产权经济学以及知识产权经济学的大致框架进行阐述之后，作者提出自己对于知识产权法及竞争法制度设计的见解，即“由于不同种类财产权的特征已经被考虑进了各自的产权体系建构之中，因此所有的垄断权力的来源都应该根据竞争法被一致对待。特别是，不能因为知识产权‘对知识的创造和传播’作出了贡献，就使知识产权获得特殊的对待。”作者还指出，事实上，由于知识产权的特殊性质，一些滥用市场支配力的行为在涉及知识产权的领域中更有可能发生，这包括交叉许可、专利池、回授许可等情形。

四、结 语

该书让读者清楚地了解到如何处理知识产权保护与竞争法之间相互影响的问题不是任何一个国家法律体系所独有的。相反，任何建立了知识产权保护与竞争法制度的国家都已经遇到，或必然要遇到这些问题，这是社会发展规律使然。本书的重要价值在于其为读者提供了一个契机来研究、比较具有代表意义的几个国家在处理这些问题上的具体实践，包括立法规定、司法判例及其国内、国际学术界的相关讨论。当我们在强化知识产权保护的这条道路上昂首挺胸前进时，我们不应忘记，保护知识产权并不是社会发展的最终目标，也不是唯一的目标。知识产权是一把双刃剑，过度的保护将助长权利的扩张，并可能导致权利被滥用，从而不正当地限制市场竞争，影响一个开放、繁荣的市场经济的形成，并进而抑制市场主体的创新积极性，最终导致知识产权保护制度的目的落空。当包括跨国企业在内的某市场主体以行使知识产权为名，实际上却已超出了合理行使其权利的界限，给市场竞争造成了不合理的妨碍时，例如不合理的拒绝许可或交易，要求接受不合理的许可条件或非法搭售等，我们应当在一定程度上发挥竞争法这一有效的规制手段。事实上，这也有助于推动建设一个法治国家的进程，使争端尽可能通过法律来得到解决，而较少受到政治或舆论的影响。

应该说，这是一本很有学术价值的论文集。作为本书的主要译者，我自觉译文颇有不足之处。尽管在翻译的过程中力求与原文的文义保持一致，但在文笔风格方面则未必能尽显作者的原貌，这难免给本书的吸引力打上一点折扣。唯愿本书能够对学习和研究知识产权法与竞争法的同学、学者、立法和司法工作者们提供一些启发与帮助。

编后语

距离《知识产权与竞争法研究（第一卷）》出版已经一年多。在短短一年多的时间里，《反垄断法》在中国的实施越来越有声有色。有学者甚至将2013年称为“《反垄断法》元年”，因为癸巳蛇年春节以来，颁布近6年的《反垄断法》突显“凌厉攻势”，对企业甚至是一般消费者的影响越来越大。无论是反垄断执法机关的反垄断调查或审查，还是人民法院审理的反垄断纠纷案件以及有关部门就《反垄断法》执法细则或指南的制定等，都成为社会关注的热点。

有了丰富多彩的反垄断执法和司法实践，冰冷的法条不再是没有血肉和灵魂的僵尸，而变得充满活力又富有争议，反垄断法律问题的研究也就有了良好的素材和鲜活的案例。比如，在可称为知识产权领域反垄断诉讼第一案的华为技术有限公司与美国交互数字通信有限公司（IDC）等标准必要专利使用费纠纷案中，广东省高级人民法院2013年10月28日作出终审判决，认定IDC公司许可给华为公司的费率明显违反了FRAND原则，法院判决直接确定IDC公司在中国的标准必要专利许可费率为不超过0.019%（2014年4月14日，IDC已经就此案向最高人民法院申请再审）。在该案中，标准必要专利人是否在相关市场具有市场支配地位，是否可以适用FRAND原则以及如何据此确定标准必要专利使用费或者费率，都成为争议的焦点。与此同时，因涉嫌利用市场支配地位，对我国通信设备制造企业收取歧视性的高价专利许可费，国家发改委也相继对高通、IDC发起反垄断调查。另外，2014年4月8日商务部发布《关于附加限制性条件批准微软收购诺基亚设备和服务业务案经营者集中反垄断审查决定的公告》（公告2014年第24号），决定附加限制性条件批准此项经营者集中，但微软、诺基亚应按要求履行其承诺。微软不仅承诺以公平、合理和无歧视（FRAND）条件提供微软专利（标准必要专利）的许可，而且还承诺将继续向中国境内的智能手机制造企业提供未向任何行业标准承诺的“项目专利”（简称非标准必要专利）的非排他性许可，其将收取的专利费率也不高于微软本项集中完成前的项目专利费率。这里，对非标准必要专利收取的许可费是否不应高于并购前的水平，就值得探讨。对因“QQ—360”大战而引发的奇虎诉腾讯滥用市场支配地位行为案，广东省高级人民法院于2013年3月作出一审判决，认定腾讯强迫用户“二选一”的行为属于限制交易行为，但同时认定腾讯QQ的相关地域市场为全球市场，并不具备市场支配地位，因而认为其行为不构成滥用市场支配地位，驳回原告的全部诉讼请求；2013年11月26日，最高人民法院开庭审理此案，其判决令人翘首以盼，其中，如何界定相关市场，是大家关注的重点。2013年8月1日，在《反垄断法》生效5周年纪念日当天，上海市高级人民法院对锐邦涌和诉强生限制转售价格案作出二审判决，改判锐邦涌和胜诉。在此案中，如何理解《反垄断法》第14条规定的“禁止经营者与交易相对人达成限定向第三人转售商品的最低价格的垄断协议”是个有争议的问题，上海高院并不认为限制最低转售价格协议“当然违法”，而是通过分析相关市场竞争是否充分、被告市场地位是否强大、被告实施限制最低转售价格的动机、限制最低转售价格的竞争效果等四方面情况来判定。

正是在这样的背景下，《知识产权与竞争法研究（第二卷）》专题探讨了限制最低转售价格协议问题和技术标准中的反垄断问题。作者们的观点虽然各不相同，但学术研究需要有坦诚的交流，甚至直率的批评。只有这样，尚为稚嫩的中国反垄断执法和司法才会逐渐成熟。同时，因为我国正在制定《关于知识产权领域反垄断执法的指南》，本卷还专门翻译、介绍了加拿大、韩国、欧盟的相关指南和条例，以提供借鉴和参考。此外，还翻译了与金融商业方法专利和专利流氓有关的文献，作为欧美知识产权界目前正热议的话题，它们从另外的视角揭示了知识产权保护与创新、竞争之间的复杂关系。

本打算一年出一本的《知识产权与竞争法研究》，第二卷姗姗来迟！其中的曲折和艰辛，一言难尽！感谢德国马普所斯特劳斯教授、美国爱荷华大学法学院霍汶卡普教授、美国佛罗里达大学莱文法学院索克尔副教授和郑文通助理教授、上海交通大学凯原法学院李剑副教授、上海市高级人民院知识产权庭丁文联副庭长等作者（这里就不一一列举了）慷慨无私地将他们的文章授权给我们出版！感谢同济大学法学院的研究生们不计报酬、不辞辛劳地为本书出版做了大量的翻译、校对和编辑工作。由于本书的编辑和出版纯粹是出于个人的学术兴趣和追求，目前没有任何经费支持和资助，在此，我们只能为无力向本书的各位作者和译者支付稿酬而说声抱歉了！而且，从本卷开始，《知识产权与竞争法研究》将通过知识产权出版社出版，感谢刘睿编辑为此书的出版提供的帮助和付出的辛劳！

在本书付梓之际，编者看着厚厚的一沓书稿，百感交集也颇感欣慰：我们没有放弃初衷，我们还在坚持！

张伟君　张韬略

2014 年春夏之交于上海同济